高等院校经济与管理核心课经典系列教材·金融学专业

（第六版）

期货投资学

QIHUO TOUZIXUE

徐洪才 主 编
李 莉 副主编

首都经济贸易大学出版社
Capital University of Economics and Business Press
·北京·

图书在版编目(CIP)数据

期货投资学/徐洪才主编．――6 版．――北京：首都经济贸易大学出版社，2023.1
　　ISBN 978－7－5638－3457－0

　　Ⅰ．①期…　Ⅱ．①徐…　Ⅲ．①期货交易　Ⅳ．①F830.9

中国版本图书馆 CIP 数据核字(2022)第 223348 号

期货投资学(第六版)
徐洪才　主　编　李　莉　副主编

责任编辑	彭伽佳
封面设计	风得信·阿东 FondesyDesign
出版发行	首都经济贸易大学出版社
地　　址	北京市朝阳区红庙(邮编 100026)
电　　话	(010)65976483　65065761　65071505(传真)
网　　址	http://www.sjmcb.com
E－mail	publish@ cueb.edu.cn
经　　销	全国新华书店
照　　排	北京砚祥志远激光照排技术有限公司
印　　刷	北京市泰锐印刷有限责任公司
成品尺寸	170 毫米×240 毫米　1/16
字　　数	496 千字
印　　张	26
版　　次	2008 年 6 月第 1 版　**2023 年 1 月第 6 版**　2023 年 1 月总第 12 次印刷
书　　号	ISBN 978－7－5638－3457－0
定　　价	49.00 元

图书印装若有质量问题，本社负责调换

版权所有　侵权必究

期货服务实体经济,风劲扬帆正当其时
(第六版序言)

呈现在大家面前的是我主编的《期货投资学》第六版。2008年国际金融危机爆发前夕,《期货投资学》问世。此后,这部教材先后于2011年、2014年、2017年和2020年四次修订。十多年来,中国期货市场在曲折中前行,现已成为中国金融市场体系的重要组成部分,为广大投资者提供了公开、透明、连续的价格信号和高效的风险管理工具,为服务实体经济、为中国经济发展做出了积极贡献,国际影响也越来越大。

即将过去的2022年确实非同寻常。全球新冠疫情仍未结束,俄乌战争爆发,全球格局巨变,世界经济面临严峻挑战,表现为"一低四高"的特征:

首先是"一低",即低速增长。10月3日,联合国贸发会议发布《2022贸易与发展报告》,预测2022年世界经济增速为2.5%,2023年将放缓至2.2%。10月11日,国际货币基金组织发布《世界经济展望》,将2023年世界经济增速下调至2.7%。大家对世界经济增速放缓达成了共识。

其次为"四高"。一是高通胀,石油、天然气等大宗商品价格高位运行。二是高失业率,全球失业率上升。三是高利率,主要经济体都在加息,企业融资成本上升。四是高杠杆,都在寅吃卯粮,美国政府债务突破了31万亿美元,居民也在加杠杆。相伴而生的是高风险,金融市场动荡加剧,系统性风险上升,一些新兴经济体出现货币危机或债务危机。美联储加息致使美元急剧升值。2022年,欧元、日元、人民币等主要货币对美元贬值都在10%以上,这在历史上是难得一见的。

目前,以美国为首的西方国家正在重塑全球供应链体系。传统的以经贸合作为基础的国际关系动摇了,以联合国为核心的全球治理体系岌岌可危;以价值观为基础的国际关系和经贸合作开始盛行,志同道合者相互做生意,不一致者受到孤立。俄乌战争改变了世界,西方国家对俄罗斯实施了空前的全方位制裁,全球供应链遭到破坏。全球性高通胀持续,未来充满着不确定性。

2022年,中国经济面临"需求收缩、供给冲击、预期转弱"等三重压力。疫情时有反复,经济秩序迟迟未能恢复。经济增长动力不足,就业压力增加,特别是青年人失业率居高不下。很多行业受到影响,如交通运输、餐饮、文化、旅游等,中小微企业受到冲击最大。房地产市场持续低迷,局部风险开始暴露。最近两年,平台经济陷入停滞。近期,中国外贸进出口急剧回落。当然,外部因素也不容忽视。俄乌战争导致全球大宗商品价格高企,石油、天然气、粮食、铁矿石、煤炭等上游产品价格上涨,推升了中国制造业和工业企业的生产经营成本,上游涨价,需要下游消化,致使下游中小微企业陷入困境。

中央和地方出台了一系列稳定经济的政策,中国经济经受住了超预期压力的考验,表现出了极大韧性,其中,期货市场功不可没。期货市场作为金融体系的"稳定器",是现代市场经济体系的重要组成部分。企业参与期货交易,实现套期保值和风险管控。期货价格综合反映未来的供求关系和价格走势,提高了市场透明度,能够帮助企业有效应对采购、销售、库存、仓储物流、融资等难题,实现管理价格风险、锁定经营利润、扩大业务规模、增加企业收益等目标。期货市场连接产业端和资金端,在标准化、公开透明的基础上服务于投资者和企业,成为要素配置的传递者,加快了资金和商品流动,使得要素匹配精准化、高效化;同时也影响现货定价模式,推动企业规模扩张和产业整合。期货经营机构通过仓单质押、仓单回购等方式,为中小企业提供仓单融资服务,解决资金困难,发挥"避风港"作用。期货市场还是大类资产配置和财富管理的投资场所,它拓宽了居民投资渠道和财产性收入来源。

中国商品期货市场交易规模连续多年位居全球第一。2021年全市场累计成交量、成交额均创下历史新高。但在2022年,受地缘政治冲突、美联储加息、全球通胀和世界经济衰退预期等因素影响,叠加全球能源危机、粮食危机、主权债务危机和供应链危机等,国内期货市场活跃度和交易量出现萎缩。中国期货业协会数据显示,1—9月份全国期货市场累计成交49.57亿手,成交额为400.74万亿元,同比分别下降了11.30%和8.46%。从商品期货期权市场看,1—9月份成交量累计达48.49亿手、成交额累计达305.72万亿元,同比分别下降11.7%和11.6%,占全市场比重分别为97.8%和76.28%。从金融期货市场看,1—9月份成交量累计达1.07亿手、成交额累计达95.01万亿元,同比分别增长13.9%和3.4%,分别占全国市场的2.2%和23.72%。全市场成交额最大的30个品种分别是原油、沪深300股指、中证500股指、棕榈油、螺纹钢、豆油、10年期国债、纯碱、铁矿石、PTA、铜、黄金、豆粕、上证50股指、2年期国债、白银、铝、天然橡胶、5年期国债、聚氯乙烯、甲醇、镍、菜籽油、棉花、锌、玻璃、聚丙烯、燃料油、锡和石油沥青期货等。

期货期权市场交易萎缩的原因主要来自实体经济和政策环境的变化。全球经济衰退预期上升、地缘政治冲突、美欧央行加息和美元急剧升值等,导致大宗商品出现供给冲击,国内疫情和南方高温干旱天气等导致国内大宗商品市场剧烈波动,相关期货品种如贵金属、有色金属、软商品和钢铁建材等成交萎缩。但是，期货市场化工板块成为亮点，如低硫燃料油、聚氯乙烯、20号胶、纯碱、液化石油气、原油和短纤期货成交量增长较快。股票市场交易低迷，不可避免地影响了股指期货交易。国债期货成交却是另一番景象。2年期、5年期和10年期国债期货的成交量和成交额都有大幅增长，反映了金融机构和投资者面对复杂的全球经济金融形势，加大了风险管理操作。另外，商品期权成交快速增长。其中，PTA、豆粕、铁矿石期权位居前列。

为了补齐中国期货市场的法律"短板"，2022年4月20日，第十三届全国人民代表大会常务委员会第三十四次会议通过了《中华人民共和国期货和衍生品法》，自2022年8月1日起施行。毫无疑问，这是中国期货市场发展中的一个重大历史事件，必将为规范行业和市场发展，保护投资者权益，推动市场功能发挥，更好服务实体经济提供强有力的法律保障。但是，我们也必须清醒地看到，中国期货市场仍存有诸多不足，与现实需求有较大差距。期货市场体系、产品体系、规则体系、基础设施体系不完善，大宗商品价格影响力亟待提升。特别是期货经营机构资本实力整体偏弱，业务结构单一，存在同质化竞争，多元化服务实体经济能力偏低。就整个行业发展而言，市场化、法治化、国际化发展业态尚待形成，还存在诸多体制机制问题，迫切需要打造一批资本实力雄厚、具有国际竞争力、以风险管理和资产定价为核心业务的期货公司，支持其上市融资，壮大资本实力，实现快速发展。

展望未来，期货监管部门、中介机构和市场参与者要良性互动、形成合力。期货品类扩容应与双向开放并举，加快场外交易平台建设，加强期货与现货结合，拓展"保险+期货"业务，提升监管智能化水平，促进法律体系和市场功能进一步完善。期货公司应聚焦自身能力建设，提升大宗商品定价的国际影响力，完善风险管理体系，在服务实体经济、推动多层次资本市场体系建设和优化资源配置方面做出更大贡献。

期货服务实体经济，风劲扬帆正当其时，期货市场的春天正在来临。

徐洪才
2022年10月18日

目 录

第一章　期货市场及其功能 ··· 1
　第一节　期货市场概述 ··· 1
　第二节　期货市场的功能 ·· 11
　第三节　期货市场对实体经济的影响 ······································ 15

第二章　期货市场的发展 ··· 18
　第一节　世界期货市场的发展 ··· 18
　第二节　国际主要期货交易所和期货品种 ································· 31
　第三节　世界期货市场发展趋势 ··· 41
　第四节　我国期货市场的发展 ··· 43

第三章　期货市场的组织结构 ··· 58
　第一节　期货交易所 ·· 59
　第二节　期货交易结算机构 ··· 65
　第三节　期货经纪机构 ·· 68
　第四节　期货投资者 ·· 71
　第五节　期货监管机构 ·· 74
　第六节　相关服务机构 ·· 78

第四章 期货交易业务流程 … 83
- 第一节 期货交易制度 … 83
- 第二节 期货交易准备 … 92
- 第三节 期货交易流程 … 95

第五章 套期保值 … 110
- 第一节 套期保值概述 … 110
- 第二节 基差理论 … 114
- 第三节 套期保值的应用 … 117
- 第四节 基差交易 … 122

第六章 投机与套利 … 126
- 第一节 期货投机原理 … 126
- 第二节 期货套利交易 … 135
- 第三节 套利交易分析 … 146

第七章 期货定价理论 … 151
- 第一节 商品期货价格的构成 … 151
- 第二节 期货价格理论 … 152
- 第三节 影响期货价格的因素 … 156

第八章 期货投资分析方法 … 161
- 第一节 基本分析方法 … 161
- 第二节 技术分析方法 … 164
- 第三节 有效市场理论与期货投资 … 193

第九章 商品期货 … 200
- 第一节 农产品期货 … 200
- 第二节 金属期货 … 224
- 第三节 能源期货 … 230
- 本章附录 国外交易所相关商品期货合约 … 250

第十章 利率期货 … 252
- 第一节 债券及其价格 … 252

第二节　利率期货及其交易概况 ………………………………… 258
第三节　利率期货交割 …………………………………………… 266
第四节　利率期货套期保值 ……………………………………… 269
第五节　利率期货投机与套利 …………………………………… 272
第六节　国债期货交易 …………………………………………… 276
本章附录　"3·27"国债期货事件 ………………………………… 292

第十一章　股指期货 ……………………………………………… 293
第一节　股指期货概述 …………………………………………… 293
第二节　股指期货交易 …………………………………………… 303
第三节　股指期货套期保值 ……………………………………… 306
第四节　股指期货投机与套利 …………………………………… 309
第五节　股票期货交易 …………………………………………… 313
本章附录　1997年国际炒家进攻香港地区金融市场路线图 …… 317

第十二章　外汇期货 ……………………………………………… 319
第一节　外汇与汇率 ……………………………………………… 319
第二节　外汇期货合约 …………………………………………… 323
第三节　外汇期货套期保值 ……………………………………… 327
第四节　外汇期货投机与套利 …………………………………… 328

第十三章　期权交易 ……………………………………………… 332
第一节　期权的概念和分类 ……………………………………… 332
第二节　期权定价理论 …………………………………………… 337
第三节　期权交易流程 …………………………………………… 340
第四节　期权交易策略 …………………………………………… 342

第十四章　其他衍生产品 ………………………………………… 353
第一节　权证产品 ………………………………………………… 353
第二节　可转换债券 ……………………………………………… 361
第三节　互换产品 ………………………………………………… 367
第四节　外汇掉期 ………………………………………………… 372
第五节　结构性金融产品 ………………………………………… 375

第十五章 期货市场监管 …………………………………………… 384
  第一节 期货市场监管概述 …………………………………………… 384
  第二节 政府主管部门监管 …………………………………………… 389
  第三节 期货行业协会监管 …………………………………………… 395
  第四节 期货交易所的监管 …………………………………………… 399

参考文献 ………………………………………………………………… 405

第一章 期货市场及其功能

教学目标

通过本章的学习，了解期货合约的概念和特征，了解期货市场与现货市场、证券市场的区别，掌握期货市场的基本制度和经济功能，熟悉期货市场对宏观经济和微观经济产生的影响。

学习重点

- 期货市场的基本制度
- 期货市场的基本功能

第一节 期货市场概述

一、期货交易与期货合约

期货交易是指在期货交易所内集中买卖期货合约的交易活动。期货交易双方不必在买卖发生的时候就交收实物，而是共同约定在未来某一时间交收某种商品。简单地说，期货就是"现在定价格，将来买卖商品"。

期货合约是指由期货交易所统一制定的、规定在将来某一特定时间和地点交割一定数量和质量商品的标准化合约，它是期货交易的对象。期货交易参与者通过在期货交易所买卖期货合约，转移价格风险，获取风险收益。期货合约是

在现货合同和现货远期合约的基础上发展起来的,但它们之间的本质区别在于期货合约条款的标准化。

在期货市场交易的期货合约,其标的物的数量、质量等级和交割等级及替代品的升贴水、交割地点、交割月份等条款都是标准化的,这是期货合约的一般特点。期货价格是在交易所以公开竞价的方式产生的。

由于期货合约是标准化合约,加上其转让无须背书,这就为期货合约的连续买卖提供了便利,极大地简化了交易过程,降低了交易成本,使之具有很强的市场流动性,提高了交易效率。

二、期货市场与现货市场的比较

现货交易是指买卖双方在成交后必须履行交货付款义务的交易方式。它与期货交易不同的是,商品的品种、质量、数量等都不是标准化的。期货交易是指在交易所达成受法律约束并规定在将来某一特定地点和时间交收某一特定商品的合约的交易行为。期货合约都是标准化的,商品的等级、数量、交货日期、交货地点等都有统一的规定。期货交易与现货交易互相补充,共同发展。二者的区别主要在于:

第一,买卖对象不同。现货交易买卖的对象是实物商品或金融商品,是一手交钱、一手交物的商品货币交换,即存在实物交割;而期货市场上买卖的对象是标准化合约,多数情况下期货交易是在交货期之前进行反向交易,即平仓操作,并不进行实物商品、货币交换。

第二,交易目的不同。现货交易的目的是获得或让渡商品的所有权。从而实现商品所有权的转移。在期货市场上,交易的目的不是获得实物商品,不是实现商品所有权的转移,而是通过期货交易转嫁与这种所有权有关的由于商品价格变动而带来的风险,或者通过风险投资获得风险利润。

第三,交割时间不同。现货交易一般即时或很短时间内成交,资金流和物流在时间上基本一致。期货交易从成交到收付之间存在时间差,资金流和物流分离。

第四,交易场所与方式不同。现货交易一般不受交易时间、地点的限制,交易方式灵活方便。期货交易必须在高度组织化的期货交易所内以公开竞价的方式集中进行,投资者参与期货交易须委托期货公司代理交易。

第五,结算方式不同。现货交易主要采用到期一次性结清的结算方式,同时也有货到付款或分期结算。期货交易实行每日无负债结算制度,交易双方须交纳一定数额的保证金,在交易过程中始终维持一定的保证金水平。

这里,有必要介绍一下期货交易与远期合约交易的区别。远期合约交易是现货交易的一种形式,期货交易是在远期合约交易的基础上发展起来的。期货交易与远期合约交易的共同点是都采用先成交、后交割的交易方式,但二者也有很大的区别,主要表现在以下几方面:

第一,是否指定交易所。期货交易与远期合约交易的第一项差别在于,期货交易必须在指定的交易所内进行,交易所必须能提供一个特定集中的场地,交易所也必须能规范客户的订单,使交易能够在公平合理的价格范围内完成;而期货合约交易在交易厅内公开进行,交易所还必须保证让当时的买卖价格能及时并广泛地传播出去,使得期货交易者从交易的透明化中享受到该交易的优点。而远期市场组织较为松散,没有交易所,也没有集中交易地点,交易方式也不是集中式的。

第二,合约是否标准化。期货合约是符合交易所规定的标准化合约,对于交易的商品的品质、数量及到期日、交易时间、交割等级等都有严格而详尽的规定,而远期合约交易商品的品质、数量、交割日期等均由交易双方自行决定,没有固定的规格和标准。

第三,是否缴纳保证金与是否逐日结算。远期合约交易通常不缴纳保证金,合约到期后才结算盈亏。期货交易则不同,必须在交易前缴纳合约金额一定比例的现金作为保证金,并由清算公司进行逐日结算,如有盈余,可以支取;如有损失且账面保证金低于维持保证金水平时,则必须及时补足。这是避免交易发生信用风险的一项极为重要的安全措施。

第四,结束头寸的方法。结束期货头寸的方法有三种:一是由对冲或反向操作结束原有头寸,即买卖与原头寸数量相等、方向相反的期货合约;二是采用现金或现货交割;三是实行期货转现货交易(Exchange for Physicals)。在期货转现货交易中,两位交易人承诺彼此交换现货与以该现货为标的的期货合约。远期交易由于是交易双方依各自的需要而达成的协议,因此,价格、数量、期限均无规格,倘若一方中途违约,通常不易找到能无条件地接替承受约定义务的第三者,因此,违约一方只有提供额外的优惠条件才能要求解约,或找到接替承受原有权利义务的第三者。

第五,交易的参与者。远期合约的参与者大多是专业化生产商、贸易商和金融机构,而期货交易更具有大众意义,市场的流动性和效率都更高。参与期货交易的可以是金融机构、工商企业,也可以是个人等。

总之,现货市场与期货市场的比较可概括如表1-1所示。

表 1-1 现货市场与期货市场的比较

	现货市场		期货市场
	即期交易	远期交易	
交易目的	取得实物	取得实物,或转让合同以获利	转移价格风险,或进行风险投资
交易对象	商品实物	非标准合约	标准化合约
交易方式	双方讨价还价	拍卖或双方协商	在期货交易所内公开竞价
履约问题	不担心	担心	不担心
转让	不可以	背书方式,不方便	对冲方式,十分方便
付款	交易额的100%	押金,占交易额的20%~30%	保证金,通常是合约价值的5%~15%
交易场所	无限制	无限制	期货交易所
实物交割	通常在2天之内钱货两清	现在确定价格和交割方式,将来交割	实物交割占比一般小于5%,有固定的交割方式

三、期货市场与证券市场的比较

期货市场和证券市场有着内在的联系和相似之处,但期货市场与证券市场在经济职能、市场结构及保证金规定等方面也有重大区别。期货市场是买卖期货合约的市场,而期货合约在本质上是未来商品的代表符号,因而期货市场与商品市场有着内在的联系。但就实物商品的买卖转化成合约的买卖这一点而言,期货合约在外部形态上表现为相关商品的有价证券,这一点与证券市场确有相似之处。证券市场上流通的证券可以说是股份有限公司所有权的标准化合同和债券发行者的债权债务标准化合同,人们买卖的期货合约也是一种投资凭证。但是,期货市场与证券市场有以下几点重要区别:

第一,经济职能不同。期货市场的基本职能是规避风险和发现价格;证券市场的基本职能是资源配置和风险定价。

第二,市场结构不同。例如,证券市场有一级市场和二级市场,可以在一级市场上申购,在二级市场上交易;期货市场不分一级市场和二级市场。

第三,保证金规定不同。例如,我国国内股票市场中的股票交易必须缴纳足额资金,如为10元1股,买100股就是1 000元;期货交易只需缴纳期货合约价值一定比例的保证金,如1%~10%,就可以交易。

第四,其他方面的不同。例如:①涨跌停板的幅度,股票是10%或5%,期货是合约价值的3%~10%;由于期货采用保证金制度,例如缴纳10%的资金,实际上一个3%涨跌停板的收益就已经达到使用资金的30%。②交易方式,股票是T+1,即当天买进股票,第二天才可以卖出;期货是T+0,即当天开仓,当天可

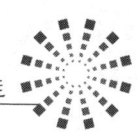

以平仓。③市场容量方面,股票的流通股数一定,利于资金操纵;④期货是开放市场,没有数量限制,因此,操纵市场的难度较大。

期货市场与股票市场的比较可以概括如表1-2所示。

表1-2 期货市场与股票市场的比较

比较内容	期货市场	股票市场
目的	为企业提供规避价格风险的场所和投资渠道	为企业筹资,提供投资渠道
标的物	大宗商品物资、原材料和金融产品	上市公司股票
交易对象	期货合约	股票
价格决定因素	期货标的物本身的供求关系	经济周期、上市公司业绩
风险特征	价格波动	取决于公司业绩预测
付款方式	少量保证金	全额保证金
交易特点	可以做空	暂时不能做空
持有时间	有限制	无限制

四、期货品种的分类

期货主要分为两大类:商品期货和金融期货。

(一)商品期货

商品期货(Commodity Futures)是指以实物商品为买卖对象的期货合约。实物商品主要包括农副产品、金属产品、能源产品和化工产品四大类。我国期货市场交易的期货合约中,农副产品期货主要包括玉米、大豆、豆粕、豆油、小麦、棉花、菜籽油、早籼稻、棕榈油和白糖,金属产品期货包括铜、铝、锌、钢材和黄金,能源化工期货主要是燃料油、天然橡胶、对苯二甲酸(Pure Terephthalic Acid,PTA)、聚氯乙烯(Polyvinyl chloride,PVC)、线形低密度聚乙烯(Linear Low Density Polyethylene,LLDPE)等。

(二)金融期货

金融期货(Financial Futures)是指以金融工具为标的物的期货合约。金融期货作为期货交易的一种,具有期货交易的一般特点,但与商品期货相比,其合约标的物不是实物商品,而是传统的金融商品,如证券、货币、汇率和利率等。金融期货主要有三种类型:利率期货、股指期货和汇率期货。

1. 利率期货,是指以利率为标的物的期货合约。世界上最先推出的利率期货是1975年在美国芝加哥商业交易所上市的美国国民抵押协会的抵押证券期货。利率期货主要包括以长期国债为标的物的长期利率期货和以2个月短期存款利率为标的物的短期利率期货。

2. 股指期货,其全称为"股票价格指数期货",是指以股票价格指数(如沪深300指数)为标的物的期货合约,是买卖双方事先约定,同意在未来某一个特定时间按照双方约定价格进行交易的一种标准化合约。1982年,美国堪萨斯期货交易所(KCBT)开发了价值线综合指数期货合约,是首家以股票指数为期货交易对象的交易所。

3. 汇率期货,又称货币期货或外汇期货,是指以汇率为标的物的期货合约。汇率期货是为了适应各国从事对外贸易和金融业务的需要而产生的,目的是规避汇率风险。1972年,美国芝加哥商业交易所的国际货币市场成功地推出了第一张汇率期货合约。

五、与期货交易相关的几个概念

(一)买多和卖空

期货既可先买入后卖出,也可先卖出后买入对冲。买多是指买入期货合约(多仓),卖空是指卖出期货合约(空仓)。同一月份合约的买多和卖空持仓只不过是同一合约的"两面",并非是两种合约品种。

(二)多头和空头

期货交易一定包括买方和卖方。在期货交易中,买进期货合约者称为多头,卖出期货合约者称为空头。多头认为期货合约价格会上涨,因此买进;相反,空头认为期货合约价格高了,以后会下跌,因此卖出。

(三)开仓、持仓和平仓

在期货交易中,无论是买还是卖,凡新建头寸都叫开仓或建仓。交易者开仓之后手中持有头寸,这就叫持仓。平仓,是指期货交易者了结持仓的交易行为,了结方式是针对持仓方向做相反的对冲买卖。由于开仓和平仓有着不同的含义,因此,交易者在买卖期货合约时,必须指明是开仓还是平仓。

(四)市场总持仓量

在交易所发布的行情信息中,专门有"总持仓"一栏,其含义是市场上所有投资者在该期货合约上总的"未平仓合约"的数量。交易者在交易时不断地开仓、平仓,总持仓量也在不断变化。由于总持仓量变大或变小反映了市场对该合约兴趣的大小,因而成为投资者关注的指标。如果总持仓量一路增长,表明多空双方都在开仓,市场交易者对该合约的兴趣增加,越来越多的资金涌入该合约交易中;反之,如果总持仓量一路减少,表明多空双方都在平仓出局,交易者对该合约的兴趣减少。还有一种情况是,虽然交易量在增长,但总持仓量却变化不大,这表明该合约以换手交易为主。

（五）成交量

交易所发布的实时行情信息中有"成交量"一栏。成交量是指当日开始交易至当时的累计总成交数量。在统计上，成交量有单边和双边的区别。凡是成交，必定有买进也有卖出，而且两者的数量相等。双边计算是将成交双方的数量加起来统计。同样，"总持仓"的双边统计也是将多空双方未平仓数量加起来计算的。在我国，期货成交量和期货持仓量都按单边数量计算。

（六）换手交易

换手交易有多头换手和空头换手之分。当原来持有多头的交易者卖出平仓，但新的多头又开仓买进，称为多头换手；空头换手是指原来持有空头的交易者买进平仓，但新的空头又开仓卖出。

（七）交易指令

期货交易指令包括三种：市价指令、限价指令和取消指令。交易指令当日有效，在指令成交前，客户可提出变更或撤销。

1. 市价指令，是指不限定价格的买卖申报，尽可能以市场最好的价格成交的指令。

2. 限价指令，是指执行时必须按限定价格或更好的价格成交的指令，特点是如果成交，一定是客户的预期价格或比其更好。

3. 取消指令，是指客户将之前下过的某一指令取消的指令。如果在取消指令生效之前前一指令已经成交，则称为取消不及，客户必须接受成交结果。如果部分成交，则可将剩余部分还未成交的撤销。

（八）追加保证金和强制平仓

当日权益减去持仓保证金，即资金余额。如果当日权益小于持仓保证金，则意味着资金余额为负数，这就意味着保证金不足了。按照规定，期货经纪公司会通知账户所有人在下一交易日开市之前将保证金补足，此举即为追加保证金。如果账户所有人在下一交易日开市之前没有将保证金补足，按照规定，期货经纪公司可以对该账户所有人的持仓实施部分或全部强制平仓，直至留存保证金符合规定的要求。

（九）爆仓

爆仓是指账户权益为负数，意味着保证金不仅全部输光，而且倒欠。在逐日清算制度及强制平仓制度下，爆仓通常是不会发生的。但在某些特殊情况下，比如在行情发生跳空变化时，持有反方向仓头寸较多的账户就很可能会爆仓。

（十）熔断机制

熔断机制是指对某一合约在达到涨跌停板之前，设置一个熔断价格，使合

约买卖报价在一段时间内只能在这一价格范围内交易的机制。在国外交易所中,熔断制度有两种表现形式,分别是"熔而断"与"熔而不断"。"熔而断"是当价格触及熔断点后,在随后的一段时间内停止交易;"熔而不断"是当价格触及熔断点后,在随后的一段时间内继续交易,但报价限制在熔断点之内。设置熔断机制的目的是让投资者在价格发生突然变化时有一个冷静期,防止出现过度反应。

按照中国金融期货交易所目前的设计,股指期货合约的熔断幅度为上一交易日结算价的±6%,每日开市后,股指期货合约申报价触及熔断价格且持续5分钟的,该合约启动熔断机制。熔断机制启动后的连续5分钟内,该合约买卖申报在熔断价格区间内继续撮合成交。5分钟后,熔断机制终止,涨跌停板幅度生效。熔断机制启动后不足5分钟,第一节交易结束的,熔断机制终止,恢复交易后,涨跌停板幅度生效。收市前30分钟内,不设熔断机制。熔断机制已经启动的,终止执行。每日只启动一次熔断机制。最后交易日不设熔断机制。

六、期货合约的主要条款

期货合约的各项条款涉及期货交易有关各方的利益,对期货交易是否活跃至关重要。

(一)合约名称

合约名称需注明该合约的品种及其上市的交易所的名称。以郑州商品交易所白糖合约为例,合约名称为"郑州商品交易所白糖期货合约",合约名称应简洁明了,同时要避免混淆。

(二)交易单位

交易单位是指在期货交易所交易的每手期货合约代表的标的商品的数量。例如,郑州商品交易所规定,一手白糖期货合约的交易单位为10吨。在交易时,只能以交易单位的整数倍进行买卖。确定期货合约交易单位的大小,主要应当考虑合约标的的市场规模、交易者的资金规模、期货交易所的会员结构以及该商品的现货交易习惯等因素。

(三)报价单位

报价单位是指在公开竞价过程中对期货合约报价所使用的单位,即每计量单位的货币价格。国内阴极铜、白糖、大豆等期货合约的报价单位以元(人民币)/吨表示。

(四)最小变动价位

最小变动价位是指在期货交易所公开竞价的过程中,对合约标的每单位价格报价的最小变动数值。最小变动价位乘以交易单位,就是该合约价格的最小变动值。例如,郑州商品交易所白糖期货合约的最小变动价位是 1 元/吨,即每手合约的最小变动值是 1 元/吨 × 10 吨 = 10 元。

在期货交易中,每次报价必须是其合约规定的最小变动价位的整数倍。期货合约最小变动价位的确定通常取决于该合约标的商品的种类、性质、市场价格波动情况和商业规范等。

最小变动价位与市场交易的关系比较密切。一般而言,较小的最小变动价位有利于市场流动性的增加。最小变动价位如果过大,将会减少交易量,影响市场的活跃程度,不利于套利和套期保值的正常运作;如果过小,将会使交易复杂化,增加交易成本,并影响数据的传输速度。

(五) 每日价格最大波动限制

每日价格最大波动限制也称为涨跌停板制度,是指期货合约在一个交易日中的交易价格波动不得高于或者低于规定的涨跌幅度,超过该涨跌幅度的报价将被视为无效,不能成交。涨跌停板一般是以合约上一交易日的结算价为基准确定的,一般有百分比和固定数量两种形式。每日价格最大波动限制条款规定的目的,在于防止价格波动幅度过大造成交易者亏损过大而带来的风险。我国郑州商品交易所的棉花、小麦合约,大连商品交易所的大豆和豆粕合约以及上海期货交易所的铜、铝、天然橡胶合约的每日价格最大波动限制均为上一交易日结算价的 3%。

涨跌停板的确定主要取决于该种商品现货市场价格波动的频繁程度和波幅的大小。一般来说,商品的价格波动越频繁、越剧烈,该商品期货合约的每日停板额就应设置得大一些;反之,则小一些。

(六) 合约交割月份

合约交割月份是指某种期货合约到期交割的月份。期货合约的到期实际交割比例很小,美国芝加哥期货交易所(CBOT)的农产品交割量占该合约总交易量的比率一般为 0.5% 左右。期货合约的交割月份由期货交易所规定,期货交易者可自由选择交易不同交割月份的期货合约。

某种商品期货合约交割月份的确定,一般由其生产、使用、消费等特点决定。例如,许多农产品期货的生产与消费具有很强的季节性,因而其交割月份的规定也具有季节性的特点。此外,合约交割月份的确定还受该合约标的商品的储藏、保管、流通、运输方式和特点的影响,有些品种的合约交割月份间隔较短,有些则较长,最远的合约交割月份间隔可达一年。

目前,各交易所交割月份的确定有多种方式。最普遍的是以固定月份为交割月的规范交割方式,如 CBOT 的大豆期货合约以每年的 1,3,5,6,7,8,9,11 月为交割月。此外,还有各种形式的滚动交割方式,如香港恒生指数期货采取当月、下月及最近两个季月交割(若1月是现货月,合约交割月份便为1月、2月、3月及6月)的方法,而英国伦敦金属交易所(LME)则是采取逐日交割的方式,郑州商品交易所的棉花期货合约采取的是隔月一次性交割的方式。

(七) 交易时间

期货合约的交易时间是固定的。每个交易所对交易时间都有严格的规定。一般每周营业五天,周六、周日及国家法定节假日休息。一般每个交易日分为两盘,即上午盘和下午盘。各交易品种的交易时间安排由交易所公告。

(八) 最后交易日

最后交易日是指某种期货合约在合约交割月份中进行交易的最后一个交易日,过了这个期限的未平仓期货合约,必须进行实物交割。根据不同期货合约标的商品生产、消费和交易的特点,期货交易所确定了其不同的最后交易日。

(九) 交割日期

交割日期是指将合约标的物的所有权进行转移,以实物交割方式了结未平仓合约的时间。

(十) 交割等级

交割等级是指由期货交易所统一规定的、准许在交易所上市交易的合约标的物的质量等级。在进行期货交易时,交易双方无须对标的物的质量等级进行协商,发生实物交割时,按交易所期货合约规定的标准质量等级进行交割。期货交易所在制定合约标的物的质量等级时,常常采用国内或国际贸易中最通用和交易量较大的标准品的质量等级为标准交割等级。

一般来说,为了保证期货交易的顺利进行,许多期货交易所都允许在进行实物交割时,实际交割的标的物的质量等级与期货合约规定的标准交割等级有所差别,即允许用与标准品有一定等级差别的商品作替代交割品。替代品的质量等级和品种一般也由期货交易所统一规定。交货人用期货交易所认可的替代品代替标准品进行实物交割时,收货人不能拒收。用替代品进行实物交割时,价格需要升贴水。替代品的实际价格一般可按它在质量等级上是高于还是低于标准交割等级而进行升水或者贴水。替代品与标准品之间的等级差价,即升贴水标准,也由交易所统一规定,并可根据该合约标的物的市场行情适时调整。

(十一) 交割地点

交割地点是指由期货交易所统一规定的进行实物交割的指定交割仓库。由于商品期货交易大多涉及大宗实物商品的买卖,因此统一指定交割仓库可以保证卖方交付的商品符合期货合约规定的数量与质量等级,保证买方收到符合期货合约规定的商品,防止商品在储存与运输过程中出现损坏等现象。一般来说,期货交易所在指定交割仓库时主要考虑的因素是,指定交割仓库所在地区的生产或消费的集中程度、储存条件、运输条件和质检条件等。负责金融期货交割的指定银行,必须具有良好的金融资信、较强的进行大额资金结算的业务能力以及先进、高效的结算手段和设备。

（十二）交易手续费

交易手续费是期货交易所按成交合约金额的一定比例或按成交合约手数收取的费用。交易手续费的收取标准,不同的期货交易所均有不同的规定。交易手续费的高低对市场的流动性有一定的影响,交易手续费过高,会增加期货市场的交易成本,扩大无套利区间,降低市场的交易量,不利于市场的活跃,但也可以起到抑制过度投机的作用。

（十三）交割方式

期货交易的交割方式分为实物交割和现金交割两种。商品期货通常采取实物交割方式,金融期货多采用现金交割方式。

（十四）交易代码

为便于交易,每一期货品种都有交易代码,如在我国期货市场中,大豆合约为 S,阴极铜合约为 CU,小麦合约的交易代码为 WT,棉花合约为 CF。

（十五）交易保证金

在期货交易中,任何交易者都必须按照其所买卖期货合约价值的一定比例（通常为 5%～15%）缴纳保证金,作为其履行期货合约的财力担保,然后才能参与期货合约的买卖；交易所还要视价格变动情况,确定是否要求交易者追加资金。

保证金的收取是分级进行的,分为期货交易所向会员收取的保证金和期货经纪公司向客户收取的保证金,即分为会员保证金和客户保证金。保证金应以货币资金缴纳,以上市流通国库券、标准仓单折抵期货保证金的,应当符合有关规定。客户保证金的收取比例由期货经纪公司规定,但不得低于交易所对会员收取的交易保证金。该保证金属于客户所有,期货经纪公司除按照中国证监会的规定为客户向期货交易所交存保证金、进行交易结算外,严禁将保证金挪作他用。

第二节　期货市场的功能

期货市场是从远期合约交易市场发展而来的,在这个过程中,其制度不断改进,市场功能也不断完善。使远期交易成为现代意义上的期货交易,保证金制度与结算制度等的完善起着关键性的作用。以保证金制度为例,一方面,它使交易

履约得到保障；另一方面，它又吸引了投机资本进入，促进了期货市场功能特别是风险规避功能的充分发展。早期的期货市场或远期合约市场区别于即时现货市场的地方，就在于能稳定产销经营活动，避免价格波动，在一定意义上起着规避风险的作用。但是这种作用很有限，当价格风险来临时，很难将合约转手，而且在交收时存在信用风险，即违约风险。保证金制度的实行及其不断完善，独立结算机构的出现，使市场增加了对冲功能，从而使得投机者大量涌进，市场规避风险的功能也大大增强。

一、规避风险

期货市场的规避风险功能，主要是指现货商通过期货市场进行套期保值，有效地规避、转移或分散现货市场的风险。所谓套期保值业务，是指在期货市场上买进或卖出与现货商品或资产相同或相关、数量相等或相当、方向相反、月份相同或相近的期货合约，从而在期货和现货两个市场之间建立盈亏冲抵机制，以规避价格波动风险的一种交易方式。期货市场之所以能让现货商有效地进行套期保值，主要是因为期货市场价格波动与现货市场价波动因影响因素基本一致且具有趋同性。

以现货商在大豆期货市场规避风险为例。我国东北大豆每年4月开始播种，10月份收获，在这段近半年的时间内，如果大豆价格下跌，将使大豆种植者预期收益受损。为了防止出现这种情况，现货商（指生产商）在期货市场上卖出与其预期产量一致的大豆期货合约，半年之后，大豆价格下跌，按市价出售会使现货商蒙受损失，但他的期货交易却获得收益，现货价格风险已经得到有效规避。

期货市场规避现货市场风险并不等于现货市场风险被消灭，现货市场风险换一种方式仍然存在于期货市场中。规避本身是指现货商运用期货市场进行相反交易来锁定成本或利润，就相当于一个现货持有者在价格下跌到来时或到来之前及时将现货抛售掉，但是这种抛售是以卖出相应量的期货合约进行的。有两方面的原因决定了有必要利用期货合约：一是在现货市场难以找到合适的接货者，二是将来持有的货物会贬值。这里，人们不能不注意到期货市场功能的独特性，它吸引大量投机者进入，使现货商运用期货市场规避风险成为可能，投机者是现货商转移风险必不可少的对象。

二、价格发现

期货市场的价格发现功能是指期货市场价格具有揭示商品市场供需关系变化的意义，对生产者、消费者理性决策具有重要的指导作用。期货市场在价格形成方面的优势决定了它具有价格发现功能。期货价格是参与者在交易所集中交易中形成的,这与现货价格多是在参与者相对分散和私下进行交易而形成的完全不同。集中交易聚集了众多交易者,并且又在自由、公开的环境下进行竞价,故期货价格比现货价更真实、更有权威性。而且,期货价格所代表的是未来某一具体时间、地点的市场交收价,众多参与者带着不同的预期进行交易,交易结果代表市场对未来价格的看法,故期货市场具有价格发现功能。与一般现货价格相比,期货价格具有几个显著特点:真实性、预期性、连续性和权威性。期货市场之所以具有价格发现功能,主要由于期货价格的形成具有以下特点:

第一,交易活动透明度高。交易指令在高度组织化的期货交易所内撮合成交,所有期货合约的买卖都必须在期货交易所内公开竞价进行,不允许场外交易。交易所内自由报价,公开竞争,避免了一对一的现货交易中容易产生的欺诈和垄断。交易所交易价格信息的快速传播使交易者能及时了解期货市场的最新变化,及时调整交易行为。这种价格预期的不断调整最后反映到期货价格中,提高了期货价格的真实性。

第二,供求信息集中,市场流动性强。期货交易的参与者众多,如商品生产商、销售商、加工商、进出口商以及数量众多的投机者等。这些套期保值者和投机者聚集在一起竞争,使期货合约的市场流动性大大增强,这就克服了现货交易缺乏市场流动性的局限,有助于价格的形成。

第三,信息质量高。期货价格的形成过程是收集信息、输入信息、产生价格的连续过程,信息的质量决定了期货价格的真实性。由于期货交易参与者大多熟悉某种商品行情,有丰富的经营知识和广泛的信息渠道及一套科学的分析、预测方法,他们把各自的信息、经验和方法带到市场上来,结合自己的生产成本、预期利润,对商品供需和价格走势进行判断、分析、预测,报出自己的理想价格,与众多对手竞争。这样形成的期货价格实际上反映了大多数人的预测,具有权威性,能够比较真实地代表供求变动趋势。

第四,价格具有连续性。期货价格是不断反映供求关系及其变化趋势的一种价格信号。期货合约的买卖转手相当频繁,这样连续形成的价格能够连续不断地反映市场供求情况及变化。由于期货价格的形成具有上述特点,期货价格能比较准确、全面地反映真实的供给和需求情况及其变化趋势,对生产经营者有较强的指导作用。世界上很多生产经营者虽未涉足期货交易,也没有和期货市场发生直接关系,但他们都在利用期货交易所发现的价格和所传播的市场信息来制定各自的生产经营决策。例如,生产商根据期货价格的变化来决定商品的生产规模;在贸易谈判中,大宗商品的成交价格往往是以期货价格为依据来确定的。

期货市场的这种价格发现功能有利于市场供求和价格的稳定。期货市场上交易的是在未来一定时间履约的期货合约，它能在一个生产周期开始之前，就使商品的买卖双方根据期货价格预测商品未来的供求状况，指导商品的生产和需求，发挥稳定供求的作用。另外，投机者的介入和期货合约的多次转让使买卖双方应承担的价格风险平均分散到参与交易的众多交易者身上，减少了价格变动的幅度和每个交易者承担的风险。

三、风险投资

期货交易是一种重要的投资工具，有助于合理利用社会闲置资金。期货交易所能带动所在地第三产业的发展，繁荣当地经济。期货市场不仅为保值者提供了套期保值的功能，也为投机者提供了在承担风险基础上的投资赢利功能。事实上，保值者因有物要保，才以一定的货币参与期货交易，但它的期货收益是不能与货币单独结算的，须与货物价值变化结合在一起，通过期货与现货价值冲抵来结算货币交易的结果或效果。进行风险投资的情形则不同，投机者单纯以货币买卖期货合约，赚取其中的价差收益，风险投资结算是单独以货币投资收益计算。风险投资者参与期货的目的与套期保值者不同，参与的方式较保值者自由灵活。没有风险投资功能，期货的套期保值功能是不完整的，甚至将难以实现。

四、资源配置

期货市场的资源配置功能指的是运用期货市场机制能提高企业经营效率。它包括三层含义：

第一，期货是投资者或企业经营者进行风险管理的工具，能够促进资金有效使用，防范市场风险，提高经营效率或竞争力。以 2000 年国际油价上涨带来的影响为例：石油价格上涨，使相关企业运行成本大幅增加，国内航空公司不堪上涨压力，做出了提高机票价格的决策，受到各界非议，且在与铁路的竞争中失分；与此同时，中国国际航空公司由于在期货市场进行了套期保值而没有出现相应的举动。两种不同举动所产生的不同竞争效果不言而喻。

第二，通过交割月交割和保值对冲，促进资源（指物流）有效流动，而且期货价格促进了企业经营者的计划、生产与销售，有利于资源配置。总之，资源配置功能是期货市场具有效率性的表现。

第三，节约了交易成本。期货市场为交易者提供了一个能安全、准确、迅速成交的交易场所，提高了交易效率，有助于市场经济的建立和完善。

第三节　期货市场对实体经济的影响

期货市场的作用是期货市场功能作用于生产经营者、作用于整个经济活动的具体表现。概括起来,这种表现体现在宏观和微观两个方面。

一、在宏观经济中的作用

期货市场在宏观经济中的作用主要体现在以下方面:

第一,通过生产、消费过程中的风险规避活动,减缓价格波动。商品的市场价格往往会因盲目生产和消费而加剧波动,期货市场形成的价格为预期价格,它真实地反映了商品市场未来供需关系的变化,生产经营者可以运用期货市场的信息,有计划地组织生产或消费,这样可以避免盲目性,减少商品现货价格波动。期货市场作为风险规避或管理的场所,生产经营者通过期货市场为现货套期保值,使现货市场减少了追买追卖的力量,从而减缓了现货价格的波动。从这个意义上说,期货市场有利于市场价格的稳定。

第二,提供了政府决策的参考及手段。在计划经济时代,政府往往以现货价格作为决策的重要参考,这种决策有很明显的滞后性。利用现货价格指导未来生产或进行产业结构调整,容易造成供求失衡和资源浪费。期货价格具有预期性,政府利用其进行决策具有超前性,有利于避免未来供求的失衡或资源的浪费。而且,期货市场可以成为政府宏观调控的重要手段,政府可以利用期货市场表达看法,使市场符合政府的调控目标。政府对市场适时进行干预,就是其中的形式之一。

第三,促进经济的国际化发展,提高本国经济地位。期货价格为国际贸易基准价,有影响力的期货市场成为各国合理配置资源的基础,期货标准化合约交易为国际化交易提供了重要条件。利用期货市场,把国内与国际连接起来,可以促进本国经济的国际化发展,使本国成为国际定价中心的期货市场,进而提高本国的经济地位。

第四,有助于市场经济体系的完善。现货市场与期货市场是现代市场体系中两个重要的组成部分,期货市场起着权威定价和管理风险的作用。正因为有这样的重要作用,有人认为:期货市场是资本市场或市场经济的核心,没有期货市场的市场经济体系是不完整的;期货市场有利于市场经济体系的建立和完善。

二、在微观经济中的作用

期货市场在微观经济中的作用主要体现在以下方面：

第一，锁定生产成本，实现预期利润。生产企业可以利用期货市场计划生产和提前卖出，实现预期利润；加工企业也可以利用期货市场提前买入，从而锁定生产成本。这些都是期货市场套期保值功能、价格发现功能的典型运用。

第二，降低流通费用，稳定产销关系。期货市场进行交收不存在难于寻找对象和难以履约的问题，故现货在期货市场中的流通费用较低；期货市场是一种预期交易，产销双方从期货交易中获得各自的计划需要，这有利于稳定产销关系。

第三，提高合约兑现率，稳定经济秩序。期货市场的竞价方式、市场组织形式、交易制度等决定了期货交易具有高度的履约性，相对于现货市场容易产生信用危机而言，期货市场有利于经济秩序的稳定。

第四，丰富投资品种，增加投资渠道。期货交易的重要特征之一就是可以实现杠杆收益，这样就可以为那些愿意承担风险的投机者提供了一个快速增加投资收益的机会，而且丰富了投资品种，可满足投资者的多样性投资需求。

本章小结

本章讲述了期货合约的概念和特征，将期货市场与现货市场、期货市场与证券市场进行了比较，介绍了期货市场的基本经济功能，并分析了期货市场对宏观经济和微观经济产生的影响。

期货交易就是"现在定价格，将来买卖货物"。期货交易与现货交易互相补充、共同发展。期货交易与远期合约交易的共同点是，都采用先成交、后交割的交易方式，但在以下几方面存在重大差别：是否进入交易所交易，合约是否标准化，是否实行保证金交易制度和逐日结算制度；此外，还有结束头寸的方法不同，交易的参与者不同等。期货市场和证券市场同属于资本市场，有着内在的联系和相似之处，但期货市场与证券市场在经济职能、市场结构及保证金规定上有着重要区别。

期货合约的重要特征之一就是条款的标准化，这是期货合约与现货合同及现货远期合约的本质区别。期货合约的主要条款有：合约名称，交易单位，报价单位，最小变动价位，每日价格最大波幅限制，合约交割月份，交易时间，最后交易日，交割日期，交割等级，交割地点，交易手续费，交割方式，交易代码，交易保证金等。

与期货交易相关的概念有买多和卖空,多头和空头,开仓、持仓和平仓,市场总持仓量,期货成交量,换手交易,交易指令,追加保证金和强制平仓,爆仓,熔断机制等。

期货市场具有规避风险、价格发现、风险投资和配置资源等经济功能。

复习思考题

一、名词解释

1. 期货合约　　2. 交易单位　　3. 报价单位　　4. 开仓　　5. 持仓
6. 平仓　　　　7. 交割方式

二、简答题

1. 期货市场与现货市场有何区别?
2. 期货市场与证券市场有何区别?
3. 简述期货市场的基本经济功能。
4. 简述期货市场对宏观经济的影响。
5. 简述期货市场对微观经济的影响。

第二章 期货市场的发展

教学目标

通过本章学习,了解世界期货市场发展的历史,熟悉国际主要期货交易品种,了解国际期货市场的变化趋势和国内期货市场的发展状况。

学习重点

- 期货交易的起源与发展
- 国际期货市场发展趋势
- 中国期货市场发展现状

第一节 世界期货市场的发展

一、期货交易的起源

期货交易是商品交易发展的产物。以 19 世纪为界,商品交易的历史可以划分为两个阶段。19 世纪以前,由产品交换发展到商品交易,人类社会经历了漫长的历程。远古时代,特别是在奴隶制社会,还没有实行货币制度时,随着各个部落生产产品的自给有余、需求有缺,开始出现了产品交换。这种产品交换是原始的,不同于现在的易货贸易形式。到了封建社会,产生了货币制度,这时才有了"一手

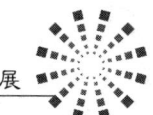

交钱,一手交货"的商品交易,即"商品—货币—商品"的初级现货交易形式。

大约在13世纪,上述现货商品交易获得了广泛发展,许多国家都形成了中心交易场所、大交易市场以及无数的定期集贸市场,如罗马帝国的罗马大厦广场、雅典的大交易市场以及我国当时各地的大小集贸市场,它们都是按照既定的时间在固定的场地范围进行大量的现货交易活动。随着现货商品交易的普遍推行,产生了专门从事商品转手买卖的贸易商人,因而也出现了大宗现货批发交易。由于那时交易的商品主要为农产品,而农产品的生产具有季节性,因而逐渐产生了根据商品样品的品质签订远期供货合同的交易方式。这种贸易商人和商品生产者签订的远期供货合同,由初级形式发展到远期合约(forward contracts),经过了漫长的发展时间。合同的条款、计价方式与价格以及合同的信用等方面经过不断演变和完善,一直到19世纪中叶才开始形成较完善的远期合约交易。

1825年后,美国中西部的交通运输条件发生了惊人的变化,货物运价大为降低,如过去马车运输的吨英里运价为25美分,而铁路运输只要4美分,水路运输则为2美分。于是,西部农业区农民生产的粮食被大量运往芝加哥,以便卖个好价钱。但往往由于供过于求,这些商人事与愿违,因而产生了预先签订买卖合约,到期运来交实货的想法和交易方式。随着农业技术的发展,农产品产量大大增多,贸易量大增,仓储技术和仓库也有了巨大的发展,芝加哥的粮食储运商能够储存大量粮食,因而促进了农产品的远期合约交易。

于是,1848年,由82位商人发起组建了美国第一家中心交易所,即芝加哥期货交易所(Chicago Board of Trade,CBOT)。在交易所内,由交易所承担买卖双方的信用担保和中介职能,进行规范化的远期合约交易,远期合约的条款内容包括商品的品质(规格、等级)、产地/生产厂家、交易数量、价格或计价方式、交收实货日期和地点、付款方式、买者与卖者等条款。此外,交易所也制定了有关维护远期合同交易的制度。类似的交易所还有:1570年英国伦敦开设的第一个皇家交易所,1730年日本大阪创办的"米相场",荷兰、比利时开设的农产品交易所。19世纪中叶,这类交易所开展的远期合约交易,目的还是到期交收商品,仍然属于现货交易,还没有演变成为期货合约交易,但却为以后的期货合约交易创造了条件。

1851年3月13日,芝加哥期货交易所诞生了第一份玉米远期合约交易,数量为3 000蒲式耳,交货期为当年6月份,价格为每蒲式耳低于3月13日当地玉米市价1美分。此后,经过数十年的发展,现货交易的基础逐渐稳固并扩展,为远期合约中有关条款的规范化和标准化创造了条件。大约在19世纪末,出现了现代标准化期货合约的交易,这种期货交易不再以到期交收实货为目的,而是进行标准化期货合约本身的买卖以及合约到期之前的不断被转让,因此,交易目的

是与商品所有权相联系的价格风险的转嫁。这时,除了实货交易者以外,又有投机商参与期货交易。至此,期货交易的性质便发生了质的变化。

期货交易最初以现货交易为主,然后产生了中远期现货交易,出现了以保证金进行现货交易的方式,再后来发展成为现代的期货交易。最初以现货交易为主的地方已产生了现代期货交易的雏形:交易双方在交易所内以一小部分保证金作为信用担保,进行合约交易——这些合约规定了在将来以规定的价格、在规定的地点买卖规定的商品。此类交易活动当时在农产品、奶制品和肉制品等领域极为活跃。进入19世纪90年代,随着风险管理意识在全球范围内的广泛传播,期货开始在金融市场中得以迅速发展。

二、期货市场的产生

期货市场最早萌芽于欧洲。早在古希腊和古罗马时期就出现过中央交易场所、大宗易货交易以及带有期货贸易性质的交易活动。当时的罗马议会大厦广场、雅典的大交易市场就曾是这样的中心交易场所。到了12世纪,这种交易方式在英、法等国的发展规模很大,专业化程度也很高。

1251年,英国大宪章正式允许外国商人到英国参加季节性交易会。后来,在贸易中出现了对在途货物提前签署文件,列明商品品种、数量、价格,预交保证金购买,进而买卖文件合同的现象。1571年,英国创建了世界上第一家集中的商品市场——伦敦皇家交易所,后来在其原址上成立了伦敦国际金融期货期权交易所。其后,荷兰的阿姆斯特丹建立了第一家谷物交易所,比利时的安特卫普开设了咖啡交易所。1666年,伦敦皇家交易所毁于伦敦大火,但交易仍在当时伦敦城的几家咖啡馆中继续进行。17世纪前后,荷兰在期货交易的基础上发明了期权交易方式,在阿姆斯特丹交易中心形成了交易郁金香的期权市场。1726年,另一家商品交易所在法国巴黎诞生。

(一)1848年芝加哥期货交易所诞生

现代意义上的期货交易所19世纪中期诞生于美国芝加哥。1848年,芝加哥的82位商人发起组建了期货交易所(CBOT)。直到1851年,芝加哥期货交易所才引进远期合同;1865年,推出了标准化合约,同时实行了保证金制度,这是具有历史意义的制度创新,促成了真正意义上的期货交易的诞生。1882年,芝加哥期货交易所允许以对冲方式免除履约责任。1925年,芝加哥期货交易所结算公司(BOTCC)成立。

(二)1874年芝加哥商业交易所诞生

芝加哥地理位置优越,四通八达的水路和陆路运输使芝加哥成为全美国最重要的交通枢纽。19世纪60年代,芝加哥市成为美国集中化的大宗肉类、谷类和其他农产品的交易中心。1874年5月,一些供货商在芝加哥建立了农产品交易场所,为黄油、鸡蛋和其他农产品提供了一个有组织的交易市场。1899年,这些供货商建立了一个独立的组织,称为芝加哥黄油和鸡蛋交易委员会。1919年9月,芝加哥黄油和鸡蛋交易委员会正式更名为芝加哥商业交易所(CME),同年,统一的结算机构——芝加哥商业交易所结算公司宣布成立。到1969年,芝加哥商业交易所已发展成为世界上最大的肉类和畜类期货交易中心。

(三)1876年伦敦金属交易所诞生

伦敦金属交易所(LME)创建于1876年。19世纪中期,英国已成为世界上最大的金属锡和铜生产国。随着工业需求的增长,英国出产的锡和铜已不能满足本国工业生产的需要,英国开始从国外运输铜矿石和锡矿石回国进行精炼。在当时的条件下,铜矿石和锡矿石的价格因运输路途遥远以及运输过程中的种种问题而经常大起大落,价格风险很大。当时的英国商人和消费者面对铜和锡的价格风险采取了预约价格的方式,在货物没到之前就对"未来货物"签订合同,以保证货物运来很多时都可以卖掉,运来很少时也不至于因价格暴涨而增加购买成本。1887年7月,新的公司——伦敦金属交易所组建。目前,伦敦金属交易所已成为全球铜等金属定价的中心。

(四)1885年法国期货市场诞生

1726年,法国商品交易所在巴黎诞生。1885年,法国通过了一个重要法令,允许在法国开展商品期货交易。法国的商品交易所很早就出现了,但它的金融期货交易比美国晚了10多年。直到1986年2月20日,法国国际金融期货市场才在巴黎正式开业,开展金融期货交易和金融期权交易。1988年2月,法国商品交易所与法国金融工具期货市场合并为法国国际期货期权交易所(MATIF)。

三、期货市场的发展

经历了第一次世界大战后的繁荣与第二次世界大战时期的萧条之后,到了20世纪后半叶,世界经济出现了日益增强的全球化发展趋势,给企业、政府和个人增加了更多新的风险,同时也给期货市场带来了新的机遇。此时,汇率、利率和股指等金融期货品种相继诞生,而且后来居上,最终占据了主导地位,取代了直到20世纪70年代仍是期货市场主流的农产品期货品种。

(一)1900—1910年:寻求市场定位

20世纪的最初10年,是为期货市场寻求定位的时期。1900年2月,芝加哥期货交易所(CBOT)与一家公司展开了一场诉讼。直到5年后,最高法院才对诉讼做出判决。诉讼的起因是CBOT拒绝向一家将期货报价用于非法目的的公司提供报价。在高等法院辩论案子的过程中,律师亨利·S.罗宾逊提出:期货的套期保值交易和投机交易与赌博不同。罗宾逊可能是最早区分以套期保值和投机为目的的期货交易与赌博的人之一。自此,CBOT不仅获得了对使用其报价的法定控制权,而且为那些指责期货交易活动是赌博的人提供了一条清晰地判别期货交易与赌博的界限。

　　1902年,CBOT会员乔治·菲利普的破产牵涉到40%的交易所会员,该事件于次年引发了一场是否成立一个集中的清算机构的讨论。由于当时交易所的诉讼案正在进行,交易所无法推进此计划。1907年,纽约商品交易所(NYMEX)(1872年成立时名为纽约黄油与干酪交易所)成立了一个运输委员会,以帮助改善与运费率及有关规则相关的条件。John C. De la Vergne,一位交易所会员,也是一位冷藏业先驱,提请委员会关注,用新型冷冻车在全国各地运送黄油、鸡蛋和家禽是安全可靠的。在这个10年的后半时期,NYMEX还专门抽调一个委员会,协助纽约警察局打击交易所所在地6 Harrison大街一带的入室行窃犯罪活动。1977年,交易所搬至世界贸易中心大厦。

(二)1910—1920年:战争刺激价格

　　1916年,第一次世界大战进行得如火如荼。受战争影响,玉米价格达到了1.05美元/蒲式耳,这是美国内战以来的最高价;一年后,小麦价格更升到了有史以来的最高价3.25美元/蒲式耳。美国参战后,基础商品价格大涨,政府不得不介入市场,暂停了小麦、糖、棉籽和棉籽油期货。出于军事需要,这时美国建立起了一套涵盖所有商品的价格管制系统。1918年停战协议签署后,世界各国的价格管制才被取消。第一次世界大战后,谷物价格波动无常,助长了人们对谷物投机者的反感。

　　第一次世界大战使位于伦敦和德国汉堡的传统的原糖市场关闭,于是,纽约咖啡交易所顺势于1914年推出了原糖期货。两年后,纽约咖啡交易所改名为纽约咖啡和糖交易所(NYMEX),并于1916年将通过黑板报价的交易方式引入了交易厅。1919年,成立于19世纪70年代、根植于农产品交易的芝加哥黄油和鸡蛋交易所更名为芝加哥商业交易所(CME),同时成立了CME结算机构。CME在12月1日开市时,在45分钟内共计成交了三批鸡蛋合约,100位会员各象征性地交易了约100美元。

(三)1920—1930年:期货业纳入政府管理

　　1922年,美国设立了谷物期货管理局,旨在对谷物期货交易进行监管,以防止价格垄断,维护交易秩序,这也是联邦政府对美国期货交易予以规范的开端。虽然CBOT曾经对《谷物期货法》进行过挑战,但1923年联邦高级法院维护了它的法律权威。当谷物期货管理局开始讨论设立期货价格日内涨跌幅限制时,

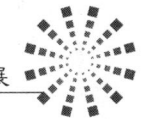

CBOT 总裁 Frank L. Carey 称其是对供需自由的可悲的限制。

1925 年,CBOT 获得了宣布市场进入紧急状态与制定价格日涨跌幅限制的权力。1924 年底至 1925 年,传奇式谷物投机商阿瑟库坦已交割了 500 万蒲式耳小麦,推动小麦价格上涨超过了 2 美元/蒲式耳。这一年,CBOT 的交易量达到了 540 万张,该纪录一直保持到了 1963 年。与此同时,政府公布了谷物交易调查的最终报告(该调查于 1916 年开始)。最后,CBOT 决定采纳农业部长 William Jardine 的改革建议,包括规范大户持仓报告、建立一个集中的票据交换所。1926 年,为 CBOT 期货交易提供保证的芝加哥期货交易结算公司终于成立,此时距 1919 年 CME 创设结算机构已经 7 年,与 1924 年成立的类似机构 NYMEX 相比,CBOT 也晚了两年。

虽然自 1903 年 NYMEX(主要是一个现货市场)已经拥有常规性的期货交易时段,但直到 1921 年,该交易所才为黄油和鸡蛋的期货交易制定规则。两年后,交易所总裁 Julius D. Mahr 报告说,期货交易令该类商品"交易量大幅增加"。起初这些规则鼓励合约到期时进行实物交割,而不是在合约到期前对冲了结,因而 99% 的合约以交割方式了结。

1925 年,纽约可可交易所成立。同年,CBOT 用自动收报机取代了较慢的莫尔斯电码。20 世纪 20 年代末,交易所处于大搬迁期。1856 年建立的堪萨斯城期货交易所迁移了两个街区,搬到堪萨斯市温都特一处更大的场所。1928 年 4 月 25 日,CME 也换了一个值得自豪的大场地,搬到了华盛顿的富兰克林大街,拥有了一个占地两层、面积达 5 000 平方英尺的交易池。在这里,载有新闻消息与最新报价的黑板围满了三个交易池四周。CME 在该处交易了 45 年,这是它历史上使用时间最长的一处交易场地。1929 年,CBOT 搬到了位于克拉克大街的一处临时场地交易,并对位于芝加哥拉萨利大街街尾的 CBOT 大厦进行规划装修。CBOT 于 1930 年入驻新场地,1967 年,这个场地被命名为历史名胜。1929 年,CBOT 的席位费涨到了 62 500 美元,这一价位直到 1973 年才被突破。

(四)1930—1940 年:大萧条笼罩下的年代

1930 年至 1932 年是道·琼斯工业平均指数(以下简称道指)历史上表现最差的时期。道指在 1929 年 10 月 28 日和 29 日急跌了 23% 之后,1930 年下跌了 34%,1931 年更是创纪录地下跌了 53%,1932 年又下跌 23%。留有 20 年代黄金岁月印记的是 CBOT 大厦这一标志性建筑,一直到 1955 年,这座 45 层高的建筑仍然是芝加哥最高的建筑,其 19 000 平方英尺的交易大厅是世界上最大的交易厅。

尽管经济萧条,但纽约与芝加哥的黄油、鸡蛋交易却兴旺发达。1931 年装备了自动收报机后,现货商们一边在 NYMEX 进行现货交易,一边关注着通过自动收报机传来的芝加哥的期货价格,一边又通过电报对他们在中西部的经纪商发出指令。20世纪30年代,NYMEX涉足家禽市场,并经营着活跃的家禽现货交易。

1933年3月6日至13日,因富兰克林·罗斯福总统宣布银行放假,CBOT暂停交易。罗斯福同时宣布,禁止美国公民私人拥有黄金。同年7月5日,纽约商品交易所(COMEX)在纽约开业,交易白银与铜合约。COMEX还热切地希望开展黄金交易,但直到1974年12月31日,这一愿望才变为现实。

在为加强证券监管而成立证券交易委员会(SEC)两年后,1936年,美国才以《商品交易所法》取代了《谷物期货法》,并成立了商品交易所委员会。商品交易所委员会作为联邦政府管理机构,专司对期货市场的监管。新法规同时禁止一些农产品的期权交易,这一规定维持了近50年。有关方面在新法规下采取的主要行动之一,是控告大谷物商 Cargill 公司操纵玉米市场,企图逼仓。结果Cargill 公司虽然仍被允许从事期货交易,但该公司总裁被取消了在各个谷物交易所的会员资格,并被暂停了交易权,直到1942年才被恢复。

(五)1940—1950年:第二次世界大战带来价格管制

1940年德军入侵巴黎后,小麦价格在盟军投降可能导致战争很快结束消息的刺激下暴跌,小麦未平仓合约在6日内骤减了3 700万蒲式耳。据美国商品交易所委员会统计,从1943年7月到1944年7月,美国国内市场根本没有玉米交易,直到1944年8月才有100万蒲式耳(200张合约)的交易发生。大豆期货市场于1943年3月关闭,直到1947年7月才重开。

1941年,在日本偷袭珍珠港前一个星期,NYMEX推出了土豆期货,该品种日后发展成为NYMEX的龙头品种,历经30年而不衰。然而,由于战争冲淡了人们的交易兴趣,1945年,土豆仅成交80张合约。第二年战争结束后,交易量急剧上升,成交达到近16 000张。1948年3月,仅1个月时间,土豆交易量就达到了4 000张,该纪录保持了近四年。在土豆期货大获成功的鼓舞下,NYMEX于1948年又推出洋葱期货。

1942年与1943年,CBOT年交易量未达到100万张。1946年7月17日,谷物交易量创下了历史最低纪录。1946年,玉米交易了132 289张合约,高于小麦55 591张的交易量,自1921年以来首次超过小麦,成为CBOT最主要的交易品种。但是,玉米的这一主导地位并未能保持下来,在市场恢复正常之后,直到1965年,玉米交易才再次超过小麦,处于优势。战争过后,市场对鸡蛋期货合约的需求减小了。据NYMEX记载,铝制顶棚鸡舍的出现使鸡舍得以长年保持恒温,因而在一年的12个月中,鸡都可以产蛋,不再像过去仅有3,4,5月份产蛋,这使得鸡蛋的季节性套期保值需求消失了。

(六)1950—1960年:交易所管理体制日臻成熟

1953年,CME创设交易所总裁一职,以管理交易所日常运作,伊瓦瑞特·

B. 海瑞斯辞去了 CBOT 的秘书职位，出掌 CME。1956 年，CBOT 首次雇用非会员的付薪总裁——Robert C. Liebenow，此前该职位由选举出的交易所会员担任。1960 年，约翰·克拉盖特被任命为 NYMEX 首席执行官。1956 年，NYMEX 引入铂期货。当时，铂是唯一一个价格不受政府管制的贵金属。在大洋彼岸，伦敦商品交易所（London Commodity Exchange）于 1954 年开业了。交易商聚集起来组成市场协会，定期进行可可、咖啡和原糖交易。20 年后，当这个交易所重组为一个非营利性公司时，在此交易的商品已包括石油、豆粉、植物油和橡胶。1955 年，由纽约商品交易公司协会发展而来的期货业协会（FIA）成立。

（七）1960—1970 年：商品期货空前丰富

20 世纪 60 年代早期，悉尼羊毛期货交易所成立，这是悉尼期货交易所的前身。科莱·豪是一个终生从事羊毛贸易的商人，伦敦市场的距离和时差不便令他极为厌倦，在他长达 10 年的坚持下，澳大利亚自己的交易所终于在 1960 年 5 月开业了。据传，勤于思索的豪于 1966 年曾向同僚们建议推出一个股票价格指数期货合约，而这一合约直到 1983 年才面世，虽然比股指期货在美国登场晚了 1 年，但在悉尼上市的全部普通股价格指数期货确实是美国以外最早上市的股指期货。在芝加哥，CBOT 的会员 1968 年提议进行道琼斯工业平均指数期货交易，该合约打算采用现金结算。但这一动议很快被打消了，原因是交易所的法律顾问米尔顿·H. 科恩律师认为，这可能触及该州的赌博法。但是，CBOT 将交易股指期货的创意变通为设立一家交易上市股票期权的交易所。5 年之后，1973 年 4 月 6 日，芝加哥期权交易所（CBOE）开业了。

1961 年，CME 推出的冻猪腹肉合约获得成功，刺激了交易所推出更多的肉类期货。1964 年，CME 举行了活牛期货首日交易仪式，将活牲畜引入期货交易池，此举吸引了全世界的目光。1966 年，活猪期货推出；1971 年，饲养用小牛期货面世。目前，CME 20 世纪 60 年代推出的这些肉类期货仍在正常运行。这表明，不可储藏的易腐商品也是可以进行期货交易的。

1966 年，纽约的交易者尝试交易一种非传统农业产品，在纽约棉花交易所（New York Cotton Exchange）推出了冷冻浓缩柑橘汁期货。1969 年，CBOT 推出了它的第一个非谷物期货——白银。黄金期货直到 1979 年才上市。20 世纪 50 年代大胆进入金属领域的 NYMEX，在 1962 年还开立了国家股票交易所，不过 1974 年该交易所便关闭了。1968 年，NYMEX 又增加了金属钯期货。

正当期货市场稳步扩张时，世界金融体系的稳定性开始动摇。自 1949 年以来，英镑一直稳定在 2.8 美元。但是，1967 年，英国政府宣布英镑贬值至 2.4 美元，这是由布雷顿森林协议确立的固定汇率与固定金价的双挂钩机制失灵的先兆之一。预期英镑将贬值,芝加哥大学自由派经济学家米尔顿·弗里德曼要求卖空300 000美元的英镑,但被银行交易柜台拒绝了。这个消息见诸报端,最终引导CME年轻的土耳其裔主席里奥·梅拉梅德向米尔顿·弗里德曼求教,请其对货币期货进行研究并予以支持。

(八)1970—1980年:金融期货登场

20世纪70年代初期,美国正面对着各方对越南战争的非难,世界经济也动荡不安。1971年8月,美国政府宣布,不再继续承担以35美元/盎司的价格接受各国央行兑换黄金的义务,勉力支撑的布雷顿森林体系土崩瓦解。是年底,第二次世界大战后居主导地位的固定汇率制重新修订,汇率波幅扩大了1倍多。这时,梅拉梅德和他的CME军团决议抓住机遇,将新的自由化货币市场引入期货市场,并且以惊人的速度在几个月后将计划付诸实施。1972年5月16日,弗里德曼敲响了CME开市的钟声,英镑、加拿大元、德国马克、西班牙盾、日元、墨西哥比索、瑞士法郎期货合约开始交易,此后,期货市场步入了金融时代。

1972年,CME搬到芝加哥联邦政府右边的一座高层建筑,交易大厅几乎扩大为原来的3倍。6年后,交易厅面积又从14 000平方英尺扩大到了23 000平方英尺。正如20世纪20年代期货市场管理不力,导致一个新的政府部门产生,以对该行业进行监管一样,70年代的市场状况也导致商品期货管理委员会(Commodity Futures Trading Commission,CFTC)成立。1966年DeAngelis公司沙拉油诈骗事件后,商品交易所委员会(CEA,成立于30年代)对大多数的改良意见置若罔闻,引起了市场对CEA的不满。1973年,由于美国方面生产的问题,加之秘鲁凤尾鱼产量锐减,玉米与大豆价格飙升至历史高位(大豆价格最高时达到近13美元/蒲式耳,自1973年来,大豆价格从未再次达到这一高点;当年创造的4美元的玉米高价直到1996年才被超过)。同时,由于苏联到美国进行采购,小麦市场也一路走强。1973年夏,参议院举行听证会一致通过了对"水门事件"的调查。1974年,国会决定设立商品期货交易委员会(CFTC)。1975年4月,来自加州的共和党人William Bagley出任掌舵人,CFTC正式开始运作。

1975年1月,美国公民重新拥有私人持有黄金权前夕,有5家交易所——CBOT、CME、COMEX、MidAm、NYMEX——计划推出黄金期货。而在新加坡,当地的橡胶商早在1年前就开始为成立新加坡黄金交易所(GES,该交易所于1978年开业)做准备了。1983年,GES更名为新加坡国际金融交易所。

1975年,CBOT推出了世界上首份利率期货——政府国民抵押协会抵押凭证期货(GNMA)。在CBOT迈出了尝试性的第一步之后一年,CME推出了美国短期国债期货合约。1977年,CBOT推出了美国长期国债期货。1979年,美国联邦储备委员会主席保罗·法克尔恰如其分地推了利率期货一把,他宣布美联储将致力于通过调节货币供应而不是利率来对付通货膨胀。这意味着,不受政府影响后,市场将可以自由决定利率的高低。后来,当利率上扬至两位数,市场利率风险急剧上升时,利率期货也火爆起来。

1979年,纽约咖啡和糖交易所(New York Coffee and Sugar Exchange)与1925年成立的纽约可可交易所(New York Cocoa Exchange)合并成立了咖啡、糖和可可交易所(Coffee, Sugar & Cocoa Exchange)。同年,纽约证券交易所成立了纽约期货交易所(New York Futures Exchange),该交易所于1993年卖给了纽约棉花交易所。

NYMEX在20世纪70年代遇到了一系列麻烦。危机始于发生在1976年5月合约上的5 000万磅土豆违约事件,该事件使生产者、会员与监管者趋于分裂。当年土豆交易较1975年下降了45%,会员资格费从47 000美元狂跌至5 000美元。后来,尽管土豆合约与交易程序均有所改进,但另一场危机仍然发生了——用于1979年3月合约交割的库存检验不合格。交易所立即停止了3月份合约的交易,并对四五月份的合约进行了清算(1987年NYMEX了中止了土豆期货交易,直到1993年,经改进的新土豆合约才重新上市)。若不是COMEX董事会核心成员出现变动,NYMEX于1979年差一点就被COMEX兼并了。

在两次土豆危机之间,NYMEX一位名叫迈克尔·马克的年轻主席正致力于交易所产品的多元化,并努力开拓能源市场。1974年,NYMEX尝试推出了交割地为鹿特丹的燃油期货。1978年,不稳定的原油价格影响着每一个工业化国家,NYMEX推出了2号取暖油期货合约,从此踏上了该交易所成功的能源期货之路。推出股指期货这一代表20世纪80年代特征的品种的实质性举措始于1977年,当时,KCBT向CFTC申请推出道·琼斯30种工业股票指数期货。经反复修改,两年后该交易所提交了一份股指价值线期货(Value Line Stock Index)合约。

20世纪70年代接近尾声时,通货膨胀日趋严重,贵金属价格也随之上扬。仍由石油输出国组织(OPEC)控制的原油价格到1979年底超过了40美元/桶。1979年12月,苏联入侵阿富汗,更为金银市场撑了把"保护伞"。而在当时,得克萨斯州的亨特兄弟已开始了他们对白银的大规模购买活动。尽管经济总体表现欠佳,被通胀所困扰的20世纪70年代对期货市场来说却是一段美好时光。在这10年里,期货交易量增加了5倍多,1979年的交易量达到了7 600万张。

(九)1980—1990年:期货在世界范围内获得广泛发展

为了对苏联1979年12月入侵阿富汗进行制裁,美国总统卡特宣布对苏联实施谷物禁运,结果CFTC宣布暂停谷物交易,美国谷物期货市场于1980年1月7日和8日停市。但是,美国各地的金银市场交易却热闹非凡,这与1月寒冷的

天气形成了鲜明的对比。

在美联储于 1979 年 10 月打开利率市场化闸门后不久,英国开始组建新的金融期货交易所,由商业部的约翰·伯克希尔领头从事这项工作。1981～1985 年,伦敦国际金融期货交易所(London International Financial Futures Exchange,LIFFE)的主席一职就由他担任。1982 年 9 月 30 日,LIFFE 开业。开业之时,可供交易的合约有英镑和欧洲美元;到了 12 月 1 日,又有 5 个新合约上市。

股指期货是 20 世纪 80 年代期货业最重要的创新,但是,如果没有 1981 年底由实物交割发展到现金结算,这一创新也将难以发展。CME 的欧洲美元合约在美国是第一个采用现金结算的合约。世界范围内最早采用现金结算的是悉尼期货交易所(Sydney Futures Exchange),1980 年该交易所推出现金结算的美元合约,早于 CME。股指期货的飞速发展始于 1982 年 2 月 24 日,KCBT 推出了股指价值线期货交易,这也是世界上第一张股指期货合约。CME 紧随其后,于 1982 年 4 月 21 日推出 S&P 500 指数期货合约。纽约期货交易所也于 1982 年 5 月 6 日推出纽约证券交易所综合指数期货合约。直到 20 世纪结束时,这 3 个品种的交易仍十分活跃。

1984 年,期货业迈出了全球化的第一步,CME 与 SIMEX 订立相互对冲协议,实现联网。虽然两家仍旧保持各自独立的期货交易所和结算所,但就同一合约在其中一个交易所开仓而在另一个交易所平仓达成了一致。在 CBOT,突破常规交易时间的第一步是于 1987 年开始进行美国长期国债的夜间交易,该交易所也曾试探性地通过一个相互对冲系统与 LIFFE 联网,但未获成功。在与 CBOT 的协议破裂后,1988 年,LIFFE 迅即开始发展自己的盘后电子交易平台。1985 年,纽约棉花交易所的金融期货交易分支机构——FINEX 成立了。在其成立后的不到 10 年内,FINEX 在都柏林设立了交易池,以满足欧洲对其金融产品的需求。

KCBT 是最早推出多种指数"迷你型"合约的交易所,较 CME 和 NYMEX 两个交易所早了 10 多年。迷你型价值线股票指数在 1983 年即开始了交易,但迷你型 S&P 500 电子化交易合约(E-mini S&P 500)和迷你型 NYSE 综合指数合约直到 1997 年和 1998 年才相继推出。1987 年 9 月,当 CME 和路透宣布将联合开发名为 GLOBEX 的电子交易平台时,他们也在宣示着期货市场的未来。而在当时,还要再等将近 5 年,GLOBEX 才能真正开通运行。

对期货业来说,1987 年 10 月 19 日的股灾是一个分水岭。当时,股票市场创造了 1 个交易日内的跌幅之最,日下跌幅度超过 22%。起初,期货市场为此承受着极大的压力,受到了多方的指责,但总统金融市场工作组在对暴跌进行调查后认为,股票市场与股票衍生品之间有难以分割的联系。

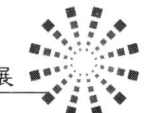

第二章 期货市场的发展

另外,20世纪80年代,期货期权获得了政府通行证。1982年,长期国债和糖期货期权首先登场。自20世纪30年代起被禁止的农产品期权也在1984年得以开放。20世纪80年代,期货商品的数量得到了极大发展,在这个10年里,有89个新合约推出,仅比前130年所开发的合约总量少两个。10年内,美国期货期权交易量增加了两倍多,到1989年,交易量达到了32 300万张;美国以外交易所的交易量增长了近10倍,到20世纪80年代末时,年交易量达到了18 400万张。

(十)1990年至今:科技推动变革

20世纪90年代,随着科技的发展,全球性的24小时交易变得日益可行,交易所发展全球性24小时交易的压力也越来越大。依照CME与SIMEX 1984年的联网模式,CBOT与LIFFE再次尝试建立公开叫价交易联网。虽然两家交易所的谈判于1993年已开始,而协议也于1995年签署,但直到1997年联网才得以实现。然而,公开叫价联网这时已经落伍了,人们对电子交易联网更感兴趣。Eurex(1990年成立时名为DTB的德国交易所)的成功改变了一切。

早在1990年DTB开业之前,LIFFE已经推出了德国政府债券(German Goverment Bond,或Bund),当DTB投入运行时,Bund已扎根LIFFE两年多了。到1994年,Bund合约已是LIFFE的支柱产品,占交易所总交易量的30%。1997年,LIFFE在该合约中的主导地位开始动摇,到1998年,Bund的交易已完全转移到了DTB的电子交易平台。至此,世界期货业终于拉开了轰轰烈烈的电子化交易的历史帷幕。

1997年秋,悉尼期货交易所宣布打算彻底关闭其公开叫价系统,转向电子交易平台。此举当时在业内引起了极大的震动。仅仅两年之后,这一壮举就顺利实现了。LIFFE于1999年秋也做出了同样的决定,向电子化交易转变。具有讽刺意味的是,1994年,就在CBOT会员同意兴建一个新的金融交易厅的同时,该交易所还建立了一个独立的分部——Project A。Project A是CBOT的盘后电子交易系统,是一个为交易所会员所拥有的营利性公司。1997年,会员们第一次拿到了Project A的红利——每位1 000美元。1997年2月,CBOT的金融市场分部拥有一个技术先进的新交易厅,该交易厅面积为世界之最,达到了60 000平方英尺。

1992年4月,芝加哥市中心的地下管道遭受水淹,芝加哥的交易所被迫关闭。似乎是为了证明期货市场对消费者的重要性,全球美国长期国债(T-bond)交易在交易所关闭的那段时间大幅萎缩。CBOT受地下管道事故的影响最大,4月13日和14日停市,15日重新开市后缩短了交易时间,直到20日交易才恢复正常。技术压力促使CBOT和CME坐到了谈判桌前,他们在1996年成立的联合战略发起委员会(Joint Strategic Initiatives Committee)框架下,对各种可能的协作进行谈判。CBOT 与 CME 就共用一个结算所达成协议,然而该项协议最终在 1998 年失败了。同年底,BOTCC 与 CME 的结算所就共用银行与交叉保证金问题达成了一致。在伦敦,在 LIFFE 击败伦敦期权交易市场 4 年后,1996 年,伦敦商品交易所(London Commodity Exchange)与 LIFFE 合并。但是,国际石油交易所(International Petroleum Exchange)仍是独立的。

交易所的压力不仅来自期货业本身,还面临着场外交易及其会员发展的交易平台的竞争。1998 年,CBOT 成立了芝加哥经纪行,这是一个经营政府有价证券现货交易和其他场外交易产品的电子系统,CBOT 还设立了一个证券结算所来为这些交易进行清算。另一个挑战来自坎特金融期货交易所(Cantor Financial Futures Exchange,CFFE),该交易所由证券交易行 Cantor Fitzgerald 创设,CFFE 于 1998 年在其电子交易平台上推出了 T-bonds 和 T-notes,直接与 CBOT 展开竞争。

进入 21 世纪,国际期货市场发展突飞猛进,交易量不断增长。美国交易所交易的期货期权合约总量年增长率超过 10%,目前,期货市场交易额已是 GDP 的 30 倍。在欧洲,欧洲货币的统一对期货市场的发展起到了推波助澜的作用。新兴市场国家也不甘落后,1999 年 4 月,韩国期货交易所成立,金融期货发展迅速,KOSPI 200 股指期货一跃成为全球交易量最大的金融期货品种。

在期货品种不断创新的同时,交易所的合并与上市浪潮也愈演愈烈。欧洲期货交易所(Eurex)、泛欧交易所(Euronext)先后重组成立,接着是 CME 收购 CBOT。2007 年纽约证券交易所与 Euronext 合并。2008 年 CME 成功收购了纽约商品期货交易所(NYMEX),跃居为全球最大的期货交易所;巴西商品期货交易所与巴西圣保罗证券交易所公司合并;2010 年芝加哥商业交易所与道·琼斯成立金融指数服务公司。

期货交易所的跨国并购已经从以欧美地区为主逐步拓展到新兴市场国家。相互参股、引进境外机构投资者、跨境新设、跨境联网、平台互换等方式也已成为期货交易所国际化的常用手段。例如,2016 年 11 月,新加坡交易所(SGX)完成收购波罗的海交易所(Baltic Exchange),实现新加坡和伦敦两个国际航运中心的优势互补;2017 年 2 月,巴西交易所(BM&F Bovespa SA)收购秘鲁利马证券交易所(Bolsa de Valores de Lima SA)8.59% 的股份,其中,巴西交易所还持有智利、哥伦比亚和墨西哥等多个交易所的股份;2017 年 3 月,印度证券交易委员会(SEBI)宣布印度商品衍生品交易所将逐步引入外国投资基金、资产组合管理服务机构、共同基金、银行和保险公司等境外机构投资者;2017 年 10 月,SGX 在芝加哥成立了北美地区首家代表处,以扩大欧美地区业务;2017 年 11 月,香港交易所(HKEx)旗下的香港联合交易所(SEHK)和香港期货交易所(HKFE)在新加坡开设了办事处。

第二节 国际主要期货交易所和期货品种

一、国际主要期货交易所

(一)芝加哥商业交易所

美国芝加哥是当前世界上最大的农产品期货和金融期货交易中心。19世纪初期,芝加哥是美国最大的谷物集散地,随着谷物交易的不断集中和远期交易方式的发展,1848年,由82位谷物交易商发起组建了芝加哥期货交易所。该交易所成立后,对交易规则不断加以完善,于1865年用标准的期货合约取代了远期合约,并实行了保证金制度。芝加哥期货交易所除了提供玉米、大豆、小麦等农产品期货交易外,还为中、长期美国政府债券、股票指数、市政债券指数、黄金和白银等商品提供期货交易市场,并提供农产品、金融及金属的期权交易。芝加哥期货交易所的玉米、大豆、小麦等品种的期货价格不仅成为美国农业生产、加工的重要参考价格,而且成为国际农产品贸易中的权威价格。

2006年10月17日,美国芝加哥商业交易所(CME)和芝加哥期货交易所(CBOT)宣布已经就合并事宜达成最终协议,两家交易所合并成全球最大的衍生品交易所——芝加哥交易所集团。合并后的公司被称为芝加哥交易所集团(CME),总部设在芝加哥。合并后的公司资产总额达到250亿美元,CME约占其中的180亿美元,CBOT约占其中的70亿美元。原CME主席A. Duffy将成为合并后公司的主席,原CBOT主席Charles P. Carey被任命为副主席,原CME首席执行官Craig S. Donohue成为合并后交易所的首席执行官,原CBOT的首席执行官Bernard W. Dan被委派负责监管CBOT的业务直到合并完成。合并后的公司董事会将由29名董事组成,其中CME委派其中的20名,CBOT委派其中的9名。合并后的交易所的交易品种涉及利率、外汇、农业和工业品、能源以及诸如天气指数等其他衍生产品。CME表示,由两个行业内领先的公司合并为一个公司,有助于巩固其在竞争日益激烈的环境中的成长能力。合并后的公司将成为世界上最活跃的交易所,平均每天将成交900万手合约,成交金额接近4.2万亿美元。

(二)伦敦国际石油交易所

目前,从世界范围看,有两种基准原油,一种是美国西德克萨斯轻质原油(West Texas Intermediate, WTI),在美国纽约商品交易所(NYMEX)进行交易;另一种是布伦特(brent oil),在英国伦敦国际石油交易所(IPE)进行交易。人们通常所谈论的国际原油价格是多少美元一桶,指的就是纽约商品交易所的 WTI 或者英国国际石油交易所的布伦特的期货价格。

伦敦国际石油交易所是欧洲最重要的能源期货和期权的交易场所,是世界石油交易中心之一。它成立于 1980 年,由一批能源与期货公司牵头,是非营利性机构。1981 年 4 月,伦敦国际石油交易所(IPE)推出重柴油(gas oil)期货交易,合约规格为每手 100 吨,最小变动价位为 25 美分/吨,重柴油在质量标准上与美国取暖油十分相似。该合约是欧洲第一个能源期货合约,上市后比较成功,交易量一直保持稳步上升的态势。伦敦国际石油交易所的原油价格是观察国际市场油价走向的晴雨表。

1988 年 6 月 23 日,IPE 推出国际三种基准原油之一的布伦特原油期货合约。IPE 布伦特原油期货合约特别设计用以满足石油工业对于国际原油期货合约的需求,是一个高度灵活的规避风险及进行交易的工具。布伦特原油期货合约上市后取得了巨大成功,迅速超过重柴油期货,成为该交易所最活跃的合约,从而使 IPE 成为国际原油期货交易中心之一,而北海布伦特原油期货价格也成为国际油价的基准之一。现在,布伦特原油期货合约是布伦特原油定价体系的一部分,包括现货及远期合约市场。该价格体系涵盖了世界原油交易量的 65%。

(三) 纽约商品交易所

现在的纽约商品交易所(New York Mercantile Exchange, Inc.)由 The New York Mercantile Exchange(NYMEX) 和 The Commodity Exchange, Inc.(COMEX) 于 1994 年合并组成,是全球最具规模的商品交易所。纽约商品交易所地处纽约曼哈顿金融中心,与纽约证券交易所相邻。该交易所在纽约的商业、城市和文化生活中扮演着重要的角色。它为金融服务业以及工业提供了成千上万的工作岗位,并且通过其自身成立的慈善基金会支持市内社区的文化和社会服务项目,拓展其为大都市的慈善事业所做出的努力。它的交易主要涉及能源和稀有金属两大类产品,但能源产品交易大大超过其他产品的交易。交易所的交易方式主要是期货和期权交易,到目前为止,期货交易量远远超过了期权交易量。纽约商品交易所主要有如下上市品种:

1. 轻质低硫原油。原油是全球交易最为活跃的商品,NYMEX 推出的轻质低硫原油期货合约是目前流动性最大的原油交易平台,也是目前世界上成交量最大的商品期货品种之一。流动性良好,价格透明,促使该合约价格成为全球原油定价的基准价格。此外,交易所还推出了一系列其他产品:期权交易、期权差价交易、取暖油和原油间的炼油毛利期权交易、汽油和原油间的炼油毛利期权交易以及平均价格期权交易。轻质低硫原油期货合约交易单位是每手1 000桶,交割地点在库欣、俄克拉荷马州,通过管道运输可以将原油输送到全球现货市场。交割品质设定了国内和国际交易原油的几个等级,满足了现货市场的不同需要。

2. 天然气。天然气几乎占美国能源消费的1/4,NYMEX的天然气期货合约价格被广泛地作为天然气的基准价格。合约的交易单位为每手10 000 MMBtu(百万英国热量单位)。交割地点是路易斯安那州的Henry Hub,该地连接了16个州和州际的天然气管道系统,将这些地区沉积层中的天然气输送出去。这些管道输送系统横穿美国东海岸、墨西哥湾以及中西部地区,直至加拿大边境。同时,交易所还推出期权交易和期权差价交易作为风险管理的工具。天然气期价与电力期价的差价也可以作为电力市场价格风险管理的工具。由于天然气价格的易变性,市场需要发展Henry Hub和美国、加拿大进口天然气市场的价格关系。由此,交易所推出了一系列互换期货合约,以应付Henry Hub和约30个天然气价格中心的价格差异。

在NYMEX的Clear Ports交易平台上,合约交易单位为每手2 500 MMBtu。同时也有场外交易,场外交易情况需要递交交易所,通过NYMEX的Clear Port清算网站清算,可以通过实物交割方式清算,也可以通过交换成期货头寸方式清算。E-mi NY天然气期货合约是为投资组合设计的,相当于5 000 MMBtu天然气,约占标准天然气期货合约50%的量。该合约可以通过芝加哥商业交易所(CME)的GLOBEX电子交易平台交易,由纽约商品交易所清算机构清算。

3. 取暖油。取暖油也就是2号燃料油,其收率为25%,是继汽油之后的第二大成品油。取暖油期货合约交易单位为每手42 000加仑(1 000桶),交割地是美国的金融中心——纽约港。同时,交易所还推出了期权交易、期权差价交易、炼油毛利期权交易以及平均价格期权交易,为市场参与者管理价格风险提供更大的弹性空间。取暖油期货合约还可以作为柴油和喷气燃油的套期保值工具,交割方式为现金交割,即在NYMEX的取暖油期货价格加上升贴水交割。通过NYMEX的Clear Port系统,还可以完成基于炼油毛利、地区价差以及纽约港取暖油与喷气燃油和柴油价差的取暖油互换期货交易,这些交易都是场外交易,通过NYMEX Clear Port系统的清算网站清算。

4. 布伦特原油。布伦特原油出产于北海的轻质低硫原油,同样是基准品质,被广泛交易,有别于纽约商品交易所轻质低硫原油期货合约。布伦特原油日产量约500 000桶,产地为舍得兰群岛的Sullom Voe,主要在北欧加工提炼。

为了提高布伦特原油和WTI原油差价交易的有效性、流动性,实现成本控制,NYMEX将布伦特原油期货交易的公开报价设定在都柏林的交易大厅,其余时间在NYMEX ACCESS电子系统平台上交易。公开叫价时间为都柏林时间上午10点至下午7:30，NYMEX ACCESS 电子系统的交易时间为都柏林时间下午8:15至次日上午9:30。

在提高布伦特原油期货合约实用性的同时，交易所推出了自动报价、价格报告以及布伦特原油与 WTI 原油差价的交易平台，对 NYMEX 的布伦特原油以及轻质低硫原油分别进行清算。这是市场的一个重要发展，因为通过该平台可以完成两个不同市场的套利交易，使之逐步成为一个价格透明、竞争交易、操作简单的流动性市场。

交易所将套利交易视为一笔交易，这样，对操作者而言，可以最大限度地利用保证金，也可以有效地减少交易费用。当多头头寸抵消了空头头寸，交易所认为套利操作减少了市场风险，特别是布伦特原油期货和 WTI 原油的套利，因为两个期货合约有很好的相关性，交易所为一对一 Brent/WTI 套利交易提供 95% 的保证金赊欠，交易所还为布伦特原油期货合约提供成本控制计划，这为市场参与者缩减了大量的运作开支。

布伦特原油期货合约采用现金结算方式，以 ISISLOR，Argus 以及路透在都柏林的公开叫价平台收集的市场数据作为指数。布伦特原油期货交易由交易所专门的清算机构负责清算，确保资金的安全，并以中立性、流动性以及市场透明度彰显其特点。

5. 柴油。欧洲中西部地区的柴油期货合约，是欧洲精炼油、初级分馏油、取暖油以及喷气燃油市场的基准价格。结算价格是以交割月现货月合约的最后交易日的结算价格为基准。在欧洲，100 吨的合约规模只代表普通市场规模，合约可以进行实物交割，以确保交易终止时现货价格和期货价格一致。公开叫价通过 NYMEX – Europe 交易平台，其他时间通过 NYMEX ACCESS 电子交易系统进行交易。NYMEX ACCESS 交易系统是一个互联网系统。

6. 电力期货。美国 PJM（Pennsylvania – New Jersey – Maryland）网络公司掌管着全球最大的电力市场，为包括特拉华州、伊利诺伊州、肯塔基州、马里兰州、密歇根州、新泽西州、俄亥俄州、宾夕法尼亚州、田纳西州、弗吉尼亚州、西弗吉尼亚州以及华盛顿在内的4 400万客户提供服务。这些能源公司运作着超过1 000个发电站，产能达到137 000兆千瓦，以天然气、石油、煤炭、核能以及水利作为能源动力。发电输送网络遍布中西部地区、纽约州以及大西洋中海岸的各个州。近年来，电力行业改革使得能源市场发生结构性调整并由此提高了市场竞争力，但也产生了价格波动和市场风险，因此，期货市场推出了电力期货。电力期货具有价格波动、市场庞大、可以容纳大量的买家和卖家等特点，这是它能够成功推出的重要原因。

PJM 西部网络中心有111个运输点组成，主要是宾夕法尼亚电力公司和波拖马可河电力公司的运输系统。此外还推出了PJM期货合约的期权交易,作为附加的风险控制手段和交易机会。交易高峰日的浮动价格是PJM西部网络中心高峰日中16个交易高峰时的当地边际价格的加权平均,交易高峰时段是PJM当地时间上午7:00至下午11:00。高峰日是周日至周五,不包括北美电力协会(NERC)的假期。非高峰时段是从周一至周五的午夜至上午7:00,以及下午11:00至午夜,还包括整个周六和周日以及北美电力协会的假日,所有时间都是指当地时间。当地边际价格是指在网络中某地每增加一个单位需求所需要增加供应的边际成本。运输系统中需要考虑边际成本以及实际情况。在NYMEX的Clear Port电子交易平台可以进行该期货合约的交易,场外交易的合约可以单独进行结算。期权交易时间是在公开叫价时段,交易可单独提交给NYMEX的Clear Port电子交易系统进行结算。

7.丙烷。丙烷是天然气处理以及石油提炼过程中的副产品。美国的需求大约是取暖油的1/3。丙烷可以用于不同市场:厨房燃料、农作物干燥、家具或工业取暖以及重要石化产品的生产。天然气用户储备甲烷,以便应付消费高峰期。NYMEX推出了甲烷期货合约,交易单位是每手42 000加仑(1 000桶)。这给液态气体行业提供了有效的价格风险管理工具。这是NYMEX在推出原油、取暖油、汽油以及天然气期货合约后一个重要的补充。

8.煤炭。煤炭是美国发电所必需的基本燃料,占电力生产的55%。美国有高于其他国家品质的煤炭,约占全球含沥煤炭以及无烟煤炭储量的30%。美国是全球煤炭产量最高的国家之一,其出口占较大的世界出口比重。煤炭期货合约交易单位为每手1 550吨,它全天24小时在NYMEX的Clear Port电子交易系统进行交易。场外交易也可以通过NYMEX的Clear Port系统中的结算网站进行结算。煤炭期货合约为煤矿以及发电行业提供了风险管理的手段。

9.黄金。黄金市场似乎具有永恒的吸引力。千百年来,黄金以其独有的稀缺、美丽以及几乎不灭的特点而被人觊觎。国家的财富储备就是收储黄金,黄金是国际硬通货。个人拥有黄金以保值,可以随时兑换为纸币。纽约商品交易所(COMEX)的黄金期货和期权交易给市场提供了重要的投资渠道。黄金期货合约也是商品生产者和金属消费者重要的贸易工具。黄金分布的范围很广,它存在于铜和铅矿中,存在于石英矿中,存在于河流的沙砾以及硫化矿中(硫化铁),甚至在海水中也有惊人的金矿含量,但从海水中采集黄金是不经济的。

最早的冶炼黄金的热潮是从哥伦布首次航行之后出现的。从1492年到1600年,美国的中部和南部以及加勒比海在全球黄金贸易中占据了大部分份额。哥伦比亚、秘鲁、厄瓜多尔、巴拿马和海地在17世纪全球新发现的黄金中占了17%,到了18世纪,它们的供应量达到80%。加利福尼亚的黄金在1848年被发现,从1850年到1875年,美国北部成为全球主要的黄金供应地。1890年,阿拉斯加和Yukon的金矿成为主要的供应地,此后,非洲Transvaal发现的黄金蕴藏量超过了这些地区。目前,主要的黄金生产国包括南非、美国、澳大利亚、加拿大、中国、印度尼西亚和俄罗斯等国家和地区。

1792年,美国国会确定了全国货币流通的金本位制,包括黄金和白银。1930年经济大萧条时期,大部分国家被迫中止黄金流通,试图稳定经济。黄金重新进入全球货币体系是在1944年,当时布雷顿森林协定确定全球的货币与美元挂钩,美元与黄金挂钩。这个协定一直执行到1971年,美国总统尼克松废除了美元与黄金挂钩的体系。现在,黄金价格波动与供给和需求变化一致,政治和经济事件很快就会在黄金价格波动上反映出来。

黄金是重要的工业日用品,它是极好的导电体,抗腐蚀力很强,化学特性非常稳定,可以制成精密的电子和其他高科技产品。黄金行业有代表性的公司,从采矿公司到产品生产公司,都可以利用COMEX的黄金期货和期权进行套期保值,规避风险。此外,作为传统的投资品种,黄金期货和期权都能担当很好的投资角色。

10. 白银。人们在数千年前就对白银感兴趣了。古代的出土文物包括珠宝、宗教器物和食物容器的加工,都使用持久耐用、可锻造的金属白银。1792年,白银一度在美国货币体现中担当主要角色,美国国会货币流通以白银为基础,与固定的黄金挂钩。经过数百年的演变,白银被赋予了更多的重要经济功能,是重要的工业原材料。现在,白银已成为贵重的工业日用品以及诱人的投资品种。白银主要用在照相、珠宝和电子工业中。影响白银价格的主要因素,一是供需状况,尤其是墨西哥、美国和秘鲁等主要白银生产国的白银生产情况;二是铸造硬币、废料的提炼以及国家抛售库存等。白银价格对后者的反应更为敏感。采矿公司、生产者以及白银消费者都能利用COMEX的白银期货和期权进行套期保值,规避风险。作为贵金属,白银也是很好的投资品种。

11. 铜。铜是人们最早的日用品之一,产量丰富,是直接反映世界经济状况的产品。铜是世界排行第三的最广泛使用的金属,排在铁和铝之后,而且主要用于高度循环的产业,如建筑和机器制造业。铜矿的利润主要依靠低成本、高产量的采矿技术,由此,铜确立了具有商业价值的日用品地位。1800年,英国凭借其熔炼技术,控制了世界铜贸易的3/4,当矿石的品位下降时,其冶炼厂和精炼厂靠近矿区变得更为经济,而且直接将产品装船运送到市场上销售。19世纪,主要的铜矿在北美、智利和澳大利亚被发现,英国的地位受到挑战。20世纪初,随着新的采矿和冶炼技术的应用,美国的低品位矿石加工业获得了发展,致使全球铜市场迅速扩张。自 1950 年以来,时常处于升水期的铜市场进入了一个长时期的贴水期。铜市场参与者通过利用 COMEX 高级铜期货和期权交易,可以规避价格风险。铜期货合约也是一个很好的投资品种。

12. 铝。铝是 21 世纪经济的象征,是重量轻、耐腐蚀的金属,分布广泛。铝被用于宇宙航空领域,并被广泛用于建筑材料、包装、汽车、铁路及其他领域。运输业是最大的单一消费领域,消费量占美国铝产量的 30%;包装和铝容器消费占 20%;建筑领域消费了 10%。从国家的一端到另一端的输电高压线路通常是用铝做的。而今,铝的废料可以很容易得到利用,在美国,仅铝罐子的循环使用自身就能产生 10 亿美元的市场贸易额。实际上,目前美国用铝制造的所有饮料容器,有 2/3 被循环利用。一个罐子,进入循环使用的箱柜,到精炼、制造以及再回到货架的循环时间仅 60 天而已。铝的生产主要依靠强大的不间断的电能供应,电能是其最主要的成本。

COMEX 的铝期货和期权合约给美国每年 35 亿美元的铝生产和出口提供了透明的价格。价格的风险贯穿于从铝的熔炼到终端产品的全部生产环节,所以,价格风险的控制非常重要。COMEX 铝的期货和期权为市场提供了价格上涨和下跌的风险管理工具,COMEX 期货价格是北美市场的基准价,利用期货合约,铝的买家可以预先锁定成本,铝的卖家能够锁定销售价格。期货合约的交割立足于美国中西部市场。

13. 铂。铂是六种金属组中最主要的一种,其他金属是钯、铑、钌、锇和铱。它们都有独特的化学和物理特性,并因此而成为重要的工业原料。珠宝对铂的需求最大,占铂消费的 51%;推进催化剂占 29%;化学和石油精炼催化剂占 13%。由于铂是优良的导体,耐腐蚀,比其他金属有更低的反应度,因而被用于计算机和其他高科技电子领域,这个领域占铂消费的 7% 左右。铂是稀有金属,一年的新矿产量大约总计只有 500 万盎司。与此形成鲜明对照的是,金矿每年的产量达到 8 200 万盎司。银每年的产量大约有 54 700 万盎司。铂的供应主要集中在南非,大约占 80%,俄罗斯占 11%,北美占 6%。因为是工业原料中的贵金属,产量相应较低,供应量稀少,铂的价格波动很大。所以,铂是一个非常诱人的投资品种。

14. 钯铂合金。钯铂合金是白金家族中的另一个主要品种。钯与铂是共生矿,与铂有很多相似之处。然而,这两种金属还是有很大的不同。钯铂合金也是镍矿的副产品。俄罗斯占全球总供应量的 67%,南非占 23%,北美占 8%。每年的产量大约为 810 万盎司。汽车催化剂是钯铂合金最大的消费领域,占 63%;电子仪器占钯铂合金消费的 21%;假牙消费占 12%;珠宝消费占 4%。

二、国际主要期货品种

(一) 商品期货

期货交易起源于商品期货。随着期货市场的发展,商品期货交易不断扩展,成为现代期货市场体系中重要的组成部分之一,其规避风险、发现价格的功能,对于现代市场经济的运作发挥着越来越重要的作用。国际商品期货交易随着期货交易的发展而不断变化,交易品种也不断增加,已经从传统的农产品期货发展到经济作物、畜产品、有色金属和能源等大宗初级产品期货。

1. 农产品期货。农产品是最早构成期货交易的商品,包括:①粮食期货,主要有小麦期货、玉米期货、大豆期货、豆粕期货、红豆期货、大米期货、花生米期货等;②经济作物类期货,有原糖、咖啡、可可、橙汁、棕榈油和菜籽期货等;③畜产品期货,主要有肉类制品和皮毛制品两大类期货;④林产品期货,主要有木材期货和天然橡胶期货。

2. 有色金属期货。有色金属期货是在 20 世纪六七十年代由多家交易所陆续推出的。目前,世界上的有色金属期货交易主要集中在伦敦金属交易所、纽约商品交易所和东京工业品交易所。

3. 能源期货。能源期货始于 1978 年,产生较晚,但发展很快。能源期货包括原油、取暖油、燃料油、汽油、天然气等多个品种,其中,原油期货合约的交易最为活跃。目前,石油期货是全球最大的商品期货品种,纽约商品交易所、伦敦国际石油交易所是最主要的原油期货交易所。

(二) 金融期货

20 世纪 70 年代,期货市场有了突破性的发展,金融期货大量出现并逐渐占据了期货市场的主导地位。金融期货的繁荣主要是由于国际金融市场的剧烈动荡,金融风险越来越受到人们的关注,许多具有创新意识的交易所纷纷尝试推出金融期货合约,以满足人们规避金融市场风险的需求。随着许多金融期货合约的相继成功,期货市场焕发了生机,取得了突飞猛进的发展。金融期货主要包括利率期货、股指期货和外汇期货。

1. 利率期货。利率期货是指以债券类证券为标的物的期货合约。利率期货的产生源于利率管制的放松和取消。在利率市场化的条件下,经济主体本身迫切需要利率风险管理的工具。虽然利率期货的产生较之外汇期货晚了 3 年多,但其发展速度却比外汇期货快得多,应用范围也较外汇期货广泛。目前,在期货交易比较发达的国家和地区,利率期货早已超过了农产品期货,成为成交量最大的一个品种。利率期货的种类繁多,按期限长短,可分为短期利率期货和长期利率期货;按债务凭证,可分为短期国库券期货、中长期国库券期货和欧洲美元定期存款期货。利率期货交易主要集中于美国的芝加哥期货交易所和芝加哥商业交易所。

2. 股票指数期货。股票指数期货是指以股票价格指数作为标的物的金融期货合约。在具体交易时,股票指数期货合约的价值是用指数的点数乘以事先规定的单位金额来计算的。例如,规定标准普尔指数每点代表 500 美元,香港恒生指数每点代表 50 港元等。股票指数合约交易一般以 3 月、6 月、9 月、12 月为循环月份,也有全年各月都进行交易的。通常以最后交易日的收盘指数为标准进行结算。

股票指数期货交易的实质是,投资者通过指数期货工具,将其对整个股票市场价格指数的预期风险转移到期货市场上来,其风险是通过对股市走势持不同判断的投资者的买卖操作来相互抵消的。它与股票期货交易一样,都属于期货交易。股票期货交易的标的物是现货股票;而股票指数期货交易的标的物是股票指数,它以股票指数的变动为标准,用现金进行结算。股票指数期货交易双方都没有进行现实的股票交易,买卖的只是股票指数期货合约。交易的限制条件较少。

以美国芝加哥商业交易所的标准普尔 500 种股票价格指数期货合约为例。每一指数点代表 500 美元。如果市场 6 月期合约标准普尔指数为 1 000 点,那么,一份期指合约的价值就为 500 000 美元。如果保证金为 5%,那么 25 000 美元就可以获得一份合约。若股指上涨 10% 即 100 点,投资者便可以获得 100 × 500 美元 = 50 000 美元的利润,投资回报率高达 200%。

股票指数期货的产生,源于股票投资者规避股票市场价格风险、实现资产保值的需求。在金融期货中,它是产生的最晚的一个类别。股票指数期货的创新备受各国金融界的关注。近年来,股票指数期货在世界范围内迅速发展起来,其交易规模迅速扩大,交易品种不断增加,而且日益演化为全球化发展的趋势。

股指期货的一个主要特征是以现金结算。所谓现金结算,是指期货合约到期时不进行实物交割,而是根据最后交易日的结算价格计算双方的盈亏,并直接划转双方的保证金以结清头寸的一种结算方式。现金结算方式的成功在整个金融期货的发展史上具有划时代的意义。现金结算方式最早起源于 1981 年 12 月国际货币市场 3 个月欧洲美元定期存款期货合约。

股票指数期货可用于套期保值和风险管理,是回避股市系统风险的有效工具,尤其适用于基金经理在适当时机抛空股指期货,这样既能保留手中的股票,又可以对冲现货股票风险。指数期货的产生大大丰富了投资者的投资组合策略,投资者可以利用股指期货迅速建立投资组合,买入或卖出整体市场,在不需要即时选择合适的个股的同时,节省了高昂的现货交易费用。它也可用于机构投资者进行低成本、高效率的资产配置和策略性资产配置,同时还可用于在股指与现货及股票期货之间的套利交易。

对于广大中小股票投资者来说,股指期货提供了一个良好的投机机会,不需要进行烦琐的个股选择,可以用较少的资金获取整体市场变化的回报。投资方式也从原来的买进之后等待股票价格上涨的单一模式转变为双向的灵活投资模式。目前,世界上影响范围较大、具有代表性的股票指数期货有:标准普尔500指数期货、道·琼斯平均价格指数期货、日经225指数期货、恒生指数期货等。从当前的情况看,股指期货已成为发展中国家开设金融衍生产品投资工具的优先选择。

3. 外汇期货。外汇期货是金融期货中较早出现的品种。20世纪70年代初,固定汇率制度崩溃后,为规避汇率风险,外汇期货应运而生。随着国际贸易的发展和经济全球化进程的加快,外汇期货交易一直保持着旺盛的发展势头。目前,外汇期货交易的主要品种有美元、日元、欧元、英镑、瑞士法郎、加拿大元、澳大利亚元等。外汇期货的主要市场在美国和欧洲。

(三)其他期货品种

随着期货市场的不断发展,期货品种也在不断创新,一些与传统的商品期货和金融期货有所不同的新的期货品种也应运而生。这些期货品种主要包括以下几种。

1. 保险期货。保险期货通过使用金融衍生工具来化解保险巨灾的风险。早在1985年,芝加哥期货交易所就推出了世界上第一种巨灾风险期货。这种期货产品是以国家保险服务局将全国各地有代表性的灾难风险保单汇集起来,通过分析其损失赔付率的波动情况,从而定期发布的一种动态指数作为买卖的对象。保险公司可以根据自身承保的风险规模,通过保费收入对这一期货产品进行买入卖出的操作,从而实现在一定限度内达到套期保值的目的。1992年,芝加哥期货交易所(CBOT)推出了保险期货品种——东部灾难保险、中西部灾难保险、全国灾难保险和西部灾难保险,以使保险公司可以对保险风险进行套期保值,投资者从保险风险中获利。这标志着新一代保险衍生品的诞生。

2. 经济指数期货。在经济发达国家,由于经济已发展到一定的程度,各项经济发展指标健全,对经济生活的影响越来越大,特别是在资本市场上,这些经济指标的变化影响着投资者的投资活动,成为其重要参考指标。由此,在股指期货运作成功的基础上,出现了一批以经济发展指标为上市合约的期货品种,被称为指数期货的新浪潮。例如,在商品指数期货方面,1986年纽约期货交易所开发出商品调查局(Commodity Research Bureau,CRB)指数合约,新合约使用户无须购买一种或多种商品,即可更加全面地把握商品市场。CBR 指数合约在随后的交易中曾经是一个非常成功的合约,带来了一个交易的全盛时期。后来,由于各成分的权数固定不变并且各成分商品的权数相等,没有考虑到各成分商品的价格和市场价值的变化,久而久之便失去了与现货市场的相关性。之后,芝加哥商业交易所(CME)推出了高盛(Goldman-Sachs)商品指数(GSCI),芝加哥期货交易所(CBOT)推出了道·琼斯 AIG 商品指数(DJ-AIG),纽约期货交易所(NYBOT)推出了 S&P 商品指数(SPCI)。现在,CBOT 是推出经济指数期货最多的期货交易所,其上市交易的合约有农业指数期货、作物产量期货、全球商品指数期货、建筑用面板指数期货、通胀指数期货、船运价格期货等。

另外,目前国际期货市场品种创新的触角也伸向了公用自然资源领域,一些交易所已上市交易天气、污染指数、自然灾害等没有基础现货市场的衍生品种。

全球主要期货品种及上市交易所参见表 2-1。

表 2-1　全球主要期货品种及上市交易所

		品　种	主要上市交易所
商品期货	农产品	玉米、大豆、小麦、豆粕	芝加哥期货交易所
	林产品	木材	芝加哥商业交易所
	经济作物	棉花、糖、咖啡、可可、天然胶	纽约期货交易所
	畜产品	生猪、活牛	芝加哥商业交易所
	有色金属	黄金、白银、钯	纽约商品交易所
		铜、铝、铅、锌	伦敦金属交易所
	能源	石油、天然气	纽约商品交易所
金融期货	外汇	美元、欧元、日元、英镑、瑞士法郎	芝加哥商业交易所
	利率	美国中长期国债	芝加哥期货交易所
	股票指数	标准普尔 500 指数	芝加哥商业交易所

第三节　世界期货市场发展趋势

20 世纪 70 年代初,布雷顿森林体系瓦解之后,世界经济格局发生了显著变化。利率、汇率和股价频繁波动,金融期货应运而生。进入 20 世纪 90 年代,经济全球化进程加速,其中,国际期货市场功不可没。目前,国际期货市场出现了以下发展趋势。

（一）交易规模不断扩大，品种类别日趋多元

自 2008 年美国次贷危机以来，期货市场交易规模出现恢复性增长，并创历史新高，期货品种类别更加丰富多元。2018 年，全球场内衍生品市场股票指数期货和期权的成交量增长 32.8%，增至 99.8 亿张合约，其中印度、北美、巴西和韩国对增长贡献最大。个股期货和期权的成交量增长 21.7%，至 57.9 亿张合约，外汇期货和期权增长 31.7%，成交量达到创纪录的 39.3 亿张合约，增长主要来自印度和巴西。利率期货和期权的成交量提升 14.8%，至 45.5 亿张合约，连续第三年创新高，北美地区交易所对 2018 年的增长做出了主要贡献；北美地区成交量较上年大幅增长 21.7%，至 25.7 亿张合约，贡献了全球利率期货和期权超过一半的成交量。另一个利率衍生品交易活跃的地区是欧洲，2018 年欧洲交易所的利率期货和期权成交约为 12.5 亿张合约，达到历史新高，比之前在 2011 年创下的纪录提高了 2.6%。

2019 年上半年，全球期货期权成交 166 亿手，与 2018 年同期相比增幅达 11%。其中，全球期货成交同比增幅 9%，至 93 亿手；期权成交增幅 13%，达到了 73 亿手。截至 2019 年 6 月底，全球期货期权持仓总量为 8.846 亿手，较去年同期上升 4%。期权持仓占总持仓的 2/3 强。近年来，合约标的创新层出不穷，各类价格指数还有碳排放权、海运协议、房产所有权、比特币等新标的不断推出，使得合约产品日益丰富，多元化特征日趋显著。

（二）交易所国际化步伐加快，多种方式并存

期货交易所的跨国并购已经从以欧美地区为主逐步拓展到新兴市场国家。除了跨国并购方式之外，相互参股、引进境外机构投资者、跨境新设、跨境联网、平台互换等方式也已成为期货交易所国际化的常用手段，目的是实现市场融合和互联互通。例如，2016 年 11 月，新加坡交易所完成收购波罗的海交易所，实现新加坡和伦敦两个国际航运中心的优势互补；2017 年 2 月，巴西交易所收购秘鲁利马证券交易所 8.59% 的股份，巴西交易所还持有智利、哥伦比亚和墨西哥等多个交易所的股份；2017 年 3 月，印度证券交易委员会宣布，印度商品衍生品交易所将逐步引入外国投资基金、资产组合管理服务机构、共同基金、银行和保险公司等境外机构投资者；2017 年 10 月，新加坡交易所在芝加哥成立了北美地区首家代表处，以扩大欧美地区业务；2017 年 11 月，香港交易所旗下的香港联合交易所和香港期货交易所在新加坡开设了办事处。

（三）新技术广泛应用，推动着金融市场的变革

区块链也称分布式账本技术，综合了分布式存储、点对点传输、共识机制和加密算法等技术，是一种多学科、跨领域的综合创新。狭义上，区块链是以时间顺序组织数据区块的链式数据结构，并辅之以密码学等原理保证，成为一种不可

篡改、不可否认的分布式账本。广义上,区块链是一种利用密码学、共识机制、智能合约等方式实现数据的传输和访问、生成和更新、编程和操作,以最终完成信息流、资金流传递的价值交换网络。

区块链技术的"去中心化"和"去信用"等特征必将为金融业带来深刻变革。2015年6月,纳斯达克和区块链初创公司Chain建立合作关系,利用区块链平台进行私有股权的发行和转让。2015年12月,纳斯达克报告使用完成和记录了首笔私人股权的交易。2016年,阿布扎比证券交易所发布区块链投票服务;2017年,日本交易所集团发布了在流程中使用区块链概念测试的研究,国内多家交易所也陆续和市场机构开展了将高性能联盟链用于主板证券竞价交易、区块链应用安全管理、使用区块链技术构建仓单系统等的课题研究。2018年,香港交易所计划与Digital Asset Holdings合作,开发后交易处理平台,用以解决国际投资者和本地投资者在其沪港通北向交易平台上的交易结算问题,形成新一代区块链解决方案,所有参与方都可以在该平台上进行即时结算。在新一代区块链结算系统中,港交所为交易和清算参与者提供统一账本,并为传统支付结构提供接口。

(四)市场监管趋严,系统性风险防范能力增强

2008年全球金融危机之后,欧美等主要经济体分别出台了严厉的监管法案,扩大金融市场监管范围,升级风险防控体系,提高系统性风险防范能力。美国于2010年7月通过的《多德—弗兰克法案》堪称美国历史上最严格的金融监管改革法案。该法案要求实施对场外衍生品市场的全面监管,指令银行逐步剥离各类商品、股票以及未清算的信用违约掉期交易等,并且提高了对金融衍生品交易公司在保证金、资本比例、职业操守以及交易记录等方面的要求。按照该法案的规定,美国专门成立了金融稳定监督委员会,以推进信息收集与共享,识别危及美国金融稳定的各类风险,促进金融市场的自我约束,防范系统性风险发生。2010年9月,欧洲议会通过了《泛欧金融监管改革法案》,构建了由欧洲系统性风险管理委员会、欧盟银行业监管局、欧盟证券与市场监管局和欧盟保险与雇员养老金监管局组成的"一会三局"的监管新体系。

第四节 我国期货市场的发展

一、新中国成立前期货市场的发展

(一)新中国成立前期货市场产生的背景

中国的期货交易,是从100多年前中国紧闭的大门被鸦片战争中英国的船

炮轰开后,逐渐沦为一个半殖民地半封建的国家而开始的。中国的民族工业在外国侵略的空隙中缓慢地发展,为求生存,中国大多有识之士和知名企业家积极学习、实践资本主义的经营模式和管理经验,其中包括开展期货交易。清朝末年,主张"维新变法"的梁启超曾倡议组织交易所,当时称作"股份悬迁公司"。北洋政府工商部长张睿也曾主张"国非富不强,富非实业不能"的实业救国论,并于1913年组织讨论在通商口岸建立交易所。1914年,梁启超在中国建立了上海机器面粉公会,公会虽然不是期货交易所,但已与现在的期货交易所非常相似。

1914年,在张睿的推动下,北洋政府颁布了《证券交易所法》,翌年4月又颁布了《证券交易所法细则》。1916年,孙中山先生得知外国人要在上海滩建立交易所,即与上海总商会长虞洽卿商量,准备建立上海交易所股份有限公司,并上报农商部审批,以消除外国人垄断上海市场的图谋。1917年2月,农商部批准建立证券交易所。随后,虞洽卿与另一些人又积极筹办了上海证券交易所和上海证券金银交易所。1918年夏,就在上海紧锣密鼓筹办交易所之际,北京证券交易所成立。1920年7月1日,虞洽卿等人正式开办了上海证券物品交易所,开始了中国的商品期货交易。

(二)新中国成立前期货市场的兴衰

1920年7月1日开张营业的上海证券物品交易所半年就赚了50万元,1921年初开业的上海面粉交易所也因赢利而使其股票价格不断上涨。由于片面理解和利益驱动,一时间形成了办交易所的热潮。从1921年5月起,上海新开办的交易所"忽如一夜春风来,千树万树梨花开",到1921年底,仅半年时间,就有140多家交易所以新的面孔出现在上海滩。

上海办交易所的热浪席卷全国,天津、北京、广州、汉口、南京等地纷纷筹备交易所。上海不仅各个大行业都有交易所,而且烟、酒、火柴、麻袋、泥灰等小行业也都办起了交易所。五花八门的交易所建立之快、数量之多,连商业经济发达的国家也被惊得目瞪口呆。芝加哥才两三家交易所,美国才几十家交易所,英美也自叹弗如!然而,纷纷出现的交易所还未及放开喉咙大声喊价竞价,就因经营困境而被迫停止营业。到了1922年3月,仅剩12家交易所能撑起门面营业,后来又有半数夭折。这一事件,史称"民十信交风潮"(指民国十年,即1921年)。经过"民十信交风潮",加上战乱频繁,大多数国民对公债和股票都失去了信任。因此,1921年后的中国,交易所发展极为缓慢;直到1929年10月国民政府正式颁布《交易法则》,1930年1月又颁布《交易所法施行细则》,交易所的发展和管理才有了比较统一的依据。这一时期并没有真正的期货交易。

抗日战争胜利后,时局相对稳定,我国各地的证券交易所和期货交易逐渐步入正轨。1946年9月,上海证券交易所股份有限公司成立,共有证券和物

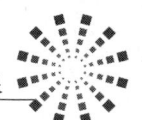

品两个市场,经纪人230人。天津证券市场的原华北证券交易所也恢复营业,上市股票达23种。刚开始时,股市疲软,业务冷清,经纪人申请退出者不断增多;后来,交易所举办延期交割业务,称为"递交",实为变相的期货交易,结果极大地刺激了证券交易的活跃,吸引了大量的社会游资,交易所出现了短暂的繁荣。

二、新中国成立后期货市场的发展

上海解放以后,为了打击投机商人的投机倒把行为,人民政府于1949年6月10日查封了上海证券大楼。1952年7月,天津证券交易所也宣布停止。至此,交易所在中国内地宣告进入停止阶段。

1990年以后,随着中国市场经济的发展和改革开放的深入,在众多工商人士和知名学者的倡导下,中国的期货市场又重新浮出水面,并稳步走向世界。期货交易市场以其特有的功能在公开、公正、公平的"三公"原则下,对市场远期的价格进行指导和发现,并为企业的经营提供避险和套期保值功能,从而成为市场经济中不可或缺的部分。

1990年10月12日,经国务院批准,以现货交易为基础,引入期货交易机制的中国郑州粮食批发市场作为我国第一个商品期货市场开业,迈出了中国期货市场发展的第一步。纵观我国期货市场发展历史,从1986年开始进行理论探讨,1990年开始试点,我国期货市场基本上经历了以下发展阶段:迅速扩张阶段(1990—1994年)、清理整顿阶段(1995—2000年)、规范发展阶段(2001年至今)。期货市场已由初创时期的50多家交易所、近千家期货经纪公司缩减到现在的4家交易所、近200家期货经纪公司。

针对期货市场发展中存在的问题,国家自1993年底开始进行清理整顿。1993年11月4日,国务院下发《关于制止期货市场盲目发展的通知》,明确国务院证券委员会(以下简称中国证监会)和中国证券监督管理委员会为试点期货市场工作的指导、规划、协调监管的负责方和具体执行方。1994年5月16日,国务院办公厅批转国务院证券委《关于坚决制止期货市场盲目发展若干意见的指示》,要求对期货交易所、期货经纪公司进行审核,严格限定期货交易范围,严格控制国有企事业单位参与期货交易,查处各种非法的期货经纪活动。

1995年,国家批准了15家试点期货交易所(这15家期货交易所分布于北京、上海、郑州、大连、苏州、深圳等地),并陆续关停了其他数十家期货交易所。1995年下半年,国家又对期货交易所进行会员制改造。1998年,还对期货交易所进行精简合并,明确上海期货交易所、郑州商品交易所和大连商品交易所为三家试点交易所,同时将原来35个交易品种削减为12个。经中国证监会牵头,各交易所对合约、交易规则重新作了修订。

针对期货经纪公司的清理整顿，内容有以下几个方面：从1994年开始，停止期货经纪公司开展境外期货业务及期货经纪公司、非银行金融机构及各类咨询公司从事外汇保证金交易及外汇期货交易，关闭或取缔一些不合格和不合法的期货经纪公司；1995年底，给330家期货经纪公司颁发《期货经纪公司业务许可证》；以后，经过年检，又注销了一些期货经纪公司的业务许可证。

1998年8月1日，国务院下发《国务院关于进一步整顿和规范期货市场的通知》，要求再次加大治理整顿力度，对期货交易所、期货经纪公司的数量、质量进行调整，明确期货市场有限度试点的发展方向。为了巩固治理整顿的成果，国务院在1999年6月2日颁布了《期货交易暂行管理条例》及四个配套的管理办法——《期货交易所管理办法》、《期货经纪公司管理办法》、《期货经纪公司高级管理人员任职资格管理办法》和《期货业从业人员管理办法》。以上条例及几个管理办法的颁布，标志着期货市场有了法律体系，为期货市场的规范化发展奠定了基础。2000年12月29日，中国期货业协会成立，这标志着期货业开始有了自律性组织，从此，中国期货市场三级监管体系开始形成。

2007年，中国期货市场出现了有史以来的爆发性增长，全年交易量7.28万手，较2006年增长62.06%；成交额40.97万亿元，较2006年增长95.06%。2007年上市5个新品种：4月份，锌在上海期货交易所上市，PAT在郑州商品交易所上市；6月份，菜籽油在郑州商品交易所上市；8月、10月份，塑料和棕榈油在大连商品交易所上市。2008年新年伊始，黄金期货在上海期货交易所上市。2010年4月，股指期货的加入，为我国期货市场注入了新的发展活力，也使得我国期货市场的规模大幅度提高。2012年，股指期货累计成交量10.5亿手，成交金额达到了75.8万亿元，占2012年全年期货市场成交金额的44.3%；同年全国期货市场成交金额171万亿元。2013年9月6日，时隔18年，国债期货"复出"，推出中国期货市场的历史又翻开了新的一页。

2015年，中国期货市场共上市交易5个新品种，分别为上海期货交易所的镍期货和锡期货，以及中国金融期货交易所的10年期国债期货、上证50股指期货和中证500股指期货，进一步丰富了有色金属和金融类期货品种序列。2015年3月27日，镍期货和锡期货在上海期货交易所正式挂牌交易。至此，铜、铝、锌、铅、镍、锡等六大基本工业有色金属均有相应的期货品种在我国上市交易，进一步增强了有色金属期货品种服务实体经济的能力。镍、锡期货自上市以来，市场成交活跃，国内外价格联动紧密，引起了国内外的高度关注和投资者的广泛参与。

2015年3月20日，10年期国债期货合约在中国金融期货交易所挂牌，交易代码为T，标的为面值100万元人民币、票面利率3%的名义长期国债，实行到期实物交割,挂牌合约为最近的三个季月,最低交易保证金为2%,每日最大波动幅度为前一交易日结算价的上下2%。10年期国债期货是关键期限国债衍生产品,其上市交易有助于完善国债期货产品序列,进一步反映了市场供求关系的国债收益率曲线,也有利于丰富投资者的交易策略组合,满足金融机构对不同期限国债期货产品的避险和投机需求。2015年4月16日,上证50和中证500股指期货在中国金融期货交易所上市。上证50股指期货主要覆盖了金融、地产、能源等支柱性行业,能够更好地追踪大盘蓝筹;中证500股指期货则包括了众多市值小、成长性好的高新技术企业,代表着我国产业结构转型的未来方向。

2018年3月26日,中国第一个对外开放的期货品种——原油期货在上海期货交易所子公司上海国际能源交易中心挂牌交易,成为期货市场全面对外开放的起点和试点。随后,铁矿石、PTA期货等已上市品种也顺利实现国际化,期货市场对外开放破冰前行。

截至2022年9月,我国内地期货上市品种数量达到71个,商品期权达到25个,股指期权2个。2021年5月,广期所两年期品种计划获中国证监会批准,明确将16个期货品种交由广期所研发上市,包括碳排放权、电力等事关国民经济基础领域和能源价格改革的重大战略品种,中证商品指数、能源化工、饲料养殖、钢厂利润等商品指数类创新型品种,工业硅、多晶硅、锂、稀土、铂、钯等与绿色低碳发展密切相关的产业特色品种,咖啡、高粱、籼米等具有粤港澳大湾区与"一带一路"特点的区域特色品种,以及国际市场产品互挂类品种。

我国期货期权交易品种见表2-2。

表2-2 国内期货期权品种

上海期货交易所	期货品种:铜、铝、锌、铅、纸浆、橡胶、黄金、燃料油、螺纹钢、线材、白银、沥青、热卷、锡、镍、不锈钢 期权品种:铜期权、铝期权、锌期权、黄金期权、天胶期权
大连商品交易所	期货品种:大豆1号、大豆2号、豆粕、豆油、玉米、玉米淀粉、粳米、聚乙烯、苯乙烯、棕榈油、聚氯乙烯、焦炭、焦煤、铁矿石、鸡蛋、纤维板、胶合板、聚丙烯、乙二醇、生猪、液化石油气 期权品种:豆粕期权、玉米期权、铁矿石期权、液化石油气期权、聚乙烯期权、聚氯乙烯期权、聚丙烯期权、棕榈油期权、黄大豆1号期权、黄大豆2号期权、豆油期权

续表

郑州商品交易所	期货品种：普麦、强麦、棉花、棉纱、苹果、白糖、PTA、菜籽油、油菜籽、玻璃、动力煤、甲醇、硅铁、锰硅、粳稻、早籼稻、晚籼稻、菜籽粕、短纤、花生、红枣、纯碱、尿素 期权品种：白糖期权、棉花期权、PTA期权、甲醇期权、菜籽粕期权、动力煤期权、菜籽油期权、花生期权
中国金融期货交易所	期货品种：沪深300、上证50、中证500、中证1000、2年期国债、5年期国债、10年期国债 期权品种：沪深300期权、中证1000期权
上海国际能源交易中心	期货品种：原油、低硫燃料油、国际铜、20号胶 期权品种：原油期权

国际期货业协会（FIA）汇总的全球85家交易所之成交数据显示，2021年全球期货和期权成交创建了625.85亿手的历史新纪录。对相关数据进行的统计分析显示，我国内地商品衍生品成交持续增长，在全球商品衍生品成交中的占比持续大幅提升，稳居全球商品衍生品成交首位；全球金融衍生品成交火爆，增量在2021年衍生品增量中的占比93.7%，其在衍生品成交中的占比已提升至83%。从目前市场交易结构来看，与美国、印度和巴西这些金融衍生品丰富、成交量较大的国家相比，我国在金融衍生品市场拥有广阔的发展空间。

2021年我国期货和期权累计成交量为75.14亿手，同比增量为13.61亿手，占全球期货和期权总成交量的12.0%，较2020年13.1%的占比下降了1.1个百分点；我国期货成交量为72.69亿手，占全球期货成交量292.75亿手的24.8%，较2020年23.6%占比提升了1.2个百分点；我国期权成交量为2.45亿手，占全球期权成交量333.09亿手的0.7%，较2020年0.6%的占比提升了0.1个百分点；就商品类而言，我国商品期货和期权成交73.92亿手，占全球商品期货和期权105.93亿手总成交量的69.8%，较2020年的62.9%占比提升了6.9个百分点。

2022上半年，我国内地期货市场成交30.46亿手、257.48万亿元，同比分别下降18.04%和10.08%。

2022上半年全球期货市场成交383.2亿手，我国内地期货市场成交量占全球期货市场总成交量的7.9%，较2021年上半年的占比12.9%下降了5个百分点。

2022年上半年全球成交量前二十名的衍生品交易所排名见表2-3。

表2-3 2022年上半年全球成交量前二十名衍生品交易所

排名	交易所	2022年1~6月	2021年1~6月	变化
1	印度国家证券交易所（NSE）	16 121 923 181	6 594 326 737	144%
2	巴西交易所（B3）	3 859 874 013	4 161 727 063	-7%
3	芝加哥商业交易所集团（CME Group）	3 036 474 949	2 493 046 524	22%
4	洲际交易所（ICE）	1 768 763 250	1 620 784 480	9%
5	芝加哥期权交易所（CBOE）	1 669 179 402	1 501 410 834	11%
6	纳斯达克（NASDAQ）	1 548 454 797	1 710 038 561	-9%o
7	伊斯坦布尔交易所（BIST）	1 220 254 517	932 068 953	31%
8	大连商品交易所（DCE）	1 076 896 839	1 101 380 251	-2%
9	欧洲期货交易所（Eurex）	1 050 132 988	891 344 829	18%
10	郑州商品交易所（ZCE）	1 028 371 149	1 291 320 530	-20%
11	韩国交易所（KRX）	1 014 099 241	1 216 205 857	-17%
12	上海期货交易所（SHFE）	872 404 591	1 263 231 077	-31%
13	孟买证券交易所（BSE）	762 865 793	768 619 077	-1%
14	莫斯科交易所（MOEX）	714 933 753	1 014 133 199	-30%
15	迈阿密国际交易所（MIAX）	662 765 738	646 062 125	3%
16	多伦多证券交易所集团（TMX Group）	351 794 232	278 522 146	26%
17	香港交易所（HKEX）	227 039 897	216 509 421	5%
18	日本交易所集团（JPX）	214 474 764	167 537 350	28%
19	台湾期货交易所（TAIFEX）	190 441 730	207 782 823	-8%o
20	新加坡交易所（SGX）	131 493 961	115 268 038	14%

数据来源：FIA

2022年上半年全球农产品期货和期权成交前20位排名见表2-4。

表2-4 2022年上半年全球农产品期货和期权成交前20位

排名	合约	2022年1~6月	2021年1~6月	变化
1	豆粕期货,大商所	175 548 628	202 929 422	-13%
2	棕榈油期货,大商所	108 387 478	98 394 374	10%
3	豆油期货,大商所	86 147 408	110.240.402	-22%

续表

排名	合约	2022年1~6月	2021年1~6月	变化
4	玉米期货,大商所	70 535 319	95 669 165	-26%
5	菜粕期货,郑商所	64 684 335	136 955 603	-53%
6	白糖期货,郑商所	45 148 586	55 946 578	-19%
7	玉米期货,芝加哥期货交易所	43 830 303	51 543 283	-15%
8	纸浆期货,上期所	42 383 630	74 702 666	-43%
9	天然橡胶期货,上期所	38 718 194	67 427 434	-43%
10	菜籽油期货,郑商所	36 117 467	47 250 284	-24%
11	棉花期货,郑商所	33 967 659	53 308 440	-36%
12	豆粕期权,大商所	27 023 673	18 956 293	43%
13	大豆期货,芝加哥期货交易所	26 906 524	29 776 823	-10%
14	苹果期货,郑商所	25 292 882	61 944 964	-59%
15	玉米淀粉期货,大商所	23 302 433	27 005 815	-14%
16	玉米期权,大商所	17 929 630	7 324 037	145%
17	糖11号期货,洲际交易所	17 620 517	17 680 035	0%
18	黄大豆1号期货,大商所	17 286 361	23 241 433	-26%
19	玉米期权,芝加哥期货交易所	17 084 222	19 781 572	-14%
20	花生期货,郑商所	16 339 611	3 903 344	319%

数据来源:FIA

2022年上半年全球金属期货和期权成交前20位排名见表2-5。

表2-5　2022年上半年全球金属期货和期权成交前20位

排名	合约	2022年1~6月	2021年1~6月	变化
1	螺纹钢期货,上期所	222 747 618	300 492 610	-26%
2	铁矿石期货,大商所	97 690 273	57 864 913	69%
3	热轧卷板期货,上期所	68 101 412	109 860 891	-38%
4	铝期货,上期所	53 766 823	55 292 552	-3%
5	硅铁(SF)期货,郑商所	32 906 796	49 430 423	-33%
6	锌期货,上期所	32 005 515	32 352 808	-1%
7	镍期货,上期所	29 789 485	97 269 072	-69%

续表

排名	合约	2022年1~6月	2021年1~6月	变化
8	铝期货,伦敦金属交易所	27 225 781	28 316 097	-4%
9	硅锰(SM)期货,郑商所	19 004 793	43 032 894	-56%
10	铜期货,上期所	18 878 372	36 567 161	-48%
11	不锈钢期货,上期所	16 485 860	18 870 473	-13%
12	铁矿石期权,大商所	16 243 682	6 020 733	170%
13	甲级铜期货,伦敦金属交易所	14 113 547	15 111 196	-7%
14	锡期货,上期所	11 077 197	14 299 082	-23%
15	特种高级锌期货,伦敦金属交易所	10 945 797	10 179 197	8%
16	铁矿石62%期货,新加坡交易所	10 856 862	8 492 383	28%
17	铅期货,上期所	10 747 841	11 739 030	-8%
18	铜(HG)期货,COMEX	10 419 897	14 317 328	-27%
19	原生镍期货,伦敦金属交易所	7 460 131	7 932 841	-6%
20	铝期权,上期所	5 205 701	2 714 770	92%

数据来源:FIA

2022年上半年全球能源期货和期权成交前20位排名见表2-6。

表2-6 2022年上半年全球能源期货和期权成交前20位

排名	合约	2022年1~6月	2021年1~6月	变化
1	布伦特原油期货,洲际交易所(欧洲)	124 754 738	122 969 575	1%
2	WTI轻质低硫原油期货,纽约商业交易所	111 452 676	125 227 794	-11%
3	燃料油期货,上期所	82 302 754	158 406 858	-48%
4	北美天然气期货,洲际交易所(美国)	81.796 983	62 440 270	31%
5	石油沥青期货,上期所	80 797 278	70 703 929	14%
6	布伦特原油期货,莫斯科交易所	71 142 665	265 329 196	-73%
7	亨利港天然气期货,纽约商业交易所	47 394 377	47 477 882	0%
8	柴油期货,洲际交易所(欧洲)	33 508 421	39 385 156	-15%
9	北美天然气电力期权,洲际交易所(美国)	29 262 481	19 666 298	49%
10	中质含硫原油期货,上海国际能源中心	28 160 853	21 523 237	31%
11	WTI轻质低硫原油期货,洲际交易所(欧洲)	24 702 274	28 001 419	-12%

续表

排名	合约	2022年1~6月	2021年1~6月	变化
12	液化石油气期货,大商所	23 898 336	12 458 723	92%
13	RBOB汽油实物(RB)期货,纽约商业交易所	23 272 875	24 022 874	-3%
14	荷兰TTF天然气期货,洲际交易所	22 446 396	17 291 541	30%
15	原油期权,印度多种商品交易所	21 768 098	2 130 814	922%
16	纽约港取暖油(HO)期货,纽约商业交易所	20 806 178	18 411 016	13%
17	布伦特原油期权,洲际交易所(欧洲)	17 384 384	13 080 531	33%
18	微型WTI原油(MCL)*期货,纽约商业交易所	15 647 595	/	/
19	原油(LO)期权,纽约商业交易所	15 553 715	13 850 809	12%
20	低硫燃料油期货 上期所	14 708 447	8 980 970	64%

数据来源:FIA

2022年上半年全球贵金属期货和期权成交前20位排名见表2-7。

表2-7 2022年上半年全球贵金属期货和期权成交前20位

排名	合约	2022年1~6月	2021年1~6月	变化
1	白银期货,上期所	73 318 786	141 910 007	-48%
2	黄金(GC)期货,COMEX	28 219 908	31 701 735	-11%
3	黄金期货,伊斯坦布尔交易所	25 323 504	45 335.555	-44%
4	白银Micro期货,印度多种商品交易所	23 166 409	26 696 470	-13%
5	黄金期货,上期所	20 242 310	23 603 292	-14%
6	USD/盎司白银期货,伊斯坦布尔交易所	12 213 161	11 539.288	6%
7	黄金期货,莫斯科交易所	9 068 724	22 326 141	-59%
8	白银(5 000盎司)(SI)期货,COMEX	8 621 296	11 486 483	-25%
9	精炼白银期货,莫斯科交易所	8 342 433	40 061 626	-79%
10	E-Micro黄金期货(MGC),COMEX	6 886 865	7 765 240	-11%
11	黄金在线期货,泰国期货交易所	5 608 724	4 633 549	21%
12	迷你白银期货,印度多种商品交易所	5 588 316	7 808 899	-28%
13	黄金(OG)期权,COMEX	5 379 421	4 565 435	18%
14	黄金Petal期货,印度多种商品交易所	5 013 188	8 196 668	-39%

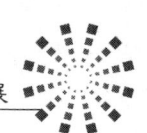

续表

排名	合约	2022年1~6月	2021年1~6月	变化
15	USD/盎司黄金期货,伊斯坦布尔交易所	4 504 507	7 487 258	-40%
16	黄金期货,大阪交易所	4 124 726	3 214 187	28%
17	白金(PL)期货,纽约商业交易所	2 542 928	2 244 725	13%
18	迷你黄金期货,印度多种商品交易所	2 330 489	3 703 917	-37%
19	黄金期权,上期所	1 944 199	1 684 443	15%
20	白银期货,印度多种商品交易所	1 867 012	2 503 990	-25%

数据来源:FIA

中国期货市场正经历着从量变到质变和提档加速的过程,品种创新与对外开放齐头并进,特定品种对外开放的路径基本形成;期货交易所场外平台建设加快,期现结合日益紧密;"保险+期货"进一步扩大试点范围,助力打赢脱贫攻坚战;市场监管的科技化智能化水平提升,法律法规体系日趋完善。目前我国期货市场的发展主要体现在以下五个方面:

第一,期货市场国际化迈出实质性步伐。

2018年是中国期货品种对外开放的元年。中国期货市场按照国家金融业对外开放的总体部署,陆续实现了三个特定品种的对外开放。3月,中国首个国际化品种原油期货在上期所旗下子公司上期能源INE成功上市,截至2018年底,日均成交量(按桶数计算)已经超过迪拜商品交易所的阿曼原油期货,成为仅次于NYMEX和ICE的第三大原油期货交易场所。大商所的铁矿石期货和郑商所的PTA期货也分别于5月和11月引入境外交易者,为已上市期货品种的国际化积累了经验。上期所20号胶作为特定期货品种,其立项申请也于6月获批。

为了积极配合市场对外开放步伐,期货交易所也加快了境外布局。截至2018年底,上期所、大商所已在新加坡设立办事处,郑商所设立新加坡办事处的申请已获得证监会批复;上期能源和大商所已注册为香港证监会的自动化交易服务(ATS)提供者,可向当地市场参与者提供电子平台交易服务;上期能源成为新加坡认可的市场经营者(RMO),为境外交易者和经纪机构直接参与特定品种交易提供了高效渠道;中金所和大商所已成功注册全球法人机构识别编码,此举将有助于其后续的国际认证工作。

为了更好地满足期货市场对外开放的需要,中国证监会进一步加强了跨境监管与协作,2018年分别与哈萨克斯坦阿斯塔纳金融服务管理局、伊朗证券和交易组织以及开曼群岛金融管理局签署了《证券期货监管合作谅解备忘录》,同香港证监会签署了《关于跨境受监管机构监管合作及交换信息的谅解备忘录》,

同日本金融厅签署《促进两国证券市场合作的谅解备忘录》，同法国金融市场管理局签署了《金融领域创新合作谅解备忘录》。此外，证监会还同新加坡金融管理局签署《关于期货监管合作与信息交换的谅解备忘录》，进一步深化双方在期货和相关衍生品领域的监管合作。截至2021年底，证监会已相继同67个国家和地区的证券期货监管机构建立了跨境监管执法协作机制。

第二，期货及期货期权上新步伐加速。

2018年3月和11月，原油期货和纸浆期货分别于上期能源和上期所挂牌交易，前者是中国第一个国际化期货品种，后者为纸浆产业链上下游企业提供了有效的风险管理工具。2018年8月，2年期国债期货在中金所上市交易，标志着中国覆盖长中短期的国债期货产品体系基本形成；2018年12月，乙二醇期货在大商所挂牌交易，标志着中国石化期货品种体系进一步完善。2018年9月，铜期货期权在上期所挂牌交易，这是中国首个工业品期货期权产品，对提高中国铜期货市场定价影响力具有重要意义。

期货品种立项方面，大商所的生猪期货和上期所的20号胶期货分别于2月和6月获批立项。期货期权品种立项方面，大商所的玉米期货期权和郑商所的棉花期货期权于2018年6月获批立项，并于2019年1月28日上市交易，同日上期所的天然橡胶期货期权也上市交易。

2018年7月和10月，上期所分别修订并重新挂牌上市了燃料油期货和线材期货。此外，三家商品期货交易所通过降低不活跃合约手续费、免收不活跃合约平今仓手续费、在目标合约上引入做市商等方式，改善目标合约的流动性。上期所招募期货做市商业务成效显著，做市品种已扩展至原油期货和黄金期货；大商所自2017年12月以豆粕、玉米和铁矿石期货品种为试点引入期货做市商，已发挥出活跃非主力合约的功能。

2022年上半年，受国内疫情反复、地缘政治风险外溢及全球流动性收紧影响，经济下行压力加大，大宗商品市场整体价格波动剧烈，国内期货市场活跃度有所降低，全国期货市场累计成交量为30.46亿手，累计成交额为257.48万亿元，同比分别下降18.04%和10.08%。与此同时，期货及衍生品市场的资金规模继续保持增长趋势，截至2022年7月末，全国期货公司客户权益为1.5万亿元，较年初增长26.76%。

2022年以来，国内衍生品新品种推出速度加快。中证1000股指期货和期权于2022年7月22日上市交易，成为当年期货市场上市的首只新品种，也是自2015年4月推出上证50和中证500股指期货后，时隔7年再次推出新的股指期货品种。2022年7月末，证监会批准大连商品交易所开展黄大豆1号、黄大豆2号和豆油期权交易，并于2022年8月8日正式挂牌交易。2022年8月，证监会批准了菜籽油和花生期权交易,并将于2022年8月26日正式挂牌交易。

第三,多举措推动场内场外共同发展。

2018年,三家商品期货交易所不断开发满足实体企业多元化交易需求、符合国家战略要求的创新业务,推动多层次大宗商品市场体系建设。

2018年3月10日,郑商所综合业务平台正式上线仓单交易和基差贸易两项业务,同时提供交易、结算、交收等相关服务。5月28日,上期所正式上线上期标准仓单交易平台,促进了期、现市场价格的有效对接。上期标准仓单交易平台自上线以来,市场整体运行平稳,平台参与企业数量稳步增加,市场成交活跃。截至12月底,上期标准仓单交易平台共上线铜、铝等6个有色金属品种,共成交17.80万张仓单,累计成交410.88万吨,累计成交额804.17亿元。作为期现结合的重要创新,上期标准仓单交易平台服务实体经济发展的功能初步显现。

2018年,大商所首个商品互换业务试点成功完成,随后大商所积极开展商品互换业务的规则制定、系统建设和市场推广工作,并于2018年12月19日正式在场外平台推出商品互换业务,依托场外平台为交易双方提供标的管理、交易登记、盯市、资金管理等全流程电子化的服务。2019年8月26日,大商所在原有业务模式基础上推出期货价差互换新模式,拓展了商品互换业务的功能。为了进一步深化场内场外协同发展,大商所于2020年启动"一圈两中心"场外市场建设,依托"大宗商品生态圈"引入各方赋能,建设"交易中心"紧密结合期货与现货,通过"价格信息中心"反映大宗商品即期与远期价格。"一圈两中心"建设充分激发了商品互换市场交易活性、拓展了商品互换业务的服务场景与深度。2016年郑商所将场外期权、互换等场外衍生品列入了场外平台的业务规划,场外平台上线后,2018年8月开始为"保险+期货"试点项目关联的场外期权提供登记结算服务,2021年2月开始尝试场外期权备案业务,2021年9月挂牌了甲醇现货价格互换合约、组织合约交易并提供结算服务。

第四,扩大"保险+期货"试点范围,探索模式创新。

自2016年以来,"保险+期货"连续七年写入中央一号文件。2022年2月22日,中央一号文件再次提出,优化完善"保险+期货"模式。经过多年的试行和推广,"保险+期货"模式已经得到市场的认可,对服务"三农"、促进实体经济的发展提供了有力保障。大连商品交易所、郑州商品交易所、上海期货交易所自2016年起先后开启"保险+期货"试点项目建设工作。2016年至2020年,三家交易所在26个省份开展了584个"保险+期货"试点项目,涉及天然橡胶、棉花、白糖、苹果、红枣、大豆、玉米、鸡蛋、豆粕9个品种,累计保障现货规模约1200万吨,承保土地面积约3000万亩,惠及贫困户近70万户,成为农业发展、农民增收的重要保障。

近年来,为满足各类农业主体多样的风险管理需求,更好地服务"三农",助力乡村振兴,"保险+期货+订单收购"、"保险+期货+银行"以及"保险+期货+融资租赁"等创新模式层出不穷。

第五,期货市场法律监管体系日益完善。

经过30多年的探索发展,我国期货市场规模稳步扩大,运行质量不断提升,在服务实体经济和国家战略中发挥着重要作用。在期货业快速发展的同时,相关法律建设也一直在稳步推进。2022年4月20日,第十三届全国人大常委会第三十四次会议审议通过了《期货和衍生品法》,并于8月1日正式施行,期货行业法治化建设迈出了历史性的一大步,具有里程碑意义。我国首次从法律的高度,系统地规定期货和衍生品领域的基本原则、基本参与主体及其基本职责分工、基本权利义务,是期货和衍生品领域的基本法。同时,明确将"国家支持期货市场健康发展,发挥发现价格、管理风险、配置资源的功能"写入法律条文,为期货和衍生品市场的高质量发展奠定坚实的法律基础、提供难得的历史性发展机遇,将极大地促进我国期货和衍生品行业发展。

 **本章小结**

本章介绍了世界期货市场的发展、国际主要期货交易所和期货品种、世界期货市场的发展趋势和我国期货市场发展等背景知识。

期货交易起源于现货交易,随着现货交易的广泛发展,出现了大宗现货批发交易。贸易商人与商品生产者签订远期合同,经过演变和发展,形成了远期合约交易,再发展成为现代期货交易。期货市场最早萌芽于欧洲。19世纪中期,美国芝加哥出现了现代意义上的期货交易所。现在国际主要的期货交易所有:芝加哥商业交易所、伦敦国际石油交易所、纽约商品交易所等。

国际期货品种主要分为商品期货和金融期货两大类。商品期货主要包括农产品期货、有色金属期货和能源期货,金融期货主要包括利率期货、股票指数期货和外汇期货。20世纪90年代以来,还出现了一些新的期货品种,如保险期货、经济指数期货、公用自然资源期货等。此外,还有一些没有基础现货市场的衍生品种,如天气、污染指数、自然灾害等。

国际期货市场表现出交易所日益集中、规模不断壮大、联网合并、金融期货迅猛发展、期权交易后来居上、交易全球化等趋势。新中国期货市场诞生于20世纪90年代,现在已进入规范发展的历史新阶段,品种创新和对外开放齐头并进,特定品种对外开放的路径基本形成;期货交易所场外平台建设加快,期现结合日益紧密;"保险+期货"进一步扩大试点范围,助力打赢脱贫攻坚战;市场监管的科技化智能化水平提升,法律法规体系日趋完善。

复习思考题

一、名词解释

1. COMEX
2. CFTC
3. LME
4. CBOT
5. CME
6. MATIF
7. 纽约商品交易所
8. 东京工业品交易所
9. 布雷顿森林体系
10. 民十信交风潮
11. 布伦特指数

二、简答题

1. 国际期货市场是怎样产生的?
2. 简述上海期货交易所的上市品种及其特色。
3. 简述郑州商品交易所的上市品种及其特色。
4. 简述大连商品交易所的上市品种及其特色。
5. 简述中国金融期货交易所的上市品种及其特色。
6. 简述世界期货市场的发展趋势。
7. 简述我国期货市场立法工作取得的主要成就。
8. 我国期货市场取得了哪些成绩?

第三章 期货市场的组织结构

教学目标

通过本章的学习,全面了解期货市场的组织结构,包括期货交易所、期货交易结算机构、期货经纪机构、期货投资者、期货监管机构和相关服务机构及其职能。

学习重点

- 期货交易所的性质和职能
- 会员制与公司制的区别
- 期货交易结算机构的功能和作用
- 期货经纪机构的职能
- 期货投资者的构成和功能

期货市场是一个高度组织化的市场,有着严密的组织机构和交易制度,以保障期货市场的有效运转。期货市场的结构或组成可以划分为四个层次:投资者、核心服务层、相关服务机构和监管机构。投资者是指所有交易者的集合,他们不仅是市场赖以存在的基础,也是整个市场所服务的对象;核心服务层由期货交易所、结算机构和期货经纪机构组成,它们是直接为交易者进行交易、结算服务的机构;相关服务机构是指为期货交易提供间接服务的服务机构,如交割仓库、结算银行、信息咨询机构、会计师事务所、律师事务所等;监管机构则是指政府为维护期货市场秩序而专设的部门以及期货行业协会。

第三章 期货市场的组织结构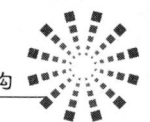

第一节 期货交易所

一、期货交易所的定义

期货交易所是专门进行标准化期货合约买卖的场所。在现代市场经济条件下,期货交易所是一种具有高度系统性和严密性、高度组织化和规范化的交易服务组织,它本身不参与交易活动,不参与期货价格的形成,也不拥有合约标的商品,只为期货交易提供设施和服务。目前,全世界约有50余家期货交易所,其中大部分分布在美国和欧洲。我国目前有六家期货交易所,分别是:郑州商品交易所、上海期货交易所、大连商品交易所、广州期货交易所、上海国际能源交易中心、中国金融期货交易所。

我国《期货交易管理条例》规定,期货交易所不以营利为目的,按照其章程的规定实行自律管理。期货交易所以其全部财产承担民事责任。期货交易所的负责人由国务院期货监督管理机构任免。期货交易所会员应当是在中华人民共和国境内登记注册的社团法人、公司法人或者其他经济组织。

二、期货交易所的设立

设立期货交易所需要具备一定的条件。首先,交易所所在地一般为经济和金融中心城市,这些城市有较好的基础设施,能够满足现代期货交易对信息传递、商品运输以及各项服务的要求,可以提供好的工作、生活条件,从而最大限度地吸引交易者的参与。其次,交易所要有良好的基础设施,如优良的物业、高效的计算机系统和先进的通信设备等。最后,交易所应具备各种优质"软件",这些"软件"包括大批高素质的期货专门人才、完善的交易规则等。

世界多数国家的交易所须由政府有关部门批准设立后才能正式运行。

我国《期货交易管理条例》第6条规定,"设立期货交易所,由国务院期货监督管理机构审批。未经国务院期货监督管理机构批准,任何单位或者个人不得设立期货交易所或者以任何形式组织期货交易及其相关活动。"

三、期货交易所的职能

期货交易所在期货交易中是合约买卖双方的中介。这意味着,期货市场上进行的每一笔交易,并不直接在真正的买卖双方中发生,而是通过交易所进行交易和结算,从而确保合约的履行。不过,期货交易所本身并不参加期货交易,只

是向交易者提供有关设施,制定交易规则,维护平等竞争。期货交易所的主要职能如下:

第一,提供期货交易的场所、设施和服务。期货交易所为期货交易提供固定的场所、必要的设施、先进的通信联络设备、现代化的信息传递和显示设备等一整套设施以及完备周到的配套服务。交易所的首要作用是交易,它有一个交易厅,这是一个专门的有组织的场所。交易所还在交易厅内外提供各种方便多样的设施,如先进的通信设备等,以确保交易能在交易厅内迅速、准确地进行。交易所向会员提供的服务是多方面的,最主要的是信息服务,即及时把场内所形成的期货价格公布于众,增加市场的透明度和公开性。一般而言,交易双方在达成交易后,必须及时向交易所有关部门报告,由有关部门迅速汇总交易信息并公布于众。这一过程由交易所的计算机网络完成,最终在交易大厅内的电子显示屏(报价板)上公布交易信息。这种报价装置还可与其他地区或国家的交易所联网,随时报告各交易所的交易价格。此外,交易所每天的价格还可通过相应的传播媒介向社会及时公布,以吸引更多的交易者和投资者参加交易,指导进行相同商品交易的场外交易者。

第二,制定并实施业务规则。为使期货交易规范、有序,期货交易所需要建立一套健全、统一的期货交易规则以及业务管理细则。

第三,设计期货合约,安排期货合约上市。期货交易所根据公平、公正、高效及满足交易者需求等原则,选择合适的时机设计并安排新合约上市。交易所统一制定期货合约,将期货合约条款统一化和标准化。按照规定,期货合约中,除交易价格在交易厅内以公开竞价的交易方式形成外,其余内容都有统一的标准。这样做,不仅使期货市场具有高度的流动性,提高了市场效率,更重要的是,可以减少甚至杜绝交易者之间因期货合约本身而引起的纠纷与争执。

第四,组织、监督期货交易、结算和交割。交易所应为期货交易制定规章制度和交易规则,并保证和监督这些制度、规则的实施,最大限度地规范交易行为;交易所还要监督、管理交易所内进行的交易活动,调解交易纠纷,包括交易者之间的纠纷、客户与经纪公司之间的纠纷等;同时,期货交易所负责对每一个会员的交易进行结算,监督每一张合约的保证金变动,直至会员单位的持仓合约经对冲平仓或通过实物交割而了结交易为止。

第五,监控市场风险。期货交易所利用保证金制度、每日结算制度、涨跌停板制度、持仓限额和大户持仓报告制度、风险准备金制度等,对市场风险进行多方面、多环节的监控,以确保市场正常运行。

第六,保证期货合约的履行。即期或远期合约交易中存在的最大问题是合约的履行得不到保证,主要原因是缺少必要的履约保证金制度。一方的毁约往往给对方带来一系列的经济问题,甚至是重大的经济损失。有鉴于此,期货交易所从形成初期起就采取了一系列有效措施,如制定能对交易者起到必要的监督和保护作用的管理制度,资金管理上采取会员保证金制度等。期货交易机制要求交易所作为"买方的卖方和卖方的买方",承担最终履约责任,这就大大降低了期货交易中的信用风险。只要符合期货交易所有关规定,凡是在期货交易所内买卖的合约都可以得到履约保证,违约者则会受到相应的处罚。

第七,制定和执行风险管理制度。期货交易所是期货合约买卖的第三方,承担着保证期货合约顺利履行的责任,从而也就面临各种各样的风险。为了增强交易所抵御各种风险的能力,我国《期货交易暂行管理条例》规定,期货交易所应建立健全保证金制度、每日结算制度、涨跌停板制度、持仓限额和大户持仓报告制度、风险准备金制度等。制定并执行各种风险管理制度,便成为期货交易所的主要职能之一。

第八,发布市场信息。期货交易所把即时交易形成的价格以及相关信息向会员或公众公开。

第九,监管会员交易行为。期货交易所对会员的期货业务进行监管,严厉查处会员的违法、违规行为,以保证期货交易在公开、公平、公正的环境中进行。

第十,监管指定交割仓库。交割环节在期货交易中起着重要的作用,加强对交割仓库的监管是交易所的重要工作。

四、期货交易所的组织形式

期货交易所按照其组织方式的不同,可以分为会员制和公司制两种类型。两者都采用会员制度,但前者是非营利性的,而后者则是以营利为目的。

（一）会员制期货交易所

会员制期货交易所由全体会员出资组建,会员缴纳资格费是取得会员资格的条件之一。会员制期货交易所设有会员大会、理事会和监事会等行政组织系统和由总裁负责的日常行政业务管理系统。

会员大会为期货交易所的最高权力机构。会员大会一般每年至少召开一次,必要时经理事会2/3以上理事或半数以上会员提议,可临时召开会员特别会议。会员大会的职权有:①审议和期货交易所章程和交易规则及其修改草案;②选举和更换理事;③审议和批准理事会、总经理的工作报告;④审议批准期货交易所的财务预算方案、决算报告;⑤决定期货交易所的合并、分立、解散和清算事项以及理事会提交的其他重大事项。

理事会是会员大会的常设机构,是期货交易所的执行机构,向会员大会负责。理事会的主要职责范围是:①召集会员大会,并向会员大会报告工作;②选举理事长、副理事长；③拟定期货交易所章程、交易规则及其修改草案，提交会员大会通过；④决定专业委员会的设置；⑤审议总经理提出的财务预算方案、决算报告，提交会员大会通过；⑥决定对会员的接纳；⑦决定对违规会员的处罚；⑧审议期货交易所的合并、分立、解散和清算的方案，提交会员大会通过；⑨交易所章程规定和会员大会授予的其他职责。

会员大会下设监事会，监事会是期货交易所的检查、监督机构。其职责是：①监察理事、董事、总裁等高级管理人员执行会员大会、理事会决议的情况；②监察理事、总裁及其他工作人员遵守期货交易所业务规则的情况；③监察期货交易所的财务情况。监事会有权对其职责范围内的有关监察事项进行调查，并依照法律、法规和期货交易所章程、业务规则和会员管理办法等规则，做出处理决定或者提出处理意见。

为保证理事会职责的履行，理事会下设会员资格审查、交易监管、结算交割、纠纷仲裁和专业市场等委员会。各委员会向理事会负责并报告工作。

会员审查资格委员会负责审查交易所会员资格。其职权是：①根据交易所章程、会员管理办法、会员申请及申请者提供的全部申请文件，审查申请者的会员资格；②审查会员财务状况和资信状况；③根据会员的违规事实，审查会员资格。

交易监督委员会是交易所交易运作的监督机构，负责对交易所内的交易活动实行监督和检查，维护投资者和会员的合法利益。其职权是：①检查交易运作状况；②向理事会提出修改期货交易规则的建议；③监督交易所员工的管理行为，对违反交易所章程和交易规则的管理行为提出处罚意见；④监督交易所会员的交易行为，对交易所有关职能部门提出的会员违规行为事实进行调查，并提出处理意见。

结算交割委员会负责对交易所结算交割事务的监督和检查。其职权是：①监督各标准合约的结算价和各会员的未平仓合约量，遇有特殊情况，进行专项检查，并进行适当调整或控制；②调查会员的合约和财务状况，审查会员的财务账簿及票据；③监管实物交割，遇临近交割期但合约未平仓量仍较大的情况时，对多头、空头双方进行调查，保证交割顺利完成；④监管交割实物的品级贴水和异地贴水；⑤监管指定仓库的确定和变更。

纠纷仲裁委员会是交易所的调解和仲裁机构，根据国家法律、法规及章程、规则，负责调解和仲裁交易所会员与会员之间、会员与非会员之间的纠纷。其职权是：①制定和修改仲裁规则，并报理事会批准；②依据纠纷双方的要求，对纠纷发生的原因、过程和造成的后果进行调查，对纠纷进行调解；③在调解无效时，经纠纷双方申请，对纠纷进行仲裁。

专业市场委员会一般根据交易所相关上市品种设置,分别负责与本品种相关的专业市场的业务监管工作。其职权为:①负责相关类新品种的开发、合约的设计、申报工作;②负责相关上市品种合约的修订工作,并向理事会和期货监管部门报告;③协助其他委员会监管相关专业市场的交易管理工作。

期货交易所的日常管理工作由总经理负责,根据我国现行法律,交易所的总经理由中国证监会任命。总经理的主要职责范围是:①组织实施会员大会、理事会通过的制度和决议;②主持期货交易所的日常工作;③拟订并实施经批准的交易所发展计划、年度工作计划;④拟订期货交易所的合并、分立、解散和清算的方案;⑤拟订期货交易所的财务预算方案、决算报告;⑥决定交易所机构设置方案,聘任和解聘工作人员;⑦交易所章程规定和会员大会授予的其他职责。

交易所根据业务需要,一般设有交易部、信息部、结算部、交割部、研究发展部、综合部和稽查部等日常管理部门,它们在总经理的领导下,分别负责交易、信息、结算、交割及交易所发展等具体业务。

（二）公司制期货交易所

公司制期货交易所是由投资者以入股方式组建并设置场所和设施、经营交易市场的股份有限公司,是以营利为目的的公司法人。它不参与交易,却向交易者收取交易费用,使投资者受益。公司制交易所机构设置有股东大会、董事会、监事会及经理机构等,也设置与会员制基本一致的专业委员会。

会员制期货交易所与公司制期货交易所两者的不同主要表现在设立目的、承担的法律责任、适用法律、资金来源等方面,两者在以法人组织形式设立、接受证券期货组织监管等方面是共同的。

最近几年,公司制交易所在决策机制、产品创新、融资渠道、自律管理、运营效率等方面的优越性日益显现,从会员制到公司制,再到上市发展,成为国际交易所改制发展的新潮流。这股潮流开始于证券市场,然后很快推广到期货市场。目前采取股份公司组织形式的交易所主要有新加坡交易所(SGX)、悉尼期货交易所(SFE)、国际石油交易所(IPE)、芝加哥商业交易所(CME)、香港交易及结算所有限公司(HKEX)及伦敦金属交易所(LME)等。

（三）会员制和公司制期货交易所的区别

会员制与公司制期货交易所不但在设立时不同,在实际运行过程中也有明显的差别,主要表现在:

首先,设立的目的不同。会员制法人是以公共利益为目的,而公司制法人是以营利为目的,并将所获得的利润在股东之间进行分配。

其次,承担的法律责任不同。在会员制期货交易所内,各会员除依章程规定分担经费和应出资缴纳的款项外,不承担交易中的任何责任;而公司制的股东除缴纳股金外,还要对期货交易所承担有限责任。

再次,适用的法律不尽相同。会员制法人一般适用《民法典》的有关规定,而公司制法人首先适用《公司法》的规定,只有在《公司法》未做规定的情况下,才适用《民法典》的一般规定。也就是说,公司制的期货交易所在很大程度上是由《公司法》来加以规范的。

最后,资金来源不同。会员制交易所的资金来源于会员缴纳的资格金等,其每年的开支均从当年的赢利和会员每年上缴的年会费中取得,盈余部分不作为红利分给会员;公司制交易所的资金来源于股东本人,只要交易所赢利,就可将其作为红利在出资人中进行分配。

尽管会员制和公司制期货交易所存在上述差异,但它们都是以法人组织的形式设立的,处于平等的地位,同时要接受证券期货管理机构的管理和监督。

五、我国期货交易所的现状

我国现在共有6家期货交易所,分别是上海期货交易所、大连商品交易所、郑州商品交易所和中国金融期货交易所、广州期货交易所、上海国际能源交易中心。其中,上海期货交易所、大连商品交易所和郑州商品交易所3家交易所采取会员制;中国金融期货交易所采取公司制,由上海期货交易所、郑州商品交易所、大连商品交易所、上海证券交易所和深圳证券交易所共同发起设立,于2006年9月8日在上海成立,5家股东分别出资1亿元人民币。2013年11月6日,上海国际能源交易中心(INE)注册于上海自贸区,经营范围包括组织安排原油、天然气、石化产品等能源类衍生品上市交易、结算和交割,制定业务管理规则,实施自律管理,发布市场信息,提供技术、场所和设施服务。INE以公司制运营,由上海期货交易所出资设立,注册资本50亿元人民币,是目前上海自贸区内注册资本金最大的企业。

广州期货交易所于2021年4月19日挂牌成立,是经国务院同意,由中国证监会批准设立的期货交易所。广州期货交易所由上海期货交易所、郑州商品交易所、大连商品交易所、中国金融期货交易所股份有限公司、中国平安保险(集团)股份有限公司、广州金融控股集团有限公司、广东珠江投资控股集团有限公司、香港交易及结算所有限公司共同发起设立,是国内首家混合所有制交易所。

从历史上看,无论是期货交易所还是证券交易所,传统的交易所大多为会员制交易所,是全体会员所有的非营利机构,属于互助性或者合作性机构,实行自律性管理。100多年来,期货交易所一直是以非营利性的会员制组织形式存在的,非营利性是其最显著的特点,并得到了普遍认可。

随着信息技术的飞速发展和经济、金融全球化进程的加速,交易所的运行环境发生了巨大的变化。随着企业步入一个大变革、大分化、大重组的时代,交易所之间的竞争愈演愈烈。以中国企业为例,更多的中国企业参与海外证券市场的上市融资,越来越多的企业如油脂企业、有色金属企业和能源企业等广泛参与国际期货交易所的交易,并不局限于国内交易所。竞争使得传统的带有垄断性质的会员制交易所失去了存在的基础,大大限制了交易所的发展,最终导致交易所治理结构向公司制转化。

实行公司制,适应了不同会员的多元化需求,使得交易所在应对不断变化的市场环境的过程中提高了反应能力,因而更加有效率。

首先,从动机上看,公司制交易所以营利为目的,类似于普通的商业企业。它只有向顾客提供优质的服务——有效监管市场,使市场公正、透明、有效,才能吸引更多的投资者。交易所股东出于自身利益的考虑,必然会维护交易所信誉,对侵害市场的行为加以限制和处罚,从而更能使监管落到实处。

其次,公司制交易所也愿意投入更多的财力和人力,也有动力更新硬件设备如计算机系统,并设法平衡各项投入和收益,避免不必要的浪费。

最后,作为公司制交易所,可以按照商业原则进行公司管理,制定长期发展规划,并根据市场环境的变化及时修改交易规则,完善监管制度。而且,在决策时,不必担心有利益冲突的会员的抵制。更为重要的是,交易所可以在发展需要时发行股票募集资金。而成为上市公司后,必须严格符合一些标准,并要接受公众的监督,这就会使其运作更透明、更规范。募集资金将用于交易所自身建设,更有利于其良性发展,增强竞争力。

以营利为目的的公司制交易所并不构成自律监管障碍,反而能促进交易所更加规范地运作。中国金融期货交易所实行公司制的组织形式,正是适应了时代发展变革的需要,它使交易所在管理上更加规范,运作上更有效率,更有利于我国期货市场的不断创新和发展。

广州期货交易所是我国首家混合所有制交易所,定位为创新型期货交易所,在期货交易品种、交易规则和对外开放方面,与现有期货交易所相比可能有所创新。通过构造创新型的品种体系和交易体系,广州期货交易所能够实现与其他期货交易所的错位竞争和差异化发展,弥补我国在创新型期货方面的空缺。

第二节 期货交易结算机构

一、期货交易结算机构的产生

期货交易结算机构是期货市场的一个重要组成部分。相对于交易双方而言,期货结算机构属于第三者,提供的是相应的市场服务,起着促进期货市场对冲功能发展的重要作用。

19世纪中期,买卖双方是汇集于交易所面议价格,并安排交收实货商品。但是,随着交易量的增加和交易品种的扩大,买卖双方的直接交易变得不切实际,因为一张合约可能在交割前已被多次买进和卖出,为处理这一复杂的连锁交易问题,经纪人应运而生,并成为介于买卖双方之间的中间人。经纪人为双方促进交易并安排组织运输。1883年,美国成立了结算协会,向芝加哥期货交易所的会员提供对冲工具。但结算协会当时还算不上规范严密的组织,直到1925年芝加哥期货交易所结算公司(BOTCC)成立以后,芝加哥期货交易所的所有交易都要进入结算公司结算,这才产生了现代意义上的结算机构。

二、期货交易结算机构的组织形式

目前,国际期货交易结算机构的组织形式有三种。

(一)交易所的业务部门

交易所的业务部门是指在期货交易所内部成立结算业务部门的形式,美国芝加哥商业交易所和我国期货交易所都有这样的结算机构。这种结算机构由于设置在交易所内部,有利于交易所掌握资金状况,及时控制市场风险。其不足之处在于,不适合跨区域市场发展,因为在那种情况下,这种结算方式的效率极其低下。

(二)交易所的附属结算机构

交易所的附属结算机构附属于某交易所,又相对独立,可以同时为多家交易所进行结算,结算机构与交易所都是独立法人。这种形式对于防止交易所受利益驱动出现不规范行为十分有效,但也存在如何与交易所协调关系的问题。如历史上的纽约结算公司(NYCC),其前身为商品结算公司(CCC),是纽约棉花交易所(NYCE)的全子附属公司。由于纽约棉花交易所与咖啡、糖和可可交易所(CSCE)合并成立了新纽约期货交易所,因此 NYCC 作为新纽约期货交易所的附属子公司为其进行结算,两者都是独立法人,交易所的结算业务全部由该结算公司负责。

(三)全国性结算公司

全国性结算公司是指由多家金融机构和交易所共同出资组成全国性结算公司的形式,这样的结算公司为多家交易所提供服务。如英国的伦敦结算所(LCH)不仅为英国本土的数家期货交易所提供结算服务,还为大多数英联邦国家和地区以及欧洲许多国家的期货交易所提供结算服务。

目前,我国期货市场采用的是第一种结算机构组织形式。立足于发展,今后应以建立全国统一的结算公司为重点目标,这样可以有效降低系统风险,提高资金使用效率和管理效率,为金融衍生品上市奠定基础。

三、期货交易结算体系

结算是保障期货交易正常运行的重要环节,期货市场的结算体系采用分级分层的管理体系。结算机构通常采用会员制,只有结算机构的会员才能直接得到结算机构提供的服务。

期货交易的结算大体上可以分为两个层次。以我国期货市场为例,期货市场结算体系采用分层分级管理体系,这表现在交易结算方面有两个层次:一是交易所对会员进行结算,二是会员对客户进行结算。这种分层结算体系也体现了不同会员间的业务区别,如期货经纪公司可以对客户进行结算,而非期货经纪公司就不能,因为后者没有代理客户交易的权利,只能对其自营业务进行一级结算。

四、期货交易结算机构的作用

期货结算机构的作用体现在:

第一,计算期货交易盈亏。期货交易的盈亏结算包括平仓盈亏结算和持仓盈亏结算。平仓盈亏结算是当日平仓的总值与原持仓合约总值差额的结算。将当日平仓合约的价格乘以数量与原持仓合约的价格乘以数量相减,结果为正则为赢利,结果为负则为亏损,作为实际盈亏计入会员账户。

第二,担保交易履约。期货交易一旦成交,结算机构就承担起保证每笔交易按期履约的全部责任。交易双方并不直接发生关系,只和结算机构发生关系。结算结构成为所有合约买方的卖方,所有合约卖方的买方。对于交易者来说,由于对手违约的风险已经完全由结算机构承担,只要结算机构能够保证合约的履行,就可以完全不用了解对方的资信状况,也不需要知道对手是谁,这就是结算机构的替代作用。这一作用大大降低了市场的交易成本,使得期货市场吸引了大量的交易者。而且正是由于结算机构替代了原始对手,结算会员及其客户才可以随时冲销合约,而不必征得原始对手的同意,使得期货交易独有的以对冲平仓方式免除履约义务的机制得以运行。

第三,控制风险。保证金制度是期货市场风险控制最根本、最重要的制度。结算机构作为计算保证金收取、管理的机构,承担起了控制市场风险的职责。所谓结算保证金,就是结算机构向结算会员收取的保证金。随着市场状况的不断变动,结算保证金金额会随着会员交易的盈亏相应增减,每日结算价格计算出来后,结算机构会向保证金不足最低限额要求的会员发出追加保证金的通知。一

一般情况下,结算会员收到通知后,必须在次日交易所开市前将保证金缴齐,否则不能参与次日的交易。在合约价格剧烈波动时,结算机构也可以随时向会员发出追加保证金的通知。通过对会员保证金的管理、控制,结算中心就把市场风险较为有效地控制在可接受的范围内。

五、全球期货市场统一结算的趋势

在期货市场发展的历程中,统一结算体系在多个国家和地区的期货市场运作中取得了成功。这一现象集中表现在英国期货市场、加拿大期权市场和美国期权市场。英国最主要的期货交易所伦敦金属交易所和伦敦国际金融期货与期权交易所、国际石油交易所、伦敦股票交易所都通过伦敦结算所结算;芝加哥期权交易所、费城证券交易所、美国证券交易所等全美6家期权交易所均将其结算业务外包给期权结算公司。它们的成功运作,为其他国家和地区构建统一的结算体系提供了宝贵的经验。

近几年来,欧洲各国结算所合并已成为大势所趋,欧洲和美国的衍生品交易所之间的统一结算正在进行之中。2003年12月22日,泛欧交易所内设结算机构 Clearnet 和伦敦结算所(LCH)宣布合并成立独立的结算集团公司(LCH.Clearnet);其中,泛欧交易所占结算集团公司股权的41.5%,是其最大股东。新的结算集团公司的结算范围涵盖能源、资本和商品市场,连接多个不同国家的金融市场。2003年,世界上历史最悠久的期货结算机构——芝加哥期货交易所结算公司和世界最大的期货交易所欧洲期货交易所联合发表声明,宣布达成长期合作协议,创立一个全球性的结算平台。

第三节 期货经纪机构

一、期货经纪公司的定义

期货经纪公司是依法设立的以自己的名义代理客户进行期货交易并收取一定手续费的中介组织。作为交易者与期货交易所之间的桥梁,期货经纪公司的职能有:根据客户指令代理买卖期货合约、办理结算和交割手续;对客户账户进行管理,控制客户交易风险;为客户提供期货市场信息,进行期货交易咨询,充当客户的交易顾问。

为了保护投资者利益,增加期货经纪公司的抗风险能力,各国政府期货监管部门及期货交易所都制定有相应的规则,对期货经纪公司的行为进行约束和规范。在我国,对期货经纪公司行为的规定内容主要有:如实、准确地执行客户交易指令,不得挪用客户资金,为客户保守商业秘密,不得通过制造、散布虚假信息等进行误导,不得接受客户的全权交易委托,不得承诺与客户分享利益和共担风险,禁止自营期货交易业务,严格区分自有资金和客户资金,不得在交易所场外对冲客户委托的交易。

根据国务院有关规定,我国对期货经纪公司实行许可制度,凡从事期货代理的机构,必须经中国证监会严格审核并领取《期货经纪业务许可证》。目前,获得期货代理业务资格的期货经纪公司必须符合下列条件:符合《中华人民共和国公司法》的规定,有规范的公司章程,有固定的经营场所和合格的通信设施,注册资本在人民币3 000万元以上,有一定数量且具备资格的专业和管理人员,有完善的业务制度和财务制度。

二、期货经纪公司的性质

期货经纪机构是指依法设立的接受客户委托,按照客户的指令,以自己的名义为客户进行期货交易并收取交易手续费的中介组织,其交易结果由客户承担。

期货交易者是期货市场的主体。正是因为期货交易者具有套期保值或投机赢利的需求,才促进了期货市场的产生和发展。尽管每一个交易者都希望直接进入期货市场进行交易,但是,由于期货交易的高风险性,决定了期货交易所必须制定严格的会员交易制度,非会员不得入场交易,于是就发生了严格的会员交易制度与吸引更多交易者、扩大市场规模之间的矛盾。解决这一矛盾的办法就是要容许一部分具备条件的会员接受客户的委托,代理客户进行期货交易。这样,作为期货市场中介组织的期货经纪机构便应运而生。

三、期货经纪公司的职能

期货经纪机构作为交易者与期货交易所之间的桥梁与纽带,其职能有:根据客户指令代理买卖期货合约,办理结算和交割手续;对客户账户进行管理,控制客户交易风险;为客户提供期货市场信息,进行期货交易咨询,充当客户的交易顾问等。

期货经纪机构在期货市场中的作用主要体现在这几个方面:①期货经纪机构接受客户委托代理期货交易,拓展了市场参与者范围,扩大了市场的规模,有利于节约交易成本,提高交易效率,增强期货市场竞争的充分性,从而有助于形成权威、有效的期货价格;②期货经纪机构有专门从事信息收集及行情分析的人员为客户提供咨询服务,有助于提高客户交易的决策效率和决策的正确性;③期货经纪机构拥有一套严格的风险控制制度,可以较为有效地控制客户的交易风

险,实现期货交易风险在各个环节的分散承担。

四、期货经纪机构的设立

期货经纪机构的设立必须根据法律、规章,按照规定程序办理手续。公司设立前须经政府主管部门批准,并到有关部门办理登记注册后才能开业。

申请设立期货公司,应当符合我国《公司法》的规定,并具备以下设立条件:

第一,注册资本最低限额为人民币3 000万元;

第二,董事、监事、高级管理人员具备任职资格,从业人员具有期货从业资格;

第三,有符合法律、行政法规规定的公司章程;

第四,主要股东以及实际控制人具有持续赢利能力,信誉良好,最近3年无重大违法、违规记录;

第五,有合格的经营场所和业务设施;

第六,有健全的风险管理和内部控制制度;

第七,国务院期货监督管理机构规定的其他条件。

五、期货经纪机构的业务部门和分支机构

因期货经纪机构规模大小不同,经营理念和经营方式不同,其内部组织结构也有所不同。一般可以选择设置以下业务部门并赋予其相应的职责:

——财务部,负责收取保证金,监督、审查客户的保证金账户,监控客户的一般财务状况变动;

——客户服务部,负责市场开发,在公司授权下与客户签订期货经纪合同,负责向客户介绍、解释期货交易的规则、手续,与客户保持密切联系;

——交易部,负责将客户指令下达到交易所场内,成交后将成交状态及时传达给客户;

——结算部,负责与结算所、客户间进行交易记录的核对,核算客户的保证金及盈亏,进行风险控制;

——现货交割部,负责期货合约的实物交收及货款的收付;

——研究发展部,负责收集、分析、研究期货市场、现货市场的信息,进行市场分析、预测,研究期货市场及本公司的发展规划;

——行政管理部,负责期货经纪公司的日常行政管理工作,组织员工培训等;

——电脑工程部,负责电脑系统管理、维护,行情信息的接收以及对公司内部管理和风险控制等提供计算机技术支持;

——风险控制部,负责客户保证金及交易的风险控制,以降低公司和客户风险水平。

期货经纪机构可以根据业务需要设立分支机构或营业部。营业部不具有法人资格,在公司授权范围内开展经纪业务,其民事责任由期货经纪公司承担。期货经纪机构对下属营业部实行统一管理,即统一结算、统一财务管理和会计核算、统一资金划拨、统一风险管理等。

第四节 期货投资者

根据期货投资者参与期货交易的动机,可以将其划分为套期保值者和投机者。本书中,如果没有特别说明,我们将套期保值者与投机者统一称为期货投资者。

一、套期保值者

套期保值者(Hedger)大多是生产商、加工商、库存商以及贸易商和金融机构,其原始动机是期望通过期货市场寻求价格保障,以尽可能消除不愿意承担的现货交易的价格风险,从而能够集中精力于本行业的生产经营业务,并以此取得正常的生产经营利润,如拥有或计划拥有诸如玉米、大豆、小麦、政府公债等现货商品,并担心在现货市场实际买卖这些商品前价格会出现不利变动的个人或公司。套期保值者通过在期货市场买入(卖出)与现货商品相同的期货合约,并在将来某一时间通过卖出(买入)另一相同期货合约对冲手中所持的空盘合约,用这种方法来避免价格变动对现货市场交易造成的损失。

二、投机者

(一)期货投机者概述

期货投机者是指愿意以自己的资金来承担价格风险,通过自己的预测买卖期货合约,并希望能够在价格变化中获得收益的投资者。投机者是风险爱好者,为了获得差价利润,主动承担交易风险。

根据不同的标准,可以对投机者的类型做不同的划分:按照交易量的大小,可划分为大投机者与小投机者;按照交易部位,可分为多头投机者和空头投机者;按照价格预测的方法,可分为基本分析派和技术分析派;按照投机者持有合约时间的长短,可分为趋势交易者、当日交易者、"抢帽子"交易者。交易者通常持有合约数日、数周或数月以上,待价格变化有利时,再将合约平仓;当日交易和"抢帽子"交易都是短线交易。趋势交易者又称部位交易者,这一类投机者在买进或卖出期货合约后,通常持仓数日或数周、月以上,待价格变化有利时再将合约平仓。当日交易者是指持仓时间为一天,即当天买进并卖出的交易者。他们只关心当日行情的变化,随时会将期货合约平仓。"抢帽子"交易者又称逐小利者,即利用价格的频繁波动赚取微利的投机者,和当日交易者一样,这类交易者很少将手中的合约保留到第二天。

(二)投机在期货市场中的作用

投机在中国长期被视为贬义词。"投机"一词的英语是"speculation",原意是指"预测",是一个中性词。在中国,"投机"一直含有玩弄手段之意,有违中国人的做人原则。同时,中国人一直崇尚"人勤百业兴",投机则有不务正业之嫌。在期货市场上,投机是市场经济发展的一种自然选择。但是,做投机生意的人在中国人眼中一直是很不光彩的角色,被人们认为总是用不正当的手段坑害别人,自己从中捞取好处。这其实是一种偏见。其实,投机者在投机过程中,不仅需要许多有关商品的知识,更重要的,投机是对一个人的个性、信心、胆量、判断力等综合素质的考验。在期货市场上,投机交易有增加市场流动性和承担套期保值者转嫁风险的作用,有利于期货交易的顺利进行和期货市场的正常运转,它是期货市场套期保值功能和价格发现功能得以发挥的重要条件之一。其作用主要表现在以下几个方面:

1.投机者是期货风险的承担者,是套期保值者的交易对手。期货市场的套期保值交易能够为生产经营者规避风险,但它只是转移了风险,并不能把风险消灭。转移出去的风险需要有相应的承担者,期货投机者在期货市场上正是起着风险承担者的作用。期货交易运作的实践证明,一个市场如果只有套期保值交易,根本无法达到转移风险的目的。如果只有套期保值者参与期货交易,那么,必须在买入套期保值者的交易数量和卖出套期保值者的交易数量完全相等时,交易才能成立。

实际上,多头保值者和空头保值者的不平衡是经常发生的,因此,仅有套期保值者的市场,套期保值是很难实现的。投机者的参加正好能弥补这种不平衡,促使期货交易的实现。在利益的驱使下,投机者根据自己对价格的判断,不断在期货市场上买卖期货合约,以期在价格波动中获利。在这一过程中,投机者必须承担很大的风险,一旦市场价格与投机者预测的方向相反,就会造成亏损。如果期货市场上没有投机者或没有足够的投机者参与期货市场,套期保值者就没有交易对手,风险也就无从转嫁,期货市场的套期保值、回避风险的功能就难以发挥。

2. 投机交易增强了市场的流动性,保障了期货市场价格发现功能的实现。价格发现功能是在市场流动性较强的条件下实现的。一般说来,期货市场流动性的强弱取决于投机成分的多少。如果只有套期保值者,即使集中了大量的供求信息,也难以找到交易对手,少量的成交就可能对价格产生巨大的影响。在交易不活跃市场形成的价格很可能是扭曲的,投机者的介入为套期保值者提供了更多的交易机会,众多的投机者通过对价格的预测,有人看涨,有人看跌。他们积极进行买空卖空活动,这就增加了参与交易的人数,扩大了市场规模和深度,使得套期保值者较容易找到交易对手,自由地进出市场,从而使市场具有充分的流动性。

要使风险高效转移,就必须有一大群人乐意买卖合约。当套期保值者想通过销售期货合约来巩固其商业地位时,他不能支付长期四处寻找买主的费用,需要很快完成交易。期货交易所汇集了大量投机者,从而使快速交易成为可能。期货投机者为了使自己的投机活动获利,就必须不断地运用各种手段,通过各种渠道,收集、传递、整理所有可能影响商品价格变动的信息资料,并将自己对未来价格的预期通过交易行为反映在期货价格之中。同时,投机者在市场中的快进快出,使得投机者能够及时修正自己对价格的判断,进一步影响期货价格的形成。因此,在流动性较好的市场中,由于适度的投机交易的存在,期货价格的连续性得到了保证,能够相对准确、真实地反映出商品的远期价格。

3. 适度的期货投机能够缓减价格波动。投机者进行期货交易,总是力图通过对未来价格的正确判断和预测来赚取差价利润。当期货市场供过于求时,市场价格低于均衡价格,投机者低价买进合约,从而增加了需求,使得期货价格上涨,供求重新趋于平衡;当期货市场供不应求时,市场价格则高于均衡价格,投机者会高价卖出合约,这就增加了供给,使得期货价格下跌,供求重新趋于平衡。可见,期货投机对于缩小价格波动幅度发挥了很大的作用。

此外,期货市场的投机者不仅利用价格的短期波动进行投机,而且还利用同一种商品或同类商品在不同时间、不同交易所之间的差价变动来进行套利交易。这种投机使不同品种之间和不同市场之间的价格形成一个较为合理的结构。当然,投机交易减缓价格波动作用的实现是有前提的:一是投机者需要理性化操作,违背市场规律进行操作的投机者最终会被淘汰出期货市场;二是投机要适度,操纵市场等过度投机行为不仅不能减缓价格的波动,而且会人为地拉大供求缺口,破坏供求关系,加剧价格波动,加大市场风险,使市场丧失其正常功能。因此,应提倡理性交易,遏制过度投机,打击操纵市场的行为。

第五节 期货监管机构

期货监管机构是指国家指定的对期货市场进行监管的单位。国家目前确定:由中国证券监督管理委员会及其下属派出机构对中国期货市场进行统一监管,国家工商行政管理局负责对期货经纪公司的工商注册登记工作。我国期货市场由中国证监会作为国家期货市场的主管部门进行集中、统一管理的基本模式已经形成;对地方监管部门,实行由中国证监会垂直领导的管理体制。根据各地区证券、期货业发展的实际情况,在部分监管对象比较集中、监管任务较重的中心城市设立证券监管办公室,作为中国证监会的派出机构。此外,还在一些城市设立特派员办事处。

一、政府监管机构

(一)名称与职能

国家通过制定法律法规、建立相应的政府机构,对期货市场进行监管。各国有不同的政府监管机构对期货市场进行监管。我国的期货市场由中国证监会负责监管。美国期货市场由商品期货交易委员会(CFTC)监管,由全国期货协会(NFA)进行自律性监管。日本农产品期货由农林水产省管理,工业品期货归通商产业省管理,金融期货由大藏省管理。我国香港地区的期货市场由香港特别行政区财政司管理。新加坡的期货市场由新加坡金融管理局监管。

政府管理机构的主要职能是:第一,规定市场参与者经营期货业务所必需的最低资本额标准,以保护客户利益;第二,规定严格的账户设立制度,如规定经纪商将客户的履约保证金存款与该公司的资金分立账户,禁止挪用;第三,核准交易所的有关业务活动,如批准新合约的上市、审查交易所批准的会员资格、审查交易所做出的裁决等。

(二)美国期货市场监管机构

根据1936年《商品交易所条例》,美国在农业部内设立商品交易委员会,直接对期货交易所以外的市场参与者进行管制,管理所有国内农产品的期货交易。1975年,美国通过商品交易委员会,合法成立了商品期货交易委员会(CFTC),由它行使对期货交易的管辖权,各州政府不再颁布与期货交易有关的法律法规,现有的州立法规一律无效。CFTC的主要权力是防止市场中的垄断行为和虚假行为,强化竞争机制,保护期货合约买卖,审查期货交易人员的合法性。其具体权限包括:①发放期货交易所经营许可证;②审核交易所制定、修改的重要规则和申请上市的新期货合约;③管理期货市场的期货合约、期权合约交易以及现货商品的期权交易,处理期货经纪商的注册,保护客户资金等;④享有所有期货合约交易的管辖特权,包括商品、货币、金融工具及金属期货合约以及 1981 年以后的农产品期权交易、股票指数期货和期权合约交易的独占权限。

CFTC 直接对国会负责,受众议院的农业委员会及参议院的农业、营养、森林委员会的监督。CFTC 委员由总统提名,主席自委员中选出,总部设在华盛顿,其部门构成如下:

——主席办公室,负责起草、分发和协调有关政策文件,收受 CFTC 资料,管理图书馆,处理与各单位的联络,起统筹、协调作用。

——秘书长办公室,主管 CFTC 内部预算、人事考核等行政事务,管理 CFTC 资源和行政赔偿,管理投诉办公室。

——强制执行部门,负责通过行政或司法程序,执行商品交易法以及 CFTC 的管理规则,对违反法规的行为予以处分,包括撤销或停止登录、不准交易、罚款甚至取得联邦法院的禁止令,或将违法案件交送司法部提起刑事诉讼。

——经济分析部门,负责持续监督期货市场,防止操纵市场价格或扭曲价格以及其他违法交易活动。

——交易市场部,负责监督美国所有的期货交易所,使交易所承担监督和强制执行交易的责任,主要有:①起草修订有关投资者和交易所的保护性规定;②稽查经纪商及结算机构;③协调配合全国期货协会对期货市场参与者的登记;④核准和审查交易所的规则;⑤为社会利益审查新的期货合约,评价分析新设立的交易所。

——一般咨询办公室,提供有关政策制定及管理运作等事务的咨询服务,是 CFTC 的法律顾问,负责解释商品期货交易法,代表 CFTC 出庭辩护和接受控诉。

CFTC 在纽约、芝加哥、洛杉矶、华盛顿、明尼阿波利斯、堪萨斯等地设有办事处。

二、期货行业协会

期货行业协会是期货市场自我管理与相互协调的行业中介组织,它的成立须经政府主管部门的审查和批准,并要接受政府的管理。

(一)协会的成立

从性质上看,期货行业协会属于非营利性的自律组织,协会会员的范围很广,包括所有期货交易所及其会员。保护客户权益是协会的宗旨,协会必须实行自行资助形式,即由会员缴纳会费,实行财务管理公开化,并定期向会员公布。政府主管部门对协会的宗旨、组织机构和组织制度、规章进行严格审查后,方能

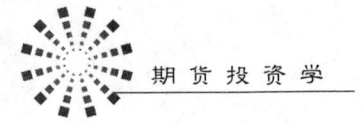

批准协会成立。

(二)协会的组织机构

期货行业协会的最高权力机构为会员大会,它负责制定有关协会发展规划、政策、计划、资金来源、财政预算和协会的章程细则。理事会是期货行业协会的执行机构,完成会员大会做出的决策指令,负责管理和指导日常工作。理事会由若干理事组成,协会会长是理事之一。理事会对会员大会负责。

(三)协会的管理

一般来说,期货行业协会对期货市场的管理主要表现为四个方面:①负责会员的资格审查和登记工作。只有通过协会资格能力测试,才能进一步申请在政府主管部门注册登记。②监管已登记注册会员的经营情况,以保护客户利益。③调解纠纷,协调会员关系。④普及期货知识,宣传期货业协会的作用。

(四)中国期货业协会

中国期货业协会(以下简称协会)成立于2000年12月29日,是根据《社会团体登记管理条例》成立的全国期货行业自律性组织,为非营利性的社会团体法人。协会的注册地和常设机构设在北京。协会接受中国证券监督管理委员会和社团登记管理机关中华人民共和国民政部的业务指导和监督管理。

会员大会是协会的最高权力机构,会员大会由理事会组织召开,每四年举行一次。理事会是会员大会的执行机构,在会员大会闭会期间领导协会开展日常工作,对会员大会负责。理事会每年至少召开一次会议。理事会由普通会员理事、特别会员理事、非会员理事组成。理事任期四年,可连选连任。协会设立专业委员会、专项基金管理委员会,按照理事会的授权开展工作。

协会设会长一名,专职副会长若干名,兼职副会长若干名,秘书长一名,副秘书长若干名。协会会长、副会长、秘书长任期四年。未经中国证监会和民政部批准,会长、副会长连任不得超过两届。会长为协会法定代表人。协会设会长办公会,由会长、专职副会长、秘书长、副秘书长以及会长指定的其他人员组成。目前协会常设办事机构设办公室(党委办公室)、纪检监察办公室、会员一部、会员二部、培训部、投资者教育部、研究部、创新支持部、自律监察部、考试认证部、信息技术部等11个部门。

协会宗旨主要体现为:在国家对期货业实行集中统一监督管理的前提下,进行期货业自律管理;发挥政府与期货业间的桥梁和纽带作用,为会员服务,维护会员的合法权益;坚持期货市场的公开、公平、公正,维护期货业的正当竞争秩序,保护投资者的合法权益,推动期货市场的规范发展。

三、期货交易所

(一)期货交易所的定义

期货交易所是专门进行标准化期货合约买卖的场所,它按照其章程的规定实行自律管理,以其全部财产承担民事责任。在现代市场经济条件下,期货交易所是一种具有高度系统性和严密性、高度组织化和规范化的交易服务组织,它本身不参与交易活动,不参与期货价格的形成,也不拥有合约标的商品,只为期货交易提供设施和服务。期货交易所的主要职能是:①提供交易场所、设施及相关服务;②制定并实施交易所相关规则;③设计期货合约,安排合约上市;④组织和监督期货交易;⑤监控市场风险;⑥保证期货合约的履行;⑦发布市场信息;⑧监管会员的交易行为;⑨监管指定的交割仓库。设立期货交易所,必须经中国证监会审核批准。未经中国证监会批准,任何单位或者个人不得设立或者变相设立期货交易所。

(二)期货交易所的组织形式

期货交易所按照其组织方式的不同,可以分为会员制和公司制两种类型。两者都是采用会员制度,不同之处在于:前者是非营利性的,而后者则以营利为目的。会员制期货交易所的组织结构由会员大会、理事会、专业委员会和业务管理部门组成,其中,会员大会是期货交易所的最高权力机构;理事会是会员大会的常设机构;专业委员会的职责由理事会确定,并对理事会负责;业务管理部门负责交易所的各项日常工作。公司制期货交易所的组织结构由股东大会、董事会、监事会和经理机构四部分构成,其各部分构成和相互制衡关系与一般的公司企业的治理结构类似。

四、中国期货市场监控中心

中国期货市场监控中心有限责任公司(简称中国期货监控,原中国期货保证金监控中心,于2015年4月正式更名)是经国务院同意,中国证监会决定设立,于2006年3月成立的非营利性公司制法人,其股东单位有上海期货交易所、中国金融期货交易所、郑州商品交易所以及大连商品交易所,注册资本13.65亿元。中国期货市场监控中心的业务接受中国证监会的指导、监督和管理。

该中心的主要职能是:期货市场统一开户,期货保证金安全监控,为期货投资者提供交易结算信息查询,期货市场运行监测监控,宏观和产业分析研究,期货中介机构监测监控,代管期货投资者保障基金,商品及其他指数的编制、发布,为监管机构和期货交易所等提供信息服务,期货市场调查,协助风险公司处置。

第六节 相关服务机构

一、交割仓库

交割仓库是指经交易所指定的为期货合约履行实物交割的交割地点,是独立法人。交易所根据交割物的特性和地域分布情况,按照一定的程序选择交割仓库。选定之后,还必须与定点交割仓库签订协议,明确各自的权利和义务。我国3个交易所均对每个期货交易品种指定了交割仓库。

(一)申请成为交割仓库的条件

一般的储备仓库要申请指定交割仓库,必须具备以下条件:

1. 具有工商行政管理部门颁发的营业执照。
2. 固定资产和注册资本必须达到交易所规定的数额。
3. 财务状况良好,具有较强的抗风险能力。
4. 具有良好的商业信誉、完善的仓库管理规章制度;近3年内无严重违法行为记录和被取消指定交割仓库资格的记录。
5. 承认交易所的交易规则、交割细则等。
6. 仓库主要管理人员必须有5年以上的仓库管理经验以及有一支训练有素的专业管理队伍。
7. 有严格、完善的商品出入库制度、库存商品管理制度等。
8. 堆场、库房有一定规模,有储存交易所上市商品的条件,设备完好、齐全,计量符合规定要求,有良好的交通运输条件。
9. 交易所要求的其他条件。

(二)交割仓库的日常业务

交割仓库的日常业务共分为3个阶段:商品入库、商品保管和商品出库。它应保证期货交割商品优先办理入库、出库。

1. 商品入库阶段。商品入库阶段依次经过以下四个环节:①商品接收。接运工作的主要任务是及时准确地从运输部门接收入库商品,手续清楚、责任分明,遇有封识损坏、毡罩异常、货证不符、数量短缺、商品残损、包装损坏等,要了解清楚情况,向承运部门索要商务记录或普通记录,交货主处理,并做好入库验收记录等。②商品验收。对某项商品的外观质量和数量进行检查,验证货证一致。检查的项目有:商品名称、商标、规格、数量,入库资料、包装状况,表面质量状况等。对问题较多、直观难见或已有程序规定按比例抽样检查的,要拆箱、拆捆、拆包检查。③商品入库和签发标准仓单。商品验收无误后办理入库手续,登账、立卡、建立商品档案,按交易所的规定对货主签发标准仓单。④标准仓单的注册。有关会员及时到交易所办理注册手续,经注册后方可用于履行交易所期货合约的实物交割。

2. 商品保管,即储存阶段。交割仓库根据各种商品不同的性能、特点,结合当地自然条件,选择合适的场所和科学码放方式,进行不同的保管、维护和保养,确保商品完好无损。

3. 商品出库阶段。交割仓库根据货主的要求,用发货、送货、代运等方式将商品发送出库。①核对出库凭证,开始发货。②发货完毕后,当日登销料账、清理单据证件、清理场地、整理货垛。③需办理代运的物资,应提前向承运部门提出运输计划。④收回标准仓单,加盖货讫章,与仓库存底配对后保存。⑤商品过户后,交割仓库做好记录和料账的登销工作。

二、结算银行

银行是现代金融体系的重要组成部分。对期货行业而言,与其关系密切的是结算银行。结算银行是指交易所指定的、协助交易所办理期货交易结算业务的银行。在期货交易中,由于资金往来非常频繁,如果交易所和会员的资金不在同一银行,势必影响资金划拨的效率。为此,交易所规定,交易所在各结算银行开设一个专用的结算账户,用于存放会员的保证金及相关款项。交易所与会员之间期货业务资金的往来结算通过交易所专用结算账户和会员专用资金账户办理,并通过这种方法实现无障碍结算。

结算银行是指交易所指定的、协助交易所办理期货交易结算业务的银行。交易所规定,交易所在各结算银行开设一个专用的结算账户,用于存放会员的保证金及相关款项,会员在结算银行开设专用资金账户,用于存放保证金及相关款项,以实现无障碍结算。

三、信息服务公司

在期货交易中,信息的重要性不言而喻,期货交易所是获取交易信息的重要渠道。但是,每个交易所都只能提供与自己有关的信息,交易者之所以能在一个屏幕上看到所有交易所的行情,信息服务公司起了重要的作用。另外,信息服务公司汇聚了一批高级金融分析人才,能够根据最新信息编制研究报告,并向投资者提供期货投资策略方面的咨询服务。

信息服务公司的信息流程是:

首先,从交易所获得信息转发权,为客户提供实时行情信息;

其次,通过业内标准软件对信息进行加工,形成各种交易者需求的信息产品,包括大量咨询性信息;

最后,将信息产品售给用户。

目前,国内提供期货信息服务和期货投资咨询的公司有多家,如北京世华国际金融信息有限公司、大连文华财经信息有限公司等。国外的路透公司等,也都属于信息服务公司。

四、介绍经纪商

介绍经纪商(Introducing Broker,IB)在国际上既可以是机构,也可以是个人,但一般都以机构的形式存在,其主要业务是为期货佣金商(相当于国内的期货公司)开发客户或接受期货期权指令,但不能接受客户的资金,且必须通过期货佣金商进行结算。

我国引入的 IB 制度是由券商担任期货公司的介绍经纪人,提供中间介绍业务,这有利于开展券商和期货公司间的合作,利用券商的客户资源,吸引投资者从事期货交易。国际上的 IB 既可以是机构,也可以是个人,一般以机构形式存在,其主要业务是为期货经纪公司开发客户,接受期货期权指令,但不能接受客户资金,必须经过期货经纪公司进行结算。IB 一般分为独立执业的 IB(IIB)和期货公司担保的 IB(GIB)。IIB 必须维持最低的资本要求,并保存账簿和交易记录;GIB 要与期货经纪公司签订担保协议,借以免除对 IB 的资本和记录的法定要求。IB 的引入使客户量和交易量远大于期货公司自己开发的客户市场,极大地促进了期货业的发展。这一制度有利于券商与期货公司开展合作,充分利用券商的客户资源和服务,招揽投资者从事期货交易。2007 年 4 月 20 日,中国证监会颁布《证券公司为期货公司提供中间介绍业务试行办法》,对证券公司从事中间介绍业务(即 IB 业务)的资格条件、业务范围、业务规则、监管制度等进行了较为详细的规定。这标志着我国正式确立了 IB 业务制度。

除了以上介绍的机构之外,还有会计师事务所、律师事务所和资产评估机构等中介服务结构。

2012 年国务院公布了第六批取消和调整行政审批项目的决定,涉及期货行业的相关项目共计 9 项,包括:金融期货交易所结算会员结算业务资格核准;证券公司为期货公司提供中间介绍业务资格审批;期货公司变更公司形式的审批;期货公司变更注册资本部分事项审批(同比例增减资审批);期货公司变更 5%以上股权部分事项审批(不涉及新增持有 5%以上股权的股东且控股股东、第一大股东未发生变化的变更的审批);期货公司变更境内分支机构营业场所审批;

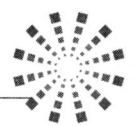

期货公司变更境内分支机构负责人审批;银行业金融机构从事期货结算业务资格核准;银行业金融机构从事期货保证金存管资格认定。其中期货IB业务和银行期货结算资格等行政审批项目的取消尤为引人瞩目,此举将有利于加强期货公司与证券公司及银行间的合作。期货行业的发展正在经历一个大融合的过程,证券、期货、银行业务之间的渗透是整个行业市场化发展的必然趋势。

 本章小结

本章分别介绍了期货交易所、期货交易结算机构、期货经纪机构、期货投资者、期货监管机构和相关服务机构的职能。

期货交易所是专门进行标准化期货合约买卖的场所,它按照自身章程的规定实行自律管理,以其全部财产承担民事责任。其主要职能为:提供期货交易的场所、设施和服务;制定并实施业务规则;设计期货合约,安排期货合约上市;组织、监督期货交易、结算和交割;监控市场风险,保证期货合约的履行;制定和执行风险管理制度;发布市场信息;监管指定交割仓库;监管会员交易行为。期货交易所的组织形式分为会员制与公司制两种,前者是非营利性的,后者则以营利为目的。

期货交易结算机构作为期货市场中一类重要的中介机构,是市场发展到一定阶段的产物。国际期货市场的结算机构有三种组织形式:交易所业务部门,交易所附属结算机构,全国性结算公司。结算机构的作用是:计算期货交易盈亏,担保交易履约和控制风险。

期货经纪机构是依法设立的,接受客户委托,按照客户指令,以自己的名义为客户进行期货交易并收取交易手续费的中介组织,其交易结果由客户承担。

期货投资者按其参与期货交易的动机,可以划分为套期保值者和投机者。套期保值者的动机是期望通过期货市场寻求价格保障,尽可能消除不愿意承担的现货交易的价格风险,从而集中精力于本行业的生产经营业务。投机者是指以自己的资金承担价格风险,通过预测买卖期货合约,并希望在价格变化中获得收益的投资者。在期货市场上,投机者是期货风险的承担者,是套期保值者的交易对手。投机交易增加了市场的流动性,保障了期货市场价格发现功能的实现。适度的期货投机能够缓减价格波动。

期货监管机构包括政府监管机构、期货行业协会、期货交易所和保证金监控中心等,其他相关服务机构包括交割仓库、结算银行、信息服务公司和介绍经纪商。

复习思考题

一、名词解释

1. 套期保值　　　2. 投机　　　3. 套利　　　4. 期货交易所
5. 期货结算机构　6. IB　　　　7. 结算银行　8. 交割仓库
9. "抢帽子"交易　10. 信息服务公司

二、简答题

1. 简述期货交易所的主要职能。
2. 会员制交易所与公司制交易所有何区别？
3. 简述期货经纪公司的主要职能。
4. 简述中国期货业协会的主要宗旨。
5. 简述美国CFTC的主要职能。

第四章 期货交易业务流程

教学目标

通过本章学习,全面了解我国期货交易制度和期货交易业务流程,理解期货交易各项制度的内容和期货交易流程中的相关概念,掌握期货交易指令的类型、竞价成交方式、结算方式和实物交割程序。

学习重点

- 期货交易制度的主要内容
- 期货交易指令的类型
- 竞价成交方式
- 结算方式
- 实物交割的概念和作用

第一节 期货交易制度

为了使期货交易有一个公开、公平、公正的环境,保障期货市场平稳运行,对期货市场的高风险实施有效控制,期货交易所制定了一系列交易制度。所有交易者都必须在承认并保证遵守这些"游戏规则"的前提下参与期货交易。与现货市场、远期市场相比,期货交易制度较为复杂和严格,这是期货市场高效运转、发挥期货市场功能的必要保证。

一、保证金制度

保证金制度是指在期货交易中,任何交易者都必须按照其所买卖的期货合约价值的一定比例缴纳资金,用于结算和保证履约。保证金分为结算准备金和交易保证金。

结算准备金是指会员为了交易结算,在交易所专用交易账户中预先准备的资金,是未被合约占用的保证金。交易保证金是指会员在交易所专用结算账户中确保合约履行的资金,是已被合约占用的保证金。当买卖双方成交后,交易所按持仓合约价值的一定比率向双方收取保证金。交易所可根据期货市场的具体情况调整交易保证水平。一般客户必须通过期货公司才能进行交易,因此,交易所并不直接向客户收取保证金。保证金的收取分级别进行,即期货交易所向会员收取的保证金和作为会员的期货公司向客户收取的保证金,也就是说,分为会员保证金和客户保证金。

会员保证金的收取标准由期货结算所规定,期货结算所可以根据期货合约单边持仓量的不同收取不同比例的保证金,并且从进入交割月份的第一个交易日起,逐步提高收取的保证金比例。期货结算所向会员收取的保证金属于会员所有,期货结算所除了用于会员的交易结算外,严禁将保证金挪作他用。当会员保证金余额低于期货结算所规定的最低余额时,期货结算所应当按照规定的方式和时间通知会员追加保证金。如果会员不能按时补足保证金,期货结算所可以强行平仓,直至保证金余额达到规定的最低标准。

客户保证金的收取比例由期货经纪公司规定,但要高于期货结算所对会员收取保证金的水平。客户保证金属于客户所有,期货经纪公司除了按照规定为客户缴存保证金并进行交易结算外,不得挪作他用。每日结算后,如果客户保证金的数额低于规定的水平,期货经纪公司应按照约定的方式和时间通知客户追加保证金。如果客户不能按时追加保证金,期货经纪公司可以强行平仓,直至保证金余额能够维持其持有的期货合约要求的水平。

根据中国证监会规定,经交易所批准,会员可用标准仓单或交易所允许的其他质押物充当交易保证金。经中国证监会批准,交易所可以调整交易保证金。交易所调整保证金的主要目的在于控制风险。在出现以下几种情况时,交易所可以调整交易保证金比率,以提高会员或客户的履约能力。

第一,对期货合约上市运行的不同阶段规定不同的交易保证金比率。一般来说,交割月份越近,交易者面临到期交割的可能性就越大。为了防止实物交割中可能出现的违约风险,促使不愿进行实物交割的交易者尽快平仓了结,交易保证金比率要随着交割的临近而提高。

第二,随着合约持仓量的增大,交易所可以逐步提高该合约交易保证金的比例。一般来说,随着合约持仓量的增加,尤其是持仓合约所代表的期货商品的数量远远超过相关商品现货的数量时,往往表明期货市场投机交易量比较大,蕴涵着较大的风险。因此,随着合约持仓量的增大,交易所将逐步提高该合约的交易保证金比例,以控制市场风险。

第三,当期货合约出现涨跌停板的情况时,交易保证金比率亦相应提高,具体情况见涨跌停板制度的相关内容。

第四,当某品种某月份合约按结算价计算的价格变化连续若干个交易日的累积涨跌幅达到一定程度时,交易所有权根据市场情况,对部分或全部会员的单边或双边交易同比例或不同比例地提高交易保证金、限制部分会员或全部会员出金、暂停部分会员或全部会员开新仓、调整涨跌停板幅度、限制平仓、强行平仓等措施中的一种或多种措施,以控制风险。交易所按规定采取本条措施的,需事先报告中国证监会。

第五,当某期货合约交易出现异常情况时,交易所可按照规定的程序调整交易保证金的比例。

第六,对同时满足上述有关调整交易保证金规定的合约,其交易保证金按照规定交易保证金数值中的较大值收取。

二、当日无负债结算制度

期货交易结算是由期货交易所统一组织进行的。当日无负债结算制度又称"逐日盯市",其原则是结算部门在每日交易结束后,按当日结算价对会员和投资者结算所有合约的盈亏、交易保证金及手续费、税金等费用,对应收应付的款项实行净额一次划转,相应增加或减少保证金。交易结束后,一旦会员或投资者的保证金余额低于规定的标准,将会收到追加保证金的通知,两者的差额即为追加保证金金额。

期货交易的结算是分级进行的,即期货交易所对其会员进行结算,会员或期货经纪公司对其客户进行结算。期货交易所对当日交易结算后,应及时将结算结果通知会员;当日结算时,会员的交易保证金超过上一交易日结算时的交易保证金部分,从会员结算准备金中扣划;当日结算时,会员的交易保证金低于上一交易日结算时的交易保证金,划入会员的结算准备金。

会员或期货经纪公司根据期货结算所的结果,应及时对客户的期货交易进行结算,并及时将结算结果通知客户。当日结算时,如果客户的保证金低于规定的保证金水平或发生亏损,则应立即向客户发出追加保证金的通知,要求客户在规定的时间缴纳保证金,以确保期货交易者不负债。

三、涨跌停板制度

涨跌停板制度又称每日价格最大波动限制，是指期货合约在一个交易日中的成交价格不能高于或低于以该合约上一交易日结算价为基准的某一涨跌幅度，超过该范围的报价将视为无效，不能成交。涨跌停板一般是以合约上一交易日的结算价为基准确定的（一般有百分比和固定数量两种形式）。在涨跌停板制度下，前一交易日的结算价加上允许的最大涨幅构成当日价格上涨的上限，称为涨停板；前一交易日的结算价减去允许的最大跌幅构成价格下跌的下限，称为跌停板。

涨跌停板的确定主要取决于该种商品现货市场价格波动的频繁程度和波幅的大小。一般来说，商品的价格波动越频繁、越剧烈，该商品期货合约的每日停板额就应该设置得大一些；反之，则小一些。

四、持仓限额制度

持仓限额制度是指交易所规定会员或客户可以持有的、按单边计算的某一合约投机头寸的最大数额，超过限额，交易所可按规定强行平仓或提高保证金交易比例。实行持仓限额制度的目的在于防范操纵市场价格的行为发生，防止期货市场风险过度集中于少数投资者。

我国期货交易所对持仓限额制度的具体规定如下：

第一，交易所可以根据不同期货交易品种的具体情况，分别确定每一品种的持仓数额，从严控制进入交割月份的合约限仓数额。

第二，采用限制会员持仓和限制客户持仓相结合的办法，控制市场风险。

第三，套期保值交易头寸实行审批制，其持仓不受限制。

第四，同一投资者在不同经纪会员处开有多个交易编码，各交易编码上所有持仓头寸的合计数，不得超过一个投资者的限仓数额。

第五，交易所可根据经纪会员的净资产和经营情况调整其持仓限额，对于净资本金额或交易金额较大的经纪会员，可增加限仓数额。经纪会员的限仓数额由交易所每年核定一次。

第六，交易所调整持仓数额须经理事会批准，并报中国证监会备案后实施。

第七，会员或客户的持仓数量不得超过交易所规定的持仓限额。对超过持仓限额的会员或投资者，交易所按有关规定执行强制平仓。一个投资者在不同经纪会员处开有多个交易编码，其持仓量合计数额超出限仓数额的，由交易所指定有关经纪会员对该客户超额持仓执行强行平仓。

经纪会员名下全部投资者的持仓之和超过该会员的持仓限额的，经纪会员原则上应按合计数与限仓数之差除以合计数所得比例,由该会员监督其有关投资者在规定时间内完成减仓;应减仓而未减仓的,由交易所按有关规定执行强行平仓。

五、大户报告制度

大户报告制度是指当会员或客户的某种期货合约的投机交易持仓数量达到期货交易所规定的持仓限额的80%以上(含本数)时,会员或客户应该向期货交易所报告自己的资金情况、持有未平仓合约的情况,当然,客户必须通过会员期货经纪公司进行报告。大户报告制度是与持仓限额制度紧密相关的又一个防范大户操纵市场价格、控制市场风险的制度。

大户报告制度规定:达到期货交易所大户报告界限的会员或客户,应主动在规定的时间内向期货交易所提供相关资料,并且,进行套期保值交易的会员或客户也要执行大户报告制度,期货交易所还可以根据市场风险状况改变要求报告的持仓水平。交易所将不定期地对会员或客户提供的资料进行核查。通过实施大户报告制度,可以使期货交易所对持仓量较大的会员或客户进行重点监控,了解其持仓的动向和意图,对于有效防范市场风险有积极作用。

六、交割制度

交割制度是期货合约到期时,按照期货交易所的规则和程序,交易双方通过该合约所载标的物所有权的转移,或者按照规定结算价格进行现金差价结算,了结到期未平仓合约的过程。以标的物所有权转移进行实物交割,按结算价格进行现金差价结算的交割为现金交割。一般来说,商品期货以实物交割方式为主,金融期货则以现金交割方式为主。

下面以实物交割为例,对交割制度做以下介绍。

实物交割制度是指期货合约到期时,交易双方可以将合约所载实物商品的所有权按规定进行转移,了结未平仓合约的制度。这种真正的实物转移在期货合约中所占的比例非常低。

期货合约规定,在将来特定时间,以特定价格交割一定数量和质量等级的实物产品,是期货交易的最后一个交易环节。因此,实物交割是联系期货和现货的纽带。尽管期货市场的实物交割率仅占总成交量的很小比例,但对整体期货市场的正常运转起着十分重要的作用。实物交割制度得以贯彻执行、不断完善,期货交易的正常运行就有了可靠保证,市场风险也将得到很好的控制。

正常情况下,交割量不能人为地加以限制。因为交割量具有一定的经济调节功能,其大小取决于特定的经济条件。交割规则的各项规定应体现这一要求。

（一）交割日期

交割日期通常是交割月的前3周，开始于交割月的第1个营业日，这一天持有交割月空头合约的卖方可以提出交割。第2天为通知日，第3天为交割日。以后，交割期内的每一天，买方均可提出交割要求。

（二）标准仓单

标准仓单是由交易所统一制定的、交易所指定交割仓库在完成入库商品验收、确认合格后签发给货主的实物提货证明。标准仓单经交易所注册后有效。标准仓单采用记名方式，标准仓单合法持有人应妥善保管标准合约仓单。标准合约仓单的生成通常需要经过交割预报、商品入库、验收、指定交割仓库签发和交易所注册等环节。

（三）指定仓库交割

期货交割者必须按规定将交割商品运到指定交割仓库。一般情况下，实物交割发生在交易所指定的交割仓库。指定交割仓库是交割当事人交割实物的地点。交易所设定基准交割仓库，在此交割的实物价格为合约价格。根据距离远近，交易所可以对不同地点的指定交割仓库设定地区价差，即不同地区间的升贴水，以平衡运费和商品的地区差价等影响价格的因素。指定交割仓库是指经交易所审定注册的履行期货合约实物交割的地点。

（四）交割品种的质量标准

期货合约是高度标准化的合约，它既能交换，流动性又好。在设计合约时，需要缩小用于交割的标的物的质量标准差异。一般都采用国际或国家标准，这些标准都经过了科学的论证。交易所对标准品的储藏、保存和品质等的划分都有具体的规定。交割品的标准既不能定得太高，也不能定得过低，应当确定为中等质量标准。

（五）标准仓单的转让

标准仓单可以按交易所规定进行转让。转让申请由会员单位书面向交易所申报说明转让数量、单价、转让前后的客户编码及名称等，并加盖会员单位公章。标准仓单转让必须通过会员在交易所办理过户手续，同时结算有关费用。交易所向卖方签发新的标准仓单后，原标准仓单同时作废。未通过交易所办理过户手续而转让的标准仓单，发生的一切后果由标准仓单持有人自负。

（六）定点交割仓库管理

定点交割仓库管理的主要内容有：明确交割仓库的权利和义务，不断改善组织制度管理，完善监管制度，完善商品出入库制度，完善商品检验和仓储制度。

（七）交割违约处理

在规定的交割期限内,卖方未交付有效标准仓单或买方未支付货款或支付不足的,视为违约,交易所对违约按有关规定进行处理。

七、强行平仓制度

强行平仓制度是与持仓限制制度和涨跌停板制度等相互配合的风险管理制度。当交易所会员或客户的交易保证金不足并未在规定时间内补足,或当会员或客户的持仓量超出规定的限额,或当会员或客户违规时,交易所为了防止风险进一步扩大,将对其持有的未平仓合约进行强制性平仓处理,这就是强行平仓制度。

（一）实施强行平仓的条件

当会员、投资者出现下列情况之一时,交易所对其持仓实行强行平仓:

1. 会员结算准备金余额小于零,并未能在规定时限内补足的;
2. 持仓量超出其限仓规定的;
3. 因违规受到交易所强行平仓处罚的;
4. 根据交易所的紧急措施应予强行平仓的;
5. 其他应予强行平仓的。

（二）强行平仓的执行原则

强行平仓先由会员自己执行,时限除交易所特别规定外,一律为开市后第一节交易时间内。若时限内会员未执行完毕,则由交易所强制执行。因结算准备金小于零而被要求强行平仓的,在保证金补足至最低结算准备金余额前,禁止相关会员的开仓交易。

（三）由会员单位执行的强行平仓头寸的确定

属于实行强行平仓条件中第1,2项的强行平仓,需强行平仓的头寸由会员单位自行确定,只要强行平仓结果符合交易所规则即可;属于第3,4,5项的强行平仓,需强行平仓的头寸由交易所确定。

（四）由交易所执行的强行平仓头寸的确定

属于实行强行平仓条件中第1项的强行平仓,其需要强行平仓的头寸由交易所按先投机、后套期保值的原则,并按上一交易日闭市后合约总持仓量由大到小的顺序,先选择持仓量大的合约作为强行平仓的合约,再按该会员所有投资该合约的净持仓亏损由大到小确定。若多个会员需要强行平仓,则按追加保证金由大到小的顺序,先平需要追加保证金大的会员。

属于实行强行平仓条件中第2项的强行平仓,若系一个会员超仓,其需强行平仓头寸由交易所按会员超仓数量与会员投机持仓数量的比例,确定有关投资者的平仓数量;若系多个会员超仓,其需强行平仓头寸按会员超仓数量由大到小的顺序,先选择超仓数量大的会员作为强行平仓的对象;若系投资者超仓,则对该投资者的超仓头寸进行强行平仓;若系会员和投资者同时超仓,则先对超仓的投资者进行平仓,再按会员超仓的方法平仓。

属于实行强行平仓条件中第3,4,5项的强行平仓,强行平仓头寸由交易所根据涉及的会员和投资者的具体情况确定。

若会员同时满足实行强行平仓条件中第1,2项情况,交易所先按第2项情况确定强行平仓头寸,再按第1项情况确定强行平仓头寸。

(五)强行平仓的执行

强行平仓的执行步骤如下:

第一步,通知。交易所以"强行平仓通知书"(以下简称通知书)的形式向有关会员下达强行平仓要求。通知书除交易所特别送达以外,随当日结算数据发送,有关会员可以通过会员服务系统获得。

第二步,执行及确认。开市后,有关会员必须首先自行平仓,直至达到平仓要求。执行结果由交易所审核;超过会员自行强行平仓时限而未执行完毕的,剩余部分由交易所直接执行强行平仓;强行平仓执行完毕后,由交易所记录执行结果存档;强行平仓结果随当日成交记录发送,有关会员可以通过会员服务系统获得。

(六)关于强行平仓的其他规定

如因受价格涨跌停板限制或其他市场原因制约而无法在规定时限内完成全部强行平仓的,其剩余持仓头寸可以顺延至下一交易日继续平仓,直至平仓完毕;有关持仓的强行平仓只能延时完成的,由此发生的亏损仍由直接责任人承担;未能完成平仓的,该持仓持有者须继续对此承担持仓责任或交割义务。由会员单位执行的强行平仓产生的赢利仍归直接责任人;由交易所执行的强行平仓产生的赢利按国家有关规定执行;因强行平仓发生的亏损由直接责任人承担;直接责任人是投资者的,强行平仓后发生的亏损由该投资者开户所在经纪会员先行承担后,自行向该投资者追索。

八、风险准备金制度

风险准备金制度是指期货交易所从自己收取的会员交易手续费中提取一定比例的资金,作为确保交易所担保履约的备付金制度。

期货交易是一种高风险的交易活动,期货交易的规则并不能直接减少因期货价格波动而产生的风险。为了建立和完善风险体系,保证市场正常运行,交易所建立了风险准备金制度。风险准备金制度有以下规定:

第一,交易所应当按照手续费收入20%的比例提取风险准备金。

第二,风险准备金必须单独核算,专户存储,除用于弥补风险损失外,不得挪作他用。风险准备金的动用必须经交易所理事会批准,报中国证监会备案后,按规定的用途和程序进行。

第三,中国证监会可以根据期货交易所业务规模、发展计划以及潜在的风险决定风险准备金的规模。

九、信息披露制度

(一)信息披露制度的含义

信息披露制度是指期货交易所按有关规定,定期公布期货交易有关信息的制度。期货交易遵循公平、公开、公正的原则,信息的公开与透明是"三公"原则的体现,它要求期货交易所应当及时公布上市品种期货合约的有关信息及其他应当公布的信息,并保证信息的真实、准确。只有这样,期货交易的所有交易者才能在公平、公开的基础上接收真实、准确的信息,从而有助于交易者根据所获信息做出正确决策,防止不法交易者利用内幕信息获取不正当利益,损害其他交易者。

(二)信息披露制度的基本规定

1. 交易所按即时、每日、每周和每月方式向会员、投资者和社会公众提供期货交易信息。

即时行情是指在交易时间内,与交易活动同步发布的交易行情信息。其信息内容主要有:商品名称、交割月份、最新价、涨跌、成交量、持仓量、持仓量变化、申卖价、申买量、申卖量、每笔成交量、结算价、开盘价、收盘价、最高价、最低价、前结算价。

每日期货交易信息发布是指在每个交易日结束后发布的有关当日期货交易的信息。其信息内容主要有:商品名称、交割月份、开盘价、最高价、最低价、收盘前结算价、结算价、涨跌、持仓量、持仓量变化、成交额;所有合约的成交量、买卖持仓量及套期保值持仓量;交易活跃的合约月份;分多空方公布当日持仓量的前20名会员名单及对应持仓量、成交量前20名会员名单及对应成交量。

每周期货交易信息发布是指在每周最后一个交易日结束后公布的期货交易信息。其信息内容主要有:商品名称、交割月份、周开盘价、最高价、最低价、周收盘价、涨跌(周末收盘价与上周末结算价之差)、周末结算价、成交量、成交额、持仓额;各上市商品标准仓单数量及交易日后的第一个星期五发布的交割配对结果和实物交割量。

每月期货交易信息发布是指在每月最后一个交易日结束后交易所发布的期

货交易信息。其信息内容主要有：商品名称、交割月份、月开盘价、最高价、最低价、月末收盘价、涨跌（月末收盘价与上月结算价之差）、月末结算价、成交量、成交额；各指定交割仓库经交易所核定的可用于期货交割的库容量和已占用库容量及标准仓单量。

2. 交易所期货即时行情，通过计算机网络传送至交易席位，并通过与交易所签订协议的有关公共媒体和信息服务商对社会公众发布。

3. 交易所及其会员对不宜公开的交易资料、资金情况等信息负有保密义务。

4. 因信息经营机构或公众媒体转发即时交易行情信息发生故障，影响会员或客户正常交易的，交易所不承担责任。

5. 会员、信息经营机构和公众媒体以及个人，均不得发布虚假的或带有误导性质的信息。

第二节 期货交易准备

一、期货交易所和经纪公司的选择

（一）选择期货交易所

期货交易者应全面了解期货交易所的章程、管理规定、会员管理条例和交易规则等文件，了解期货交易所的交易设施及其使用方法，了解上市期货合约的主要品种和规格等。期货交易者如果愿意并可能成为期货交易所会员，需要办好入会手续，并派出出市代表等；如果不能成为期货交易所会员，则必须选择期货经纪公司代理进行期货交易。

（二）选择期货经纪公司

期货交易所规定，非期货交易所会员要进行期货交易，必须通过会员代理。所以，非期货交易所会员的期货交易者要买卖期货合约，必须选择适当的期货经纪公司进行代理。并非所有的期货经纪公司都是期货交易所会员，非期货交易所会员的期货经纪公司的业务也必须通过拥有期货交易所会员资格的期货经纪公司代理才能进行。因此，投资者应尽可能选择那些拥有期货交易所会员资格和业绩较好的经纪公司代理进行期货交易，经纪公司与客户间的关系是期货交易成功的关键，选择经纪公司意义重大。

首先，投资者选择的期货经纪公司必须是规范运作的公司。期货经纪公司应严格按照有关法律、法规及规则的要求（如《期货经纪公司管理办法》《期货交易管理暂行条例》等），遵循诚实信用原则，以适当的技能、小心谨慎和勤勉尽责的态度执行投资者的委托，维护投资者的合法权益。期货经纪公司在为投资者开立账户前，应当向投资者出示《期货交易风险说明书》，由投资者签字确认已了解《期货交易风险说明书》的内容，并签订期货经纪合同。规范运作的期货经纪公司应按照一定的标准收取合理的保证金和手续费，杜绝违规的透支交易和手续费的恶性竞争。期货交易的手续费一直是投资者较为关心的因素，值得注意的是，低手续费并不一定有利于投资者，"便宜无好货"这句俗语在各个市场都适用，投资者在选择期货经纪公司时，应当进行更多方面的综合考虑。

其次，随着电子化期货交易的日益普及，经纪公司的硬件设施显得尤为重要，因为这是保障投资者交易安全、稳定与迅速的重要环节。根据中国期货业协会颁布的《期货经纪公司电子化交易指引》的要求，经纪公司的电子化交易系统必须遵循安全性、实用性与可操作性原则。期货经纪公司在电子化交易运行和维护的各个环节，在硬件、软件、网络通信、数据、管理制度等各方面，都必须贯彻安全性原则，这是投资者资金安全与交易安全的最基本保障。实用性原则要求期货经纪公司应当加强电子化交易技术管理，注重采用先进成熟技术。可操作性原则对于投资者而言最为实际。一般而言，成熟的期货经纪公司都会有一整套包括电子化交易系统的服务手册，详细介绍各种行情及交易软件的使用与操作方法。

最后，由于各经纪公司电子化技术的不断升级和更新，技术方面的差别已经相对不大，信息资讯服务质量的高低应该是投资者选择期货经纪公司时应当考虑的另一个重点，毕竟信息是期货交易赢利的一个非常关键性的因素。经纪公司的网站是提供信息资讯服务的最直接渠道，网站建设是衡量经纪公司信息服务质量优劣的因素之一。重视信息资讯服务工作的经纪公司网站内容较为丰富，除了大量共享的数据及资讯外，还有自己独一无二的内容，如独家视点、调研报告等。优秀的经纪公司还在农产品收获季节专门派人去产地调查收获情况，掌握第一手资料，帮助客户正确决策；或者与国家部委、统计部门建立友好协作关系，追踪政策面的最新变化；或者经常参加相关企业组织的考察调研活动，了解现货企业的生产经营状况与期货经营情况。此外，优秀的期货经纪公司还能够针对投资者自身的不同情况，提供个性化的信息资讯服务。如针对具体客户的资金状况、交易风格、持仓状况以及风险承受能力，做出与其相适应的投资建议或报告。

总之，期货经纪公司在期货市场上扮演的是"经纪"角色，用优质的服务吸引投资者应该是经纪公司追求的目标。投资者在选择期货经纪公司时，不妨多接触、多了解。

二、期货交易计划的制订

不论是期货的投机者还是套期保值者,由于期货市场价格波动的频率和幅度很大,买卖期货合约都存在一定的风险。因此,期货交易者在进行交易之前,应事先制订妥善的交易计划,以便尽可能增加获利、减少损失。

期货交易计划的制订可以包括多方面的因素,但比较重要的内容有:

第一,确定可利用资金的多少,尤其是期货投机者要进一步确定自己愿意投入期货交易资金的数量,并且这些资金应该是能够承担风险冲击的闲置资金。也就是说,期货投机者不应将日常生活费用用于期货投机,更不应该因期货交易受损而导致自己破产。因此,在制订期货交易计划时,必须对风险资金的损失额有一个明确的限定,超过该限定时必须退出市场,以免遭受更大损失。当然,风险损失额度高低的确定主要取决于投资者愿意承担的风险。

第二,确定每一次执行交易的期货合约的种类和数量。选择每一次交易两种或两种以上的期货合约时,最好应保证所交易的合约种类之间具有一定的相关性,同时,根据确定的可用于期货投机的资金额,严格限制所持有的期货合约的数量。

第三,列举进行每一项期货合约交易可能获利的原因。要求期货合约交易者密切关注期货交易动向和期货行情走势,收集期货和现货市场信息,运用恰当的方法分析、预测价格趋势,列举出详细的买卖期货合约可能获利的各种理由。

三、期货交易信息的收集

在完全由供求规律决定的自由竞争的期货市场上,及时、准确和全面地掌握有关市场的信息,是每一个期货交易者参与交易的重要前提条件。

(一)期货交易信息的内容

1. 供求信息。期货市场上期货商品价格的高低完全取决于该商品的供给量和需求量之间的关系。所以,供求信息也就成为期货交易的重要信息。影响期货供求关系的因素非常复杂,从宏观方面看,包括政治、经济、技术、政策等多种因素;从微观方面看,包括生产、消费以及运输和储存方面的因素。多种复杂因素直接或间接地通过影响供求关系而影响到商品的期货交易。因此,期货交易者必须及时收集、整理和分析各种信息,预测各种因素的可能变化及其对市场供求和价格的可能影响。

2. 开盘前数据。期货交易所在每一交易日开盘交易之前,行情报价服务系统都要公布已经到期的期货合约和期权合约的最后交易日、新合约介绍、合约细则变动、新的期权执行价格等信息。具体内容包括:将要在当天进行交割的合约内容和数量,上一交易日发出的交割通知书数量及其未平仓合约的数量,前一交易日所有期货合约的交易量等。

3. 开盘交易期间数据。这主要包括开盘价格信息、最高价格和最低价格信息、合约交易量和未平仓合约数量信息、结算价格信息以及套利投机交易信息等。

4. 汇总报告信息。一般由期货交易所的市场信息部根据有关部门以及市场情况收集的信息编辑,旨在向会员和客户通报一些重要的商品供求信息和价格展望信息等。

5. 期货经纪公司提供的咨询信息。期货经纪公司为客户提供的有关咨询信息包括:期货交易价格历史变动格局的跟踪信息,期货合约交易量和未平仓合约量的动态信息,期货商品价格趋势分析预测信息等。

(二)期货交易信息的来源

1. 新闻媒体。报纸杂志、广播电视、国际互联网等各种新闻媒体每天都要刊登和公布各种有关期货交易的信息,通过新闻媒体了解期货交易信息,是期货交易者获得信息的一个重要途径。此外,期货交易者还可通过新闻媒体传播的各种社会和经济发展信息来分析预测其对期货交易的可能影响。

2. 期货经纪公司。期货经纪公司除了代理客户进行期货合约买卖交易之外,一个重要的职责就是向客户介绍和传播有关市场信息,并为客户提供咨询服务。

3. 期货交易所的信息系统。期货交易所各种先进的信息系统能够及时、准确地将交易现场的信息传递给期货交易者,使得期货交易者能够获得期货交易所现场的第一手资料。

4. 汇总报告。期货交易所定期发布的汇总报告不仅汇集了一些重要的信息资料,而且提供了期货交易所专家对期货交易所做的预测分析。

第三节 期货交易流程

期货交易流程主要包括开户、下单、竞价、成交回报与确认、结算、交割等环节。全面了解期货交易的各主要业务流程,理解期货交易中的有关概念,有助于投资者熟悉期货业务。

一、开户

由于能够直接进入期货交易所交易的只能是期货交易所的会员,所以普通投资者在进入期货市场交易之前,应首先选择一家具备合法的期货代理资格、信誉良好、资金安全、运作规范和收费合理的具有交易所会员资格的期货经纪公司。

投资者在选定期货经纪公司后,即可向该期货经纪公司提出委托申请,开立期货交易账户。所谓期货交易账户,是指期货交易者开设的、用于交易履约保证的一个资金信用账户。开立账户的过程实质上就是投资者(委托人)与期货经纪公司(代理人)建立法律关系的过程。开户的具体程序如下。

(一)风险揭示

客户委托期货经纪公司从事期货交易,必须事先在期货经纪公司办理开户登记。期货经纪公司在接受客户开户申请时,应向客户提供《期货交易风险揭示书》。《期货交易风险揭示书》是中国证监会统一制作、标准化的,其主要内容包括技术、交易、信息、政策等风险。客户在仔细阅读和理解后,在该《期货交易风险揭示书》上签字,单位客户由单位法定代表人签字,并加盖单位公章。

(二)签署合同

期货经纪公司在接受客户开户申请时,双方需签署《期货经纪合同》。个人开户应提供本人身份证、留存印鉴或签名样卡;单位开户应提供《企业法人营业执照》复印件,并提供法定代表人及本单位期货交易业务执行人的姓名、联系电话、单位及其法定代表人或单位负责人印鉴等书面材料及法定代表人授权期货交易业务执行人的书面授权书。

(三)填写登记表

交易所实行客户交易编码登记备案制度。客户开户时,应按自己的基本情况填写《期货交易登记表》,并由经纪公司按交易所统一的编码规则进行编号,一户一码,专码专用,不得混码交易。

(四)缴纳保证金

上述各项手续完成后,期货经纪公司将为客户建立一个期货交易账户,客户应按规定存入其应缴纳的开户保证金。期货经纪公司向客户收取的保证金属于客户所有,期货经纪公司除按照中国证监会的规定为客户向期货交易所交存保证金、进行期货交易结算外,严禁挪作他用。

二、下单

客户在按规定缴纳开户保证金后,即可开始交易,进行委托下单。所谓下单,是指客户在每笔交易前向期货经纪公司业务人员下达交易指令,说明拟买卖合约的种类、数量、价格等的行为。交易指令的内容一般包括期货交易的品种、交易方向、数量、月份、价格、日期及时间、期货交易所名称、客户名称、客户编码和账户、期货经纪公司和客户签名等。

(一) 常用的交易指令

国际上常用的交易指令有市价指令、限价指令、取消指令和止损指令等。我国期货交易所规定的交易指令有两种,即限价指令和取消指令。交易指令当日有效。

1. 市价指令。它是期货交易中常用的指令之一,是指按当时的市场价格即刻成交的指令。客户在下达这种指令时,不需指明具体的价位,而是要求期货经纪公司出市代表以当时市场上可执行的最好价格达成交易。这种指令的特点是成交速度快,一旦指令下达,便不可更改和撤销。

2. 限价指令。它是指执行时必须按限定价格或更好的价格成交的指令。下达限价指令时,客户必须指明具体的价位。它的特点是可以按客户预期的价格成交,同时也存在无法成交的可能性。限价指令对交易价格要求明确,但能否执行取决于指令有效期内价格的变动。如没有触及限价水平,该指令就没有机会执行。

3. 取消指令。它是指客户要求将某一指定指令取消的指令。客户通过执行该指令,将以前下达的指令完全取消。例如,下达限价指令"卖出限价为 2 188 元/吨的 2007 年 5 月大豆合约 10 手"后,只成交了 5 手,这时就可以下达取消指令。撤单后,原来下达的限价指令就部分失效了,另外的 5 手就不会成交了。

4. 止损指令。止损指令是一种防止交易亏损扩大的措施。当交易者持有的期货合约发生亏损时,为了防止亏损进一步扩大,交易者可以预先设定一个价位,当市场价格达到这个价位时,止损指令立即自动生效。止损指令是一种很有效的交易指令,交易者在下单之前必须预先设定自己的止损价位,一旦市场价格达到止损价位,必须遵守纪律,立即申报限价平仓指令,把亏损控制住。

(二) 下单方式

客户可以通过书面、电话或中国证监会规定的其他方式下单。

1. 书面下单。客户亲自填写交易单,填好后签字,交给期货经纪公司交易部,再由期货经纪公司交易部通过电话报单至该期货经纪公司在期货交易所场内的出市代表,由出市代表输入指令,进入交易所主机撮合成交。

2. 电话下单。客户通过电话直接将指令下达到期货公司交易部,再由交易部通知出市代表下单。期货经纪公司需将客户指令录音,以备查证。事后,客户应在交易单上补签姓名。

3. 网络下单。客户通过期货经纪公司提供的交易软件下单,将交易指令下达至期货经纪公司服务器,在期货经纪公司核对客户账户、密码无误后,将交易指令发送至期货交易所交易系统。事后,客户应在交易单上补签姓名。

三、竞价

期货合约价格的形成方式主要有公开喊价和计算机撮合成交两种。

(一)公开喊价方式

期货交易早期,由于没有计算机,故在交易时都采用公开喊价方式。公开喊价方式通常有两种形式:一是连续竞价制(动盘),另一种是一节一价制(静盘)。

1. 连续竞价制。这是指场内交易者在交易所交易池内面对面地公开喊价,表达各自买进或卖出合约的要求。这种竞价方式是期货交易的主流,欧美期货市场都采用这种方式。这种方式的好处是场内气氛活跃,缺点是人员规模受场地限制。众多的交易者拥挤在交易池内,人声鼎沸,以致交易者不得不用手势来帮助传递交易信息。这种方式的另一个缺陷是场内交易员比场外交易者有更多的信息和时间优势。抢帽子交易往往成了场内交易员的专利。

2. 一节一价制。这是指把每个交易日分为若干节,每节交易中一种合约只有一个价格。每节交易先由主持人叫价,场内交易员根据其叫价申报买卖数量,如果买量比卖量多,则主持人另报一个更高的价;反之,则报一个更低的价,直至在某一价格上买卖双方的交易数量相等时为止。这种叫价方法在日本比较普遍。计算机技术普及后,世界各国交易所纷纷采用计算机来代替原先的公开喊价方式。

(二)计算机撮合成交方式

计算机撮合成交是根据公开喊价的原理设计的一种计算机自动化交易方式,是指期货交易所的计算机交易系统对交易双方的交易指令进行配对的过程。国内期货交易所计算机交易系统的运行,一般是将买卖申报单以价格优先、时间优先的原则进行排序。当买入价大于、等于卖出价,则自动撮合成交,撮合成交价等于买入价(BP)、卖出价(SP)和前一成交价(CP)三者中居中的一个价格。即:

若 $BP \geq SP \geq CP$,则最新成交价 = SP;

若 $BP \geq CP \geq SP$,则最新成交价 = CP;

若 $CP \geq BP \geq SP$,则最新成交价 = BP。

开盘价由集合竞价产生。

开盘价集合竞价在某品种某月份合约每一交易日开市前5分钟内进行,其中前4分钟为期货合约买、卖价格指令申报时间,后1分钟为集合竞价撮合时间,开市时产生开盘价。

交易系统自动控制集合竞价申报的开始和结束,并在计算机终端上显示。

集合竞价采用最大成交量原则,即以此价格成交能够得到最大成交量。高于集合竞价产生的价格的买入申报全部成交;低于集合竞价产生的价格的卖出申报全部成交;等于集合竞价产生的价格的买入或卖出申报,根据买入申报量和卖出申报量的多少,按少的一方的申报量成交。集合竞价产生价格的方法是:

第一,交易系统分别对所有有效的买入申报按申报价由高到低的顺序排列,申报价相同的,按照进入系统的时间先后排列;所有有效的卖出申报按申报价由低到高的顺序排列,申报价相同的,按照进入系统的时间先后排列。

第二,交易系统依此逐步将排在前面的买入申报和卖出申报配对成交,直到不能成交为止。如最后一笔成交是全部成交的,取最后一笔成交的买入申报价和卖出申报价的算术平均价为集合竞价产生的价格,该价格按各期货合约的最小变动价位取整;如最后一笔成交是部分成交的,则以部分成交的申报价为集合竞价产生的价格。

开盘集合竞价中的未成交申报单自动参与开市后竞价交易。

四、成交回报与确认

期货经纪公司的出市代表收到交易指令,确认无误后,输入计算机进行撮合成交。当计算机显示成交后,出市代表必须马上将成交结果反馈回期货经纪公司交易部。期货经纪公司交易部将成交结果记录在交易单并打上时间戳记后,将成交回报记录单报告给客户。成交回报记录单应包括成交价格、成交手数和成交回报时间等内容。

客户对交易结算单记载事项有异议的,应当在下一交易日开市前向期货经纪公司提出书面异议;客户对交易结算单记载事项没有异议的,应当在交易结算单上签字确认或者按照期货经纪合同约定的方式确认。客户既未对交易结算单记载事项确认,也没有提出异议的,视为对交易结算单的确认。对于客户有异议的,期货经纪公司应当根据原始指令记录和交易记录予以核实。

五、结算

(一)结算的概念

结算是指根据交易结果和交易所有关规定对会员交易保证金、盈亏、手续费、交割货款和其他有关款项进行的计算、划拨。结算包括交易所对会员的结算和期货经纪公司会员对其客户的结算,其计算结果将计入客户的保证金账户。

期货交易所的结算实行保证金制度、每日无负债制度和风险准备金制度等。与期货市场的层次结构相适应,期货交易的结算也是分级、分层的。交易所只对会员结算,非会员单位和个人投资者通过期货经纪公司会员进行结算。

1. 交易所对会员的结算。每一交易日结束后,交易所对每一会员的盈亏、交易手续费和交易保证金等款项进行结算,其核算结果是会员核对当日有关交易并对客户结算的依据,会员可通过会员服务系统于每交易日规定时间内获得《会员当日平仓盈亏表》、《会员当日成交合约表》、《会员当日持仓表》和《会员资金结算表》。会员每天应及时获取交易所提供的结算结果,做好核对工作,并将之妥善保存。会员如对结算结果有异议,应在第2天开市前30分钟以书面形式通知交易所。如会员在规定时间内没有对结算数据提出异议,则视为会员已认可结算数据的准确性。交易所在交易结算完成后,将会员资金的划转数据传递给有关结算银行。

2. 期货经纪公司对客户的结算。期货经纪公司对客户的结算与交易所的方法一样,即每一交易日交易结束后对每一客户的盈亏、交易手续费、交易保证金等款项进行结算。交易手续费一般不低于期货合约规定的交易手续费标准,交易保证金一般高于交易所收取的交易保证金比例至少3个百分点。期货经纪公司在闭市后向客户发出交易结算单。当每日结算后客户保证金低于期货交易所规定的交易保证金水平时,期货经纪公司按照期货经纪合同约定的方式通知客户追加保证金,客户不能按时追加保证金的,期货经纪公司应当将该客户部分或全部持仓强行平仓,直至保证金余额能够维持其剩余头寸。

(二)结算的计算公式

平仓是指期货交易者买入或卖出与其所持期货合约的品种、数量及交割月份相同但交易方向相反的期货合约,了结期货交易的行为。当日结算价是指某一期货合约当日成交价格按照成交量的加权平均价。当日无成交价格的,以上一交易日的结算价作为当日结算价。每个期货合约均以当日结算价作为计算当日盈亏的依据。持仓量是指期货交易者所持有的未平仓合约的数量。

1. 平仓盈亏的计算公式。未平仓期货合约均以当日结算价作为计算当日盈亏的依据。当日盈亏可以分项计算。分项结算公式为:

当日盈亏 = 平仓盈亏 + 持仓盈亏

平仓盈亏 = 平历史仓盈亏 + 平当日仓盈亏

平历史仓盈亏 = $\sum$ [(卖出平仓价 − 上一交易日结算价) × 卖出平仓量] + $\sum$ [(上一交易日结算价 − 买入平仓价) × 买入平仓量]

平当日仓盈亏 = ∑[(当日卖出平仓价 - 当日买入开仓价) × 卖出平仓量] + ∑[(当日卖出开仓价 - 当日买入平仓价) × 买入平仓量]

2. 持仓盈亏的计算公式：

持仓盈亏 = 历史持仓盈亏 + 当日开仓持仓盈亏

历史持仓盈亏 = (当日结算价 - 上一日结算价) × 持仓量

当日开仓持仓盈亏 = ∑[(卖出开仓价 - 当日结算价) × 卖出开仓量] + ∑[(当日结算价 - 买入开仓价) × 买入开仓量]

3. 当日综合盈亏的总公式：

当日盈亏 = ∑[(卖出成交价 - 当日结算价) × 卖出量] + ∑[(当日结算价 - 买入成交价) × 买入量] + (上一交易日结算价 - 当日结算价) × (上一交易日卖出持仓量 - 上一交易日买入持仓量)

4. 结算准备金余额是的计算公式。结算准备金余额是指当日结算准备金余额，即：

当日结算准备金余额 = 上一交易日结算准备金余额 + 入金 - 出金 + 上一交易日交易保证金 - 当日交易保证金 + 当日盈亏 - 手续费等

（三）应用举例

[例4-1] 某新客户存入保证金10万元，在4月1日买进大豆期货合约40手（每手10吨），成交价为2 000元/吨，同一天，该客户卖出平20手大豆合约，成交价为2 030元/吨，当日结算价为2 040元/吨，交易保证金比例为5%，则客户的当日盈亏（不含手续费、税金等费用）情况为：

1. 按分项公式计算：

平仓盈亏 = (2 030 - 2 000) × 20 × 10 = 6 000(元)

持仓盈亏 = (2 040 - 2 000) × (40 - 20) × 10 = 8 000(元)

当日盈亏 = 6 000 + 8 000 = 14 000(元)

2. 按总公式计算：

当日盈亏 = (2 030 - 2 040) × 20 × 10 + (2 040 - 2 000) × 40 × 10 = 14 000(元)

3. 当日结算准备金余额 = 100 000 - 2 040 × 20 × 10 × 15% + 14 000 = 93 600(元)

[例4-2] 4月2日该客户再买进8手大豆合约，成交价为2 030元/吨，当日结算价为2 060元/吨，其账户情况为：

1. 按分项公式计算:

当日开仓持仓盈亏 = (2 060 - 2 030) × 8 × 10 = 2 400(元)

历史持仓盈亏 = (2 060 - 2 040) × 20 × 10 = 4 000(元)

当日盈亏 = 2 400 + 4 000 = 6 400(元)

2. 按总公式计算:

当日盈亏 = (2 060 - 2 030) × 8 × 10 + (2 040 - 2 060) × (20 - 40) × 10 = 6 400(元)

3. 当日结算准备金余额 = 93 600 + 2 040 × 20 × 10 × 5% - 2 060 × 28 × 10 × 5% + 6 400 = 91 560(元)

[例4-3] 4月3日,该客户又将28手大豆合约平仓,成交价为2 070元/吨,当日结算价为2 050元/吨,则其账户情况为:

1. 按分项公式计算:

平仓盈亏 = (2 070 - 2 060) × 28 × 10 = 2 800(元)

2. 按总公式计算:

当日盈亏 = (2 070 - 2 050) × 28 × 10 + (2 060 - 2 050) × (0 - 28) × 10 = 2 800(元)

3. 当日结算准备金余额 = 91 560 + 2 060 × 28 × 10 × 5% + 2 800 = 123 200(元)

(四)资金划转

当日盈亏在每日结算时进行划转,当日赢利划入会员结算准备金,当日亏损从会员结算准备金中扣划。当日结算时的交易保证金超过昨日结算时的交易保证金部分,从会员结算准备金中扣划。当日结算时的交易保证金低于昨日结算时的交易保证金部分,划入会员结算准备金。

手续费、税金等各项费用,从会员的结算准备金中直接扣划。

六、交割

(一)实物交割的概念和作用

期货交易所交割一般有两种方式,一是对冲平仓,二是实物交割。实物交割就是用实物交收的方式来履行期货交易的责任。因此,期货交割是指期货交易的买卖双方在合约到期时,对各自持有的到期未平仓合约按交易所的规定履行实物交割,了结其期货交易的行为。实物交割在期货合约总量中所占的比例很小,然而,正是实物交割机制的存在,使期货价格变动与相关现货价格变动具有同步性,并随着合约到期日的临近而逐步趋近。实物交割就其性质来说是一种现货交易行为,但在期货交易中发生的实物交割则是期货交易的延续,它处于期货市场与现货市场的交接点,是期货市场和现货市场的桥梁和纽带。所以,期货交易中的实物交割是期货市场存在的基础,是期货市场两大经济功能发挥的根本前提。

在期货市场上,实物交割是促使期货价格和现货价格趋向一致的制度保证。当由于过分投机,发生期货价格严重偏离现货价格时,交易者就会在期货、现货两个市场间进行套利交易。当期货价格过高而现货价格过低时,交易者在期货市场上卖出期货合约,在现货市场上买进商品,这样,现货需求增多,现货价格上升,期货合约供给增多,期货价格下降,期现价差缩小;当期货价格过低而现货价格过高时,交易者在期货市场上买进期货合约,在现货市场上卖出商品,这样,期货需求增多,期货价格上升,现货供给增多,现货价格下降,使期现价差趋于正常。

以上分析表明,通过实物交割,期货、现货两个市场得以实现相互联动,期货价格最终与现货价格趋于一致,使期货市场真正发挥价格晴雨表的作用。

在实际操作中,一些熟悉现货流通渠道的套期保值者根据现货市场的有关信息,直接在期货市场上抛出或购进现货,以获取差价。这种期现套做的方法在一定程度上消除了种种非价格因素所带来的风险,客观上起到了引导生产和保证利润的作用。

(二)交割方式与交割结算价

实物交割方式分为集中交割和滚动交割两种形式。集中交割,即所有到期合约在交割月份最后交易日过后一次性集中交割的交割方式。滚动交割,即除了在交割月份的最后交易日过后所有到期合约全部配对交割外,在交割月第一交易日至最后交易日之间的规定时间也可进行交割的交割方式。

目前,我国上海期货交易所采用集中交割方式;郑州商品交易所采用滚动交割方式;大连商品交易所对黄大豆1号、黄大豆2号、豆粕、豆油、玉米合约采用滚动交割方江,对棕榈油和线性低密度聚乙烯采用集中交割方式。

我国期货合约的交割结算价通常为该合约交割配对日的结算价或为该期货合约最后交易日的结算价。交割商品计价以交割结算价为基础,再加上不同等级商品质量升贴水以及异地交割仓库与基准交割仓库的升贴水。

(三)实物交割程序

实物交割要求以会员名义进行,客户的实物交割需由会员代理,并以会员名义在交易所进行。

1. 集中交割方式。上海期货交易所和大连商品交易所的大豆采取的是集中交割方式。大连商品交易所集中交割的具体规定如下:最后交易日收市后,交易所按"最小配对数"的原则,通过计算机对交割月份购买持仓合约进行交割配对。配对结果一经确定,买卖双方不得变更。最后交易日结算后,交易所将交割月份购买持仓的交易保证金转为交割款项。最后交割日下午3：00之前，卖方会员须将与其交割月份合约持仓相对应的全部标准仓单和增值税发票交到交易所，买方会员须补齐与其交割月份合约相对应的全额货款。最后交割日结算时，交易所将交割货款付给卖方会员。交易所给买方会员开具《标准仓单持有凭证》。增值税发票的流转过程为：交割卖方客户给对应的买方客户开具增值税发票，客户开具的增值税发票由双方会员转交、领取并协助核实，交易所负责监督。

上海期货交易所集中交割的具体规定如下：实物交割必须在合约规定的交割期内完成。交割期是指合约月份的16日至20日。因最后交易日遇法定节假日顺延的或交割期内遇法定节假日的，均相应顺延交割期，保证有5个交割日。该5个交割日分别称为第一、第二、第三、第四和第五交割日，第五交割日为最后交割日。

第一交割日，买方申报意向。买方在第一交割日内，向交易所提交所需商品的意向书，内容包括品种、牌号、数量及指定交割仓库名等。卖方交标准仓单。卖方在第一交割日内将已付清仓储费用的有效标准仓单交交易所。

第二交割日，交易所分配标准仓单。交易所在第二交割日根据已有资源，按照"时间优先、数量取整、就近配对、统筹安排"的原则，向买方分配标准仓单。不能用于下一期货合约交割的标准仓单，交易所按所占当月交割总量的比例向买方分摊。

第三交割日，买方交款、取单。买方必须在第三交割日14：00前到交易所交付货款并取得标准仓单。卖方收款。交易所在第三交割日16：00前将货款付给卖方。

第四、第五交割日，卖方交增值税专用发票。

2.滚动交割方式。郑州商品交易所采取滚动交割的方式，修改后的豆粕合约由集中交割改为滚动交割。滚动交割的具体规定如下：

第一，凡持有标准仓单的卖方会员，均可在进入交割月前一个交易日至交割月最后交易日的交易期间，凭标准仓单到交易所办理标准仓单抵押手续，以头寸形式释放相应的交易保证金。卖方会员必须到交易所办理撤销标准仓单抵押后，方可提出交割申请。

第二，交易所实行"三日交割法"，即：

第一日为配对日。凡持有标准仓单的卖方会员，均可在交割月第一个交易日至最后交易日的交易期间，通过席位提出交割申请。没有进行仓单质押的交割申请提出后，释放相应的交易保证金；卖方会员在当日收市前，可通过席位撤销已提出的交割申请，撤销交割申请后，重新收取相应的保证金。交割月买方会员无权提出交割申请。交易所根据卖方会员的交割申请,于当日收市后采取计算机直接配对的方法,为卖方会员找出持该交割月多头合约时间最长的买方会员。交割关系一经确定,买卖双方不得擅自调整或变更。

第二日为通知日。买卖双方在配对日的下一交易日收市前到交易所签领交割通知单。

第三日为交割日。买卖双方签领交割通知的下一个交易日为交割日。买方会员必须在交割日上午9:00之前将尚欠货款划入交易所账户,卖方会员必须在交割日上午9:00之前将标准仓单持有凭证交到交易所。

(四)交割违约的处理

1.交割违约的认定。期货合约的买卖双方有下列行为之一的,构成交割违约:卖方在规定交割期限内未交付有效标准仓单的;买方在规定交割期限内未解付货款或解付不足的;卖方交付的商品不符合规定标准的。

2.交割违约的处理。会员在期货合约实物交割中发生违约行为,交易所应先代为履约。交易所可采用征购和竞卖的方式处理违约事宜,违约会员应负责承担由此引起的损失和费用。交易所对违约会员还可处以支付违约金、赔偿金等处罚。

(五)标准仓单的生成和流转

在实物交割的具体实施中,买卖双方并不直接进行实物商品的交收,而是进行代表商品所有权的标准仓单的转换,因此,标准仓单在实物交割中扮演着十分重要的角色。标准仓单经交易所注册后生效。交易所通过计算机办理标准仓单的注册登记、交割、交易、质押和注销等业务。标准仓单的持有形式为《标准仓单持有凭证》。《标准仓单持有凭证》是交易所开具的代表标准仓单所有权的有效凭证,是在交易所办理标准仓单交割、交易、转让、质押和注销的凭证,受法律保护。标准仓单数量因交割、交易、转让、质押和注销等业务发生变化时,交易所收回原《标准仓单持有凭证》,签发新的《标准仓单持有凭证》。会员持有的《标准仓单持有凭证》必须由专人保管,不得涂改、伪造。如有遗失,会员须及时到交易所办理挂失等手续。标准仓单可用于交割、转让、提货和质押等。

1.标准仓单的生成。标准仓单生成包括交割预报、商品入库、验收、指定交割仓库签发及交易所注册等环节。其具体规定如下:

第一,会员或客户向指定交割仓库发货前,必须由会员到交易所办理交割预报,由交易所统一安排指定交割仓库。未办理交割预报入库的商品不能生成标准仓单。

第二,指定交割仓库凭《交割预报表》安排货位、接收商品,并按交易所有关

规定对入库商品的种类、质量、包装等进行检验。

第三，入库商品检验合格后，指定交割仓库填写《储存商品检验证明》(附指定交割仓库商品检验报告)报交易所。交易所或交易所委托质检机构对指定交割仓库检验合格的商品进行核查，确认无误后，允许指定交割仓库向会员或客户开具《标准仓单注册申请表》。《标准仓单注册申请表》上需注明会员号、客户码、交割品种、交割月份和申请数量，并需加盖指定交割仓库公章和法定代表人章、仓库经办人签章、客户章(签字)，同时注明开具日期及指定交割仓库仓储费用付止日。会员或客户与指定交割仓库结清有关费用后，领取《标准仓单注册申请表》。

第四，会员或客户凭指定交割仓库开具的《标准仓单注册申请表》到交易所领取《标准仓单持有证》。标准仓单自交易所注册之日起生效。

2. 标准仓单的流通。标准仓单的流通是指标准仓单用于在交易所履行到期合约的实物交割、标准仓单交易及标准仓单在交易所外转让。标准仓单在交易所进行实物交割的，其流转程序如下：

第一，卖方客户背书后交卖方交易会员；

第二，卖方会员背书后交至交易所；

第三，交易所盖章后交买方会员；

第四，买方经纪会员背书后交买方客户；

第五，买方非经纪会员、买方客户背书后至仓库办理有关手续；

第六，仓库或其代理人盖章后，买方非经纪会员、买方客户方可提货或转让。

标准仓单转让必须通过会员在交易所办理过户手续，同时结清有关费用。交易所向买方签发新的《标准仓单持有凭证》，原《标准仓单持有凭证》同时作废。未通过交易所办理过户手续而转让的标准仓单，发生的一切后果由标准仓单持有人自负。

3. 标准仓单的注销。标准仓单的注销是指标准仓单合法持有人到交易所办理标准仓单退出流通的行为及其程序。标准仓单持有人注销标准仓单，须通过会员提交标准仓单注销申请及相应的《标准仓单持有凭证》。标准仓单注销申请的内容包括会员名称、会员号、客户名称、客户码、注销品种、数量及提货仓库意向。交易所根据会员申请及指定交割仓库的具体情况安排提货仓库，开具《提货通知单》，并注销相应的标准仓单，结清有关费用。货主在实际提货日3天前，凭《提货通知单》与指定交割仓库联系有关出库事宜。货主提货时，须向指定交割仓库提供提货人身份证、提货人所在单位证明，同时与仓库结清自标准仓单注销日次日至提货日的有关费用。货主必须在《提货通知单》开具后10个工作日内到指定交割仓库办理提货手续。逾期未办理的，按现货提货单处理,凭现货提货单提取的商品,指定交割仓库不保证全部商品质量符合期货合约规定的标准。

即将退出流通的标准仓单自最后交割年度最后一个交割月的次月第一个交易日起5个交易日内必须办理标准仓单注销手续。逾期不办理的,交易所可以将其仓单注销,由此造成的一切损失由仓单持有人承担。

(六)期转现交易

期货转现货是后来出现的实物交割方式套期保值的一种延伸,现货贸易商利用期货市场进行非标准仓单的期转现,一方面实现了套期保值的目的,另一方面避免了违约的可能。

1.期转现交易的定义。期货转现货(以下简称期转现)是指持有方向相反的同一品种同一月份合约的会员(客户)协商一致,并向交易所提出申请,获得交易所批准后,分别将各自持有的合约按双方商定的期货价格(该价格一般应在交易所规定的价格波动范围内)由交易所代为平仓,同时按双方协议价格进行与期货合约标的物数量相当、品种相同、方向相同的标准仓单的交换行为。

期转现是国际期货市场中长期实行的交易方式,在商品期货、金融期货中都有着广泛的应用。目前,我国大连商品交易所、郑州商品交易所和上海期货交易所已经推出了期转现交易。

2.期转现交易的优越性。期转现交易的优越性体现在:

第一,加工企业和生产经营企业利用期转现,可以节约期货交割成本,如搬运、整理和包装等交割费用;可以灵活商定交货品级、地点和方式;可以提高资金的利用效率。加工企业可以根据需要,分批分期地购回原料,减轻资金压力,减少库存量。生产经营企业也可以提高回收资金。

第二,期转现比"平仓后购销现货"更便捷。期转现使买卖双方在确定期货平仓价格的同时,确定了相应的现货买卖价格,由此可以保证期货与现货市场的风险同时锁定。

第三,期转现比远期合同交易和期货交易更有利,远期合同交易有违约问题和被迫履约问题,期货交易存在交割品级、交割时间和地点选择等没有灵活性的问题,而且成本较高。期转现能够有效地解决上述问题。

3.期转现交易的流程。期转现交易的流程是:

第一,寻找交易对手。拟进行期转现的一方,可自行找期转现对方,或通过交易所发布期转现意向。

第二,交易双方商定价格。找到对方后,双方首先商定平仓价(须在审批日期货价格限制范围内)和现货交收价格。

第三,向交易所提出申请。买卖双方签订《期货转现货协议(审批)表》和现实买卖协议或仓单转让协议后,持上述协议到交易所交割部申请期转现。

第四,交易所核准。交易所接到《期货转现货协议(审批)表》和现货买卖协议后进行核对,符合条件的,第二日批准,并在批准当日的15点后立即平仓;不符合条件的,通知买卖双方会员,会员要及时通知客户。

第五,办理手续。如果用仓单期转现,批准日的下一日,买卖双方到交易所办理过户和货款划转,并缴纳规定手续费。如果用仓单以外的货物进行期转现,买卖双方按照现货买卖协议自行进行现货交收。

第六,纳税。用仓单期转现的,买卖双方在规定的时间到税务部门办理纳税手续。

4. 期转现交易举例。

[例4-4] 在小麦期货市场,甲为买方,建仓价格为1 100元/吨,乙为卖方,建仓价格为1 300元/吨。小麦搬运、储存、利息等交割成本为60元/吨,双方商定的平仓价为1 240元/吨,商定的交收小麦价格比平仓价低40元/吨,即1 200元/吨。期转现后,甲实际购入小麦价格1 060元/吨 = 1 200 元/吨 - 1 100 元/吨 ; 乙实际销售小麦价格1 260 元/吨 = 1 200 + (1 300 元/吨 - 1 240 元/吨)。如果双方不进行期转现而在期货合约到期时交割,则甲实际购入小麦价格为1 100元/吨,乙实际销售小麦价格为1 300元/吨。

从上例可知,期转现节约费用总和为60元/吨,由于商定平仓价格比商定交货价格高40元/吨,因此甲实际购小麦价格比建仓价格低40元/吨,乙实际销售小麦价格也比建仓价格少40元/吨,但节约了交割和利息等费用60元/吨。因此,与交割相比,期转现后,甲节约40元/吨,乙节约20元/吨,期转现对双方都有利。

5. 期转现交易操作中应注意的事项。买卖双方进行期转现交易有两种情况。第一种情况是:在期货市场有反向持仓的双方,拟用标准仓单或标准仓单以外的货物进行期转现。第二种情况是:买卖双方为现货市场的贸易伙伴,有远期交货意向并希望远期交货价格稳定。双方可以先在期货市场上选择与远期交收货物最近的合约月份建仓,建仓量和远期货物量相当,建仓时机和价格分别由双方根据市况自行决定,到希望交收货时,进行标准仓单的期转现。这相当于通过期货市场签订了一个远期合同,一方面实现了套期保值的目的,另一方面也避免了合约违约的可能。

用标准仓单期转现,要考虑仓单提前交收所节省的利息和仓储等费用;用标准仓单以外的货物期转现,要考虑节省的交割费用、仓储费、利息以及货物的品级差价。买卖双方要先看现货,确定交收货物和期货交割标准品级之间的价差。商定的平仓价和交货价的差额一般要小于节省的上述费用的总和,这样会使期转现对双方都有利。

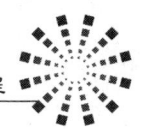

第四章 期货交易业务流程

本章小结

　　本章介绍了我国期货交易制度和期货交易业务流程,重点介绍了期货交易各项制度的内容和期货交易指令的类型、竞价成交方式、结算方式和实物交割程序。

　　与现货市场、远期市场相比,期货交易制度较为复杂和严格,这是期货市场高效运转和发挥经济功能的必要保证。期货交易制度包括保证金制度、当日无负债制度、涨跌停板制度、持仓限额制度、大户报告制度、交割制度、强行平仓制度、风险准备金制度和信息披露制度等。

　　进行期货投资必须做好充分的准备,包括:选择期货交易所和经纪公司,制订期货交易计划,收集期货交易信息,等等。期货交易流程主要包括开户、下单、竞价、成交回报、结算和交割等环节。其中,交易指令包括市场指令、限价指令、取消指令和止损指令等。期货合约价格的形成方式主要有公开喊价和计算机撮合成交两种。撮合成交价等于买入价(BP)、卖出价(SP)和前一成交价(CP)三者中居中的一个价格。期货交割有两种方式,一是对冲平仓,二是实物交割。

复习思考题

一、名词解释

1. 保证金制度　　2. 每日结算制度　　3. 涨跌停板制度　　4. 持仓限额制度
5. 大户报告制度　6. 实物交割制度　　7. 强行平仓制度　　8. 风险准备金制度
9. 交割违约处理　10. 开户　　　　　11. 下单方式　　　12. 竞价方式
13. 结算公式　　　14. 交割　　　　　15. 标准仓单

二、简答题

1. 简述期货交易"逐日盯市"制度的主要内容。
2. 简述交割仓库对交割商品管理的主要内容。
3. 简述期货交易强行平仓制度的主要内容。
4. 简述期货交易集合竞价方法的主要内容。
5. 简述期货交易中的期转现交易操作流程。
6. 简述期货交易信息披露制度的主要内容。

第五章 套期保值

教学目标

通过本章的学习，掌握期货套期保值的概念、功能、原理和操作原则，熟悉套期保值的操作应用，了解正向市场、反向市场、持仓费和基差概念，理解基差变化对套期保值的影响。

学习重点

- 套期保值的概念、原理和操作原则
- 基差变化对套期保值的影响

第一节 套期保值概述

早期的期货商品主要是农产品，如小麦、玉米、大豆等，它们的主要特点是生产的季节性。从生产到销售，中间要经历很长一段时间和很多环节。在此期间，商品价格可能有很大的波动，从而给生产者带来价格风险。建立期货市场的初衷是出于保值的需要，规避价格风险正是期货市场的一个基本功能，而要达到规避价格风险的目的，最有效的手段就是在进行现货交易的同时，通过期货市场进行套期保值交易。

一、套期保值的定义

套期保值(hedge)是在现货市场和期货市场对同一种类的商品同时进行数量相等但方向相反的买卖活动,即生产经营者在现货市场上买进或卖出一定数量的现货商品的同时,在期货市场上卖出或买进同品种、同数量的期货商品,经过一段时间,当价格变动使现货买卖出现盈亏时,可由期货交易上的亏盈进行抵消或弥补。

经济活动中时时刻刻存在着风险。例如,在农业生产中,自然灾害会使农作物减产,影响种植者的收成。同时,农作物的减产造成供求关系的变化,使得粮食加工商在买进小麦、大豆等农产品时付出更高的价格,而这又会直接影响当地市场中粮食、食油、肉、禽、蛋以及其他消费品的价格。对于制造业来说,原油、燃料等原材料的供给减少将会引起一系列制成品价格的上涨。对于银行和其他金融机构而言,利率的上升势必影响金融机构为吸引存款所付出的利息水平。因此,包括农业、制造业、商业和金融业在内的各经济部门都面临着不同程度的价格波动,即价格风险,而正确利用期货市场的套期保值交易,可以在很大程度上消除这些因价格变动所引起的不利后果。

二、套期保值的原理

套期保值的基本做法是,在现货市场和期货市场对同一种类的商品同时进行数量相等但方向相反的买卖活动,即在买进或卖出现货的同时,在期货市场上卖出或买进同等数量的期货,经过一段时间,当价格变动使现货买卖上出现盈亏时,可由期货交易上的亏盈进行抵消或弥补。从而在"现"与"期"之间、近期和远期之间建立一种对冲机制,以使价格风险降到最低限度。

[例5-1] 某粮油公司于2012年1月在现货市场上预销10 000吨大豆,2012年5月交货,预销价是5 800元/吨。该公司担心交货时大豆价格会上涨而不能保证实际利润甚至会发生亏损,于是就在期货市场上买进10 000吨大豆期货合约,价格是5 850元/吨。到5月份交货时,大豆价格果然上涨到6 200元/吨,每吨比预销价高400元,势必引起亏损。由于现货和期货受同一经济因素的影响,二者价格具有趋同性,这时期货价格也上涨到6 250元/吨,该公司以6 250元/吨的价格卖出原来买进的全部合约,经过对冲,期货每吨赢利400元,这样,现货与期货的盈亏抵消,这就保障了边际利润的实现,避免了价格波动带来的风险。

套期之所以能够保值,是因为同一种特定商品的期货和现货的主要差异在于交货日期前后不一,而它们的价格受相同的经济因素和非经济因素影响,且期货合约到期必须进行实货交割的规定,使得现货价格与期货价格具有趋同性,即

当期货合约临近到期日时,两者价格差异接近于零,否则就有套利机会,因而,在到期日前,期货和现货价格具有高度的相关性。在两个相关的市场中,反向操作必然有相互冲销的效果。

套期保值之所以能够规避价格风险,是因为期货市场存在以下基本经济原理:

第一,同种商品的期货价格走势与现货价格走势一致。现货市场与期货市场虽然是两个各自独立的市场,但由于某一特定的期货价格和现货价格处在同一市场环境内,会受到相同的经济因素的影响和制约,因而一般情况下,两个市场的价格变动趋势相同。套期保值就是利用这两个市场上的价格关系,分别在期货市场和现货市场做方向相反的买卖,取得在一个市场上出现亏损的同时而在另一个市场上赢利的结果,以达到锁定生产成本的目的。

第二,现货市场与期货市场的价格随着期货合约到期日的临近,两者趋向一致。期货交易的交割制度保证了现货市场与期货市场价格随期货合约到期日的临近,两者趋向一致。期货交易规定合约到期时,必须进行实物交割。到交割时,如果期货价格和现货价格不同,如期货价格高于现货价格,就会有套利者买入低价现货卖出高价期货,以低价买入的现货在期货市场上高价抛出,在无风险的情况下实现赢利。这种套利交易最终促使期货价格和现货价格趋向一致。

正是上述经济原理的作用,使得套期保值能够起到为商品生产经营者降低价格风险的作用,保障生产、加工、经营活动稳定进行。

三、套期保值的操作原则

(一)种类相同或相关原则

商品种类相同原则是指在做套期保值交易时,所选择的期货商品必须和套期保值者将在现货市场中买进或卖出的现货商品在种类上相同或有较强的相关性。只有这样,期货价格和现货价格之间才有可能形成密切的关系,才能在价格走势上保持大致相同的趋势,从而在两个市场上同时或一先一后采取反向买卖行动才能取得效果。

在做套期保值交易时,必须遵循商品种类相同或相关原则,否则,所做的套期保值交易不仅不能达到规避价格风险的目的,反而会增加价格波动的风险。当然,由于期货商品具有特殊性,不是所有的商品都能进入期货市场,成为期货商品,这就为套期保值交易带来了一些困难。为解决这一困难,在期货交易实践中就出现了"交叉套期保值交易"的做法。所谓交叉套期保值交易,就是当套期保值者为其在现货市场上将要买进或卖出的现货商品进行套期保值时,若无相对应的该种商品的期货合约可用,就可以选择另一种与该现货商品种类不同但在价格走势上互相影响且大致相同的相关商品的期货合约来做套期保值交易。

一般而言,选择作为替代物的期货商品最好是该现货商品的替代商品,两种商品的相互替代性越强,套期保值交易的效果就越好。

(二) 数量相等或相当原则

数量相等或相当原则是指在做套期保值交易时,所选用的期货合约上或相当所载的商品的数量必须与交易者将要在现货市场上买进或卖出的商品数量相等或相当。这是因为只有保持两个市场上买卖商品的数量相等或相当,才能使一个市场上的赢利额与另一个市场上的亏损额相等或最为接近。

(三) 月份相同或相近原则

月份相同或相近原则是指在做套期保值交易时,所选用的期货合约的交割月份最好与交易者将来在现货市场上实际买进或卖出现货商品的时间相同或相近。在选用期货合约时,之所以必须遵循交割月份相同或相近原则,是因为两个市场上出现的亏损额和赢利额受两个市场上价格变动幅度的影响,只有使所选用的期货合约的交割月份和交易者决定在现货市场上实际买进或卖出现货商品的时间相同或相近,才能使期货价格和现货价格之间的联系更加紧密,增强套期保值效果。随着期货合约交割期的到来,期货价格和现货价格会趋于一致。

(四) 交易方向相反原则

交易方向相反原则是指在做套期保值交易时,套期保值者必须同时或在相近的时间内在现货市场和期货市场上采取相反的买卖行动,即进行反向操作,在两个市场上处于相反的买卖位置。只有遵循交易方向相反原则,交易者才能在一个市场上亏损的同时在另一个市场上必定获利,从而用一个市场上的赢利去弥补另一个市场上的亏损,达到套期保值的目的。

如果违反了交易方向相反原则,所做的期货交易就不能称作套期保值交易,不仅达不到规避价格风险的目的,反而增加了价格风险,其结果是要么同时在两个市场上亏损,要么同时在两个市场上赢利。

套期保值的四大操作原则是任何套期保值交易都必须同时兼顾的,忽略其中任何一条原则,都有可能影响套期保值交易的结果。

四、套期保值的基本特征

期货市场套期保值交易的基本特征可以从以下几个方面来概括:

第一,套期保值的基本动机是转移或减少现货市场中的价格风险。套期保值者从事保值交易的目的是实现其原有的价格目标,为此宁愿放弃获利的机会。但这并不意味着套期保值者不能从套期保值中获利,而是说套期保值的期货头寸是交易头寸的替代,是为现货交易服务的。

第二,套期交易作为现货生产经营计划的一部分,必须同时跨越期货市场和现货市场,利用两个市场的相关性进行操作。保值者要有现货市场交易的基础,因此,套期保值者必须提供一份持有现货或即将持有现货的凭证,或者有进行生产、加工的任务合同书。

第三,套期保值者是现货商品的生产商、加工商、贸易商或最终用户,是已经持有现货商品的商品生产经营单位。这里的现货商品,是指期货品种或与该品种价格有较强相关性的其他商品。交易者只有从事现货商品的生产经营活动,才有可能需要进行该品种的套期保值交易。由于期货品种有限,规格要求高,其他品种只要其价格与期货品种的价格有高度的相关性,同样也可以进行套期保值交易。现货商品的生产者和经营者并不随时都需要回避风险,但当其持有或即将持有一定规模的现货时,就面临着较大的风险,需要进行套期保值。

第四,套期保值在交易中占有重要地位。交易者拥有或即将拥有的现货商品的生产流通是市场化的,不仅现货商品价格由市场决定,而且价格的波动对交易者的经济利益也会产生直接影响,这时,套期保值才能成为交易者生产经营的客观需要。一些拥有现货的生产者或经营者,如果他的现货价格是可以预见的,或者持有现货的数量很小,时间较短,在其生产、经营业务中微不足道,未必存在套期保值的需要。

第二节 基差理论

在套期保值交易中,如果现货市场和期货市场价格变动的幅度完全相同,那么无论是买入套期保值还是卖出套期保值,均能够使两个市场的盈亏完全相抵,实现完全套期保值。但在实际生活中,期货市场与现货市场的价格变动幅度往往不同,这样,在两个市场上进行的套期保值操作不会使盈亏完全相抵,可能会出现赢利,也可能出现亏损,这就影响到套期保值的效果。从这个角度来看,套期保值交易也是有风险的。下面我们介绍套期保值中一个非常重要的概念——基差。

一、基差的概念

基差(Basis)是某一特定地点某种商品或资产的现货价格与同种商品某一特定期货合约价格之间的差价。一般来说,基差所指的现货商品的等级应该与期货合约规定的等级相同,并且基差所指的期货价格应是离现货月份最近的交割月的期货合约的价格。

用公式表示就是:

基差＝现货价格－期货价格

例如，假设9月28日黑龙江省一个大豆产地的现货价格为1 810元/吨，当日，下一年度3月份大商所大豆期货合约的价格是1 977元/吨，则基差是－167元/吨。又如，9月28日上海地区的油脂厂买进大豆，当地的现货价格是2 080元/吨，那么，基差为＋103元/吨。由此可知，基差可以是正数，也可以是负数，这主要取决于现货价格高于还是低于期货价格。

二、正向市场与反向市场

基差可以用来表示市场所处的状态，它是现货价格与期货价格之间实际运行变化的动态指标。正常情况下，现货价格低于期货价格，基差为负值，这种市场状态称为正向市场或者正常市场(normal market)。在特殊情况下，现货价格高于期货价格，基差为正值，这种市场状态称为反向市场或者逆转市场(inverted market)、现货溢价(backwardation)。

(一)正向市场

在现货市场商品供应充足、库存量大的情况下，期货价格通常高于现货价格，这是因为期货价格中要包含持仓费用。持仓费用指的是为拥有或保留某种商品、资产等而支付的仓储费、保险费和利息等费用的总和。持仓费用与期货价格、现货价格之间的关系可通过下面的例子加以解释。

假定某企业在未来两个月后需要某种商品，它面临两种选择：一是立即买入两个月后交割的该商品的期货合约，将其持有到期，接受现货交割；二是立即买入该商品的现货，将其储存两个月后使用。购买期货合约除了支付少量保证金外，不需要更多的投资；买入现货不仅需要一次性地缴足货款，还必须支付从购入商品到使用商品期间的仓储费、保险费，并会损失一笔因把资金用于购买现货而不能用于其他投资的利息收入。所以，在市场供求正常的情况下，期货价格会高于现货价格，以抵偿持有现货的成本。

在正向市场中，期货价格高出现货价格的部分与持仓费用大小有关，持仓费用体现的是期货价格形成中的时间价值。持仓费的高低与持有商品的时间长短有关，一般来说，距离交割的期限越近，持有商品的成本就越低，期货价格高出现货价格的部分就越少。当交割月到来时，持仓费用将降至零，期货价格和现货价格将趋同。因此，从动态的角度来看，由于受到相同供求关系的影响和持仓费用的作用，现货价格与期货价格的变动呈现同升同降和收敛一致的规律。

(二)反向市场

出现反向市场状态有两个原因：一是近期对某种商品的需求非常迫切，远大于近期产量及库存量，使现货价格大幅度增加，高于期货价格；二是预计将来该商品的供给会大幅度增加,导致期货价格大幅度下降,低于现货价格。

总之,由于人们对现货商品的需求过于迫切,价格再高也愿意承受,从而造成现货价格急升,近期月份合约价格也随之上升,远期月份合约则基于人们对未来供给将大量增加的预期,价格相对平稳。这种价格关系并非意味着不存在持有成本。只要持有现货并存储到未来某一时期,仓储费、保险费、利息成本的支出是必不可少的。只不过由于市场对现货及近期月份合约的需求迫切,购买者承担了全部持仓费用而已。随着时间的推移,现货价格与期货价格如同在正向市场上一样,会逐步趋同,到交割月份则趋向一致。

三、基差的变化

现货价与期货价变动不同步,变动幅度不一样,会引起基差的变动。基差的变化用"强"或"弱"来评价。基差为正且数值越来越大,或基差从负值变为正值,或基差为负值且绝对数值越来越小,这种基差的变化称为"走强";基差为正且数值越来越小,或基差从正值变为负值,或基差为负值且绝对数值越来越大,这种基差的变化称为"走弱"。例如,当基差从 -10 美分(10 cents under)变为 -9 美分(9 cents under),表示市场处于正向市场状态,基差为负,但绝对值在减小,表明基差向正的方向趋近,或者说,"负"的程度在减小,因而称之为"走强"。如果基差从 +10 美分(10 cents over)变为 +9 美分(9 cents over),表示市场为反向市场,基差为正,但数值在变小,这表明向负的方向趋近,或者说,"正"的程度在减小,因而称为"走弱"。如果基差从 +10 美分(10 cents over)变为 -9 美分(9 cents under),表明市场从反向市场变为正向市场,基差从正值变为负值,基差"走弱"。

四、基差的作用

(一)基差是套期保值成功与否的基础

基差的变化对套期保值者来说至关重要,因为基差是现货价格与期货价格的变动幅度和变化方向不一致引起的,所以,只要套期保值者随时观察基差的变化,并选择有利的时机完成交易,就会取得较好的保值效果,甚至获得额外收益。同时,由于基差的变动比期货价格和现货价格相对稳定一些,这就为套期保值交易创造了十分有利的条件。而且,基差的变化主要受制于持仓费用,一般比观察现货价格或期货价格的变化情况要方便得多,所以,熟悉基差的变动对套期保值者来说大有益处。

套期保值的效果主要由基差变化决定,从理论上说,如果交易者在进行套期保值之初和结束套期保值之时基差没有发生变化,其结果必然是交易者在两个市场上盈亏相反且数量相等,这就实现了规避价格风险的目的。但在实际的交易活动中,基差不可能保持不变,这就会给套期保值者带来了不同的影响。

(二)基差是发现价格的标尺

期货价格是成千上万的交易者在分析各种商品供求状况的基础上,在交易所公开竞价形成的,较之现货市场上买卖双方私下达成的现货价格而言,期货价格不失为公开、公平、公正的价格。同时,期货价格还具有预期性、连续性、权威性等特点,那些没有涉足期货市场的生产经营者也能根据期货价格制定正确的生产经营决策。在国际市场上,越来越多的有相应期货的期货市场的商品,其现货报价是以期货价格减去基差或下浮一定百分比的形式报出的。例如,伦敦金属交易所(LME)和芝加哥期货交易所(CBOT)的期货就分别成为国际有色金属和国际农产品交易的现货定价基础。这种现象的存在并非意味着期货价格决定现货价格,实际正好相反。从根本上说,是现货市场的供求关系以及市场参与者对未来现货价格的预期决定着期货合约的价格,但这并不妨碍以期货价格为基础报出现货价格。

随着期货交易和期货市场的不断发展,尤其是国际性联网期货市场的出现,期货市场价格发现机制的功能会越来越完善,期货价格能够在更大的范围内综合反映更多的影响供求的因素,从而进一步提高价格的真实性,成为现货市场商品经营活动价格的晴雨表和进行现货交易的依据。

(三)基差对于期现套利交易很重要

基差对于投机交易,尤其是期货现货套利交易也很重要。如果在期货合约成交后,在正向市场上现货价格和期货价格同时上升,并一直持续到交割月份,基差的绝对值始终大于持仓费用,就会出现无风险的套利机会,促使套利者在卖出期货合约的同时买入现货并持有到期货交割日,办理实物交割。同理,如果期货合约成交后,期货价格与现货价格同时下跌,并持续到交割月份,且基差始终小于持仓费用,套利者就会采取相反的无风险套利交易。在反向市场上,套利者也可以利用期货价格与现货价格的价差进行套利交易,这样有助于矫正基差与持仓费用之间的相对关系,对维系期货价格与现货价格之间的同步关系、保持市场稳定具有积极的作用。

第三节 套期保值的应用

一、买入套期保值

买入套期保值又称多头套期保值或买期保值,是指套期保值者先在期货市场上买入与其将在现货市场上买入的现货商品数量相等、交割日期相同或相近的该商品期货和约,即预先在期货市场上买空,持有多头头寸。然后,在现货市场上买入现货商品的同时,该套期保值者又在期货市场上进行对冲,卖出原先买进的该商品的期货合约,进而为其在现货市场上买进现货商品的交易进行保值。

(一)买入套期保值的适用对象及范围

对于未来某一时间准备购进某种商品但又担心价格上涨的交易者来说,为了避免价格上涨的风险,保证购买成本的稳定,可以采取买入套期保值的方式。买入套期保值一般用于以下几种情况:

第一,加工制造企业为了防止日后购进原料时价格上涨。

第二,供货方已经跟需求方签订好现货供货合同,将来交货,但供货方此时尚未购进货源,担心日后购进货源时价格上涨。

第三,需求方认为目前现货市场的价格很合适,但由于资金不足或缺少外汇,或一时找不到符合规则的商品,或者仓库已满,不能立即买进现货,担心日后购进现货时价格上涨。

在这些情况下,稳妥的办法是进行买入套期保值。

(二)买入套期保值的操作方法

[**例 5-2**] 9月份,某油厂预计11月份需要100吨大豆作为原料。当时大豆的现货价格为每吨2 010元,该油厂对该价格比较满意。据预测,11月份大豆价格可能上涨,该油厂为了避免将来价格上涨导致原材料成本上升的风险,决定在大连商品交易所进行大豆套期保值交易。交易情况如表5-1所示。

表5-1 买入套期保值实例

	现货市场	期货市场
9月份	大豆价格为2 010元/吨	买入10手11月份大豆合约:价格为2 090元/吨
11月份	买入100吨大豆,价格为2 050元/吨	卖出10手11月份大豆合约:价格为2 130元/吨
套利结果	亏损40元/吨	赢利40元/吨
最终结果	净获利40×100-40×100=0	

注:1手=10吨。

从例5-2可以得出:

第一,完整的买入套期保值涉及两笔期货交易。第一笔为买入期货合约,第二笔为在现货市场买入现货的同时,在期货市场上卖出,对冲原先持有的头寸。

第二,因为在期货市场上的交易顺序是先买后卖,所以该例属于买入套期保值。

第三,通过这一套期保值交易,虽然现货市场价格出现了对该油厂不利的变动,价格上涨了40元/吨,因而原材料成本提高了4 000元,但是在期货市场上的交易却赢利了4 000元,消除了价格不利变动的影响。

如果不做套期保值交易,现货市场价格下跌时,该油厂可以得到更便宜的原料,但是一旦现货市场价格上升,就必须承担由此造成的损失。而在期货市场上做了买入套期保值,虽然失去了获取现货市场价格有利变动时的赢利,但同时也避免了现货市场价格不利变动带来的损失。因此,可以说,买入套期保值规避了现货市场价格变动的风险。

(三)买入套期保值的利弊分析

买入套期保值的好处体现在:①能够回避价格上涨所带来的风险;②提高了企业资金的使用效率;③对需要库存的商品来说,节省了一些仓储费用、保险费用和损耗费;④能够促使现货合同早日签订。

买入套期保值的弊端在于,失去了由于价格变动而可能得到的获利机会。

二、卖出套期保值

卖出套期保值又称空头套期保值或卖期保值,是指套期保值者先在期货市场上卖出与其将要在现货市场上卖出的现货商品数量相等、交割日期也相同或相近的该种商品的期货合约。然后,该套期保值者在现货市场上实际卖出该种现货商品的同时或前后,又在期货市场上进行对冲,买进与原先所卖出的数量相等、交割日期也相同的期货合约,结束所做的套期保值交易,进而实现为其在现货市场上卖出现货保值。因卖出套期保值是首先在期货市场上建立空头的交易部位,故又称为空头保值或卖空保值。

(一)卖出套期保值的适用对象及范围

卖出套期保值的目的在于回避日后因价格下跌带来的亏损风险。那些准备在未来某一时间内在现货市场上售出实物商品的生产经营者,为了使日后在现货市场售出实际商品时所得到的价格仍能维持当前合适的价格水平,其最大的担心就是当实际在现货市场上卖出现货商品时价格下跌。为此,应当采取卖出套期保值的方式来保护其日后售出实物的收益。具体说来,卖出套期保值主要用于以下几种情况:

第一,直接生产商品期货实物的生产厂家、农场、工厂等手头有库存产品尚未销售,或即将生产、收获某种商品期货实物,担心日后出售时价格下跌。

第二,储运商、贸易商手头有库存现货尚未出售,或储运商、贸易商已签订将来以特定价格买进某一商品的合约,但尚未转售出去,担心日后出售时价格下跌。

第三,加工制造企业担心库存原料价格下跌。

(二) 卖出套期保值的操作方法

[例 5-3] 7月份,大豆的现货价格为每吨 2 010 元,某农场对该价格比较满意。但是大豆 9 月份才能出售,该单位担心到时现货价格可能下跌,收益会减少。为了避免将来价格下跌带来的风险,农场决定在大连商品交易所进行大豆期货交易。交易情况如表 5-2 所示。

表 5-2 卖出套期保值实例

	现货市场	期货市场
7 月份	大豆价格为 2 010 元/吨	卖出 10 手 9 月份大豆合约:价格为 2 050 元/吨
9 月份	卖出 100 吨大豆:价格为 1 980 元/吨	买入 10 手 9 月份大豆合约:价格为 2 020 元/吨
交易结果	亏损 30 元/吨	赢利 30 元/吨
最终结果	净获利 100×30 - 100×30 = 0 元	

注:1 手 = 10 吨。

从例 5-3 可以得出:

第一,完整的卖出套期保值实际上涉及两笔期货交易。第一笔为卖出期货合约,第二笔为在现货市场卖出现货的同时,在期货市场买进原先持有的头寸。

第二,因为在期货市场上的交易顺序是先卖后买,所以该例是一个卖出套期保值。

第三,通过这一套期保值交易,虽然现货市场价格出现了对该农场不利的变动,价格下跌了 30 元/吨,因而减少收入 3 000 元,但是在期货市场上的交易则赢利 3 000 元,从而消除了价格不利变动的影响。

(三) 卖出套期保值的利弊分析

卖出套期保值的好处体现在:①卖出套期保值能够回避未来现货价格下跌的风险;②经营企业通过卖出套期保值,可以使保值者能够按照原先的经营计划,强化管理,认真组织货源,顺利完成销售计划;③有利于现货合约的顺利签订。

卖出套期保值的弊端在于:放弃了日后出现有利价格时获得更高利润的机会。

三、基差与套期保值的效果

在商品价格实际运动的过程中,基差总是在不断地变动,而基差的变动形态对套期保值者而言至关重要。由于期货合约到期时,现货价格与期货价格会趋于一致,而且基差呈现季节性变动,使得套期保值者能够利用期货市场降低价格波动的风险。

基差变化是判断能否完全实现套期保值的依据。套期保值者利用基差的有利变动,不仅可以取得较好的保值效果,而且还可以通过套期保值交易获得额外的盈余。一旦基差出现不利变动,套期保值的效果就会受到影响,套期保值者会蒙受一部分损失。

（一）基差不变对套期保值效果的影响

[例5-4] 某商品3月份现货指数为15 000点;该商品6月份的期货指数为15 100点,则基差为15 000点 -15 100点 = -100点;1个月后,该商品现货指数变为16 000点,期货指数变为16 100点,则此时的基差为16 000点 - 16 100点 = -100点。

通过计算我们可知,基差不变时,若进行买进套期保值,买进套期保值者在期货市场上赚了1 000点,即16 100点（期货卖出价）-15 100点（期货买入价）= 1 000点,却在现货市场上亏了1 000点,即16 000点 -15 000点 =1 000点,两者正好相抵;卖出套期保值者在期货市场上亏了1 000点,而在现货市场上赚了1 000点,两者也正好相抵。

结论：只要基差不变,无论是买进套期保值者还是卖出套期保值者,都可以实现完美的套期保值效果。但这种情况在实际操作中很难出现。

（二）基差走强对套期保值效果的影响

[例5-5] 某商品3月份现货指数为15 811.83点,该商品6月份的期货指数为15 787点,则基差为15 811.83点 -15 787点 = 24.83点。7日后,现货指数为15 493.09点,期货指数为15 370点,则基差为15 493.09点 -15 370点 = 123.09点。

结论：①基差走强,走强幅度为98.26点。②买进套期保值者在期指上亏了417点,在现指上赚了318.74点,合计亏损了98.26点。基差走强的幅度正好是买进套期保值者亏损的点数。③卖出套期保值者在期指上赚了417点,在现指上亏了318.74点,合计赚了98.26点。基差走强的幅度正好是卖出套期保值者赢利的点数。

因此,基差走强对买进套期保值者而言是净亏损的,但对卖出套期保值者而言则是净赢利的。

（三）基差走弱对套期保值效果的影响

[例5-6] 某商品3月份的现货指数为15 493.09点,该商品6月份的期货指数为15 370点,则基差为15 493.09点 -15 370点 =123.09点。7日后,该商品现货指数为15 720.36点,期货指数为15 708点,则基差为15 720.36点 - 15 708点 =12.36点。

结论：①基差走弱。走弱幅度为110.73点。②买进套期保值者在期指上赚了338点,在现指上亏损了227.27点,合计赚110.73点。基差走弱的幅度正好是买进套期保值者赢利的点数。③卖出套期保值者在期指上亏了338点,在现指上赚了227.27点,合计亏损110.73点。基差走弱的幅度正好是卖出套期保值者亏损的点数。

因此,基差走弱对买进套期保值者而言是净赢利的,对卖出套期保值者而言则是净亏损的。

从上述分析可得到如下结论:

1. 买入套期保值者愿意看到的是基差缩小。

(1)现货价格和期货价格均上升,但现货价格的上升幅度大于期货价格的上升幅度,基差扩大,从而使得加工商在现货市场上因价格上升买入现货蒙受的损失大于在期货市场上因价格上升卖出期货合约的获利。如果现货市场和期货市场的价格不是上升而是下降,加工商则在现货市场获利,在期货市场受损。但是,只要基差扩大,现货市场的赢利不仅不能弥补期货市场的损失,而且会出现净亏损。

(2)现货价格和期货价格均上升,但现货价格的上升幅度小于期货价格的上升幅度,基差缩小,从而使得加工商在现货市场上因价格上升买入现货蒙受的损失小于在期货市场上因价格上升卖出期货合约的获利。如果现货市场和期货市场的价格不是上升而是下降,加工商则在现货市场获利,在期货市场受损。但是,只要基差缩小,现货市场的赢利不仅能弥补期货市场的全部损失,而且会有净赢利。

2. 卖出套期保值者愿意看到的是基差扩大。

(1)现货价格和期货价格均下降,但现货价格的下降幅度大于期货价格的下降幅度,基差扩大,从而使得经销商在现货市场上因价格下跌卖出现货蒙受的损失大于在期货市场上因价格下跌买入期货合约的获利。如果现货市场和期货市场的价格不是下降而是上升,经销商则在现货市场获利,在期货市场受损。但是,只要基差扩大,现货市场的赢利只能弥补期货市场的部分损失,结果仍是净损失。

(2)现货价格和期货价格均下降,但现货价格的下降幅度小于期货价格的下降幅度,基差缩小,从而使得经销商在现货市场上因价格下跌卖出现货蒙受的损失小于在期货市场上因价格下跌买入期货合约的获利。如果现货价格和期货价格不降反升,经销商则在现货市场获利,在期货市场受损。但是,只要基差缩小,现货市场的赢利就不仅能弥补期货市场的全部损失,而且仍有净赢利。

第四节 基差交易

套期保值的本质是用基差风险取代现货价格的波动风险。由于影响基差的因素较多且富于变化，要对基差的变化进行准确的判断是困难的，这就在一定程度上影响了基差套期保值的避险效果。套期保值者在结束交易时，如果基差对自己不利，只能接受损失的结果。经过不断实践，国外市场上出现了一种以基差为轴心的交易方式——基差交易。采取这种交易方式，无论基差如何变化，都可以在结束套期保值交易时取得理想的保值效果。

基差交易是指以某月份的期货价格为计价基础，以期货价格加上或减去双方协商同意的基差来确定双方买卖现货商品的价格的交易方式。一般而言，基差交易的双方至少有一方进行了套期保值，但其最终的现货交易价格并不是交易时的市场价格，而是根据以下公式确定的交易的现货价格：

交易的现货价格 = 商定的期货价格 + 预先商定的基差

这样，不管现货市场上的实际价格是多少，只要套期保值者与现货交易的对方协商得到的基差正好等于开始做套期保值时的基差，就能实现完全保值。套期保值者如果能争取到一个更有利的基差，套期保值交易就能赢利。

基差交易在国外的运用已很普遍，现货商更愿意运用期货价格加减基差作为远期现货交易的定价依据。特别是在大型期货交易所中，许多会员都有现货交易需求，他们参加期货交易的目的就是套期保值。因此，基差交易大都是和套期保值交易结合在一起进行的。

基差交易的一方根据协议，有权在一段时间内确定具体时点的价格为实际交易价格，由此，基差交易可分为买方叫价交易和卖方叫价交易。如果确定交易时点价格的权利属于买方，称为买方叫价交易（俗称买方点价）；若确定交易时点价格的权利属于卖方，则称为卖方叫价交易（俗称卖方点价）。

[例5-7] 某进口商5月份以17 000元/吨的价格从国外进口铜，一时没找到买主，为了回避日后价格下跌的风险，该进口商在期货交易所进行卖出套期保值。

第一步，以17 500元/吨的价格卖出3个月后到期的期货合约，则此时的基差为－500元/吨。

第二步，在现货市场上寻找买家。6月中旬，有一铜杆加工厂认为铜价还会继续下跌，经双方协商，同意以低于8月份到期的期货合约价格100元/吨作为双方买卖现货的价格，并且由买方（铜杆厂）确定8月1日至15日上海金属交易所交易时间内任何一天的8月份到期的期货合约的结算价为基准期货价格。

第三步，到了8月10日，上海金属交易所8月份铜期货合约的收盘价跌至15 700元/吨，铜杆加工厂认为铜价已跌得差不多了，决定以8月10日8月份期铜价的结算价为基准价计算现货买卖价。此时，该进口商现货实际售出价为15 700元/吨－100元/吨＝15 600元/吨。

第四步,该进口商同时于次日在期货市场上以15 700元/吨左右的价格买进平仓,结束了套期保值交易。

综合以上内容,该进口商交易的具体情况如表5-3所示。

表5-3 进口商在现货市场和期货市场的盈亏状况

	现货市场	期货市场	基 差
5月份	进口商以17 000元/吨的价格进口电解铜	以17 500元/吨的价格卖出3个月后到期的期货合约	-500元/吨
7月份	约定以低于8月份到期的期货合约结算价100元/吨为双方的交货价格,并由买方确定在8月1日至8月15日其中一天的结算价为基准价,基差为-100元		
8月10日	以15 600元/吨卖出	以15 700元/吨买入平仓	约定基差为-100元
结 果	亏损1 400元/吨	赢利1 800元/吨	

该进口商通过套期保值和基差交易,不仅回避了价格下跌的风险,而且还得到了400元/吨的利润;铜杆厂通过这个交易,一方面保证了货源,同时获得了选择合适价格的权利。由于进口商确定了交货时的基差为-100,与购进现货时进行卖出套期保值的基差-500相比,基差由弱转强,且已确定基差变化为400元/吨,此时套期保值者可稳定地获取每吨400元的利润,实现盈利性保值。假设8月份铜价不跌反涨,假如在18 000元/吨时,铜杆厂确定以这个价格为基准价格,则进口商在现货市场将盈利(18 000-100)-17 000=900(元/吨),虽然此时期货市场每吨将亏损500元,但两者相抵后,该进口商仍可以获得400元/吨的利润。因此,通过基差交易,该进口商稳定地获取了400元/吨的利润。

上面的基差交易是在进口商做了卖出套期保值的前提下,由双方确定到期日的基差。由于以哪一天的期货价为现货买卖基准价由买方决定,故属于基差交易中的买方叫价交易,它与一般卖出套期保值配合使用,即现货商已经为其将要出售的商品做了卖出套期保值,即已经确定了买进时的基差,事后无论价格怎样变化,该卖出套期保值都可以稳定地实现盈利性保值。反之,如果买方为了防止日后价格上涨,事先做了买入套期保值,确定了买进期货时的基差,同时积极在现货市场上寻找货源,由双方协商,以买方买入套期保值交割月某一天的期货结算价为基准上下浮动一定的价格,确定了平仓时的基差,然后卖方决定以哪一天的结算价为现货买卖的基准价,此即卖方叫价交易。这样,不论价格如何变化,该买入期货保值者均可实现盈利性保值。卖方叫价的基本方式与买方叫价相似。

本章小结

本章讲述了期货套期保值的概念、功能、原理和操作原则,正向市场、反向市场、持仓费和基差的概念,介绍了套期保值的操作应用,并分析了基差变化对套期保值的影响。

套期保值是在现货市场和期货市场对同种商品同时进行数量相等、方向相反的买卖活动,即在现货市场买进或卖出一定数量现货商品的同时,在期货市场卖出或买进相同品种、相等数量的期货,经过一段时间,当价格变动使现货出现盈亏时,可由期货交易的亏盈得以抵消或弥补。

套期保值操作需要坚持商品种类相同原则、商品数量相等原则、月份相同或相近原则和交易方向相反原则。

基差是某一特定地点某种商品现货价格与同种商品某一特定期货合约价格之间的差价。现货价格低于期货价格,基差为负值,即为正向市场或正常市场;现货价格高于期货价格,基差为正值,即为反向市场或逆转市场、现货溢价。基差走强时,买进套期保值者为净亏损,但卖出套期保值者为净赢利;基差走弱时,买进套期保值者为净赢利,但卖出套期保值者为净亏损。

基差交易是指以某月份期货价格为计价基础,以期货价格加上和减去双方协商同意的基差来确定双方买卖现货商品价格的交易方式。无论基差如何变化,都可以在结束套期保值交易时取得理想的保值效果。

复习思考题

一、名词解释

1. 买入套期保值　　2. 卖出套期保值　　3. 持仓费用　　4. 正向市场
5. 反向市场　　　　6. 基差走强　　　　7. 基差走弱

二、简答题

1. 简述套期保值的基本原理。
2. 简述套期保值应遵循的基本原则。
3. 简述套期保值在生产经营活动中的作用。
4. 简述基差变化对套期保值产生的影响。

第六章 投机与套利

教学目标

通过本章学习,掌握期货投机的概念、类型、原则和方法,期货投机与套期保值的关系,期货投机与赌博的区别;了解期货套利的种类和方法。

学习重点

- 期货投机的功能和方法
- 期货套利的种类和方法

第一节 期货投机原理

期货市场有两类投资者,即套期保值者和投机者(包括套利者)。投机者在期货交易中发挥着重要的作用,不仅提高了市场的流动性,而且成为价格风险的承担者。因此,必须对期货投机行为予以正确的认识。

一、期货投机概述

(一)期货投机的概念和特征

期货投机是指在期货市场上以获取价差收益为目的的期货交易行为。期货投机是期货市场的一种重要交易形式,也是交易者的一种投资手段。这种投资手段不同于一般意义上的投资行为,也不同于套期保值行为,其运作方式和表现形式具有如下特征。

1. 从交易场所来看,期货投机交易主要在期货市场操作,利用期货合约价格的频繁波动进行买空或卖空的交易活动。投机者一般不做现货交易,几乎不进行实物交割,而套期保值交易则要在现货和期货两个市场同时操作。

2. 从交易目的来看,期货投机交易是以较少的资金获取较大利润为目的,不希望占用过多资金或支付较大费用;套期保值交易通常是在进行现货交易的同时,做相关合约的期货交易,其目的是利用期货市场规避现货市场的风险。

3. 从交易方式来看,期货投机交易主要是利用期货市场中的价格波动进行买空卖空,从而获得价差收益;套期保值交易则是在现货市场与期货市场上同时运作,以期达到两个市场的赢利与亏损基本平衡。

4. 从交易风险来看,投机交易是以投机者自愿承担价格波动风险为前提,风险的大小与投机者收益的多少有着直接、内在的联系,投机者通常为了获得较高的收益,在交易时承担很大的风险;套期保值者则是价格风险的转移者,其交易的目的是转移或规避市场价格风险。

(二)期货投机的功能

期货投机交易是套期保值交易顺利实现的基本保证。期货投机交易活动在期货市场的整个交易活动中起着积极的作用,发挥着特有的经济功能。

1. 投机者是期货风险的承担者,是套期保值者的交易对手。期货市场的套期保值交易能够为生产经营者规避风险,但这种交易只是转移了风险,并不能消灭风险,转移出去的风险需要有相应的承担者,期货投机者在期货市场上起着承担风险的作用。实践证明,一个市场中如果只有套期保值交易,根本无法达到转移风险的目的。这是因为,如果只有套期保值者参与期货交易,那么,必须在买入套期保值者和卖出套期保值者交易的数量完全相等时,交易才能成立。实际上,多头保值者和空头保值者的不平衡是经常性的,仅有套期保值者的市场,套期保值很难实现。

投机者的参与正好能弥补这种不平衡,促使期货交易的实现。在利益动机的驱使下,投机者根据自己对价格的判断,不断在期货市场上买卖期货合约,以期在价格波动中获利。在这一过程中,投机者必须承担很大的风险,一旦市场价格与投机者预测的方向相反,就会造成亏损。如果期货市场上没有投机者或没有足够的投机者参与期货市场,套期保值者就没有交易对手,风险也就无从转嫁,期货市场套期保值回避风险的功能自然也就难以发挥。

2. 投机交易增强了市场的流动性,保障了期货市场价格发现功能的实现。价格发现功能是在市场流动性较强的条件下实现的。一般来说,期货市场流动性的强弱取决于投机成分的多少。如果只有套期保值者,即使集中了大量的供求信息,也难以找到交易对手,少量的成交就可能对价格产生巨大的影响。在交易不活跃市场形成的价格很可能是扭曲的。投机者的介入为套期保值者提供了更多的交易机会,在对价格进行预测的众多投机者中,有人看涨,有人看跌,进而积极进行买空卖空活动。这就增加了参与交易的人数,扩大了市场的规模和深度,使得套期保值者较容易找到交易对手,自由地进出市场,从而使市场具有充分的流动性。

为了实现风险的高效转移,就必须有更多的人参与合约的买卖。当套期保值者想通过销售期货合约来巩固其商业地位时,需要很快完成交易。期货交易所汇集的大量投机者让这种快速交易成为可能。期货投机者为了使自己的投机活动获利,就必须不断地运用各种手段,通过各种渠道,收集、传递、整理所有可能影响商品价格变动的信息资料,并将自己对未来价格的预期通过交易行为反映在期货价格之中。同时,投机者在市场中快进快出,及时修正自己对价格的判断,可以进一步影响期货价格的形成。因此,在流动性较好的市场中,适度投机是期货价格连续性的保证,并能较准确、真实地反映商品的远期价格。

3. 适度的期货投机能够缓减价格波动。投机者通过对未来价格的正确判断和预测赚取差价利润。当期货市场供过于求时,市场价格低于均衡价格,投机者低价买进合约,从而增加了需求,使期货价格上涨,供求重新趋于平衡;当期货市场供不应求时,市场价格则高于均衡价格,投机者会高价卖出合约,这就增加了供给,使期货价格下跌,供求重新趋于平衡。因此,期货投机有利于缩小价格波动的幅度。投机交易减缓价格波动的前提,一是投机者需要理性化操作,违背市场规律进行操作的投机者最终会被淘汰出期货市场;二是投机要适度,操纵市场等过度的投机行为不仅不能减缓价格的波动,而且会人为地扩大供求缺口,破坏供求关系,加剧价格波动,加大市场风险,使市场丧失其正常功能。

4. 投机交易有助于形成合理的价格水平。投机者在价格处于较低水平时买进期货,使需求增加,导致价格上涨;在较高价格水平卖出期货,使需求减少,这样又平抑了价格,使价格波动趋于平稳,从而形成合理的价格水平。另外,投机者不仅利用价格的短期波动进行投机,而且利用同一种商品或同类商品在不同时间、不同交易所之间的差价变动来进行套利交易,促使不同品种之间和不同市场之间的价格趋于合理。

(三) 期货投机与赌博的区别

1. 风险机制的区别。赌博是人为制造的风险,赌徒所冒的风险是由赌局的设立而产生的。如果赌局不存在,这种风险也就随之消失。所以,赌博者所冒的风险是人为制造的风险。而期货市场规避的风险本身已在现实商品生产经营活动中客观存在,即使没有期货投机活动,这种风险也不会消失。

2. 运作机制的区别。赌博以事先建立的游戏规则为基础,该游戏规则的运行是随机的,遵循随机规律,从而对结果是无法预测的。因此,赌博者唯一能做的就是听天由命,成败完全归于运气。而期货投机依靠的是投机者的分析、判断能力和聪明才智,以及对经济形势的掌握和理解。成功的投机者是那些能够根据已知的市况,运用自己的智慧去分析、判断,正确预测市场变化趋势,适时入市、适时出市的人。投机者要靠运气,但更主要的是抓住机遇。

3. 经济职能的区别。赌博仅仅是个人之间金钱的转移,它所耗费的时间和资源并没有创造出新的价值,对社会也没有做出特殊的贡献。期货投机则不然,投机者在期货市场承担着市场价格风险的功能,是价格发现机制中不可缺少的组成部分,不仅能够提高市场的流动性,而且有助于社会经济生活的正常运行。

(四) 投机者的类型

期货市场中的投机者大致可以分为以下几类:

1. 按照交易量大小区分,期货市场中的投机者可划分为大投机商与中小投机商。对大中小投机商的界定,一般是根据其交易量的大小和拥有资金的多少。这和所参与交易的市场规模有关,目前尚没有绝对的量化标准。

2. 按照交易头寸区分,期货市场中的投机者可分为多头投机者和空头投机者。在交易中,投机者根据对未来价格变动的预测来确定其交易头寸。买进期货合约的投机者拥有多头头寸,被称为多头投机者;卖出期货合约者持有空头头寸,被称为空头投机者。

3. 按照持仓时间区分,期货市场中的投机者可分为长线交易者、短线交易者、当日交易者和抢帽子者。长线交易者通常将合约持有几天、几周甚至几个月,待价格变至对其有利时再将合约对冲;短线交易者一般是当天下单,在一日或几日内了结;当日交易者一般只进行当日或某一交易节的买卖,很少将持有的头寸拖到第二天,一般为交易所的自营会员;抢帽子者又称逐小利者,是利用微小的价格波动来赚取微小的利润,他们频繁进出,但交易量很大,希望以大量微利的头寸来赚取利润。

二、投机交易的原则

投机交易的原则有:

第一,充分了解期货合约。为了尽可能准确地判断期货合约价格的将来变化趋势,在决定是否买入或卖出股指期货合约之前,应对其种类、数量和价格做全面、准确和谨慎的研究。只有对合约有足够的认识,才能决定下一步准备买卖的合约数量。在买卖合约时切忌贪多,即使有经验的交易者,也很难同时进行3种以上不同类别的期货合约交易,应通过基本分析或技术分析,或将两种技巧方

法加以综合运用,始终将市场的主动权掌握在自己的手中。

第二,确定获利和亏损限度。一般情况下,个人倾向是决定可接受的最低获利水平和最大亏损限度的重要因素。通过对期货合约进行预测,应该把现实的和潜在的各种可获利的交易策略结合起来,获利的潜在可能性应大于所冒的风险。既然从事投机交易同时面临着赢利和亏损两种可能,那么,在决定是否买空或卖空期货合约时,交易者应该事先为自己确定一个最低获利目标和所期望承受的最大亏损限度,做好交易前的心理准备。

第三,确定投入的风险资本。在确定了获利目标和亏损限度后,还要确定用于冒风险的资金额度。一般而言,对普通投资者来说,期货投机资本的规模不应影响到投资者日常生活的需要;对机构投机者而言,期货投机的资本不应超过公司调整后净资产的3倍。为了尽可能抓住获利机会,增加利润额,必须考虑分散资金投资方向,而不是集中用于某一笔交易,这样有利于降低风险;持仓合约数量应限定在自己可以完全控制的风险范围之内,并留有余地,为可能出现的新的交易机会留出一定数额的资金。

第四,进行有效的行情分析后再入市。投资者要进行有效的行情分析,以把握机遇。

第五,设置止损点,有效控制风险。这一原则要求投机者在交易出现损失,并且损失已经达到事先确定的数额时,立即对冲了结,认输离场。过分的赌博心理只会造成更大损失。投机者即使投资经验非常丰富,也不可能每次投资都会获利。损失出现并不可怕,可怕的是不能及时止损,酿成大祸。投机者可先确定他在每一笔交易中所愿意承担的风险,再设定一个止损点,止损点必须与当前的价格保持适当的距离。如果投机者设定的止损点与当前价格偏离太远,则投机者亏损的概率将较小,但亏损的绝对数额却会较大;如果止损点过于接近当前价格,则投机者亏损的概率将较大,但亏损的实际数额将较小。

三、投机交易的方法

期货投机必须做好一系列准备工作,其实质就是投机者需要制定一个指导投机活动全过程的切实可行的交易策略,并掌握一些交易技巧。期货投机交易的一般方法是:

第一,买低卖高或卖高买低。只要认为后市价格上涨就可买进,待价格上升至一定价位后再卖出平仓;认为后市价格下跌就可卖出,待价格下跌至一定价位后再买进平仓。

第二,平均买低或平均卖高。如果建仓后市场行情与预料的相反,可以采取平均买低或平均卖高的策略。在买入合约后,如果价格下降,则进一步买入合约,以求降低平均买价,这就是平均买低。在卖出合约后,如果价格上升,则进一步卖出合约,以提高平均卖出价格,一旦价格回落,可以在较高价格上买入止亏获利,这就是平均卖高。

第三,金字塔式买入卖出。如果建仓后市场行情与预料相同并且已经使投机者获利,可以增加持仓。增仓应遵循两个原则:一是在现有持仓已经赢利的情况下才能增仓,二是持仓的增加应渐次递减。

(一)建仓阶段的投机策略

1. 选择入市时机。首先,采取基本分析方法,仔细研究市场处于牛市还是熊市。如果是牛市,要分析升势有多大,持续时间有多长;如果是熊市,要分析降幅有多大,持续时间有多长。此时,技术分析法是比较合适的分析工具。其次,权衡风险和获利前景。只有在获利的概率较大时才入市。一般来说,风险和获利机会是对等的,获利潜力大,意味着承担的风险也大,反之亦然。因此,投机者在入市时,要充分考虑自身承担风险的能力。最后,决定入市的具体时间。因为期货价格变化很快,入市时间的决定尤其重要。即使市场发展趋势的分析正确无误,如果入市时间错了,在预测趋势尚未出现时已买卖合约,仍会蒙受惨重损失。技术分析法对选择入市的时间有一定的作用,基本分析法可以分析从长期来看期货商品将上涨还是下跌,如果当时的市场行情与基本分析得出的判断相反,这可能是基本分析出现了偏差,过高地估计了某些供求因素;也可能是一些短期因素对行情产生了决定性的影响,使价格变动方向和长期趋势出现了暂时的背离。建仓时应该注意,只有在市场趋势已经明确上涨时才买入期货合约,在市场趋势已经明确下跌时才卖出期货合约。如果趋势不明朗,或不能判定市场发展趋势,就不要匆忙建仓。

2. 平均买低和平均卖高策略。如果建仓后市场行情与预料的相反,可以采取平均买低或平均卖高的策略。在买入合约后,如果价格下降,则进一步买入合约,以求降低平均买入价,一旦价格反弹,可在较低价格上卖出,以止亏赢利,这称为平均买低。在卖出合约后,如果价格上升,则进一步卖出合约,以提高平均卖出价格,一旦价格回落,可以在较高的价格上买入止亏赢利,这就是平均卖高。

[例6-1] 某投机者预测5月份大豆期货合约价格将上升,故买入1手(10吨)大豆期货合约,成交价格为2 015元/吨,其后价格继续下跌到2 005元,为了补救,该投机者又买入1手。2手合约的平均买入价为2 010元,低于第一次入市成交价。如果后市如期反弹上升,则到2 010元时,交易者卖出2手合约就可止损,如果没有第二手合约,则只能等到2 015元时才能避免损失。但如果

后市继续下跌,损失则会加倍。

投机者在采取平均买低或平均卖高的策略时,必须以对市场大势的看法不变为前提。在预计价格上升时,价格可以下跌,但最终仍会上升;在预测价格下跌时,价格可以上升,但必须是短期的,最终仍要下跌。否则,这种做法只会扩大损失。正因为如此,为了保险起见,只有在头笔交易已经获利的情况下,才能增加持仓。

3. 金字塔式买入卖出。如果建仓后市场行情与预料相同并且已经使投机者获利,可以增加持仓。增仓应遵循以下两个原则:第一,只有在现有持仓已经赢利的情况下才能增仓;第二,持仓的增加应渐次递减。对金字塔式买入的解析见例6-2。

[例6-2] 某投机者预测5月份大豆合约价格将要上升,故买入5手(1手=10吨),成交价格为2 015元/吨,此后,合约价格迅速上升到2 025元/吨,首次买入的5手合约已经为他带来浮动赢利10×5×(2 025-2 015)=500(元)。为了进一步利用该价位的有利变动,该投机者再买入4手5月份合约,持仓总数增加到9手,9手合约的平均买价为(2 015×50+2 025×40)/90=2 019.4(元/吨)。当市场价格上升到2 030元/吨时,该投机者又买入3手合约,持仓总计12手,所持仓的平均价是2 022元/吨。当市场价又上升到2 040元/吨时,该投机者又买入2手合约,持仓总计14手,所持仓的平均价是2 024.6元/吨。当市场价上升到2 050元/吨时,该投机者又买入1手合约,持仓总计15手,所持仓的平均价是2 026.3元/吨。操作过程如下所示:

买入价格(元/吨)	持仓数(手)	均价(元/吨)
2 050	×	2 026.3
2 040	× ×	2 024.6
2 030	× × ×	2 019.4
2 025	× × × ×	2 022.0
2 015	× × × × ×	2 015.0

这就是金字塔式的持仓方式和建仓策略。本例中,采取金字塔式持仓方式买入合约时,持仓的平均价虽然有所上升,但升幅远小于合约市场价格的升幅。市场价格回落时,持仓不至于受到严重威胁,投机者可以有充足的时间卖出合约并取得相当的利润。金字塔式卖出的做法可以依此类推。

如果建仓后虽然市况变动有利,但投机者增加仓位不按原则行事,每次买入或卖出的合约份数总是大于前次买入或卖出的合约份数,买入或卖出合约的平均价就会和最近的成交价相差无几,只要价格稍有下跌或上升,便会吞噬所有利润,甚至蚀本。倒金字塔式买入不值得提倡。

为了尽可能利用市场的有利变动,可以采取一种金字塔式的变形。最初建仓时买卖少量合约,如果市况有利,分次买入或卖出同种合约,每次买入或卖出的合约份数均大于前次买卖的数量。在所持有的仓位达到一定数量后,分次逐步递减买卖合约。操作过程如图 6-1 所示。

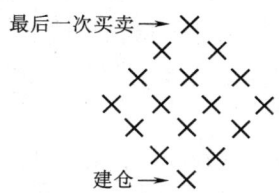

图 6-1 金字塔式的变形

4. 合约交割月份的选择。前面我们根据现货价与期货价之间的关系划分了正向市场和反向市场。其实,根据期货市场远期月份合约价格和近期月份合约价格之间的关系,也可分为正向市场和反向市场。当远期月份合约的价格大于近期月份合约的价格时,市场处于正向市场。如果市场行情上涨,在远期月份合约价格上升时,近期月份合约的价格也会同步上升,以维持远期月份合约间的价差和持仓费用的相等关系,而且可能近期月份合约的价格上升更多;如果市场行情下滑,远期月份合约的跌幅不会小于近期月份合约,因为远期月份合约对近期月份合约的升水通常不可能大于与近期月份合约间相差的持仓费用。所以,决定买入某种期货月份合约,做多的投机者应买入近期月份合约,做空的投机者应卖出远期月份合约。

当远期月份合约的价格低于近期月份合约的价格时,市场处于反向市场。如果市场行情上涨,在近期月份合约价格上升时,远期月份合约也上升;如果市场行情下滑,近期月份合约受的影响较大,跌幅很可能大于远期月份合约。所以,决定买入某种期货合约时,做多的投机者应买入交割月份较远的远期月份合约,行情看涨时同样可以获利,行情看跌时损失较少;做空的投机者应卖出交割月份较近的近期月份合约,行情下跌时可以获得较多的利润。

(二)平仓阶段的投机策略

投机者建仓后,应该密切注视市场行情的变动,适时平仓。行情变动有利时,通过平仓获取投机利润;行情变动不利时,通过平仓可以限制损失。

1. 掌握限制损失、滚动获利的原则。这一原则要求投机者在交易出现损失,并且损失已经达到事先确定的数额时,立即对冲了结,认输离场。过分的赌博心理只会造成更大的损失。在行情变动有利时,不必急于平仓获利,而要尽量延长持仓的时间,充分获取市场有利变动产生的利润。投机者即使经验非常丰富,也不可能每次投资都会获利。出现损失并不可怕,可怕的是不能及时止损,酿成大祸。

2. 灵活运用止损指令。止损指令是实现限制损失、滚动获利原则的有力工具。只要运用止损指令得当,就可以为投机者提供保护。不过,止损单中的价格不能太接近于当时的市场价格,以免价格稍有波动就不得不平仓;当然也不能离市场价格太远,否则又易于遭受不必要的损失。止损单中价格的选择可以利用技术分析方法确定。

[例6-3] 某投机者决定做小麦期货合约的投机交易,并确定其最大损失额为20元/吨。该投机者在以1 440元/吨买入1手合约后,又下达了一个止损指令,价格定为1 420元/吨。如果市价下跌,一旦达到1 420元/吨,场内的出市代表立即按在交易大厅可以得到的最好价格将其合约卖出。通过该指令,该投机者的投机可能失败,但损失额仅限于20元/吨左右。止损单可以保护投机者的利益。如果价格上升,该指令自动失效。在价格上升到1 460元/吨时,该投机者决定下达一份新的到价止损指令,价格定于1 450元/吨。如市价回落,可以保证获得10元/吨左右的利润;如果价格继续上升,该指令自动失效。在价格上升到1 480元/吨时,该投机者再下达一份止损指令,价格定于1 470元/吨。如市价回落,仍可以保证获得30元/吨左右的利润。依此类推。

以上做法,既可以限制损失,又可以让利润不断滚动,充分利用市场价格的有利变动。同样,如果投机者做空头交易,卖出合约后可以下达买入合约的止损指令,并在市场行情有利时不断调整指令价格,下达新的指令,以达到限制损失、滚动利润的目的。可见,止损指令是期货投机中广泛使用的工具。

(三) 做好资金管理和风险管理

投机者的资金实力有大有小,交易方式也各不相同,但要在期货市场上获得较好回报,除了注意建仓、平仓阶段的策略外,一定要做好资金的管理和风险的防范。资金账户的大小、投资组合的搭配以及在每笔交易中的金额配置等,都能影响到最终的交易结果。

1. 把握资金管理要领。首先,投资额必须限定在全部资本的50%以内。其次,在任何单个市场(品种)上所投入的总资金必须限制在全部资本的10% ~ 15%。因此,对于一个100 000元的账户来说,在任何单独的市场上,最多只能投入10 000到15 000元作为保证金存款。这一措施可以防止交易商在一个市场上注入过多的资金,从而避免"在一棵树上吊死"的危险。再次,在任何单个市场上的最大亏损额必须限定在全部资本的5%以内。这个5%是指交易商在交易失败的情况下将承受的最大亏损额。在决定应该做多少张合约的交易以及应该把止损指令设置在多少元时,这一点是交易者考虑问题最重要的出发点。最后,在任何一个市场群类(相关品种)上所投入的保证金总额必须限制在全部资本的20%至25%以内。这一条禁忌的目的是防止交易商在某一类市场中投入过多的本金。同一类的市场往往步调一致,如果把全部资金头寸注入同一群类的各个市场,就违背了多样化的风险分散原则。因此,应当控制投入同一商品群类的资金。

2. 决定头寸的大小。一旦交易者决定在某市场进行交易,并且选准了入市时机,接下来就该决定买卖多少张合约了。这里采用总资本乘以10%来计算每笔交易中可以注入的金额。例如,一个100 000元的账户,可注入的金额为100 000元×10%=10 000元,假定每手黄金合约的保证金要求为2 500元。那么10 000元除以2 500元得4,即交易商可以持有4手黄金合约头寸。

3. 分散投资与集中投资。虽然分散投资是控制风险的一个办法,但是也不能分散过头。如果交易商在同一时刻把交易资金分散在过多的市场,为数不多的几笔赢利就会被大量亏损交易冲抵,因此,在进行分散投资时,必须找到一个合适的平衡点。有些成功的交易者把他们的资金集中于少数几个市场上,在过分分散和过分集中这两个极端之间,交易者左右为难,偏偏又没有绝对牢靠的解决办法。期货投机不同于证券投资之处在于,期货投机主张纵向投资分散化,而证券投资主张横向投资多元化。所谓纵向投资分散化,是指选择少数几个熟悉的品种在不同的阶段分散资金投入;所谓横向投资多元化,是指可以同时选择不同的证券品种组成证券投资组合,这样都可以起到分散投资风险的作用。

第二节　期货套利交易

套利作为期货市场规避风险功能的实现方式之一,在国际上被投资基金和投资机构广泛利用。在国外成熟的商品期货市场中,套利交易占总交易量的40%以上。我国期货市场虽然经历了十余年洗礼,但套利并未得到投资者的真正重视。从市场发展的角度来说,加强套利理论和实践的研究、宣传,以广义上的套利形象取代过去过度投机的市场形象,更能使期货市场吸引社会及各种机构资金的广泛参与。从市场建设的角度来说,套利理念盛行能够及时修正市场价格的畸形状态,从根本上减少恶性事件的发生,还能够解决目前因期货品种过少而造成的市场容量不足的现实问题。

一、套利交易概述

(一) 套利的定义

套利是指利用相关市场或相关合约之间的价差变化,在相关市场或相关合约上进行交易方向相反的交易,以期通过价差发生有利变化而获利的交易行为。套利可分为期现套利与价差套利。期现套利(arbitrage),是指利用期货市场和现货市场之间的价差进行的套利行为;价差套利(spread),是指利用期货市场上不同合约之间的价差进行的套利行为。

在进行套利时,交易者注意的是合约之间的相对价格,而不是绝对价格水平;不关注某一期货合约的价格向哪个方向变动,而是关注相关期货合约之间的价差是否在合理的区间范围。如果价差不合理,交易者就可以利用这种不合理的价差,对相关合约进行交易方向相反的交易,等价差趋于合理时,再同时将两个合约平仓来获取收益。如果价差的变动方向与当初的预测相一致,交易者即可从两合约的价差变动中获利。当预计两张期货合约之间的正常价格差距会出现变化时,交易者有可能利用这一价差,在买入(卖出)一种合约的同时卖出(买进)另一种合约,以便日后市场情况对其有利时将在手合约加以对冲。套利者在下达指令时,应注意在合理价格水平上建立多头或空头交易头寸,并明确日后在何种价格差距水平上执行对冲指令。

(二) 套利与普通投机交易的主要区别

普通投机者关心和研究的是单一合约或单一品种市场价格的涨跌,套利者关心和研究的是不同合约或不同市场之间的价差;普通投机者的利润来自单一期货合约价格的涨跌,套利者则从不同的期货合约或不同市场之间的相对价格差异波动中套取利润;普通投机者一段时间内只做单方向的买或卖,套利者则在同一时间在不同合约之间或不同市场之间进行相反的交易,同时扮演多头和空头双重角色。

(三) 套利交易的特点

与单纯的投机交易相比,套利交易具有两个十分明显的特点。第一,风险较小。这是因为,套利对象之间存在着内在的联系,因此,在大的运动方向上总是一致的,这就可以避免因始料不及的原因造成价格剧烈波动而形成的巨额亏损。第二,成本较低。正是因为套利交易风险比较小,交易所通常会对套利收取较低的保证金,同时经纪人收取的佣金也较低,所以套利交易十分适合资金量比较小的普通投资者。

二、价差交易的价差

价差是指两种相关期货合约的价格之差。价差交易中,交易者要同时在相关合约上进行交易方向相反的交易,也就是说,要建立一个多头部位和一个空头部位。建立的多头部位和空头部位被称为套利的"腿"(Legs,也称为"边"或"方面")。通常,套利交易具有两"条腿"。但对于跨商品套利,由于所涉及的商品不只两种,有可能出现多于双"边"的情况。

价差的扩大与缩小,不是指绝对值的变化,而是统一按照将建仓时较高价格的一"边"减去价格较低的一"边"来计算价差。与此对应,在平仓时,也要用建仓较高价格的一"边"减去价格较低的另一"边"的平仓价格,用于比较价差的变化。如果当前(或平仓时)的价差大于建仓时的价差,则价差是扩大的;如果相反,则价差是缩小的。价差的扩大只包括价差从一个较小的正数变为较大的正数(因为初始价差为正),而价差变小则包括从正变负,或者从一个正数变成较小的正数。

三、套利操作原理

当套利区间被确立,而当前的状态又显示出套利机会时,就可以进行套利操作了。一般而言,套利要遵循下述基本原则:

第一,买卖方向对应原则。在建立买仓的同时建立卖仓,而不能只建立买仓,或是只建立卖仓。

第二,同时建仓原则。一般来说,多空头寸的建立要在同一时间。鉴于期货价格的波动,交易机会稍纵即逝,如不能在某一时刻同时建仓,其价差有可能变得不利于套利,从而失去套利机会。

第三,同时对冲原则。套利头寸经过一段时间的波动,达到了所期望的利润目标时,需要通过对冲来结算利润,对冲操作也要同时进行。因为如果对冲不及时,就很可能会使长时间取得的价差利润在顷刻之间消失。

第四,合约相关性原则。套利一般要在两个相关性较强的合约间进行,不是所有的品种(或合约)之间都可以进行套利。这是因为,只有合约的相关性较强,其价差才会出现回归,亦即差价扩大(或缩小)到一定程度时,又会恢复到原有的平衡水平,这样才有套利的基础。否则,在两个没有相关性的合约上进行套利,与分别在两个不同的合约上进行单向投机没什么两样。

四、买进套利与卖出套利

对于套利者来说,究竟是在买入高腿的同时卖出低腿还是相反,主要取决于套利者对相关期货合约价差变动趋势的预期。我们统一用高腿减去低腿来计算价差。

(一) 买进套利

如果套利者预期相关期货合约的价差将扩大,则套利者将在买入高腿的同时卖出低腿,我们称这种套利为买进套利。

[例6-4] 2003年12月,大连豆粕合约自修改以后,持仓和成交量与老合约相比都有较大的增加,市场上出现了更多的套利机会。从豆粕的季节性因素看,豆粕在经过2,3月份的消费淡季后,需求到4,5月份才会逐步回升,但这一时期正是南美大豆集中上市的时间,现货压力比较大,因此,5月份的豆粕需求也不被看好。进入8月份以后,无论是从现货方面还是从豆粕需求方面看,都比5月份有较大的改善,豆粕价格应该呈现逐步上扬的趋势,所以,从这个角度来看,8月份的豆粕合约应比5月份的豆粕合约更强才比较合理。而在当时之所以形成5月份的豆粕合约比8月份的豆粕合约更强的原因是,8月豆粕合约持仓量小,投机盘的力量比较小。随着持仓量的逐步增加,8月豆粕应该比5月豆粕要强得多,也正是由于这种情况的存在,给投资者提供了很好的套利机会。

于是,套利者决定在2003年12月30日买入1手8月份的豆粕合约,价格为2 825元/吨;同时卖出1手5月份豆粕合约,价格为2 820元/吨,以期在未来某个有利时机同时平仓获取利润。2004年2月10日盘中,套利者决定以2 815元/吨卖出1手8月份豆粕合约,同时以2 720元/吨买入1手5月份豆粕合约。具体交易情况如表6-1所示。

表6-1 买进套利交易实例

2003年12月30日	买入1手8月份豆粕合约,价格为2 825元/吨	卖出1手5月份豆粕合约,价格为2 820元/吨	价差5元/吨
2004年2月10日	卖出1手8月份豆粕合约,价格为2 815元/吨	买入1手5月份豆粕合约,价格为2 720元/吨	价差95元/吨
套利结果	亏损10元/吨	获利100元/吨	
	净获利(100 - 10) × 10 = 900(元)		

(二) 卖出套利

如果套利者预期相关期货合约的价差将缩小,套利者可以在卖出高腿的同时买入低腿来进行套利,我们称这种套利为卖出套利。

[例6-5] 2004年1月以来,随着沪胶价格的回升,沪胶6,7月份之间的价差也迅速扩大至400点以上。从历史资料来看,在交易较为活跃的情况下,沪胶7月份合约价格较6月份合约高出400点以上的情况很少出现,1996

年至 2004 年,只在 1996 年 6 月 4 日、6 月 11 日出现了相差 500 点的情况,同时在 2003 年 7 月 31 日两者均为不活跃合约的情况下出现了 625 点的价差。随着时间的推移,两者之间的价差在 2004 年 2 月 18 日收盘时达到 1 070 点。因此,在当时两者的价差超过 1 000 点的情况下,进行套利操作的时机已然成熟。

于是,套利者在 2004 年 2 月 19 日决定买入 1 手 6 月份天胶合约,价格为 16 000 元/吨;同时卖出 1 手 7 月份天胶合约,价格为 16 700 元/吨,以期望在未来的某个有利时机同时平仓获取利润。2004 年 5 月 17 日收盘时,两份合约价差缩小为 650 点,套利者便考虑将浮动盈余变现。2004 年 5 月 18 日,套利者决定以 13 500 元/吨卖出 1 手 6 月份天胶合约,同时以 14 000 元/吨买入 1 手 7 月份天胶合约。具体交易情况如表 6 - 2 所示。

表 6 - 2 卖出套利交易实例

2004 年 2 月 19 日	买入 1 手 6 月份天胶合约,价格为 16 000 元/吨	卖出 1 手 7 月份天胶合约,价格为 16 700 元/吨	价差 700 元/吨
2004 年 5 月 18 日	卖出 1 手 6 月份天胶合约,价格为 13 500 元/吨	买入 1 手 7 月份天胶合约,价格为 14 000 元/吨	价差 500 元/吨
套利结果	亏损 2 500 元/吨	获利 2 700 元/吨	
	净获利(2 700 - 2500)×5 = 1 000 元		

应当注意的是:

第一,如果套利者买卖的是同种商品不同交割月份的合约(即跨期套利),可能出现正向市场或反向市场的情况,这对买进套利和卖出套利的判断标准没有影响,相应地,也不影响价差变化与套利盈亏的判断规律。

第二,尽管套利的种类有很多,但其基本的操作原理是相似的,都可以归结为买进套利和卖出套利两大类。按照前面归纳的价差变化与买进或卖出套利之间的规律,可以根据对未来价差变动方向的预期,正确选择进行买进套利操作或卖出套利操作。

五、套利交易的类型

(一)跨期套利

跨期套利是指在同一市场(即同一交易所)同时买入、卖出同种商品不同交割月份的期货合约,以期在有利时机同时将这两个交割月份不同的合约对冲平仓获利。在进行跨期套利的价差计算时,我们统一用近期月份合约的价格减去远期月份合约的价格。

1. 牛市套利。当市场是牛市时,一般说来,较近月份的合约价格上升幅度往往要大于较远月份合约价格的上升幅度,或者近期月份合约价格的下降幅度要小于远期月份合约的下降幅度。在这种情况下,无论是正向市场还是反向市场,在买入近期月份合约的同时卖出远期月份合约进行套利赢利的可能性比较大,我们称这种套利为牛市套利。

[例 6-6] 2005 年世界经济的强劲增长决定了铜价中长期维持上涨趋势。自 2003 年起,美国经济进入稳步复苏时期,经济走势强劲,运行平稳,制造业强劲增长,美国经济进入低通胀和高速发展阶段。虽然中国政府在 2004 年采取了宏观紧缩政策,但是高速发展的中国经济依然是世界经济的亮点。2005 年中国仍处于快速上涨的经济周期当中,中国对铜的需求依然旺盛。强劲增长的世界经济、旺盛的需求、持续下降的库存和紧张的供应,决定了铜价格中长期处于上升趋势。

于是,套利者在 2005 年 5 月 17 日决定买入 1 手 8 月份铜合约,价格为 29 600 元/吨;同时卖出 1 手 9 月份铜合约,价格为 29 080 元/吨,以期望在未来某个有利时机同时平仓获取利润。2005 年 6 月 20 日盘中,套利者决定以 34 370 元/吨卖出 1 手 8 月份铜合约,同时以 33 360 元/吨买入 1 手 9 月份铜合约。具体交易情况如表 6-3 所示。

表 6-3 牛市套利交易实例

2005 年 5 月 17 日	买入 1 手 8 月份铜合约,价格为 29 600 元/吨	卖出 1 手 9 月份铜合约,价格为 29 080 元/吨	价差 520 元/吨
2005 年 6 月 20 日	卖出 1 手 8 月份铜合约,价格为 34 370 元/吨	买入 1 手 9 月份铜合约,价格为 33 360 元/吨	价差 1 010 元/吨
套利结果	获利 4 770 元/吨	亏损 4 280 元/吨	
	1 手净获利(4770 - 4280) × 5 = 2 450(元)		

总之,牛市套利的操作方法为交易者在买入近期合约的同时卖出远期合约。套利的成败取决于价差的变化,与价格的变动方向与程度无关。对于价差的计算,我们统一用近期月份减去远期月份。价差扩大则获利,价差缩小则亏损。

2. 熊市套利。当市场是熊市时,一般说来,较近月份的合约价格下跌幅度往往要大于较远期合约价格的下跌幅度,或者近期月份合约价格的上涨幅度要小于远期月份合约价格的上涨幅度。在这种情况下,无论是正向市场还是反向市场,在卖出较近月份合约的同时买入较远月份的合约进行套利赢利的可能性比较大。我们称这种套利为熊市套利。

[例 6-7] 2004 年 1 月末,我国爆发高致病性禽流感疫情。豆粕是禽类饲料的主要原料,禽流感的暴发使豆粕春节后开盘即报跌停,两天后再次下跌 80 多个点。据中国饲料行业协会估计,2003 年中国豆粕产量为 2 100 万吨,其中的 40%~50%用于家禽饲料,可见,我国每月家禽饲料平均要消耗豆粕 70 万吨~87.5 万吨。如果禽流感不能在 1 个月内得到控制,将会使国内豆粕用量下降 3%~4%,超过两个月,会使豆粕用量减少 150 万吨左右。据统计,我国 1 月大豆到港 210 万吨左右,装船量 123.5 万吨,这批装船大豆 2 月份到港后,要么存在港口每天支付库存费,要么压榨商被迫开工,以腾出仓库让给新进口的大豆。无论采取哪种方式,压榨商都要赔钱。在这种情况下,即使禽流感能够得到控制,豆粕价格也不会很快就涨起来。因为前期的陈粕还没有被消化,豆粕的储藏期较短,这就有可能使豆粕价格刚有复苏迹象便出现大量的现货抛售,所以,近期合约总是要受到现货的压制。在远期合约上,原料价格高,会迫使压榨商尽力维持其产品售价以维持利润,另外,全球大豆减产、供给严重不足,使压榨商有理由给出更高的报价。因此,在禽流感被有效控制前后的一段时间内,豆粕远期合约和近期合约的价差会拉大。而在当时,两者价差比较稳定。投资者可进行抛 5 买 9 的熊市套利交易。

于是,套利者 2004 年 2 月 11 日决定卖出 1 手 5 月份豆粕合约,价格为 2 740 元/吨;同时买入 1 手 9 月份豆粕合约,价格为 2 800 元/吨,以期望在未来某个有利时机同时平仓获取利润。2004 年 5 月 11 日,盘中价差出现异动,套利者果断决定兑现浮动赢利,买入 1 手 5 月份豆粕合约,价格为 3 050 元/吨;同时卖出 1 手 9 月份豆粕合约,价格为 3 250 元/吨。具体交易情况如表 6-4 所示。

表 6-4 熊市套利交易实例

2004 年 2 月 11 日	卖出 1 手 5 月份豆粕合约,价格为 2 740 元/吨	买入 1 手 9 月份豆粕合约,价格为 2 800 元/吨	价差 -60 元/吨
2004 年 5 月 11 日	买入 1 手 5 月份豆粕合约,价格为 3 050 元/吨	卖出 1 手 9 月份豆粕合约,价格为 3 250 元/吨	价差 -200 元/吨
套利结果	亏损 310 元/吨	获利 450 元/吨	
	净获利(450-310)×10=1 400(元)		

总之,熊市套利的操作方法为交易者在卖出近期合约的同时买入远期合约。套利的成败取决于价差的变化,与价格的变动方向及程度无关。对于价差的计算,我们统一用近期月份减去远期月份。价差缩小则获利,价差扩大则亏损。

3. 蝶式套利。蝶式套利是跨期套利的另一种常见形式,它是利用不同交割月份的价差进行套利交易而获利,由两个方向相反、共享居中交割月份期货合约的跨期套利组成。蝶式套利交易的基本原理是,交易者认为居中的交割月份期货合约价格与两旁的交割月份合约价格之间的相互关系会出现差异。蝶式套利是两个跨期套利的互补平衡组合,实际上可以说是"套利的套利"。

[例6-8] 2005年1月25日收盘时,CU0504-CU0503合约差价-1 000点,CU0505-CU0504合约差价-800点,两跨期套利的差价为200点。1月26日开盘后,上海现货市场铜升水820元/吨,两跨期套利差价也开始扩大。套利者决定在当天卖出1手3月份铜合约,价格为30 500元/吨;同时买入2手4月份铜合约,价格为29 000元/吨;同时还卖出1手5月份铜合约,价格为28 500元/吨,以期望在未来抓住某个有利时机同时平仓获取利润。2005年3月4日盘中,套利者决定平仓。买入1手3月份铜合约,价格为31 600元/吨;同时卖出2手4月份铜合约,价格为31 500元/吨;此外,还买入1手5月份铜合约,价格为30 500元/吨。具体交易情况如表6-5所示。

表6-5 蝶式套利交易实例

2005年1月26日	卖出1手3月份铜合约,价格为30 500元/吨	买入2手4月份铜合约,价格为29 000元/吨	卖出1手5月份铜合约,价格为28 500元/吨
2005年3月4日	买入1手3月份铜合约,价格为31 600元/吨	卖出2手4月份铜合约,价格为31 500元/吨	买入1手5月份铜合约,价格为30 500元/吨
套利结果	亏损1 100元/吨	获利5 000元/吨	亏损2 000元/吨
	净获利(5000-1100-2000)×5=9 500(元)		

总之,蝶式套利由两个方向相反、共享居中交割月份的跨期套利组成。风险、利润都较普通的跨期套利小。

由上面三个例子我们可以看出,当观察到价格上升时,就会预料到近期月份的价格上升将超过远期月份的价格上升;当预计价格下跌时,就会预期近期月份的价格下跌将超过远期月份的价格下跌。因此,可以得出一个结论:无论在正向市场还是反向市场,对商品市场的一般预期是:近期月份比远期月份具有更大的价格波动性。

(二)跨商品套利

跨商品套利是指利用两种或两种以上品种不同但又相互关联的商品之间期货价格的差异进行套利,即买进(卖出)某一交割月份某一商品的期货合约,同时卖出(买入)另一种相同交割月份的另一关联商品的期货合约。

1. 相关商品套利。这是指利用相关商品之间的价格关系进行套利。

[例 6-9]　2003 年 3 月 20 日前后,受伊拉克战争影响,铜价波动急剧扩大。铜在国防工业中用以制造子弹、炮弹、枪炮零件等,每生产 100 万发子弹,需用铜 13～14 吨。铜和铝作为两种最为主要的有色金属,1998 年来,两者之间价格的相关系数高达 84%,但在价格运行上,二者并不完全同步,价差始终处于变化之中。套利者决定在 2003 年 3 月 28 日买入 1 手 4 月份铜合约,价格为 16 400 元/吨;同时卖出 1 手 4 月份铝合约,价格为 14 300 元/吨,以期望在未来某个有利时机同时平仓获取利润。2003 年 4 月 14 日,临近最后交易日时,套利者决定平仓,卖出 1 手 4 月份铜合约,价格为 17 100 元/吨;同时买入 1 手 4 月份铝合约,价格为 14 700 元/吨。具体交易情况如表 6-6 所示。

表 6-6　铜/铝套利交易实例

2003 年 3 月 28 日	买入 1 手 4 月份铜合约,价格为 16 400 元/吨	卖出 1 手 4 月份铝合约,价格为 14 300 元/吨	价差 2 100 元/吨
2003 年 4 月 14 日	卖出 1 手 4 月份铜合约,价格为 17 100 元/吨	买入 1 手 4 月份铝合约,价格为 14 700 元/吨	价差 2 400 元/吨
套利结果	获利 700 元/吨	亏损 400 元/吨	
	净获利(700 - 400)×5 = 1 500(元)		

2. 原料与成品间套利。这是指利用原材料商品和它的制成品之间的价格关系进行套利。

[例 6-10]　大豆与豆油、豆粕之间存在"100% 大豆 = 17%(19%)豆油 + 78.5% 豆粕 + 3%(1%)损耗 + 其他"的关系,同时也存在"100% 大豆 × 购进价格 + 加工费用 + 利润 = 17%(19%)豆油 × 销售价格 + 80% 豆粕 × 销售价格"的平衡关系。2002 年 2 月左右,豆油的平均价格为 3 900 元/吨(以大连地区价格为准),则上述价格关系的公式可以简化为:大豆价格 + 压榨利润 = 豆粕价格 × 0.8 + 700。统计大商所 2000 年到 2002 年大豆压榨利润的数值,发现其波动区间为[-100,100]。也就是说,2002 年大豆压榨套利的指标临界值为 -100 和 +100(经验数值),超过这个数值,便可以进行套利操作。

2002 年 2 月 19 日,大连大豆、豆粕的收盘价分别为 2 092 元/吨、1 658 元/吨,压榨利润指标值 = 1 658 × 0.785 + 700 - 2 092 = -90.47(元/吨),接近临界值。到次日收盘时,大连大豆、豆粕的收盘价分别 2 119 元/吨、1 659 元/吨,已经超过临界值。于是,套利者在 2002 年 2 月 21 日开盘进场套利,卖出 1 手 9 月份大豆合约,价格为 2 123 元/吨,同时买入 1 手 9 月份豆粕合约,价格为 1 661 元/吨,以期望在未来某个有利时机同时平仓获取利润。到 3 月 5 日盘中,套利者决定买入 1 手 9 月份大豆合约,价格为 2 083 元/吨;同时卖出 1 手 9 月份豆粕合约,价格为 1 705 元/吨。具体交易情况如表 6-7 所示。

表 6-7 大豆/豆粕套利实例

2002 年 2 月 21 日	卖出 1 手 9 月份大豆合约,价格为 2 123 元/吨	买入 1 手 9 月份豆粕合约,价格为 1 661 元/吨	价差 462 元/吨
2002 年 3 月 5 日	买入 1 手 9 月份大豆合约,价格为 2 083 元/吨	卖出 1 手 9 月份豆粕合约,价格为 1 705 元/吨	价差 378 元/吨
套利结果	获利 40 元/吨	获利 44 元/吨	
	净获利(40 + 44)× 10 = 840(元)		

大豆与豆粕期货合约价差走势的季节性特征为:大豆与豆粕的价差在第一季度处于全年的较低位置;3 月至 6 月份期间不断扩大;6 月初到 8 月中旬,价差开始由高位回落,并在 8 月中旬再度接近全年低点;8 月底至 9 月中旬,价差再度扩大;9 月中旬以后再度回落至低位;全年价差低点一般出现在 10 月至 12 月这段时间内。

跨商品套利必须具备以下三个条件:一是两种商品之间应具有关联性与相互替代性,二是交易受同一因素制约,三是买进或卖出的期货合约通常应在相同的交割月份。

(三) 跨市套利

跨市套利是指在某个交易所买入(或卖出)某一交割月份的某种商品合约,同时在另一个交易所卖出(或买入)同一交割月份的同种商品合约。随着我国市场加速与国际市场接轨,上海期货交易所(SHFE)已成为与伦敦金属交易所(LME)、纽约商品交易所(COMEX)并驾齐驱的世界三大有色金属交易中心,引导着东西半球有色金属的价格方向及资源流向。铜作为一种高度国际化和高度市场化的商品,其价格波动与世界经济的兴衰息息相关,上海铜跨市套利作为期货市场中一种较为成熟的投资方式,更充分地显示了其存在的价值,引起了投资者的关注。

[例 6-11] 通过对 1995~2003 年 SHFE 和 LME 的收盘价建立定量回归模型,应用最小二乘法,得到两者的正相关性达到 96.2%,属于高度正相关。多年的实践也证明,两个市场的运行方向与周期非常吻合。从上海期铜与伦敦期铜的比价关系来看,两地价差绝大多数时间在 9.6~10.6 区间运行,当然也曾出现 10.8 与 9.2 甚至 11 与 8.6 的个别情形。表 6-8 是 2004 年 7,8 月份 SHFE

与 LME 的三月期合约价格表(截至当日 15:00)。

表6-8 SHFE 与 LME 三月期合约价格表

日期	SHFE 价格	LME 价格	SHFE/LME
2004 年 7 月 2 日	25 120	2 657.5	9.45
2004 年 7 月 9 日	25 760	2 737.5	9.41
2004 年 7 月 29 日	25 390	2 780.5	9.13
2004 年 8 月 3 日	26 110	2 819.0	9.26
2004 年 8 月 4 日	26 100	2 797.5	9.33
2004 年 8 月 5 日	26 840	2 837.5	9.46

套利者决定在 2004 年 7 月 29 日比价为 9.13 时,买入 SHFE 500 吨(100 手),卖出 LME 500 吨(20 手),以期望在未来某个有利时机同时平仓获取利润。在 2004 年 8 月 4 日盘中比价为 9.33 时,套利者决定获利平仓。具体交易情况如表 6-9 所示。

表6-9 沪铜/伦铜套利实例

2004 年 7 月 29 日	买入 SHFE 500 吨,价格为 ¥25 390元/吨	卖出 LME 500 吨,价格为 $2 780.5元/吨	SHFE/LME 比价 9.13
2004 年 8 月 4 日	卖出 SHFE 500 吨,价格为 ¥26 100元/吨	买入 LME 500 吨,价格为 $2 797.5元/吨	SHFE/LME 比价 9.33
套利结果	获利¥710 元/吨	亏损 $17 元/吨	
	净获利(710 - 17 × 8.27) × 500 = 284 705(元)		

总之,跨市套利的基本原理与跨期套利基本相同,其主要依据是市场间的价差。在操作中应特别注意这几方面的因素:运输费,交割等级差异,交易单位,保证金与佣金成本,汇率变动趋势。

(四)期现套利

期现套利是指当期货市场与现货市场在价差发生不合理变化时,交易者会在两个市场进行反向交易,从而利用价差变化获利的行为。可以说,期现交易是跨市套利的扩展,它把套利行为发展到现货和期货两个市场。

当期货市场与现货市场在价格上出现差距时,就可以利用两个市场的价格差距,通过低买高卖而获利。只要期货价格高出现货价格,并且超过用于交割的各项成本,就可以进行期现套利。其中,交割成本包括:①交割整理成本,用于提升入市交割商品的品质,如对大豆进行过筛整理,以达到交割品质要求。②运输成本,包含外包装、防污染和运输清洁费用等。③增值税发票(交易所的要求),会比现货市场的普通发票增加一部分税负成本。④质检成本,即入库验收费用。⑤入库成本,大豆入库分为铁路专线入库和汽车入库两种。铁路入库费用包括库内搬倒费、卸车费、铁路费用、过磅费、入库力资费和帆篷布费;汽车入库费包括入库力资费和过磅费。⑥仓储费用,如大豆期货的仓储费用包括仓储费、自然损耗费、熏蒸费以及高温季节储存费等。

下面是买入近期抛出远期期货合约形成的期现套利的一个例子。

[例 6-12] 2004 年 3 月 12 日,上海期货交易所 3 月铝期货合约为 17 000 元/吨左右,而 9 月合约价格在 18 000 元/吨左右波动。根据计算,如果投资者投入 100 万元,买入 3 月铝期货合约并交割持有,每月持仓费用如下:仓储费,7.5 元/吨;过户费,一次性 3 元/吨;资金成本,年利率 1.44%。合计 30 元/吨,6 个月为 180 元/吨。

12 日当天,买入 3 月交割的铝 500 吨,均价为 17 070 元/吨;同时卖出 9 月交割的铝合约 500 吨,成交均价为 18 100 元/吨,锁定价差 1 030 元/吨。在 5% 保证金条件下,投资者的 100 万元资金足以保证两笔交易的完成。

预计收益:(1 030 - 180) × 500 ÷ 100 = 42.5% (6 个月)

例 6-12 之所以能够操作成功,其契机就在于 3 月合约与 9 月合约之间的价差 1 030 元/吨超出了其 6 个月的持仓费用 180 元/吨。需要注意的是,现货市场流通过程中的费用情况会因时间、地点和对象的不同而发生变化,期货市场的交割费用也将随着现货市场规范化程度的提高和交割制度的不断完善而向着逐步降低的方向发展。

第三节　套利交易分析

一、套利分析方法

(一) 图表分析方法

在进行套利交易前,首先应对目前的套利关系用图表加以分析。在普通交易方面,图表是决定时点的主要工具,它对价格的波动提供了历史性资料。套利图表与一般的价格图表的差异在于,它记载着不同月份的合约彼此间的相互关系。所以,套利将图表作为分析、预测行情的工具,它并不注重绝对的价格水平,而是在图表中标出价差的数值,以历史价作为进行套利分析的依据。

（二）季节性分析法

套利常常会显示出季节性的关系,即在一个特定的时间显示出价格变动幅度的宽窄差异,实践证明,其符合的程度相当高。此种套利即为季节性套利,并且在期货交易中提供了最佳获利机会。为了利用季节性进行套利,必须回溯分析多年前的价格资料并研究此种套利,而且必须将现在的供求情况加以考虑,然后再研究确定过去的市场行为是否能够应用在未来的几年。这种类比研究法是将多种市场分析方法综合而得到的分析技术,用来分析最初的激励因素能否在套利季节再度发生。

（三）相同期间供求分析法

在收集以往的套利资料时,不要将不同期间的资料拿来进行比较。在期间相似的情形下,通常相同的供求力量会引起类似的套利。因此,在价格剧烈上涨期间,参考同期的利多市场,可以得到相似的价格行为。例如,美国在20世纪70年代初主宰了商品期货市场的整个行情,后来比较正常的市场结构引导市场走向,但有的供应量较吃紧的商品期货如咖啡、可可仍保持着逆转形式。了解这些引起市场不均衡的因素及特定商品对这些不均衡状况的反应,可以使之后对套利的分析决策有所参考和借鉴。

二、套利交易的原则

为了使套利者最大限度地规避可能的风险,提高获利机会,在实际操作中,应该掌握以下基本原则。

（一）下单报价时明确指出价格差

根据国外交易所的规定,在套利交易中,无论是开仓还是平仓,下达交易指令时都要明确写明买入合约与卖出合约之间的价格差。如进行跨期套利时,套利者下单报价为:卖出5月份合约,买入3月份合约,5月比3月高9美分;不必说明具体的买入价和卖出价,否则不利于成交。因为如果给出既定价格,而这两个价格在市场上很难同时成立,会导致套利策略失败。套利的关键在于合约间的价格差,与价格的特定水平没有关系。因此,下单时没有必要指明成交价格,以价格差代替具体价格,可以使套利策略更加灵活,即只要价格差符合要求,就可以按任何价格成交。我国目前由于套利交易很少,没有对套利报价做出具体规定。

（二）必须坚持同时进出

套利必须坚持同时进出的原则,也就是开仓时同时买入卖出,平仓时也要同时卖出买入。套利者在进行套利开仓时,通常是同时买入和卖出的,但是在准备平仓时,许多套利者往往自以为是,先了结价格有利的那笔交易。比如,某套利者预测大豆合约价格将上涨,且近期合约价格的涨幅大于远期合约,便进行牛市套利,买入近期合约,卖出远期合约。在价格下跌时,本应该同时结算买盘和卖盘,平仓出市,但是他却先将卖盘平仓获利,同时又持买盘观望,希望价格出现转机,上扬获利。这样,他在套利交易过程中只剩下一只脚在跛行,假如市场如愿逆转上扬,当然可以获利;但是,一旦价格趋势继续下行,将遭受更大的损失,不仅会逐渐将卖盘的获利消耗掉,而且会出现亏损。因此,在套利交易中绝不能抱有这种错误想法。当然,对于交易经验丰富的投资者而言,可以采用某种加强套利的方法,即当市场出现停板等极度异常情况时,可先把不利仓位平仓,待行情相对稳定时再抹平头寸。当然,这种做法带有一定的投机性,建议慎重使用。

(三) 不能因为低风险和低额保证金而做超额套利

套利确实有降低风险的作用,而且在国外,交易所为了鼓励套利,套利保证金数额要比一般的投机交易低25%~75%。但是,不能因此把交易数量扩大几倍,因为这样一来,如果价差并不向预期的方向发展,投资者所面临的亏损额就与其合约数量成正比,这当然在无形中增加了风险。此外,套利的佣金费用与单盘交易相同,如果进行超额套利,随着佣金的增加,套利的优势便无法正常地发挥出来。

(四) 套利交易对资金规模的要求

一般来说,套利交易风险较小,收益稳定。但相对于单向投机交易而言,占用的资金量较大。由于套利品种之间的价差在一定时间内具有较强的趋势性,因此,不论入市资金规模大小,均可进行套利交易。较大的资金在建仓时,要充分考虑到交易品种的流动性及仓位之间的价差变化。

(五) 不要在陌生的市场做套利交易

不要在陌生的市场做套利交易这一原则可以说是一个常识。套利者通常关心的是合约之间的价差,而对交易的期货品种本身并无浓厚的兴趣,因为套利者就是通过合约之间的价差来赚取利润的,对具体的商品并无需求。但在进行新旧农作物年度的跨月套利以及农产品的跨市套利时,套利者必须了解农作物何时收获上市以及年景,甚至还包括了解仓储运输条件等。在进行套利前必须具备这些基本知识,否则,应该远离这个市场。

(六) 不要用套利来保护已亏损的单盘交易

期货交易总是有赔有赚,出现亏损时应该忍痛了结,必须要承受损失的心理准备。不肯服输的投资者有时会导致更大的损失。在实际交易过程中,有的投资者买入1份期货合约后,价格出现节节下跌,本来应该迅速平仓出场,可是他仍寄希望有奇迹出现,期待价格出现反弹,于是继续留在市场中观望。为了避免更糟的情况发生,又做了一笔交易——卖出同一种期货合约,形成套利模式。

其理由是,如果价格继续下跌,卖出的这份合约将可以补偿当初买入合约的部分损失。事实上,后来卖出的期货合约只能起到使已有的损失不再扩大的作用,先前买入的期货合约的亏损已经客观存在,采用套利来补救为时已晚,不如认输退出市场。

当然,也有例外的情况。由于大多数交易所都有每日交易停板的规定,当投资者买入或卖出合约时价格达到跌停限制或涨停限制时,即停止该日的交易。在这种情况下,就可以在最初交易月份的下一个交割月采用相反的交易来抵消最初交易的损失。例如,投资者卖出1份原油期货合约后,由于发生突发事件,导致国际原油价格暴涨,原油期货价格也连带上涨,达到该日涨停板。这时,投资者并不急于抽身脱市,而是入市买入2份或2份以上下一个交割月的原油合约,以便抵消先前卖出合约的损失,因为在这种情况下,近期合约价格上涨的速度远大于近期合约下跌的损失。只有在面对一连串的涨跌幅限制的市场内,才能利用套利来分散风险。

(七)不要忽视套利佣金支出

通常情况下,套利是在同时做两笔交易,经纪公司总是想从投资者的套利交易中收取双份的全额佣金。在如何征收套利的佣金方面,各方的看法不一,各个交易所的规定也不同。按照国外的惯例,套利的佣金支出比一个单盘交易的佣金费用要高,但又不及一个单盘交易的两倍。当投资者下达套利指令时,应明确表示这是一笔套利交易。需要注意的是,支付的佣金费用对应的是从开仓到平仓这一笔完整的套利。也就是说,必须同时以双脚踏入套利,退出时也必须同时抽出双脚,不能只抽出其中一只脚,继续占据有利的获利位置,而又希望经纪公司和交易所承认该投资者是在进行套利。即使在同一天先后抽出套利的脚,经纪公司也不会承认这是一笔套利。佣金费用相对于一笔交易也许很小,但当交易额巨大时,也是一笔较大的支出,应引起重视。

总之,套利交易的风险相对较小,但是期货市场变化无穷,理论上的小风险不等于实践中风险小,遇到涉及现货交割月、市场供求状况急剧变化以及出现其他破坏正常价格关系的情况时,套利仍然具有相当大的风险。交易者应对自己的交易策略和模型进行认真设计、反复验证,以确保成功。

本章小结

本章讲述了期货投机交易的概念、原则和方法,期货投机与套期保值的关系,期货投机与赌博的区别;介绍了期货套利的种类和方法。

期货投机是指在期货市场上以获取价差收益为目的的期货交易行为,期货投机交易是套期保值交易顺利实现的基本保证。

期货投机交易活动发挥着特有的经济功能:首先,投机者是期货风险的承担者,是套期保值者的交易对手;其次,投机交易促进了市场流动性,保障了期货市场价格发现功能的实现;再次,适度的期货投机能够缓减价格波动;最后,投机交易有助于形成合理的价格水平。

投机交易的一般方法是:买低卖高或卖高买低,平均买低或平均卖高,金字塔式买入卖出。

套利是指利用相关市场或相关合约之间的价差变化,在相关市场或相关合约上进行方向相反的交易,以期价差发生有利变化而获利的交易行为。

套利包括买进套利(即当套利者预期相关期货合约的价差将扩大时,则套利者将买入高腿同时卖出低腿)和卖出套利(即当套利者预期相关期货合约价差将缩小时,套利者可通过卖出高腿同时买入低腿来进行套利)。

套利交易的类型包括跨期套利、跨商品套利、跨市套利和期现套利等。

复习思考题

一、名词解释

1. 期货投机 2. 买进套利 3. 卖出套利 4. 牛市套利 5. 熊市套利
6. 碟式套利 7. 跨商品套利 8. 期现套利 9. 跨期套利 10. 跨市套利

二、简答题

1. 简述期货投机的基本特征。
2. 简述期货投机的基本功能。
3. 套利交易在期货市场中起什么作用?
4. 套利交易与普通投机交易有何区别?
5. 简述套利交易的基本原则。

第七章 期货定价理论

教学目标

通过本章的学习,掌握商品期货价格的构成,了解期货价格的理论和影响期货价格的主要因素。

学习重点

- 商品期货价格的构成
- 期货定价的理论基础
- 持有成本定价模型
- 理性预期定价模型
- 影响期货价格的主要因素

第一节　商品期货价格的构成

商品期货的特点之一就是保证金交易,最后可以交割实物商品。交割的存在使得期货价格必然以现货商品的价值为基础,交割成为期现货市场联系的纽带。关于商品期货价格的构成,A. 马歇尔、J. M. 凯恩斯、J. R. 希克斯、H. 沃金和Paul A. 萨缪尔森等经济学大师都在自己的著作中有过论述,随着期货市场理论的发展和完善,关于期货价格组成的认识也逐渐统一。一般认为,若期货市场为无恶意炒作和信息误导的正常市场,则商品期货价格由以下四个部分组成:

第一,商品生产成本。商品生产成本是指生产商品时所耗费的物质资料的价值和支付的劳动报酬的总和,是商品期货价格的基本组成部分。生产成本的高低决定了商品价值量的大小,商品价值量的大小决定了商品价格的高低,商品价格的高低决定了期货价格的高低。

第二,期货商品流通费用。在期货市场上,绝大多数期货交易是通过对冲平仓方式完成的,一般与商品的流通费用不直接发生关系。但是,总有一部分商品(一般约为3%)的期货交易是围绕实物进行的。把现货保存到交割日并实施交割,持有成本必然要进入期货的价格中,由期货的买方承担。这期间,将产生持有成本,包括仓储保管费、商品运杂费、持有现货的机会成本、持有现货的便利收益和风险补偿等。

第三,期货交易成本。前面两个组成部分是期货价格的物质承担者,是预期的现货价格。期货交易本身产生的费用也需要用期货价格来补偿,否则期货市场将无法运行。期货交易成本是指期货交易过程中发生和形成的交易者必须支付的费用,主要包括佣金、交易手续费和保证金利息。

第四,预期利润。任何投资都有一个期望的利润,期货业由于风险较高,需要一定的风险报酬,因此,其利润率高于社会平均利润,这些利润也必然被纳入期货价格中。理论上,预期利润包括两部分:一是社会平均投资利润,二是期货交易的风险利润。

综上所述,若记 F 为期货价格,P 为现货价格,C 为持有成本,E 为期货交易成本,R 为预期利润,则期货价格可简单地表示为:

$$F = P + C + E + R \qquad (1)$$

由式(1)可知,商品期货价格大于同种同期现货价格,可以把现货价格与期货价格之差定义为基差。若将基差设为 B,则由式(1)得:

$$B = P - F = -(C + E + R) \qquad (2)$$

此外,现实中,影响期货价格和现货价格的因素不尽相同,一旦放宽条件,期货价格不仅只受式(1)中四个组成部分变动的影响,还受到市场供求关系、利率水平等因素的影响。因此,实际中的期货价格与现货价格的关系远比式(1)复杂得多。

第二节 期货价格理论

一、期货定价的理论基础

期货价格收敛于现货价格是期货定价的理论基础。随着期货合约交割月份的逼近,期货价格会收敛于标的资产的现货价格;当到达交割期限时,期货的价格等于或非常接近于现货的价格。

为了说明原因,第一,假定在交割期间期货的价格高于现货的价格,这就存在一个明显的套利机会:卖空期货合约,买入该标的资产进行交割,这必定会赢利,该赢利额等于期货价格高于现货价格的部分。一旦交易者发现这一套利机会,期货的价格就会下降。第二,假定在交割期间期货的价格低于现货的价格,打算获得该标的资产的公司将会发现,购买期货合约然后静等空头方交割资产对公司更有利,一旦公司如此操作,期货的价格就会上升。

就金融期货来说,如股指期货合约是以现金结算的,故按最后交易日结束时的价格进行盯市,并将所有头寸了结,最后交易日的结算价格是标的资产现价的收盘价,这就保证了期货价格收敛于现货价格。在正常市场中,期货的价格随着到期期限的增加而增加;在逆转市场中,期货的价格随着到期期限的增加而减少。在商品期货中,情况会有所不同。有的商品的期货价格属于混合型,有时随到期期限的增加而增加,有时随到期期限的增加而减少。

期货价格与现货价格之间的关系见图7-1。

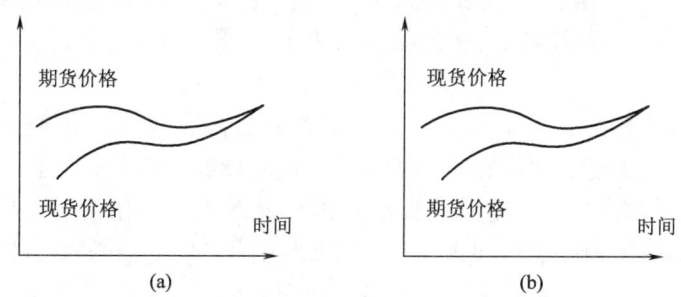

图7-1 期货价格与现货价格之间的关系

二、持有成本定价模型

1991年,Klemkosky和Lee共同提出了持有成本定价模型(Cost-of-Carry Model),通过现货价格来推算期货的理论价格。当期货实际价格扣除交易所需的相关费用后仍高估或低估了期货的理论价格时,表示市场上的期货价格已偏离了其理论价格,于是就会产生无风险套利机会。该模型建立在有效市场假说(Perfect Markets)的基础之上。

在有效市场假说条件下,根据"一价定律",两份相同的资产在两个市场中的报价必然相同,否则市场参与者可以进行无风险套利,即在一个市场中低价买进,同时在另一个市场中高价卖出。最终,原来定价低的市场因对该资产需求的增加而使其价格上涨,而原来定价高的市场会因对该资产需求的减少而使其价格下跌,直至最后两个市场报价相等。因此,供求力量会产生一个公平而有竞争力的价格,以使套利者无从获得无风险利润。

远期和期货价格的持有成本定价模型有以下假设:期货和远期合约是相同的;对应的资产是可分的,也就是说,股票可以是零股或分数;现金股息是确定的;借入和贷出的资金利率是相同而且已知的;卖空现货没有限制,而且马上就可以得到对应的货款;没有税收和交易成本;现货价格已知;对应现货资产,有足够的流动性。

这个定价模型是基于这样的假设:期货合约是一个以后与现货资产对应的交易的临时替代物。期货合约不是真实的资产,而是买卖双方之间的协议,双方同意在以后的某个时间进行现货交易,所以,该协议开始的时候没有资金的易手。期货合约的卖方要在以后才能交付对应的现货,得到现金,因此必须得到补偿,以弥补因持有对应现货而放弃的马上到手的资金所带来的收益。相反,期货合约的买方要在以后才付出现金,交收现货,必须支付使用资金头寸,推迟现货支付的费用,因而,期货价格必然高于现货价格,以反映这些融资或持仓成本(融资成本一般用这段时间的无风险利率表示)。即有:

$$期货价格 = 现货价格 + 融资成本$$

如果对应资产是一个支付现金股息的股票组合,那么购买期货合约的一方因没有持有这个股票组合而没有收到股息。相反,合约卖方因持有对应股票组合收到了股息,因而减少了其持仓成本。期货价格要向下调整相当于股息的幅度,结果,期货价格是净持仓成本,即融资成本减去对应资产收益的函数。即有:

$$期货价格 = 现货价格 + 融资成本 - 股息收益$$

一般的,当融资成本和股息收益用连续复利表示时,期货的定价公式为:

$$F = S \cdot \exp[(r-q)(T-t)]$$

式中,F 为期货合约在时间 t 的价值;S 为期货合约标的资产在时间 t 的价值;r 为对时刻 T 到期的一项投资,在时刻 t 以连续复利计算的无风险利率(%);q 为股息收益率,以连续复利计(%);T 为期货合约到期时间(年);t 为现在的时间(年)。

考虑一个标准普尔500指数的3个月期货合约。假设用来计算指数的股票股息收益率换算为连续复利为每年3%,标准普尔500指数现值为400,连续复利的无风险利率为每年8%。这里 $r = 0.08$,$S = 400$,$T - t = 0.25$,$q = 0.03$,则期货价格 F 为:

$$F = 400\exp(0.05)(0.25) = 405.03$$

我们将这个均衡期货价格称为理论期货价格。实践中,由于模型假设的条件不能完全满足,实际价格可能偏离理论价格。但如果将这些因素考虑进去,那么实证分析已经表明,实际期货价格和理论期货价格没有显著差异。

三、理性预期定价模型

理性预期学派运用无风险套利定价模型对期货的理论价格进行计算时发现,期货实际价格运行与计算出来的价差的分布并非一个随机数列。在上涨初期,期货价格往往比较接近理论价格,甚至稍稍高于理论价格;而下跌初期则刚好相反,期货价格往往大幅低于理论价格。这说明,理论上的理性人假设并不能完全解释市场的这一行为,还有其他因素影响了期货的价格。

行为金融学认为,造成上涨时的溢价与下跌时的负溢价的原因,可以归结为投资者对未来价格的预期。当价格出现上涨时,投资者预期价格会进一步上涨,愿意以较高的价格买入;反之,下跌时尽管价格比理论价格更低,但大部分投资者预期价格会继续下跌,不愿意在目前的价格下购买。

正是由于期货的实际定价反映了投资者的预期效应,因而期货有价格发现的作用,也就是说,期货的价格会反映现货市场的价格走势。有部分研究将价格发现作用归结于套利交易对现货的拉动作用,当期货价格上涨幅度超过现货一定比例时,套利者将卖出期货买入现货获取无风险利润,现货价格会由于套利交易而上涨。但套利交易的拉动效应无法解释在没有做空机制的情况下指数期货在下跌过程中仍有价格发现作用。因此,价格发现作用的本质是期货定价中的预期效应,套利交易只是提高了市场价格的传递效率而已。

预期效应的另外一个影响是价格逆向效应。有经验的投资者大多有这样的体会,当利好消息公布时,如果价格已经提前涨了,反而价格会下跌;而当利空消息公布时,如果价格已提前调整,反而会出现上涨。期货交易中也会出现类似的价格逆向效应,当期货出现比现货价格高很多的情况时,往往是现货价格见顶的信号;而期货出现比现货价格低很多的情况时,行情反而有逆转机会。按照我国台湾地区市场的经验,当期货的价格与现货的基差超过1%时,市场发生逆转的概率比较大。

预期效应对投资者的另外一个影响,是套期保值交易需要面对时间差问题。对于套期保值者来说,由于期货价格已经反映了对未来价格的预期,如果使用当前期货价格对目前持有的资产进行跌价保护,实际上两者的价格之间存在着一定的时间差,套期保值交易可能会失败,套期保值者会遭受期货与现货的双重损失。因此,套期保值交易也需要考虑现货价格的预期效应,只有客观估计到期日现货较当前期货价格仍有空间,或者进行全面的投资管理规划后,才能够运用期货进行套期保值交易。

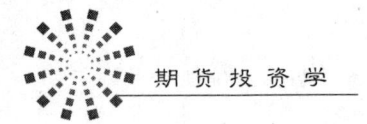

第三节 影响期货价格的因素

期货投资具有高风险性,但任何投资品种都有它的特点和规律,只要把握住了市场的脉搏,就可以控制风险。投资者在进行期货投资时,一定要清楚影响期货价格走势最重要的因素。影响期货价格变动的因素有供求关系、经济周期、政府政策、政治因素、社会因素、季节性因素、心理因素和金融货币变动因素等。

一、供求关系

期货交易的价格变化受市场供求关系的影响最大。总体的趋势是:当供大于求时,期货价格下跌;反之,期货价格就上升。虽然其他因素在期价上涨或下跌过程中对期价短期波动有一些影响,但决定期货价格的根本因素只能是供求关系。

举一个简单的例子。2003年3月LME铜价开始攀升至今(从1 500美元/吨涨到目前的5 000美元/吨),世界铜库存也由当时的150万吨下降到了目前的7万吨左右。当然,上涨过程并非一帆风顺,铜价曾受到过很多利空因素的猛烈打击,但到目前为止,铜价依然在不断创出历史新高。虽然从某种程度上说,国际投资基金在期货价格涨跌中起着推波助澜的作用(由于国际投资基金对宏观基本面的理解更为深刻,并具有"先知先觉"的特性),但国际基金也必须迎合市场趋势进行运作。因此,把握市场趋势,顺势而为,就一定有赚钱机会。

铜价走势给我们的启示是:一些非供求因素对期货价格的变化起到了越来越大的作用,使得投资市场变得更加复杂,也更加难以预料。但供求关系是决定商品期货价格最重要的因素,利率、汇率、政治及商品季节性变化等因素虽然会影响铜价的短期波动,但不会改变铜市场的大趋势。在期货市场中,由于国际投资基金在价格涨跌过程中经常利用各种各样的信息来制造炒作题材,铜价可能会在局部出现过度涨跌,但价格的总体趋势不会违背市场的基本面。经验表明,顺势而为永远是期货操作的主基调,因为市场永远是对的。

二、经济周期

经济周期也称商业周期、景气循环,经济周期一般是指经济活动沿着经济发展的总体趋势所经历的有规律的扩张和收缩,反映的是国民收入或总体经济活动扩张与紧缩的交替或周期性波动变化。

经济周期波动跟世界各国的经济景气相关,会直接影响期货价格的高低,处在经济周期的不同阶段,要采取不同的应对策略。经济周期需要通过一组经济总量指标,包括GDP、就业和金融市场指标等才能够说明。

按照周期波动的时间长短划分,经济周期主要有三种类型,即长周期、中周期和短周期。经济周期一般由复苏、繁荣、衰退和萧条四个阶段构成。复苏阶段开始时是前一周期的最低点,产出和价格均处于最低水平。随着经济的复苏、生产的恢复和需求的增长,价格也开始逐步回升。繁荣阶段是经济周期的高峰阶段,由于投资需求和消费需求的不断扩张超过了产出的增长,刺激价格迅速上涨到较高水平。衰退阶段出现在经济周期高峰过去后,经济开始滑坡,由于需求的萎缩,供给大大超过需求,价格迅速下跌。萧条阶段是经济周期的谷底,供给和需求均处于较低水平,价格停止下跌,处于低水平。

三、金融因素

期货交易与金融市场有着紧密的联系。利率的高低、汇率的变动都直接影响期货价格的变动。在世界经济发展过程中,各国的通货膨胀、汇率以及利率的上下波动,已成为经济生活中的普遍现象,对期货市场带来了日益明显的影响。

第一,利率。利率调节是政府紧缩或扩张经济的宏观调控手段。2019年8月14日,欧盟统计局公布的数据显示,德国第二季度GDP环比下降0.1%。数据公布后,德国10年期国债收益率创下新低,至-0.623%。2019年8月21日,德国以-0.11%票面利率发行30年期国债,这是世界上首次有国家以负利率发行期限长达30年的国债。目前全球负收益率债券总额已达到15万亿美元,占全球所有政府债券的比率高达25%。国债等低风险债券成为投资者避险的重要选择。大宗商品价格与实际利率呈一定的负相关关系,负利率环境短期利好大宗商品;但长周期大宗商品价格的主要决定因素还是基本面需求的强弱。

第二,汇率。期货市场是一种开放性市场,期货价格与国际市场商品价格紧密相连。国际市场商品价格必然涉及各国货币的交换比值即汇率,汇率是本国货币与外国货币交换的比率。当本币贬值时,即使外国商品价格不变,以本国货币表示的外国商品价格也将上升;反之,则会下降。因此,汇率的高低变化必然影响相应的期货价格的变化。如2007年次贷危机以及2015年美联储加息导致了巴西雷亚尔的贬值,汇率贬值带来的资金外流使得巴西股指承压。此外,作为原材料出口大国,巴西供应全球11.81%的铝土矿及35.98%的大豆,在汇率贬值期间,中国的铝价及大豆价格同样承压下行;汇率贬值使得商品出口价格下跌,也是造成巴西经济进一步承压的原因之一。2019年阿根廷比索大跌,主要原因是人们对阿根廷主权债务违约风险的担忧。整个国家的股市、汇市全线崩

盘,阿根廷比索兑美元一度跌超30%;阿根廷主要股指 MERVAL Index 跌幅扩大至29%,创2008年以来最大单日跌幅。

四、政治及政策因素

期货市场价格对国际国内政治气候、相关政策的变化十分敏感。政治因素主要是指国际国内政治局势、国际性政治事件的爆发及由此引起的国际关系格局的变化,国际性经贸组织的建立及有关商品协议的达成,政府对经济干预所采取的各种政策和措施等,这些因素将会引起期货市场价格的波动。在分析政治因素对期货价格的影响时,应注意不同的商品所受影响程度是不同的。如国际局势紧张时,对战略性物资价格的影响就比对其他商品的影响大。如2019年9月14日,10架无人机轰炸了位于沙特阿拉伯东部全球最大原油加工设施以及沙特阿拉伯第二大油田,原油日产量因此减少约570万桶,约占沙特石油产量的50%,占国际市场每日原油供应量的5%。这次袭击还导致沙特乙烷和液化天然气的供应量减少了大约50%。2019年9月16日,布伦特原油一度飙涨近19%,站上70美元/桶,创1991年以来最大日内涨幅,WTI原油开涨13%,美原油开盘跳涨约15%。国内市场方面,上海期货交易所上市的上海原油主力合约SC1911开盘后迅速涨停,截至9月16日收盘上涨6.35%,报收470.3元/桶。目前,中美贸易争端的长期性复杂性、英国脱欧的不确定性、地缘政治紧张局势的不断加剧等政治因素,都将继续给国际油价带来较大压力,对油价走势将产生重要影响。

五、其他因素

第一,社会因素。社会因素是指公众的观念、社会心理趋势、传播媒介对商品价格的影响。例如特朗普自2016年当选美国总统以来,平均每天至少发布10条推文。2018年至今,特朗普在证券市场交易时间大约发布了4 000条原创推文,其中有146次引发了市场一定的波动。

第二,季节性因素。许多期货商品尤其是农产品有明显的季节性,价格亦随季节变化而波动。例如,大豆市场的特点是:每年从3月份、4月份开始,南美新豆上市,进口量增多,致使现货价格走到谷底;随着5月份、6月份消费旺季的来临,价格从谷底缓慢回升;至7月份、8月份大豆青黄不接时,价格达到年内峰顶;10月份后,由于北半球的新豆上市,价格再次回落至谷底;1月份、2月份,随年关消费高潮的来临,价格略有反弹,并于年关后重回3月、4月份的谷底。如此循环往复。

第三,心理因素。所谓心理因素,就是交易者对市场的信心,即所谓的"人气"。如对某商品看好时,即使无任何利好因素,该商品价格也会上涨;而当看淡时,即使无任何利淡消息,价格也会下跌。例如,期货市场中的羊群效应就产生于投资者的从众心理,在面临不确定性时,为了减少投资损失,投资者往往会忽略自身拥有的信息,而根据市场中多数人的投资行为,倾向于交易某一类或者某一只期货合约,导致期货合约价格的异常波动。

本章小结

本章讲述了商品期货价格的构成,介绍了期货定价的理论基础、持有成本定价模型、理性预期定价模型和影响期货价格的主要因素。

商品期货价格由以下四个部分组成:商品生产成本、期货商品流通费用、期货交易成本和预期利润。若记 F 为期货价格,P 为现货价格,C 为持有成本,E 为期货交易成本,R 为预期利润,则:$F=P+C+E+R$。由此可知,商品期货价格大于同种商品的同期现货价格。将现货价格与期货价格之差定义为基差,用 B 表示,则:$B=P-F=-(C+E+R)$。

期货定价的理论基础是期货价格收敛于现货价格。

持有成本定价模型建立在有效市场假说的基础之上,通过现货价格来推算期货的理论价格。该理论认为,当期货实际价格扣除交易所需的相关费用后仍高于或低于期货理论价格时,表明市场上的期货价格已偏离其理论价格,于是就会产生无风险套利机会。期货价格=现货价格+融资成本,如果对应资产是一个支付现金股息的股票组合,则:期货价格=现货价格+融资成本-股息收益。指数期货定价公式为:$F = S \cdot \exp[(r-q)(T-t)]$。

理性预期定价模型认为,上涨时的溢价与下跌时的负溢价可以归结为投资者对未来价格的预期。期货实际定价反映了投资者的预期效应,因此,期货有价格发现作用。预期效应的另一个影响是价格逆向效应,当期货出现比现货价格高很多的情况时,往往是现货价格见顶的信号;而期货出现比现货价格低很多的情况时,行情反而有逆转机会。预期效应对投资者的另外一个影响,是套期保值交易中需要面对时间差问题。

影响期货价格变动的因素有供求关系、经济周期、金融因素、政治和政策因素以及其他因素。

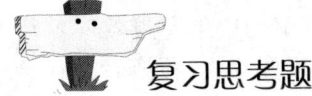

一、名词解释

1. 持有成本 2. 期货交易成本 3. 预期利润 4. 社会因素 5. 季节性因素 6. 心理因素

二、简答题

1. 简述商品期货价格的构成。
2. 简述期货定价的理论基础。
3. 简述持有成本定价模型。
4. 简述理性预期定价模型。
5. 供求关系如何影响期货价格？
6. 经济周期如何影响期货价格？
7. 金融因素如何影响期货价格？

第八章 期货投资分析方法

教学目标

通过本章学习,掌握期货投资的基本分析方法、技术分析方法,了解有效市场理论与期货投资的关系。

学习重点

- 供给、需求与期货价格的关系
- 交易量和持仓量的关系
- 技术分析的主要指标
- 道氏分析
- 图形分析
- 趋势分析
- 形态分析
- 指标分析
- 有效市场理论

第一节 基本分析方法

一、基本分析方法概述

(一)基本分析方法的概念

基本分析方法是根据商品的产量、库存量和预计需求量,即根据商品的供给和需求关系以及影响供求关系变化的种种因素来预测商品价格走势的分析方法。

（二）基本分析方法的特点

1. 分析价格变动的中长期趋势。期货交易者利用基本分析法，主要分析期货市场的中长期价格走势，即所谓大势，并以此为依据中长期持有合约，不必注意日常市价的反复波动，频繁地改变持仓方向。

2. 研究价格变动的根本原因。相对于技术分析方法而言，基本分析方法更关注期货市场价格变动的根本原因，它通过分析一些能实质性影响期货市场价格的因素来判断期货市场的走势。

3. 主要分析宏观因素。基本分析方法主要分析宏观因素，如总供给与总需求的变动，国际国内的经济形势，自然因素和政治因素等。

二、供给与市场价格的关系

基本分析法所依据的经济学原理是，商品的价格由供给和需求的变化决定，供求力量的均衡形成商品的市场价格。因此，要掌握基本分析法，就必须先把握其理论基础——供求原理。供给是指在一定时间、一定地点和某一价格水平下，生产者或卖者愿意并可能提供的某种商品或劳务的数量。

（一）供给法则

一般说来，市场价格越高，卖方愿意为市场提供的产品数量越多，即：价格越高，供给量越大；价格越低，供给量越小。供给量与价格同方向变动，这就是供给法则。

（二）供给弹性

供给法则说明了供给量与价格间的变动方向，但没有显示出变动的幅度。不同商品之间，其供给量对价格的反应敏感性可用供给弹性来说明。供给弹性是指价格变化引起供给量变化的敏感程度，即价格变动1%时供给量变动的百分比。一般来说，大多数商品短期内的供给都相当缺乏弹性，因为生产对于价格上涨的反应有时间上的滞后性，生产者或厂商不可能仓促地依据价格短时间内的变化而频繁地改变生产计划。所以，短期内，大多数商品的供给价格弹性都较低。影响某一商品供给量变动的因素除了价格之外，还有其他许多因素，如生产成本的增加、竞争性商品价格的变化等。

（三）商品市场的供给量构成

商品市场的供给量主要由前期库存量、当期生产量和当期进口量三部分组成。这三方面的供给对期货价格的影响不可忽视。

1. 前期库存量。前期库存量是指上一季（或上一年）积存下来可供社会消费的商品实物量，它是构成总供给量的重要组成部分。根据存货持有者身份的不同，可分为生产者存货、经营者存货和政府存货。前期库存量的多少，体现着供应量的紧张程度,供应短缺将导致价格上涨,而供应充裕将导致价格下跌。因而,对于能够储藏的小麦、玉米、大豆等农产品以及能源和金属矿产品等,研究前期库存非常重要。

2. 当期生产量。由于期货合约所交易的商品是在合约成交时刚投入或即将投入生产的产品,在此期间,商品生产者可能受各种因素的影响而改变其生产计划,或使其实际产量、计划量发生大的变化,因此,当期产品产量本身就是一个变量。这一点对于受自然因素影响较大的农产品尤其是某些不能储藏的商品来说,表现尤为明显。对于农产品期货,必须注意分析研究播种面积、气候情况和作物生产条件、生产成本以及政府的农业政策等因素的变动情况,只有这样,才能较好地掌握当期生产量。

3. 当期进口量。某种商品进口数量越多,占整个国家社会消费总量的比重越大,则进口量的变化对商品供给和商品价格的影响也就越大。商品的实际进口量往往会因政治或经济的原因而发生变化。因此,应尽可能及时了解和掌握国际形势、价格水平、进口政策和进口量的变化。

(四)影响期货商品供给的其他因素

从长期来看,影响期货商品供给的一般因素除了上述内容,还有生产能力、生产商的总数、替代产品的相对生产成本、社会风俗习惯以及国家的宏观经济政策等。因此,在研究商品供给量时,应综合考虑各种因素。

三、需求与市场价格的关系

需求是指在一定时间、一定地点和某一价格水平下,消费者对某一商品所愿意并有能力购买的数量。

(一)需求法则

一般说来,在其他条件不变的情况下,商品价格越高,人们对它的需求量就越小;反之,商品价格越低,人们对它的需求量就越大。价格和需求之间这种呈相反方向变化的关系就是需求法则。

(二)需求弹性

需求的价格弹性是指需求量对价格的反应程度,或者说价格变动1%时需求量变动的百分比。当价格稍有下降即造成需求大量增加时,称为需求有弹性;反之,如果价格下跌很多,仅造成需求的少量增加,则称需求缺乏弹性。有的商品,如一些非必需品,或存在替代产品的商品,当价格上涨时,需求量明显下降,其需求弹性较大;有的商品,无论价格怎么变动,其需求量总保持在较为稳定的范围内,其需求缺乏弹性。

(三)商品市场的需求量构成

商品市场的需求量通常由国内消费量、出口量及期末商品结存量三个部分组成。

1. 国内消费量。某种商品的国内消费量并非一个固定不变的常数,而是受各种因素影响而发生变化的。影响国内消费量变化的因素有:消费者购买力的变化,人口增长及消费结构的变化,政府收入与就业政策等。一般来说,这些因素的变化对期货商品需求及价格的影响要大于对现货市场的影响。

2. 出口量。在产量一定的情况下,某种商品出口量的增加,会减少对国内市场的供应;相反,出口量减少,会增加国内市场的供应量。因此,商品出口量的变化会引起国内市场商品供求状况的变化,从而对该商品的价格产生影响。

3. 期末商品结存量。这是分析期货商品价格变化趋势最重要的数据之一。一般来说,如果当年年底商品存货量增加,则表示当年商品供应量大于需求量,下年的商品期货价格有可能会下跌;如果当年年底商品存货量减少,表示当年商品需求量大于供应量,则下年的期货商品价格将会上升。因此,必须及时了解本国有关商品生产国和进口国的商品期末结存量。

(四)影响需求的其他因素

影响需求的其他因素还有:消费者的购买力、消费者偏好、代用品的供求、人口变动、商品结构变化以及其他非价格因素等。

四、影响价格的其他因素

基本分析法是利用期货市场中交易商品供求关系的变化来预测未来市场价格走势的变化,以决定买卖策略。在分析影响商品供求各种因素及其相互关系的基础上,还需进一步分析影响商品价格的其他因素,这些因素包括经济周期波动因素、金融货币因素、政治因素、政策因素、自然因素、投机和心理因素等,这些因素最终都通过供求关系影响期货市场的价格。对这些因素,我们已在上一章第三节相关内容中进行了简要叙述。

第二节 技术分析方法

一、技术分析的理论基础

(一)技术分析的概念

技术分析通过对市场行为本身的分析来预测市场价格的变动方向,它主要是将期货市场的日常交易状态,包括成交量的波动幅度、成交量与空盘量的变化等资料,按照时间顺序绘制成图形或图表,然后针对这些图形或图表进行分析研究,以预测期货价格走势。

（二）技术分析的三个基本假定

1. 市场行为包容消化一切。"市场行为包容消化一切"构成了技术分析的基础，除非你已经完全理解和接受了这个前提条件，否则学习技术分析就毫无意义。技术分析者认为，能够影响某种商品期货价格的任何因素——基础的、政治的、心理的或任何其他方面的因素——实际上都反映在其价格之中。由此推论，我们必须做的事情就是研究价格的变化。这个假定的实质含义是：价格变化必定反映供求关系，如果需求大于供给，价格必然上涨；如果供给大于需求，价格必然下跌。供求规律是所有经济预测方法的出发点，把它倒过来，那么，只要价格上涨，不论因为什么具体的原因，需求一定超过供给；如果价格下跌，市场必定看淡。归根结底，技术分析者不过是通过价格的变化来间接地研究基本面。大多数技术派人士也会同意，正是某种商品的供求关系即基本面决定了该商品的看涨或者看跌。图表本身虽不能导致市场的升跌，却简明地显示了市场上流行的乐观或悲观的心态。

图表派通常不理会价格涨落的原因，而且在价格趋势形成早期或者市场正处在关键转折点时，往往没有人能确切地了解市场为什么会有如此这般的古怪动作。恰恰是在这种至关紧要的时刻，技术分析者常常独辟蹊径，一语中的。实际上，图表分析师只不过是通过研究价格图表及大量的辅助技术指标，让市场自己揭示它最可能的走势。技术派当然知道市场涨落肯定有缘故，但他们认为，这些因素对于分析预测无关痛痒。

2. 价格以趋势方式演变。"趋势"概念是技术分析的核心。研究价格图表的全部意义，就是要在一个趋势发生发展的早期，及时准确地把它揭示出来，从而达到顺着趋势交易的目的。事实上，技术分析在本质上就是顺应趋势，即以判定和追随既成趋势为目的。由此可以推断，对于一个既成的趋势来说，下一步常常是沿着现有趋势方向继续演变，掉头反向的可能性要小得多。换个说法就是：当前的趋势将一直持续到掉头反向为止。这里强调的是：要坚定不移地顺应一个既成趋势，直至有反向的征兆为止。

3. 历史会重演。这是从人的心理因素方面考虑的。期货投资无非是一个追求利益的行为，不论昨天、今天或明天，这个动机都不会改变。在这种心理状态引导下，人类的交易将趋于一定的模式并导致历史重演。因此，过去价格的变动方式在未来可能不断发生，值得投资者研究，并且可以利用统计分析的方法，从中发现一些规律性的图形，整理出一套有效的操作原则。

（三）技术分析的特点

技术分析具有以下特点：

1. 量化指标特性。技术分析提供的量化指标可以指示出行情的转折所在。

2. 趋势追逐特性。由技术分析得出的结果可以告诉人们如何去追逐趋势，而非创造趋势或引导趋势。

3. 直观、现实。技术分析所提供的图表是历史轨迹的记录，无虚假与臆断之弊端。

因此，技术分析首先进行图表的制作，进而做出分析、判断。

二、技术分析的基础指标

期货价格技术分析的主要基础指标有开盘价、收盘价、最高价、最低价、成交量和未平仓合约量。

开盘价，即开市前 5 分钟集合竞价产生的价格。

收盘价，即当日交易的最后一笔成交价格。

最高价，即当日的最高交易价格。

最低价，即当日的最低交易价格。

成交量，即在一定的交易时间内某种商品期货在交易所成交的合约数量。在中国内地，不同期货交易所对合约交易量的统计有差异，中国金融期货交易所采取单边计算，而其他三家期货交易所采取双边计算。单边计算是发展趋势。

未平仓合约量是指买入或卖出后尚未对冲及进行实物交割的某种商品期货合约的数量，也称持仓量或空盘量。未平仓合约的买方和卖方是相等的，未平仓合约量只是买方和卖方合计的数量。如买卖双方均为新开仓，则未平仓合约量增加 2 个合约量；如果其中一方为新开仓，另一方为平仓，则未平仓合约量不变；如买卖双方均为平仓，未平仓合约量减少 2 个合约量。当下次开仓数与平仓数相等时，未平仓合约量也不变。由于未平仓合约量是从该种期货合约开始交易起，到计算该未平仓合约量止这段时间内尚未对冲结算的合约数量，未平仓合约量越大，该合约到期前平仓交易量和实物交割量的总和就越大，成交量也就越大。因此，分析未平仓合约量的变化，可推测资金在期货市场的流向。未平仓合约量增加，表明资金正流入期货市场；反之，则说明资金正流出期货市场。

三、成交量、未平仓合约量与价格的关系

成交量和未平仓合约量的变化会对期货价格产生影响，期货价格变化也会引起成交量和未平仓量的变化。因此，分析三者的变化，有利于正确预测期货价格走势。

第一,成交量、未平仓合约量增加,价格上升,表示新买方正在大量收购,近期内价格还可能继续上涨。

第二,成交量、未平仓合约量减少,价格上升,表示卖空者大量补货平仓,价格短期内向上,但不久将可能回落。

第三,成交量增加,价格上升,但未平仓合约量减少,说明卖空者和买空者都在大量平仓,价格马上会下跌。

第四,成交量、未平仓合约量增加,价格下跌,表明卖空者大量出售合约,短期内价格还可能下跌,但如果抛售过度,反而可能使价格上升。

第五,成交量、未平仓合约量减少,价格下跌,表明大量买空者急于卖货平仓,短期内价格将继续下降。

第六,成交量增加、未平仓合约量和价格下跌,表明卖空者利用买空者卖货平仓导致价格下跌之际,陆续补货平仓获利,价格可能转为回升。

从以上分析可见,一般情况下,如果成交量、未平仓合约量与价格同向,其价格趋势可以继续维持一段时间;如两者与价格反向时,价格走势可能转向。当然,这还需结合不同的价格形态,做进一步的具体分析。

四、图形分析

在技术分析中,图形分析是最主要、最普遍的分析方法,包括以下三种最基本的价格图形。

(一) K 线图

K 线图又可称为蜡烛图。在 K 线图中,纵轴代表价格,横轴代表时间。按时间单位的不同,K 线图可分为分时图、日线图、周线图、月线图等。K 线图绘制比较简单,以日线图为例,两个尖端,在上的是上影线,在下的是下影线,分别代表当日的最高价和最低价,中间类似蜡烛的长方形,则表明当日的开盘价和收盘价。图 8-1 记录了低开高收的市场情况,即收盘价大于开盘价,称为阳线。在黑白图中,实体部分以白色表示。图 8-2 记录了高开低收的市况,即开盘价大于收盘价,称为阴线,在黑白图中,实体部分以黑色表示。由于每天价格的波动情况不一样,每天出现的阴线或阳线的形状也不同。为加强视觉效果,通常用红色代表阳线,绿色代表阴线。观察 K 线图,可以很明显地看出该日市况"低开高收"还是"高开低收",形象鲜明,直观实用。

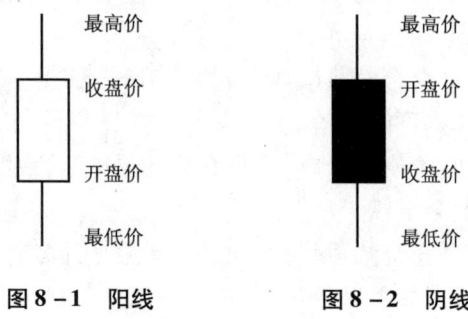

图 8-1 阳线　　　　图 8-2 阴线

(二) 条形图

条形图是价格图中最简单的一种。按时间不同,又可分为分时图、日图、周图、月图等。以日条形图为例(见图 8-3),每个交易日由一条连接当日最高价和最低价的竖线表示,当日开盘价由一条与竖线相交、位于竖线左侧的短横线表示;当日收盘价由一条与竖线相交,位于竖线右侧的短横线表示(通常开盘价省略)。

图 8-3　条形图

(三) 点数图

点数图,又称 OX 图,是以点数为单位记录价格变化的图形。在点数图中,纵轴代表价格,每一小格代表价格的货币单位,俗称规格。每一小格代表多少货币价格单位,通常由制图者自行选择。其横轴不代表任何固定的时间单位,只是随着时间的推移,价格一栏一栏反复地变动。因此,点数图既不记录成交量,也不记录时间。在点数图中,用 × 表示价格上升,○ 表示价格下降。当价格连续上升或下降时,就在同一纵列方格按垂直方向填上 × 或 ○ 符号;当价格出现相反趋势时,就在相邻的纵列中填上新的活动方向。

```
      ×
      × ○        ○
      × ○ ×      ○
      × ○ × × ○ ○
      × ○ × × ○ ○
```

图 8-4　点数图

五、道氏理论与趋势分析

(一) 道氏理论

1. 道氏理论的形成过程及基本思想。道氏理论是技术分析的基础,该理论的创始人是美国人查尔斯·亨利·道(Charles H. Dow)。为了反映市场总体趋势,他与爱德华·琼斯创立了著名的道·琼斯平均指数。他们在《华尔街日报》上发表的有关股市的文章,经后人整理,成为我们今天看到的道氏理论。

2. 道氏理论的主要原理。道氏理论是技术分析的基础,其主要原理为:第一,市场价格指数可以解释和反映市场的大部分行为。这是道氏理论对证券市场的重大贡献。道氏理论认为收盘价是最重要的价格,并利用收盘价计算平均价格指数。此外,该理论还提出了平均价格涵盖一切信息的假设。目前,这仍是技术分析的一个基本假设。第二,市场波动有三种趋势,即主要趋势、次要趋势和短暂趋势。用海水做比喻,这三种趋势就犹如海潮、海浪和波纹。第三,交易量在确定趋势中的作用。趋势的反转点是确定投资的关键。交易量提供的信息有助于我们解决一些令人困惑的市场行为。第四,收盘价是最重要的价格。

3. 道氏理论的应用及应注意的问题。道氏理论从来就不是用来指出应该买卖哪只期货品种的,它是在相关收盘价的基础上,确定期货品种市场的主要趋势,因此,道氏理论对大势的判断有较大的作用,但对每日都在发生的小波动则显得无能为力。道氏理论甚至对次要趋势的判断作用也不大。道氏理论的另一个不足是它的可操作性较差。一方面,道氏理论的结论落后于价格变化,信号太迟;另一方面,理论本身也存在不足,一个很优秀的道氏理论分析师在进行行情判断时,也会因一些不明确的信号而产生困惑。尽管道氏理论存在某些缺陷,有的内容对今天的投资者来说已过时,但它仍是许多技术分析的理论基础。近30年来,出现了很多新的技术,有相当一部分是道氏理论的延伸,这就在一定程度上弥补了道氏理论的不足。

(二)趋势线分析

1. 趋势线。趋势线(见图8-4)是衡量价格波动方向的,由趋势线的方向可以明确地看出价格的趋势。在上升趋势中,将两个低点连成一条直线,就得到上升趋势线。在下降趋势中,将两个高点连成一条直线,就得到下降趋势线。要得到一条真正起作用的趋势线,需要经过多方面的验证才能最终确认。首先,必须确实有趋势存在。其次,画出直线后,还应得到第三个点的验证,才能确认这条趋势线是有效的。

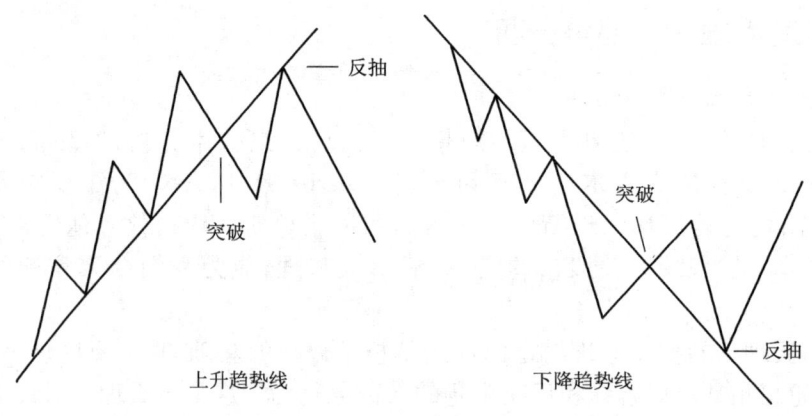

图8-4　上升趋势线和下降趋势线

2. 趋势线的作用。趋势线的作用在于:第一,对价格今后的变动起约束作用,也就是使价格总保持在这条趋势线的上方(上升趋势线)或下方(下降趋势线),实际上就是起支撑和压力作用。第二,趋势线被突破后,就说明价格下一步的走势将要向相反的方向运行。越重要、越有效的趋势线被突破,其转势的信号就越强烈。被突破的趋势线原来所起的支撑和压力作用,现在将相互交换角度,即原来是支撑线的,现在将起压力作用;原来是压力线的,现在将起支撑作用。

(三)回调与反弹

在上升趋势中,价格以上涨为主,但在上涨过程中,价格也会出现回调。在下降趋势中,价格以下跌为主,但在下跌过程中,价格也会出现反弹。

六、形态分析

价格形态有两种最主要的分类——反转形态和持续形态。反转形态名副其实,意味着趋势正在发生重要反转;相反,持续形态则显示市场很可能仅仅是暂时做一段时间的休整,把近期的超买或超卖状况调整一番,过后,现有的趋势仍将继续发展。关键是,必须在形态形成的过程中尽早判别出其所属的类型。

(一) 反转突破形态

最常用的主要反转突破形态有:双重顶(底)、头肩形、三重顶(底)、V字顶(底)以及圆形(盆形)顶(底)等形态。

1. 双重顶和双重底(见图8-5)。双重顶和双重底就是市场上众所周知的M头和W底,这种形态在实践中出现得非常频繁。

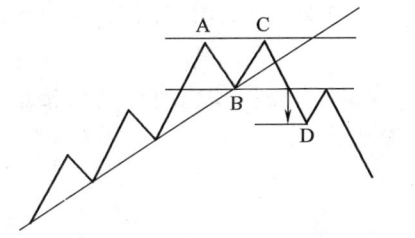
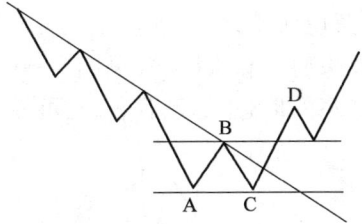

图8-5 双重顶和双重底

从图中可看出,双重顶一共出现两个顶和两个底,也就是两个相同高度的高点和低点。下面以M头为例,说明一下双重顶形成的过程。

在上升趋势过程的末期,价格在第一个高点处建立了新高点,之后进行正常的回档,受上升趋势线的支撑,这次回档将在B点附近停止。往后就是继续上升,但是力量不够,上升高度不足,在C点(与A点等高)遇到压力,价格向下,这样就形成A和C两个顶的形状。

M头形成以后有两种可能性:第一是未突破A点的支撑位置,价格在A、B、C三点形成的狭窄范围内上下波动,演变成后面要介绍的矩形。第二是突破B点的支撑位置继续向下,这种情况才是真正的双重顶反转突破形态。前一种情况只能说是出现了一个潜在的双重顶反转突破形态。

从B点作平行于A、C连线的平行线,得到一条非常重要的直线——颈线。A、C连线是趋势线,颈线是与这条趋势线对应的轨道线,这条轨道线在这里起的是支撑作用。

如前所述,一个真正的双重顶反转突破形态的出现,除了必要的两个相同高度的高点以外,还应该向下突破B点支撑。

突破颈线就是突破轨道线、突破支撑线,所以也有突破被认可的问题。有关支撑压力线被突破的确认原则主要是百分比原则和时间原则,前者要求突破到一定的百分比数,后者则要求突破后有多日成立,通常至少是两日。

双重顶反转突破形态一旦得到确认,就可以用它对后市进行预测了。它的主要功能是测算功能,现叙述如下:

从突破点算起,价格将至少要跌到与形态高度相等的距离。所谓的形态高度,就是从 A 或 C 到 B 的垂直距离,亦即从顶点到颈线的垂直距离。图 8-5 中右边箭头所指将是价格至少要跌到 D 的位置,换句话说,价格必须在这条线之下相等的距离才能找到像样的支撑。

以上是以双重顶为例。对于双重底,有完全相似或者说完全相同的结果。只要将对双重顶的介绍反过来叙述就可以了。比如,向下说成向上,高点说成低点,支撑说成压力,等等。

2. 头肩顶和头肩底(见图 8-6 及图 8-7)。头肩顶和头肩底是价格形态中出现最多的形态,是最著名、最可靠的反转突破形态。

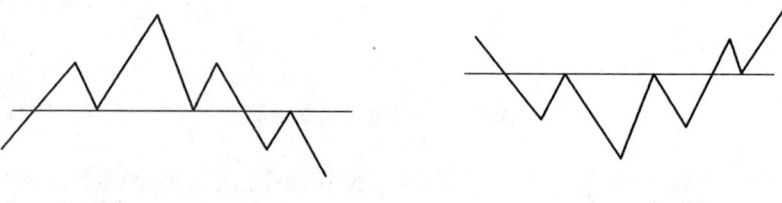

图 8-6　头肩顶　　　　　　图 8-7　头肩底

一个完美的头肩顶走势可以划分为以下不同的部分:①左肩部分。持续上升一段时间后,过去在任何时间买进的人都有利可图,于是开始获利沽出,令价格出现短期性的回落。这期间,成交量很大,不过,回落时的成交量要较上升到其顶点时显著减少。②头部。经过短暂的回落后,那些错过上次升势的人在这次的调整期间买进,于是推动价格回升,成交也随之增加。不过,最高点的成交量较之于左肩部分明显减小。价格突破上次的高点时,那些对前景没有信心和错过了上次高点获利回吐的人,或是在回落低点买进做短线投机的人又纷纷沽出,迫使行情再次回落,成交量在这一回落期间也同样减少。③右肩部分。行情下跌到恰好接近上次回落的低点时,又再次获得支持回升,那些后知后觉、错过了前面两次上升机会的投资者便在这次回升中跟进。可是,市场投资的情绪明显减弱,成交较左肩和头部大大减少,没法抵达头部高点便告回落,于是形成右肩部分。

如果把两次短期回落的低点用直线连接起来,便可以画出形态的颈线,只要颈线支持被跌破,形态便告正式形成。

简单来说,头肩顶的形态呈现三个明显的高峰,其中,位于中间的高峰较其他两个高峰的高点略高。至于成交量方面,则出现梯级型下降。头肩顶是一个不容易忽视的技术性走势,从该形态可以观察到多空双方的激烈争夺情况,行情上升后下跌,再上升再下跌,买方最后完全放弃,卖方完全控制了市场。这是一个长期性趋势的转向形态,通常会在牛市的尽头出现。当最近一个高点的成交量较前一个高点为低时,就暗示了头肩顶出现的可能性。当第三次回升价格没法升抵上次高点,成交量继续下降时,有经验的投资者就会把握机会沽出。当"头肩顶"颈线击破时,就是一个真正的卖出信号,虽然价格和最高点比较已经回落了相当的幅度,但跌势只是刚刚开始,未出货的投资者会继续沽出。当颈线跌破后,可根据该形态的最小跌幅量度方法预测价格会跌至哪一水平。这一量度的方法是:从头部的最高点画一条垂直线到颈线,然后在完成右肩突破颈线的一点开始,向下量出同样的长度,由此量出的价格就是将会下跌的最小幅度。

　　一般来说,左肩和右肩的高点大致相等,部分头肩顶的右肩较左肩为低。但如果右肩的高点较头部还要高,形态便不能成立。如果其颈线向下倾斜,显示市场非常疲乏无力。成交量方面,左肩最大,头部次之,右肩最小。不过,根据有关统计,1/3 的头肩顶左肩成交量较头部为多,1/3 两者的成交量大致相等,其余 1/3 头部的成交量大于左肩。当颈线跌破时,成交量不必增加也应该信赖。倘若成交量在跌破时激增,显示市场的抛售力量十分强大,会在成交量增加的情况下加速下跌。在跌破颈线后,可能会出现暂时性的回升后抽,此情形通常会在低成交量的跌破时出现。不过,暂时回升应该不超越颈线水平。头肩顶是一个杀伤力十分强大的形态,通常其跌幅大于量度出来的最小跌幅。假如价格最后在颈线水平回升,而且高于头部,又或是价格于跌破颈线后回升高于颈线,则可能是一个失败的头肩顶,不宜信赖。

　　头肩底和头肩顶的形状一样,只是整个形态倒转过来而已。不过,在成交量方面则有所不同。形成左肩部分时,在下跌的过程中,成交量显著增加,在左肩最低点回升时,成交量则有减少的倾向。接着又再次下跌,且跌破上次的最低点,成交量再次随着价格下跌而增加,较左肩反弹阶段时的成交量为多。从头部最低点回升时,成交量有可能增加。整个头部的成交量较左肩为多。当行情回升到上次反弹的高点时,出现第三次回落,这时的成交量明显少于左肩和头部,当价格跌至左肩的水平时,跌势便稳定下来。最后,正式启动上升趋势,且伴随着成交量的大量增加。当其颈线阻力被冲破时,成交量更是显著上升,整个形态便告成立。该形态又称作"倒转头肩式"走势。

　　头肩底的分析意义和头肩顶没有两样,它告诉我们,过去的长期性趋势已扭转过来。行情一次又一次下跌,第二次的低点(头部)虽然较先前的一个低点为低,但很快就掉头弹升。接下来的一次下跌未跌破上次的低点就已获得支持而回升,反映出看好的力量正逐步改变市场过去向淡的形势。当两次反弹的高点阻力(颈线)被打破后,显示看好的一方已完全把对方击倒,买方接替卖方完全控制了整个市场。

头肩底是一个转向形态,通常在熊市的底部出现。当头肩底颈线被突破时,就是一个真正的买入信号,虽然价格和最低点相比已上升了一段幅度,但升势还只是刚刚开始,尚未买入的投资者应继续追入。其最小幅度的量度方法是从头部的最低点画一条垂直线相交于颈线,然后在右肩突破颈线的一点开始,向上量度出同样的高度,所量出的价格就是将会上升的最小幅度。

头肩顶和头肩底形状差不多,主要区别在于成交量方面。当颈线阻力被突破时,必须有成交量激增的配合,否则就可能是一个假突破。如果在突破后成交逐渐增加,形态也可以确认。一般来说,头肩底形态较为平坦,因此需要较长的时间来完成。在升破颈线后,可能会出现暂时性的回跌,但回跌不应低于颈线。如果回跌低于颈线,没法突破颈线阻力,就可能是一个假的头肩底形态。头肩底一旦获得确认,升幅大多会大于其最小升幅。

3. 三重顶(底)形态(见图8-8)。三重顶(底)形态是头肩形态的一种小小的变体,它由三个一样高或一样低的顶和底组成。三重顶(底)形态与头肩形的区别是头的价位回缩到与肩差不多相等的位置,有时甚至可能低于或高于肩部一点。从这个意义上讲,三重顶(底)与头肩形也有相似的地方,前者比后者多"折腾"了一次。三重顶(底)的颈线差不多是水平的,三个顶和三个底也差不多是相等高度的。

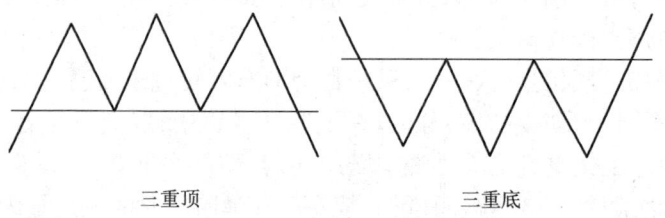

图8-8 三重顶和三重底

识别三重顶(底)主要是用识别头肩形的方法。直接应用头肩形的结论并应注意以下事项:头肩形适用的东西三重顶(底)都适用,这是因为三重顶(底)本质上就是头肩形。有些文献并不把三重顶(底)单独看成一类形态,而是直接纳入头肩形态。与一般头肩形的区别是,三重顶(底)的颈线和顶(底)或低部连线是水平的,这就使得三重顶(底)具有矩形的特征。比起头肩形,三重顶(底)更容易演变成持续形态而不是反转形态。另外,如果三重顶(底)的三个顶或底的高度从左到右依次是下降(上升)的,则三重顶(底)就演变成了直角三角形态。

4. 圆弧形态(见图 8-9)。圆弧形态包括圆弧顶和圆弧底。

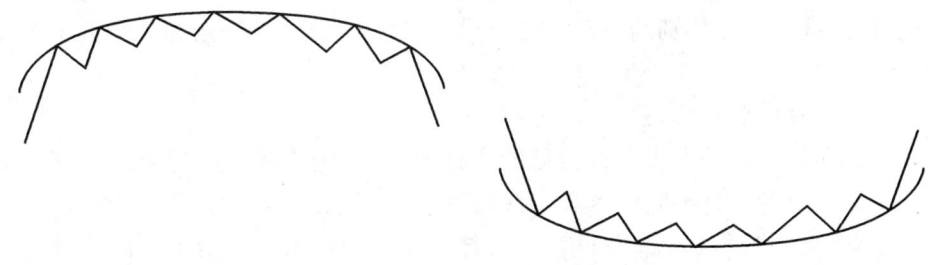

图 8-9 圆弧顶和圆弧底

(1)圆弧顶。行情经过一段时间的上升后,升势虽然持续,但速度已放缓,上升的轨迹出现了新的改变。价格虽然不断地升向新高,但较上个高点高不了多少即回落,但只是稍作回落,又迅速弹升。开始,每一个新高点都较前一个为高,到了后来,每一个回升的高点都略低于上一个高点。如果把这一区域的每一个短期高点连接起来,便可画出一个弧形,这就是圆弧顶,有时也称为碟形或碗形顶。在成交量方面,圆弧顶没有较明显的特征,有时在顶点的成交量会逐渐减少,就像一个碟形形状。

该形态告诉我们:这是一个转向形态,暗示一次大的跌势即将来临,未来下跌之势将转急和转大;先知先觉或了解内情的投资者在形成圆形顶时离场,但圆形顶完全形成后,那些尚未来得及撤离的也应该马上沽出。

需要注意的是,有时当圆弧顶形成后,行情并不马上下跌,只是反复横向发展形成徘徊区域,这一徘徊区域称作"碟柄"。一般来说,该"碟柄"很快便会突破,行情会继续朝着预期的下跌趋势发展。

(2)圆弧底。与圆弧顶的走势刚好相反,行情回落到低水平时渐渐稳定下来,这时的成交量很小,投资者不会不计价抢高,只是有耐心地限价收集。于是,价格形成一个圆形的底部,我们称之为圆弧底。成交量方面,起初缓慢地减少到一个水平,然后又逐渐增加。在整个碟形底中,成交量也像一个碟状。该形态告诉我们,这是一个转向形态,显示一次巨大的升势即将来临,投资者可在圆弧底升势转急之初追入。

圆弧底通常以一个长的、平底的形态出现在低价水平,一般来说需要较长时间才能完成;在形成圆弧底后,价格可能会反复徘徊,形成一个平台(或称之为"碟柄"),这时成交量已逐渐增大。在价格突破平台时,成交量必须显著增大。

假如圆弧底出现时成交量并不随价格做弧形的增加,该形态就不宜信赖,应该等待进一步的变化再做决定。

5.V形反转。V形反转形态出现在市场剧烈波动之时。它的顶部或底部都只出现一次,这一点同其他反转形态有较大的区别。V形反转一般事先没有明显的征兆,我们只能从别的分析方法中得到一些不明确的信号,如已经到了支撑位、压力区等。

(二)持续整理形态

1.三角形。这是图表中最常见的一种形态,其走势属于整理形态。三角形整理形态可分为三种不同的形态:对称三角形、上升三角形和下降三角形。

(1)对称三角形(见图8-10)。对称三角形系价格在特定范围内波动而形成,其价格水平上下徘徊,每一次短期回升的高点都较上次为低,与此同时,新的短期回落的低点又都较上次为高,而成交量在这期间呈现下降倾向。

将图形上的高点和低点分别以直线连接起来,就可以画出一个上下对称的三角形状,而这两条线最终会相交于一点。

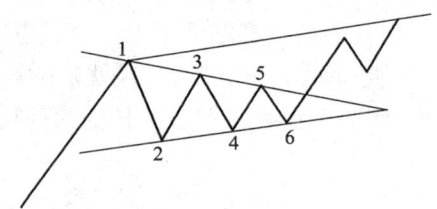

图8-10 对称三角形

对称三角形是买卖双方的力量在该段价格区域内势均力敌,暂时达到平衡状态所形成的。成交量在对称三角形形成的过程中不断减少,正反映出看好看淡力量对后市犹豫不决的观望态度,令市场暂时沉寂下来。一般情况下,经过对称三角形的徘徊整理后,会继续原来的趋势。在上升或下跌的过程中,都有可能出现这种形态。该形态也可以说是一个不明朗形态,反映出投资者对后市感到迷惘,难以做出买卖决策。行情必须往其中一方明显突破后,才可以采取相应的买卖行动。如果往上冲破阻力(必须得到成交量大量增加的配合),就是一个短期买入信号;反之,若是往下跌破支撑(在低成交量之下跌破),便是一个短期卖出信号。对称三角形的最小升幅量度方法是,向上突破时,从形态的第一个上升高点开始,画一条和底部平行的直线,可以预期至少会上升到这条线时才会遇上阻力。至于上升的速度,将会以形态开始之前同样的角度上升。用这一量度方法可以估计最小升幅的价格水平和所需要的完成时间。形态的最小跌幅,其量度方法也一样。

一个对称三角形的形成,必须要有明显的两个短期高点和短期低点出现。在对称三角形态完成之前,应该不断按照市场最新的变化对形态加以修正。例如,行情从3个低点回升,虽然轻微突破从高点连成的阻力线,但缺乏成交量的认同,又告回落。分析者这时就应该放弃原有的连线,通过第一和第三个短期高点,重新画出新的对称三角形。越接近三角形的尖端,未来突破的冲击力也就越小。在整个形态的1/2至3/4左右突破,所呈现的指示信号最为准确。对称三角形突破时,收市价必须突破形态的3%方可确认。如果向上突破形态,一定要有成交量增加的配合,否则就不可靠。如果是向下突破,也必须有低成交量才可相信。假如对称三角形向下突破时有极大的成交量,可能是一个错误的突破信号。倘若在三角形的尖端突破,且有高成交量伴随,情形尤为准确。虽然对称三角形大部分属于整理形态,不过也有可能在升市的顶部或跌市的底部出现。据统计,对称三角形中大约属整理形态,而余下的1/4则属转势形态。对称三角形突破后,可能会出现短暂的反方向移动(后抽),上升的后抽止于高点相连的线,下跌的后抽则阻于连线之下。倘若价格的后抽大于上述位置,形态的突破可能有误。

(2)上升三角形(见图8-11)。在某价格水平呈现出强大的卖压,价格从低点回升到这一水平便告回落,但市场的购买力量十分强大,价格未回至上次低点即告弹升,此情形持续下去会导致价格沿着一条水平阻力线波动且日渐收窄。把每一个短期波动高点连接起来,便可画出一条水平阻力线。而将每一个短期波动低点相连,则可画出另一条向上倾斜的线,这就是上升三角形。上升三角形和对称三角形相似,在形态形成的过程中成交量也不断减少。通常在上升三角形中,上升的部分成交量较大,而下降的部分成交量则较少。

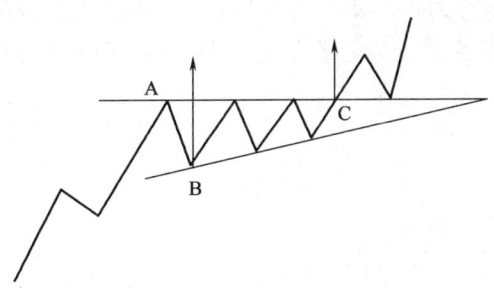

图8-11 上升三角形

上升三角形形成的理论基础是买卖双方在该范围内的角力现象,它反映出卖方力量在争持中已稍占上风。看淡的一方在其特定的价格水平不断卖出,他们并不急于出货,却又不看好未来市道,于是价格每升到他们心中认为理想的卖出水平便卖出,这可能是一种有计划的市场行为,是那些重仓持有的投资者在预先决定的价位做有计划的卖出。他们在同一价格的卖出形成了一条水平的供给线。不过,市场的购买力量很强,他们不待价格回落到上次的低点便迫不及待地买进,形成了一条向上方倾斜的需求线。另外,也可以解释为,部分人士有意把价格暂时压低,以达到进一步大量吸纳之目的。

上升三角形属于整理形态,大部分上升三角形都在上升的过程中出现,且暗示有向上突破的倾向;在向上突破上升三角形顶部的供给阻力时(并有成交量激增的配合),就是一个短期买入信号;其最小升幅的量度方法和对称三角形相同,从第一个短期回升高点开始,划出一条和底部平行的线,突破形态后,将会以形态开始前的速度上升到与这条线相交之处,甚至会超越它。

上升三角形形态在形成期间可能会出现轻微的错误变动,稍微跌破形态之后又重新回到形态之内,这时,技术性分析者必须根据第三或第四个短期性低点重新修正出新的上升三角形态。有时形态可能会出现变异,形成另外一些形态。虽然上升三角形暗示往上突破的机会较多,但也有往下跌破的可能,因此,投资者应该在形态明显突破后才采取相应的买卖决策。若往下跌破3%(收市价计算),投资者则应暂时卖出。上升三角形向上突破阻力时,如果没有成交量激增的配合,信号可能出错,投资者应继续观望,等待行情的进一步发展。若该形态向下突破,则不必有成交量的增加。上升三角形越早突破,则越少发生错误。如果价格反复走到形态的尖端后才跌出形态之外,这时的突破信号就不足为信。

(3)下降三角形(见图8-12)。下降三角形的形状和上升三角形恰好相反,在某特定的水平出现稳定的购买力,因此,每回落至该水平便告回升,形成一条水平的需求线。但是卖方力量却不断加强,每一次波动的高点都较前次为低,于是形成一条下倾斜的供给线,成交量在完成整个形态的过程中一直处于萎缩状态。

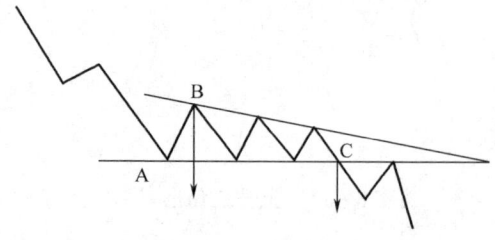

图8-12 下降三角形

虽然下降三角形的形成也是多空双方在某价格区域内角力的表现,但多空力量的分布却与上升三角形所显示的情形完全相反。看空的一方不断地增加卖出压力,价格还未回到上次高点便再卖出,而看好的一方坚守着某一价格的防线,导致行情每回落到该水平便获得支持。此外,该形态的形成也可能是有人在托价出货,直到筹码全部卖出为止。

下降三角形是一个"整理形态",通常出现在下跌过程中,而且具有往下突破的倾向。当购买方实力消耗尽时,卖方力量把水平的需求线支持力量击破,这就是一个短期卖出信号。其最小跌幅的量度方法和上升三角形相同。

虽然该形态反映出卖方力量占优势(供给线向下倾斜),形态往下跌破的可能性较高,但从过去的图示中发现,它也有向上突破的可能。因此,投资者宜在形态明显突破后采取行动。如果下降三角性往下跌破,无须大的成交量配合,一般在跌破后数天,成交量会呈现增加的趋势。但如果形态往上冲破阻力,就必须有成交量的明显增加来配合。在向下跌破后,有时可能会出现假的回升,回升将会受阻于下降三角形的底线水平之下。和其他三角形形态没有分别,下降三角越早突破,出错的机会越低。

2. 矩形(见图8-13)。矩形又叫箱形,也是一种典型的整理形态。期货价格在两条水平直线之间上下波动,做横向延伸运动。矩形在形成之初,多空双方全力投入,各不相让。空方在价格上升后,在某个位置就抛出,多方在价格下跌后,到某个价位就买入。时间一长,就形成了两条明显的上下界线。随着时间的推移,双方的战斗热情会逐步减弱,市场趋于平淡。从另一个角度分析,长方形也可能是投资者因后市发展不明朗,投资态度变得迷茫和不知所措造成的。因

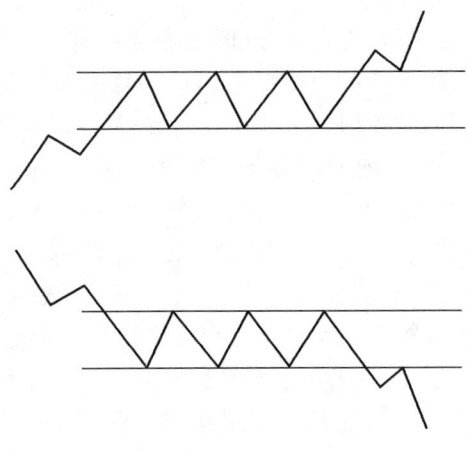

图8-13　矩形形态

此,当价格回升时,一批对后市缺乏信心的投资者会退出。当行情回落时,一批憧憬未来前景的投资者又会进入,由于双方实力相当,于是价格就来回在这一段价格区域内波动。

一般来说,这一形态属于整理形态,当市道进入"牛皮"阶段时,便有可能形成这一形态。在市场处于升市或跌市的过程中,都有可能出现该形态。当向上突破上限阻力时,是一个买入信号。反之,若往下跌破时,则是一个卖出信号。最小升/跌幅的量度方法是矩形内最高和最低价的距离。

在矩形形态形成的过程中,除非出现突破性的消息,否则其成交量应该逐渐减少。如果在形态形成时成交持续活跃,或出现不规则的高成交量现象,形态就值得怀疑。虽然这是整理形态,但也有可能在升市的顶部或跌市的底部出现,因此,必须在形态明确向其中一方突破后,才采取相应的买卖策略。当价位突破矩形上限水平时,必须有成交量激增的配合;而跌破下限水平时,则无须成交量的增加。矩形形态突破后,价格经常出现后抽,这种情形发生在长方形的机会比在三角形中为多,其概率约为40%左右。通常会在突破后的三天至三星期内出现。向上突破矩形后的"假的回跌"(后抽),将在顶线水平之上;往下跌破后的"假的回升",将受阻于底线水平之下。在矩形形态中,出现假突破的可能性较三角形态为少。不过,该形态出现过早突破的机会较三角形为多。这里,假突破的意思是指价格在突破后,出现和理论上相反的变动,例如,往上突破后不升反跌,往下突破后不跌反升,这也就是通常所讲的走势陷阱。过早突破是指价位突破后,很快又返回形态之内,但最后真正的突破信号与先前的突破方向相同,而且价格也发生同预期一致的变动。一个高低波幅较大的矩形形态较一个狭窄而长的矩形形态更具有威力。

3. 旗形(见图8－14)。顾名思义,旗形形态就像一面挂在旗杆顶上的旗帜,又可分为上升旗形和下降旗形两种。该形态通常在急速而又大幅的市场波动中出现。行情在极短的时间内做喷射性或十分陡峭的大幅飘升或下跌(当形成下降旗形时),这时成交随之大幅增加。接着行情遇上阻力,出现短暂性回落(或回升)。但是回落幅度不大,价格只回落三、二个价位便上升,成交量这时明显减少,但价格回升却不能抵达上一次的高点,成交量也无法增多。继续的下跌令价格再一次低于前一个低点,成交量进一步减少。经过连续的短期波动后,形成一个稍微与原来趋势呈相反方向倾斜的长方形,这就是旗形走势。下降旗形则相反,当出现急速下跌后,接着形成一个波动狭窄且又紧密、稍微上倾的价格密集区域,像是一条小的上升通道,这就是下降旗形。在旗形形态形成的过程中,成交量会逐渐递减。

行情突然大幅上升,导致强大的获利回吐压力,成交量也随之增至一个短期

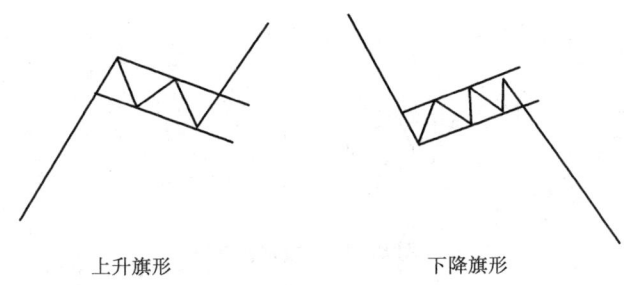

图8-14 旗形形态

的最高纪录。接着成交量见顶回落,价格向下回落。不过,大部分投资者依然对后市充满信心,因此,回落速度不快,幅度也较小,成交量不断减少,反映出市场的卖出力量在回落中不断减弱。

该形态是一个整理形态,形态完成后,价格继续朝原来的方向移动。也就是说,上升旗形将向上突破,下降旗形则往下跌破。上升旗形多在牛市后期出现,因此该形态暗示升市可能进入尾声。下降旗形大多在熊市开始时出现,该形态显示大市可能出现急跌,因此形成的旗形十分细小,可能在三四个交易日内完成。如果在熊市后期出现,旗形形成需要的时间较长,而且跌破后只做有限的下跌。该形态最小升/跌幅量度的方法是突破旗形(上升旗形和下降旗形相同)后最小升/跌幅度,应该相当于整支"旗杆"的长度。旗杆的长度是从形成旗杆的突破点到旗形顶点的长度。价格在突破形态后的移动速度和形成形态前的速度一样,也就是说,突破旗形后,市场将会出现飙升或急跌。

该形态必须在急速上升或下跌之后出现,成交量则必须在形成形态期间连续显著减少。当上升旗形往上突破时,必须有成交量激增的配合。有时,当下降旗形向下跌破时,成交也会大量增加。形态必须在四个星期之内向预期的方向突破,当形态超过三个星期尚未出现突破时,则应该提高警觉,当心可能是一个错误的形态。假如形态形成期间成交量并不减少,仍然维持不规则的高成交量,这可能是假的旗形信号,形态将可能出现与理论相反的突破方向(即上升旗形往下突破,下降旗形向上升突破)。换言之,高成交量的旗形形态暗示市况可能出现逆转。因此,成交量的变化在判断旗形走势中十分重要。

4. 楔形(见图8-15及图8-16)。如果将旗形中上倾或下倾的平行四边形变成上倾和下倾的三角形,就会得到楔形。从中可以看出,三角形的上下两条边都朝着同一个方向倾斜。这与前面介绍的三角形态不同,有明显的倾向。

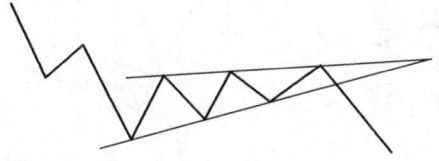

图 8-15　楔形形态 1

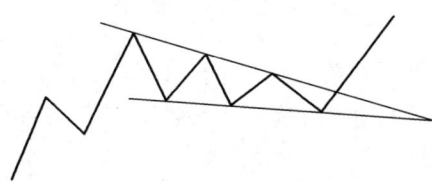

图 8-16　楔形形态 2

同旗形和三角形一样,楔形通常会保持原有的趋势和方向,会在趋势途中出现。但是与旗形和三角形稍微不同的是,楔形偶尔也会作为反转形态出现在顶部或底部,这种情况一定是发生在一个趋势经过了很长时间、接近尾声的时候。我们可以借助很多别的技术分析方法,从时间上判断趋势是否可能接近尾声。尽管如此,当出现一个楔形时,首先应当将它当成中途的持续形态。

在形成楔形的过程中,成交量逐渐减少。形成之前和突破之后,成交量都很大。与旗形的另一个区别是,形成楔形需要较长的时间。

七、指标分析

(一) 趋势类技术指标

1. 移动平均线。移动平均线(MA)的计算方法是求连续若干天收盘价的算术平均值,天数即 MA 的参数。10 日移动平均线常简称为 MA(10),同理,还有 MA(5) 和 MA(15) 等概念。MA 的基本思想是消除偶然因素的影响,另外就是有平均成本的含义。它有以下特点。

(1) 追踪趋势。加入能够表示价格的趋势方向,便可以追随这个趋势。如果从价格图表中能够找出上升或下降趋势线,那么,MA 的曲线将保持与趋势线的方向一致,能消除中间价格在这一过程中的起伏。当然,原始数据的价格图表不具备这一追踪趋势的特性。

(2) 滞后性。在价格原有趋势发生反转时,由于 MA 追踪趋势的特性,MA

的行动往往迟缓,掉头速度落后于大趋势,这是 MA 的一大弱点。等 MA 发出反转信号时,价格掉头的深度已经很大了。

(3)稳定性。从 MA 的计算方法知道,比较大地改变 MA 的数值,无论向上还是向下,都很困难,除非是当天价格有很大的变动。因为 MA 的变动不是一天的变动,而是几天的变动,一天的大变动被几天一分摊,变动就会变小且显不出来。这种稳定性有优点,也有缺点,在应用时应掌握好分寸。

(4)助涨助跌性。当价格突破了 MA 时,无论向上突破还是向下突破,价格有继续向突破方面再走一程的惯性,这是 MA 的助涨助跌性。

(5)支撑线和压力线的特性。MA 的上述四个特性使得它在价格走势中起支撑线和压力线的作用,MA 的突破实际上是支撑线和压力线的突破。

总之,MA 的参数选择得越大,上述特性就越明显。比如,突破 5 日线和突破 10 日线的助涨助跌的力度完全不同,10 日线比 5 日线的力度大,改过来较难。通常,MA 是对不同的参数同时使用,而不是仅用一个。MA 参数的选择也有差别,但都包括长期、中期和短期三类。长、中、短是相对的,可以自己确定。

2. 葛兰维尔法则。葛兰维尔法则研究的是价格与平均线背离情况下的买进和卖出的规律:①买入信号。平均线从下降开始走平,价格从下上穿平均线;价格连续上升远离平均线,突然下跌,但在平均线附近再度上升;价格跌破平均线,并连续暴跌,远离平均线。这三种情况均为买入信号。②卖出信号。平均线从上升开始走平,价格从上下穿平均线;价格连续下降远离平均线,突然上升,但在平均线附近再度下降;价格上穿平均线,并连续暴涨,远离平均线。这三种情况均为卖出信号。

每天的价格实际上就是 1 日的 MA。价格相对移动平均线,实际上就是短期 MA 相对于长期 MA。从这个意义上说,如果只面对两个不同参数的 MA,则可以将相对短期的 MA 当成价格,将较长期的 MA 当成 MA。这样,上述法则中价格相对于 MA 的所有叙述,都可以换成短期相对于长期的 MA。换句话说,5 日线与 10 日线的关系,可以看成是价格与 10 日线的关系。

期货市场中常说的死亡交叉和黄金交叉,实际上就是向上向下突破支撑线或压力线的问题。对于葛兰维尔法则,只要掌握了支撑和压力的思想,就不难理解。在盘整阶段,或趋势形成后的中途休整阶段,或者局部反弹和回档阶段,MA 极易发出错误信号,这是使用 MA 应该注意的。另外,MA 只是作为支撑线和压力线,站在某线之上当然有利于上涨,但并不是说一定会涨。

3. 平滑异同移动平均线。平滑异同移动平均线(MACD)是在指数平滑的基础上进行行情研制。MACD 由正负差(DIF)和异同平均数(DEA)两部分组成,当然,正负差是核心,平均数是辅助。先介绍 DIF 的计算方法。

DIF 是快速平滑移动平均线与慢速平滑移动平均线的差,DIF 正负差的名称由此而来。快速和慢速的区别是进行指数平滑时采用的参数的大小不同,快速是短期的,慢速是长期的。这里以现在流行的参数 12 和 26 为例,对 DIF 的计算过程进行介绍。

快速平滑移动平均线(EMA)是 12 日的,则计算公式为:

今日 EMA(12) = 2 × 今收盘/(12 + 1) + 11 × 昨 EMA/(12 + 1)

慢速平滑移动平均线(EMA)是 26 日的,则计算公式为:

今日 EMA(26) = 2 × 今收盘/(26 + 1) + 25 × 昨 EMA/(26 + 1)

以上两个公式是指数平滑的公式,平滑因子分别为 2/13 和 2/27。如果选别的系数,也可照此方法处理。

$$DIF = EMA(12) - EMA(26)$$

有了 DIF 之后,MACD 的核心就有了。单独用 DIF 也能进行行情预测,但为了使信号更可靠,则要引入另一个指标 DEA。DEA 是 DIF 的移动平均值,也就是连续数日的 DIF 的算术平均值。这样,DEA 自己又有了个参数,就是做算术平均的 DIF 的个数,即天数。对 DIF 做移动平均就像对收盘价做移动平均一样,是为了消除偶然因素的影响。

利用 MACD 进行行情预测主要是从两个方面进行。从 DIF,DEA 的取值和这两者之间的相对取值对行情进行预测,应用法则为:①DIF 和 DEA 均为正值时,属多头市场。DIF 向上突破 DEA 时,是买入信号;DIF 向下跌破 DEA,只能认为是回档,做获利了结。②DIF 和 DEA 均为负值时,属空头市场。DIF 向下突破 DEA 时,是卖出信号;DIF 向上穿破 DEA,只能认为是反弹,做暂时补空。

我们知道,DIF 是正值,说明短期的平滑移动平均线比长期的高,这类似于 5 日线在 10 日线之上,所以是多头市场。DIF 与 DEA 的关系就如同价格与 MA 的关系一样,DIF 上穿或下穿 DEA 都是一个 DIF 将要上升或下降的信号。DIF 的上升和下降又是价格上升和下降的信号。上述操作原则正是从这些方面考虑的。

利用 DIF 的曲线形状进行行情分析,主要采用指标背离原则。这个原则是技术指标中经常使用的,具体内容是:如果 DIF 的走向与价格走向相背离,此时是采取行动的信号。至于是卖出还是买入,要依 DIF 的上升和下降而定。MACD 的优点是消除了 MA 频繁出现的买入卖出信号,使发出信号的要求和限制增加,避免受假信号的误导,用起来比 MA 更有把握。

MACD 的缺点同 MA 一样,在行情没有明显趋势而进入盘整时,误判的时候极多,对未来价格的上升和下降幅度也不能给出有帮助的建议。

(二)摆动类技术指标

1. 威廉指标。威廉指标(WMS% 或 R%)是 1973 年由 Larry Williams 首创,

最初用于期货市场。WMS%表示市场处于超买还是超卖状态。

$$N 日 WMS\% = (C_n - L_n)/(H_n - L_n) \times 100\%$$

式中,C_n为当天的收盘价;H_n和L_n为最近几日内(包括当日)出现的最高价和最低价。

由公式可知,WMS%有一个参数,就是选择的日数N。WMS%指标的含义是当天的收盘价在过去一段日子全部价格范围内所处的相对位置。如果WMS%的值比较大,则当天的价格处在相对较高的位置,要提防回落;如果WMS%的值较小,则说明当天的价格处在相对较低的位置,要提防反弹;WMS%取值居中,在50%左右,则当天的价格上下的可能性都有。

可以这样来理解WMS%指标。一个小球在上有天花板、下有地板的空间里上下跳动。小球向上撞到天花板就会调头向下,小球向下撞到地板就会反弹向上。假定小球上下移动的外力为零,这样小球将规则地上下移动,并一直继续下去。但是,由于多空双方力量的不断变化,小球所受的外力不为零。多方力量大时,小球向上移动;空方力量大时,小球向下移动。但是,撞上天花板和地板后的调头始终会发生,只不过不像没有外力时那么规则。不是一撞就回头,而是要撞几次才可能回头,这是因为有外力的作用。

上面所说的天花板和地板随着时间的推移是在不断变化的,这就是参数选择的问题。在WMS%出现的初期,人们认为市场出现一次周期循环大约是4周,那么取周期的前半部分或后半部分,就能包含这次循环的最高值或最低点。这样,WMS%选的参数只要是2周,则这2周之内的H_n或L_n至少有一个成为天花板或地板,这对应用WMS%研判行情很有帮助。基于上述理由,WMS%的选择参数应该是循环周期的一半。

WMS%的操作法则从以下几方面考虑:

(1)WMS%的绝对取值。公式中,WMS%的取值介于0%至100%之间,以50%为中轴,将其分为上下两个区域。当WMS%高于80%,即处于超买状态,行情即将见顶,应当考虑卖出;当WMS%低于20%,即处于超卖状态,行情即将见底,应当考虑买入。这里,80%和20%只是一个经验数字,不是绝对的,有些个别的期货品种可能要求比80%大,也可能比80%小。不同的情况产生不同的买进线和抛出线,要根据具体情况,在实战中不断摸索。

(2)WMS%的曲线形状。这里只介绍背离原则,以及撞顶和撞底次数的原则。在WMS%进入高位后,一般要回头,如果这时价格继续上升,就会产生背离,是出货的信号。在WMS%进入低位后,一般要反弹,如果这时价格继续下降,同样会产生背离,是买进的信号。

(3)WMS%连续几次撞顶(底),局部形成双重顶(底)或多重顶(底),则是出货(进货)的信号。

2. KD 指标。KD 指标的中文名称是随机指数,由 George Lane 首创,开始也是用于期货市场。在产生 KD 以前,先产生未成熟随机值 RSV,RSV 实际上就是 WMS%,可能是这两者产生的途径不同,各自取了不同的名字。对 RSV (WMS%)进行指数平滑,就得到 K 指标。

$$今日 K 值 = 2/3 昨日 K 值 + 1/3 今日 RSV$$

式中,1/3 为平滑因子,是可以人为选择的,不过目前已经约定俗成,固定为 1/3 了。

对 K 值进行指数平滑,就得到 D 值。

$$今日 D 值 = 2/3 昨日 D 值 + 1/3 今日 D 值$$

式中,1/3 为平滑因子,可以变成别的数字,同样已成约定俗成,1/3 已经固定。

KD 是在 WMS% 的基础上发展起来的,所以 KD 也具有 WMS% 的一些特性。在上涨趋势中,收盘价一般是接近天花板;相反,在下降趋势中,收盘价接近地板。在反映市价变化时,WMS% 最快,K 其次,D 最慢。在使用 KD 指标时,往往称 K 指标为快指标,D 指标为慢指标。K 指标反应敏捷,但容易出错;D 指标反应稍慢,但稳重可靠。

在介绍 KD 时,往往还附带一个 J 指标,计算公式为:

$$J = 3D - 2K$$

其实,$J = D + 2(D - K)$,可见 J 是 D 加上一个修正值。J 的实质是反映 D 和 D 与 K 的差值。实践中,J 使用得相对较少,这里不做重点介绍。

KD 指标是两条曲线,在应用时主要从四个方面进行考虑:

(1)KD 的取值。KD 的取值范围是 0~100%,将其划分为几个区域:超买区、超卖区、徘徊区。按流行的划分方法,80% 以上为超买区,20% 以下为超卖区,其余为徘徊区。根据这种划分,KD 超过 80% 就应该考虑卖出,低于 20% 就应该考虑买入。这种操作很简单,同时也容易出错,完全按这种方法进行操作容易招致损失。多数对 KD 指标了解不深入的人,以为 KD 指标的操作就限于此,故而对 KD 指标的作用产生误解。应该说明的是,上述对 0~100% 的划分只是应用 KD 指标的初步过程,仅仅是信号,要真正做出买卖的决定,还需要从另外几个方面考虑。

(2)KD 指标曲线的形态。当 KD 指标在较高或较低的位置形成了头肩形和多重顶(底)时,是采取行动的信号。这些形态一定要在较高位置或较低位置出现,位置越高或越低,结论越可靠。对于 KD 的曲线,也可以画趋势线,以明确 KD 的趋势。在 KD 的曲线图中仍然可以引进支撑线和压力线的概念。某一条支撑线和压力线的被突破也是采取行动的信号。

(3) KD 指标的交叉。K 与 D 的关系就如同价格与 MA 的关系一样,也有死亡交叉和黄金交叉。交叉的应用很复杂,需要附带很多其他条件。下面以 K 从下向上与 D 交叉为例进行介绍。K 上穿 D 是金叉,为买入信号。但是,当金叉出现是否就应该买入,还要看别的条件:

第一个条件是金叉的位置应该比较低,在超卖区的位置越低越好。

第二个条件是与 D 相交的次数。有时在低位,K、D 要来回交叉好几次。交叉的次数以 2 次为最少,越多越好。

第三个条件是交叉点相对于 KD 低点的位置,这就是常说的"右侧相交"原则。K 如果是在 D 已经抬头向上时才同 D 相交,比 D 在下降时与之相交要可靠得多。换句话说,右侧相交比左侧相交好。

满足了上述条件,买入就放心一些。少满足一条,买入的风险就多一些。但是,如果要求满足每一个条件,虽然比较完全,但也会损失和错过很多机会。对于 K 从上向下穿破 D 的死叉,也有类似的结果,这里不再重复。

(4) KD 指标的背离。简单地说,背离就是不一致。当 KD 处在高位或低位,如果出现与价格走向的背离,则是采取行动的信号。当 KD 处在高位,并形成两个依次向下的峰,而此时价格在一直往上涨,这叫顶背离,是卖出信号;与之相反,KD 在低位,并形成一底比另一底高,而价格继续下跌,这构成底背离,是买入信号。

3. 相对强弱指标。相对强弱指标 RSI 是与 KD 指标齐名的常用技术指标。RSI 以特定时期内价格的变动情况推测价格未来的变动方向,并根据价格涨跌幅度显示市场的强弱。

RSI 的参数是天数,即时期的长度,一般有 5 日、9 日、14 日等。这里的 5 日与 MA 中的 5 日线是截然不同的。下面以 14 日为例具体介绍 RSI(14) 的计算方法,其余参数的计算方法与此相同。

先找到包括当天在内的连续 14 天的收盘价,用每一天的收盘价减去上一天的收盘价,就会得到 14 个数字。这 14 个数字有正(比上一天高)有负(比上一天低)。

$$A = 14 \text{ 个数字中正数之和}$$
$$B = 14 \text{ 个数字中负数之和} \times (-1)$$

A 和 B 都是正数。这样就可以算出 RSI(14)。

$$RSI(14) = A \div (A + B)$$

从数学上看,A 表示 14 天中价格向上波动的大小,B 表示向下波动的大小,A+B 表示价格总的波动大小。RSI 实际上就是表示向上波动的幅度占总的波动的百分比,如果占的比例大就是强市,否则就是弱市。

$$RSI = 100 - 100 \div (1 + RS)$$
$$RS = A \div B$$

式中,RSI 为相对强度。

显然,RSI 的计算只涉及收盘价,并且可以选择不同的参数。RSI 的取值介于 0~100% 之间。

(1)不同参数的两条或多条 RSI 曲线的联合使用。同 MA 一样,天数越多的 RSI 考虑的时间范围越大,结论越可靠,但反应速度慢。参数小的 RSI 称为短期 RSI,参数大的 RSI 称为长期 RSI。这样,两条不同参数的 RSI 曲线的联合使用,则可以完全照搬 MA 中两条 MA 线的使用法则,即短期 RSI > 长期 RSI,属多头市场;短期 RSI < 长期 RSI,属空头市场。

(2)根据 RSI 取值的大小判断行情。将 100 分成四个区域,根据 RSI 取值落入的区域进行操作,极强与强的分界线和极弱与弱的分界线是不明确的,换言之,这两个区域之间难以画出一条截然分明的分界线。在别的技术分析著作中看到的 30%,70% 或者 15%,85%,这些数字实际上是对这条分界线的大致描述,分界线位置的确定与下面两个因素有关:

一是与 RSI 的参数有关。不同的参数,其区域的划分不同。一般而言,参数越大,分界线离中心线 50% 就越近,离 100% 和 0% 就越远。

二是与选择的期货品种有关。不同的期货品种,由于其活跃程度不同,RSI 所能达到的高度也就不同。一般而言,期货品种越活跃,分界线的位置离 50% 就越远;期货品种越不活跃,分界线的位置离 50% 就越近。

(3)从 RSI 的曲线形状上判断行情。同 KD 指标一样,RSI 在较高或较低的位置形成头肩形或多重顶(底),是采取行动的信号。这些形态一定要出现在较高位置和较低位置,离 50% 越远越好,越远结论越可靠,出错的可能性就越小。RSI 在上升和下降过程中也会提供画趋势线的机会。这些起着支撑线和压力线作用的切线一旦被突破,也是采取行动的信号。

(4)从 RSI 与价格的背离方面判断行情。与 KD 指标一样,RSI 也可以利用背离进行操作。RSI 处于高位,并形成一峰比另一峰低的两个峰,此时,价格却对应的是一峰比另一峰高,这叫顶背离。价格这一涨是最后的衰竭动作(如果出现跳空,就是最后缺口),这是一个强烈的卖出信号。与这种情况相反的是底背离,即 RSI 在低位形成两个依次上升的谷底,而价格仍在下降,这是最后一跌或是接近最后一跌,是考虑开始建仓的信号。

(5)极高的 RSI 值和极低的 RSI 值。当 RSI 处在极高和极低位时,可以不考虑别的因素而单方面采取行动。比如,RSI 如果达到 93% 以上,则必须出货;RSI 如果低于 5%,则一定买进。当然,这里的 93% 和 5% 是可能变化的,它与 RSI 的参数有关,与选择的期货品种有关。

八、其他技术分析方法

(一) 艾略特波浪理论

艾略特波浪理论(简称"波浪理论")是以美国人 R. N. Elliott 的名字命名的。波浪理论考虑的因素主要是三个方面:①价格走势所形成的形态;②价格走势图中各个高点和低点所处的相对位置;③完成某个形态所经历的时间长短。在这三个方面中,价格的形态是最重要的,它是指波浪的形状和构造,是波浪理论赖以生存的基础。或许当初艾略特就是从价格走势的形态中得到启发才发现波浪理论的。高点和低点所处的相对位置是波浪理论中各个浪开始和结束的位置。通过计算这些位置,可以弄清楚各个波浪之间的相互关系,确定价格的回撤点和将来价格可能达到的位置。完成某个形态的时间可以让我们预知某个大趋势即将来临。波浪理论中各个波浪之间在时间上是相互联系的,用时间可以验证某个波浪形态是否已经形成。

以上三个方面可以简单地概括为形态、比例和时间,这三个方面是波浪理论首先应考虑的,其中又以形态最为重要。有些使用波浪理论的技术分析人员只注重形态和比例,他们认为,时间关系在进行市场预测时不可靠。

艾略特认为,市场应该遵循一定的周期周而复始地向前发展。价格的上下波动也是按照某种规律进行的。通过多年的实践,艾略特发现每一个周期(无论是上升还是下降)可以分成8个小过程,这8个小过程一结束,一次大的行动就结束了,紧接着的是另一次大的行动。

这里,我们以上升阶段为例说明这8个小过程。如图8-17,它描述了一个上升阶段的8个浪的全过程。0~1是第一浪,1~2是第二浪,2~3是第三浪,3~4是第四浪,4~5是第五浪。这5浪中,第一浪、第三浪和第五浪称为上升主浪,而第二浪和第四浪称为是对第一浪和第二浪的调整浪。上述5浪完成后,紧接着会出现一个3浪的向下调整,这3浪是从5到a的a浪、从a到b的b浪和从b到c的c浪。

运用波浪理论,必须弄清一个完整周期的规模大小,因为趋势是有层次的,每个层次的不同取法可能会导致使用波浪理论时发生混乱。但是,无论趋势是何种规模,是原始主要趋势还是日常小趋势,8浪的基本形态结构不会发生变化。

在图8-17中,从0到5是一个大的上升趋势,而从5到c是一个大的下降趋势。如果认为这是2浪的话,那么c之后一定还会有上升的过程,只不过可能要等很长时间。这里的2浪只不过是一个大的8浪结构中的一部分而已。

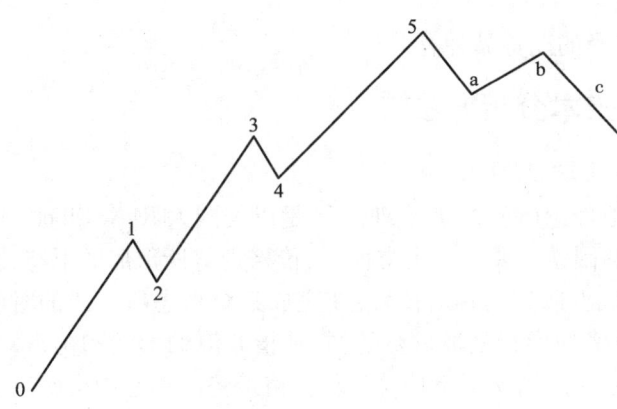

图 8-17 波浪图形

应用波浪理论要注意以下几方面的问题。

1. 波浪理论最大的不足是应用上的困难。波浪理论从理论上讲是 8 浪结构构成一个完整的过程,但是主浪的变形和调整浪的变形会产生复杂多变的形态,波浪所处的层次又会产生大浪套小浪、浪中有浪的多层次形态,这些都会导致应用者在具体数浪时发生偏差。浪的层次的确定和浪的起始点的确认是应用波浪理论的两大难点。

2. 波浪理论的第二个不足是面对同一个形态,不同的人会产生不同的数法。不同的数浪法产生的结果相差可能很大。例如,一个下跌的浪可以被当成第二浪,也可能被当成 a 浪。如果是第二浪,那么紧接着而来的第三浪将是很诱人的;而如果是 a 浪,那么,这之后的下跌则可能是很深的。产生这种现象的原因主要在于以下两方面:

(1)价格曲线的形态通常很少按 5 浪和 3 浪的 8 浪简单结构进行,对于不是这种规范结构的形态,不同的人有不同的处理,主观性很强。对一些小波动,有些人可能不计入浪,有些人可能又计入浪。由于有延伸浪,5 浪还可能成为 9 浪。波浪在什么条件下可以延伸,在什么条件下不可以延伸,没有明确的标准。

(2)波浪理论中的大浪小浪是可以无限延伸的,长的可以好多年,短的可以只有几天。上升可以无限地上升,下跌也可以无限地下降,因为总可以认为目前的情况不是最后的浪。

波浪理论只考虑了价格形态因素,而忽视了成交量的影响,这给一些人为制造形状的人提供了机会。正如在形态学中的假突破一样,波浪理论中也可能造成一些形态使人上当。当然,这一不足是很多技术分析方法都有的。

(二)江恩理论

江恩理论是一种通过数学、几何学、宗教、天文学的综合运用建立的分析方法和测市理论,它是由20世纪著名的投资大师威廉·江恩(Willian D. Gann)结合其在股票和期货市场上的骄人成绩和宝贵经验提出的。江恩理论认为,股票、期货市场里存在着宇宙中的自然规则,市场的价格运行趋势不是杂乱的,而是可以通过数学方法预测的。它的实质就是在看似无序的市场中建立严格的交易秩序,其中包括江恩时间法则、江恩价格法则、江恩线等,可以用来发现何时价格会发生回调和将回调到什么价位。

江恩理论的主要分析方法包括:用江恩圆形图预测价格运行时间周期;用江恩方形图预测具体的价格点位;用江恩角度线预测价格的支撑位和阻力位;用江恩轮中轮将时间和价位相结合进行预测。

1. 江恩圆形图。江恩认为,宇宙中的一切均以圆形运行,无论是实质性的东西还是抽象化的东西,皆是如此。根据江恩的研究,事物的周期可由5 000年、1 000年、100年、1年、24小时等依次划分,去体现大自然的波动法则。1 000年前发生的事,1 000年后同样可能发生。

在预测期货价格时,江恩将圆周的360度按照1/2,1/3,1/4,1/8进行分割。时间上的月数、周数、日数都可以按此方法进行分割;期货市场价格的运行也按此方法进行分割,进而做出预测。

江恩把一天24小时按此方法分割成三等份、四等份和八等份,结果得出每天的3点、6点、8点、9点、12点、15点、16点、18点、21点和0点都是重要的时刻。此外,江恩还把每小时的时间进行划分,最小的变动周期是4分钟。他认为,当天某个时间发生突变,则第二、第三天就要留意同样的时间里市况是否会逆转。

江恩理论应用最多的是,把圆周上的这些弧度转化为天数,即45天、90天、120天、135天、180天、225天、240天、270天、360天等。其中最重要的是90天、180天、270天和360天。同时应注意的是,天数的分割以实际交易天数分割为易。

2. 江恩方形图。江恩方形图的测市方法是在一张方格纸上(正方形方格或长方形方格均可应用),以商品价格某个中期性的低点(或者高点)作为中心,按逆时针方向旋转,将单位价格依次填上去,然后再在这张填满价位的方格纸上画出支撑线和压力线。需要注意的是,方格的单位要定准确,要做到这一点,必须观察某种商品价格变动幅度的大小。

3. 江恩角度线。江恩认为,世界上的一切事物都离不开数学,也离不开几何形体,故商品价格的支撑位和压力位可以用角度线来获得,包括上倾角度线和下倾角度线。在一个大跌市过后,大势会出现回升。在回升过程中,将会受到角度线的阻滞,上倾角度线是指以图表上的最低位作为基点,向上画出一条竖线,又向右画出一条横线,构成一个坐标。江恩把这个呈 90 度的坐标从下至上画出 7.5 度线,构成一个坐标,称 8×1 角度线;再画出 15 度线,称 4×1 角度线;再画出 18.25 度线、26.25 度线、45 度线、63.75 度线、71.75 度线、75 度线、82.5 度线。按照江恩的经验,商品价格从低位向上回升时,通常会在这些角度线遇到阻力而回落。一旦突破某条角度线,则该角度线将会变成日后回落的支撑。

下倾角度线与上倾角度线相似,这里不再赘述。

4. 江恩轮中轮。轮中轮有两层意思,第一层意思是,这个圆轮图可以预测价位,又可以预测时间;第二层意思是,这个圆轮图既可以分析长期周期,也可以分析中期周期或短期周期,而周期中又有周期,本来就是重重叠叠很难分清楚。江恩画出了一个空心圆形,把圆周 360 度分成 24 等分,向外画线,每一等分便是 15 度。围绕这个圆形,从 1 填写至 24,刚好是一周;第二周从 25 填写到 48;第三周从 49 填写到 72……

以这种圆轮图预测价位,其方法与方形图一样,主要观察 8 等分线——即 0 度线、45 度线、90 度线、135 度线、180 度线、225 度线、270 度线、315 度线的支撑和压力。所不同的是,圆轮图上的价位是不变的,而方形图上的价位必须根据市况的趋势而转换。

用这个圆轮图预测时间,可以理解为:把一天分为 24 个小时或把一年分为 24 等分。若把圆周的 360 度看作 36 个月,则商品价格运行至 90 度时为 9 个月,运行至 180 度时为 18 个月,运行至 270 度时为 27 个月,运行至 360 度时为 36 个月,都可以发生巨变。从宏观上说,还可以把圆周的 360 度看作 36 年,甚至 360 年、3 600 年。

江恩指出,各种商品的长短周期都可能在圆轮中重叠出现。江恩发现,商品价格在某个时间见顶之后,运行了 90 度、180 度、360 度,通常可再见到另一个顶部。同理,商品价格在某个时间见底后,运行了 90 度、180 度、360 度,通常可再见到另一个底部。

(三)循环周期理论与相反理论

1. 循环周期理论。事物的发展有一个从小到大和从大到小的过程。这种循环发展的规律在期货市场也存在。循环周期理论认为,无论什么样的价格活动,都不会向一个方向永远走下去。价格的波动过程必然产生局部的高点和低点,这些高低点的出现在时间上有一定的规律。我们可以选择低点出现的时间入市,高点出现的时间出市。

美国人伯恩思坦总结了国外市场出现的很多周期,他发现这些周期的时间都比较长。这对我国目前市场的指导意义不大,因为我国市场存在的时间太短。循环周期理论的重点是时间因素,而且注重长线投资,对价格和成交量考虑得不够。

2. 相反理论。相反理论的出发点是基于这样一个原则:期货市场本身并不创造新的值,没有增值,甚至可以说是减值的。如果行动同大多数投资者行动相同,那么一定不是获利最大的,因为不可能多数人获利。要获得大的利益,一定要同大多数人的行动不一致。在市场投资人爆满的时候出场,在投资人稀落的时候入场是相反理论在操作上的具体体现。

除了上述几种常见理论之外,技术分析还有很多五花八门的理论,这里不再一一介绍。

第三节 有效市场理论与期货投资

期货交易产生以来,期货投资者们一直在探索如何进行分析。分析的目的主要是为了预测。尽管流行的分析方法有很多,但大体上可以将它们分为基本面分析和技术面分析两大类。

基本面分析与技术面分析的前提都认为期货价格可以预测,投资分析存在的前提也是期货价格可以预测。但在期货价格本身是否可以预测这一问题上,学术界 100 多年前就提出了质疑。随着讨论的深入,这些疑问也进一步理论化,有效市场理论假设就是一个代表性的理论。

一、关于价格的争论

最早的怀疑论者是法国数学家路易·巴舍利耶(Louis Bachelier),他在 1900 年向巴黎大学提交的数学论文——《投机的数学理论》(Mathematical Theory Of Speculation)中,对股票和期货价格进行了专题讨论。巴舍利耶指出,买卖双方的盈亏机会是相同的,"在任何时刻,上涨的概率与下跌的概率相等,因为当前的实际价格被市场上多数人所认同,如果市场上有其他的判断,那么报价就不会是这个价格了"。因而,"投机者的数学期望值等于零"。

巴舍利耶还提出,股市的"波动幅度与时间区间长短的平方根成反比关系"。这一比例关系类似于早期物理学家布朗发现的分子不规则运动的情况。后来,这种金融学上的"布朗运动"被人们形象地称为"随机漫步"(Random Walk),犹如醉汉在晚上循着街灯走路的轨迹。

技术分析人士认为价格有"趋势",学术派人士通过随机数生成的图表说明:随机数不仅同样能产生这种所谓的"趋势",还会产生技术分析人士所熟悉的各种各样的形态。对此,技术派人士认为,在众多的投资者中,成功人士的存

在证明了正确的预测方式是存在的。但学术派人士反驳道:在众多的预测人群中,有人连续预测正确并不奇怪。比如,向空中抛一枚硬币,让一万个人预测是正面在上还是反面在上,假定半数人预测正面在上,半数人相反,错误的半数将被淘汰。经过10多轮游戏,最后势必只剩下几个获胜者。在大众眼里,这几个人自然被当作百战百胜的预测高手。事实上,这纯粹是运气,与他的预测技术没有任何关系。

分析人士利用各种方法预测价格走向,用实际结果检验一下,不难发现,既有对的也有错的。如果错对都是50%,那就不能说这种方法是有效的预测方法,因为即使是瞎猜,按平均概率来说也有50%的正确率。学术派人士认为,通过对以往大量的期货价格的研究,可以认为,按时间序列度量的价格变动具有"高度的随机性"。换言之,期货的每个价位都是独立出现的"个体",与过去并无任何关联,而随机变动是无法预测的。

二、预测与信息的关系

所有的预测都是建立在信息基础之上的,离开了信息,预测将无从谈起。在信息传递技术手段落后的时代,一个投资者如果能够提前得到人们未知的重要信息,将可以大大提高预测能力和赢利能力。但这种情况在现代越来越不可能发生了。信息传递公开化提高了市场效率,而市场越有效率,预测制胜也就越困难。

学术派人士认为,交易者在决定买卖时,所依赖的信息可以划分为三个层次:

第一个层次为市场信息,即市场数据。在期货交易中,市场信息主要是指期货市场自身的数据,如成交价格、成交量及持仓量。这一层次的信息就是技术分析派使用的信息,技术分析派人士就是依据这些信息来预测未来的市场价格的。

第二个层次为公共信息,是指市场数据及公开的非市场数据。其中,市场信息就是第一个层次的内容。公开的非市场数据,是指来自期货市场之外,但与期货交易品种有关的信息,比如该品种的供求信息以及影响供求关系的众多因素的信息。基本面分析应用的数据主要是来自期货市场之外的信息。显然,公开的非市场数据正好与基本面分析所用的数据相对应,基本面分析派人士就是依据这些信息来预测未来的市场价格的。

第三个层次为全部信息,其内容除了包括前两个层次的信息外,还包括非公开的只有个别交易者能够获知的内幕消息。

三、有效市场假说的检验

有效市场理论产生至今,已有100余年的历史。20世纪70年代以后,有效性假说得到了长足发展。美国学者法玛(Fama)被尊为有效市场假说(Efficient Market Hypothesis,EMH)的领袖,他于1965年对资本市场的有效性给出了一个颇有影响的描述性定义:如果证券价格充分反映了可得的信息,每一种证券价格都永远等于其投资价值,则该证券市场是有效的。

(一)有效市场理论的前提假设

有效市场理论作为资本市场效率研究的核心理论,本身就是一个假设,但它还隐含着一些前提假设,即:要使有效市场假说成立,还必须满足一些前提条件。条件之一是信息成本为零,信息是充分的、均匀分布的,对市场参与者而言,信息是对称的,不存在诸如信息不对称、信息加工的时滞、信息解释的差异等现象,新信息的出现完全是随机的。条件之二是投资者都是追求个人效用最大化的理性经济人,具有同样的智力水平和同样的分析能力,对信息的解释也是相同的,股票价格波动完全是投资者基于完全信息的理性预期的结果。

有效市场的结果是:当前的价格已经反映了过去所有的信息,投资者无法根据过去的公开信息得知价格的方向,因为新的信息何时出现及它是利多还是利空是无法预知的。因此,凭借公开信息来获取超额收益率的努力不会产生效果。

(二)有效市场的分类

有效市场假说称股价已经反映了所有可获得的信息,这实际上表明的是完全有效或者最强型有效市场的特征。现实资本市场上可获得信息的完备程度有高有低,与此相对应,市场的有效性也有强弱之分。根据可获得信息类别的不同,美国著名经济学家法玛(Fama,1965)论证了不同的信息对证券市场价格的影响程度不同,证券市场效率的高低程度因信息种类的不同而异。为此,有效市场细分为三类,即弱型有效市场、半强型有效市场和强型有效市场。三种有效证券市场的共同特征是:证券的价格反映一定的信息。其区别在于,不同的市场反映的价格信息的范围不同。可将所有信息划分为三个层次(如图8-18所示)。

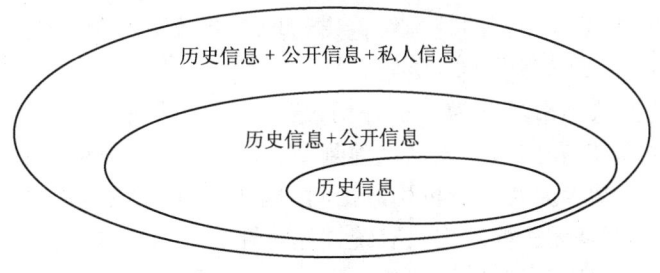

图8-18

1. 弱型有效市场。当现在的价格已凝聚了所有历史记录中的信息,充分反映了价格历史序列数据中所包含的一切信息,市场即为弱型有效市场。因为诸如历史股价、成交量、短期收益等历史信息可以公开、无成本地获得,如果这些信息可以传达有关未来的可靠信号,那么所有投资者早已知道利用这些信号了;最终会因为信号的广泛可知性而使它们失去价值,发现规律也就等于消灭了规律。相反,如果有关证券历史资料对证券的价格变动仍有影响,则这个市场尚未达到弱型有效。在弱型有效市场中,投资者不可能通过对股票历史信息(包括历史资料、价格和交易量等)的分析而获得超额利润,股票价格已经根据这些信息做了相应的调整,投资者只能获得与所承担风险相对应的正常收益,股票价格变动与其历史行为方式是独立的,股价变动的历史时间序列数据呈现出随机游动形态,技术分析将失去作用。

2. 半强型有效市场。如果现在的价格不仅反映了历史信息,而且反映了所有与公司证券有关的公开信息,市场即为半强型有效市场。由于任何一个投资者都有办法从公开的渠道中得到这些信息,投资者就会预期这些信息已经体现在股价上了。如果有关股票的公开信息对其价格的变动仍有影响,说明在证券市场价格的形成过程中,投资者对公开发表的资料尚未做出及时充分的挖掘和利用,这样的市场尚未达到半强型有效。在半强型有效市场中,对一家公司的资产负债表、损益表、股息变动、股票拆细、政府公告及其他任何可公开获得的信息进行分析,均不可能获得超额利润,基本分析将失去作用。

3. 强型有效市场。若市场价格充分反映了有关公司的一切可得信息,从而使任何获得内幕消息的人(包括公司董事会成员、管理人员,中介机构有关人士,监管机构有关人士)也不能凭此而获得超额利润时,市场即为强型有效市场。在强型有效市场中,市场价格不仅完全反映了一切历史信息、一切可公开获得的信息,同时也已充分反映了一切内幕信息,这是最有效的市场。

(三)有效市场的检验

自从有效市场假设提出以后,学术界对其有效性进行了大量的实证性检验。从检验结果来看,迄今为止的基本结论支持弱型有效市场及半强型有效市场假设,但对强型有效市场假设的分歧较大。

技术分析派认为市场行为包含一切,这与有效市场假设完全一致。技术分析派进而认为,可以利用历史数据来预测期货价格。但按照弱型有效市场假设,这是不可能的。学术界对期货价格数据间的系列相关性或自相关性进行了大量的统计检验,结果是无法检验出具有统计显著性的系列相关性,这意味着价格变化具有随机性,不可能存在所谓的价格运动趋势。因此,检验结果全面地否定了技术分析方法存在的基础。

基本面分析派认为,现在的期货定价不一定合理,因而通过基本面分析找出合理的期货价格从而预测期货价格是可行的。但按照半强型有效市场假设,这是不可能的,因为大家都在致力于基本面分析并将其用于指导检验时,期货价格已经反映了现在的基本面情况。新的影响基本面情况的信息的出现,会影响期货价格,但这些新的信息何时出现是随机的,好坏不可预知;再加上新信息出现后,市场价格会迅速及时地做出反应,所以,依据基本面分析很难获利。

强型有效市场假设是最高的一种有效市场形式,它认为内幕消息的利用者也将无利可图。从检验结果来看,强式有效市场假设并没有获得普遍认同。实际上,内幕消息的作用是不能一概而论的。有的消息尽管是内幕信息,但即使公布,也可能对行情影响不大,投资者即使能提前获知也没有多大用处,如果错误理解并进行买卖,说不定还会造成亏损。但是,有些影响行情的重要信息,尤其是与政策有关的重大信息,交易者如果能提前获知,能够获利是毫无疑问的。当然,提前知道这些信息并用于交易,通常也是违法的。

(四)有效市场理论对期货投资的启发

尽管投资界绝大多数人不相信期货价格不可预测这一命题。但是,作为投资者,特别是以期货投资分析作为职业的分析师,即使不相信这一命题,也应该了解这场争论的内容及含义。因为在这场争论中,学术界提出了许多重要的思考方法,这些思考方法不仅大大丰富了投资理念,也对投资界产生了重要影响。投资者若能换位思考,对传统的期货投资分析理念进行审视,一定能得到不少新的启发。

1.分析预测的艰难性。有效市场假设直接否定了利用公开信息预测价格走势的可能性,投资者即使不承认这一点,也应该能够从中体会到其中的合理成分,即分析预测不是一件容易的事情。按照有效市场假设,市场是否有效,与通信技术有关,而现代通信技术的突飞猛进使得投资者可以及时地获取重要信息。现代市场的效率越来越高是不言而喻的,这至少意味着利用公开信息预测价格走势的难度比以往更大了。

2.预测方法的局限性。在有效市场假设下,期货价格的变动具有随机性,尽管技术分析认定期货价格有趋势,但也承认趋势在某种程度上可遇不可求。趋势的表现并不是期货价格的常态,即使打开以往的期货价格走势图,也能发现期货价格有时表现出"趋势",但绝大部分时间是处于无趋势的震荡状态,而要识别趋势市和震荡市,几乎同样困难。任何一个期货投资者都会感受到期货价格变动随机性的力量。期货价格变动的随机性特点决定了任何预测方法都有局限性,不可能存在一个包打天下、永远正确的预测方法。

3.预测方法自身具有不科学性。技术分析方法强调图表的历史经验,相信

历史会重演。技术分析方法多如牛毛,都来自对历史图表的观察与总结。少数人创造方法,大多数人盲目跟随运用。至于创造方法的方法是否科学,很少有人追究。大多数人根本不考虑也不检验这些方法的可靠性究竟有多大。期货测市方法不是科学定律,科学定律在时间和空间上具有普遍性,只要符合假设条件,其结果就是确定的;而所有的技术分析方法都是从表象之间的联系中得出的,不仅不具备确定的效果,而且很容易犯下夸大偶然性作用的错误。图表观察家看到某张图表上10次A现象产生8次B现象,就倾向于将A现象和B现象联系在一起,由此产生一种与之对应的预测方法,并认为有70%的正确概率。但很可能将这种联系用在其他图表上正确的概率只有40%,在前一张图表上出现70%的正确性纯属偶然。

4. 交易策略分析比预测分析更重要。预测分析是期货投资分析的重要内容,也是期货交易者入市退市的主要依据,但是考虑到分析预测的艰难性及出错的可能性,交易者在交易时不应该将"宝"全部押在预测上,而应该充分重视对交易策略进行分析。正确的预测只是获得成功的第一步,但不是成功的必然保证。交易策略不正确,很可能导致前期预测正确但仍旧亏损出局。正确的交易策略可以将预测失误的损失控制在最小范围内,在成功预测的基础上可以获得更多的利润。因此,从长久的效果来看,交易策略比预测更为重要。

本章小结

本章首先讲述了期货投资的基本分析方法,特别是供给、需求与期货价格的关系;接着介绍了技术分析方法,交易量和持仓量的关系,技术分析主要指标,道氏分析、图形分析、趋势分析、形态分析和指标分析等,并揭示了有效市场理论与期货投资的关系。

期货投资分析方法分为基本分析方法和技术分析方法。

基本分析方法是根据商品的产量、库存量和预计需求量,即根据商品的供给和需求关系以及影响供求关系变化的种种因素来预测商品价格走势的分析方法。其特点是:第一,分析价格变动的长期趋势;第二,研究价格变动的根本原因;第三,主要分析宏观因素。影响商品价格走势的因素除供求关系外,还包括经济周期、金融因素、政治因素、政策因素、自然条件因素、投机和心理因素。

技术分析方法是通过对市场行为本身的分析来预测市场价格的变动方向,即主要是对期货市场的日常交易状态,包括成交量的波动幅度、成交量与空盘量的变化等资料,按照时间顺序绘制成图形或图表,然后针对这些图形或图表进行分析研究,以预测期货价格走势的方法。技术分析有三个基本假定:市场行为包容消化一切,价格以趋势方式演变,历史会重演。技术分析主要包括道氏分析、图形分析、趋势分析、形态分析和指标分析等。

有效市场分为弱型有效市场、半强型有效市场和强型有效市场。这三类市场的共同特征是证券的价格反映一定的信息,区别在于不同的市场反映的价格信息的范围不同。

有效市场理论对期货投资的启示:一是分析预测的艰难性,二是预测方法的局限性,三是预测方法自身具有不科学性,四是交易策略分析比预测分析更重要。

复习思考题

一、名词解释

1. K线图　　2. 未平仓合约量　　3. 道氏分析　　4. 图形分析
5. 形态分析　6. 指标分析　　　　7. 反转型形态　8. 持续型形态
9. MACD　　 10. 江恩理论　　　　11. 威廉指标　　12. KDJ

二、简答题

1. 简述供给、需求对期货价格产生的影响。
2. 简述技术分析的三大假设。
3. 简述趋势和趋势线的作用。
4. 成交量和未平仓合约量的变化对期货价格会产生哪些影响?
5. 什么是葛兰维尔法则?
6. 简述艾略特波浪理论。
7. 简述预测与信息的关系。
8. 有效市场理论对期货投资有哪些启示?

第九章 商品期货

教学目标

通过本章学习,了解农产品期货、金属期货和能源期货的主要交易品种。

学习重点

- 谷物类、经济作物、畜产类和林产品类期货品种
- 贵金属期货和工业金属期货
- 国际石油期货

商品期货是指标的物为实物商品的期货合约。商品期货历史悠久,种类繁多,主要包括农产品期货、金属期货和能源期货等。这三类商品期货合约的交易量加起来,约占世界期货市场交易总量的40%。

第一节 农产品期货

一、农产品期货概述

农产品期货合约有一个重要特点,其价格变化的周期与农产品的生长周期几乎完全相同。一般在农产品的收获季节价格最低;然后,随着农产品销售数量的增加、供给逐渐减少以及农产品储藏、保管费用的逐渐增加,农产品的价格开始上涨,直到第二年农产品的收获季节,供给增加,价格下跌,构成了一个完整的

价格和生产的周期性循环。农产品期货的交易者不是农产品的生产者,就是农产品的加工者,前者进入期货市场,对其农产品的价格进行套期保值,以消除价格下跌的风险(见图9-1)。

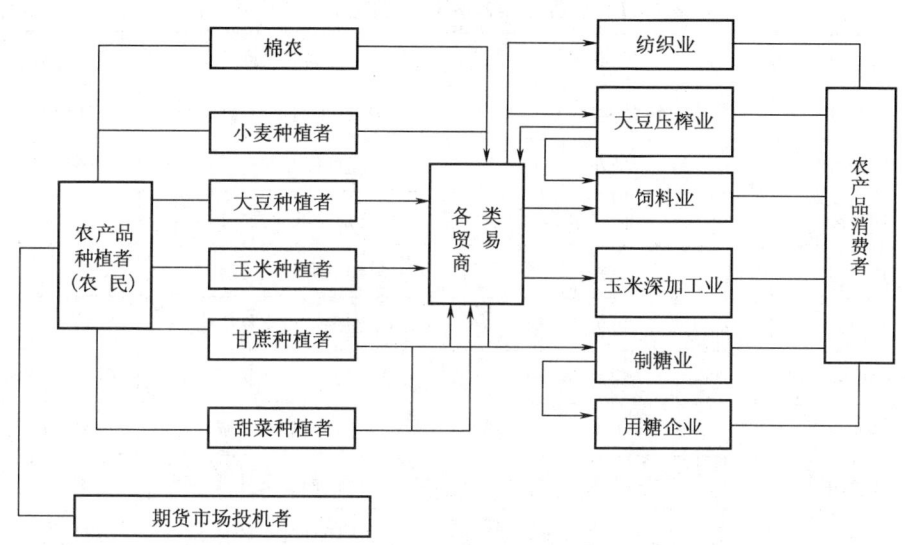

图9-1 农产品期货市场的潜在参与主体分布

1848年芝加哥期货交易所(CBOT)诞生以及1865年标准化合约推出后,随着现货生产和流通的扩大,不断有新的期货品种出现。除小麦、玉米、大豆等谷物期货外,从19世纪后期到20世纪初,随着新的交易所在芝加哥、纽约、堪萨斯等地出现,棉花、咖啡、可可等经济作物,黄油、鸡蛋以及后来的生猪、活牛、猪腩等禽畜产品,木材、天然橡胶等林产品期货陆续上市(见表9-1)。

农畜林产品期货交易品种经过100多年的发展,现在已经形成几个大类:一是谷物类,如大豆、豆粕、小麦、玉米、红小豆、籼米、糙米、燕麦等;二是经济作物类,如棉花、原糖、咖啡、可可、棕榈油、冰冻橘子汁、干茧等;三是畜产类,如活猪、活牛、冷冻猪肉、鸡、鸡蛋及其制品等;四是林产品类,如木材、天然橡胶、胶合板等。在国际期货市场,农产品期货是最早交易的期货品种,芝加哥期货交易所(CBOT)是其代表,它一度独领风骚,成为期货市场的主流交易所,以小麦、玉米、大豆等为代表的大宗农产品一直是期货市场中最活跃的品种之一。

林产品期货主要包括木材、胶合板和天然橡胶等,其中以芝加哥商业交易所(CME)的木材期货最为著名,而天然橡胶期货交易主要集中在作为主产区的亚洲地区,以吉隆坡和新加坡的交易所最具代表性。棉花作为最重要的经济作物,也被归入林产品期货,纽约棉花期货交易所以棉花期货闻名于世。我国目前天然橡胶和棉花期货分别在上海商品交易所和郑州商品交易所挂牌。

表9-1 世界主要农畜林产品期货上市情况

上市时间	交易品种	交易所名称	交易所简称
1848年	粮食(谷物)	芝加哥期货交易所	CBOT
1870年	棉花	纽约棉花交易所	NYCE
1874年	黄油、鸡蛋	芝加哥商业交易所	CME
1914年	原糖	纽约咖啡交易所	
1925年	可可	纽约可可交易所	
20世纪30年代	家禽	纽约商品交易所	NYMEX
1940年	土豆	纽约商品交易所	NYMEX
1948年	洋葱	纽约商品交易所	NYMEX
1951年	面纱、毛线、人造纤维、羊毛	大阪纤维交易所	
1952年	天然橡胶	神户橡胶交易所	
1961年	冷冻猪肉	芝加哥商业交易所	CME
1964年	活牛	芝加哥商业交易所	CME
1966年	活猪	芝加哥商业交易所	CME
1966年	冷冻浓缩柑橘汁	纽约棉花交易所	NYCE
1971年	饲养用小牛	芝加哥商业交易所	CME

多年来,农畜林产品一直是期货市场中交易最活跃的商品门类之一,至今仍是期货市场的主要交易品种。农畜林产品期货是最早的期货品种,也是目前全球商品期货市场的重要组成部分。虽然今天金融期货的发展十分迅速,但是农畜林产品期货的发展最为成功。在期货市场上,农畜林产品的交易种类也是最多的。

农畜林产品是一个国家的经济基础,因此,其价格变化会直接影响到一个国家的经济,使整个价格体系发生变化。农畜林产品期货的价格波动十分复杂,自然规律、经济规律和人为因素都可能造成农畜林产品的价格波动,但是,最主要的是由于自然因素的影响而造成的供给变化所带来的价格波动。此外,农畜林产品的价格和一个国家的农业发展政策以及经济体制等各方面都有很大的关系。农畜林产品的价格波动一般比较频繁,而且波动的幅度也比较大,其供给和需求对价格变动的反应都不太灵敏,所以会造成很大的价格压力。由于农畜林产品是一种需求弹性很小但供给又极不稳定的商品,所以期货市场对调节农畜林产品价格波动的作用就显得尤为重要,这也是农畜林产品期货交易十分活跃的重要原因。

二、大豆期货

(一)大豆商品简介

大豆原产于中国,早在5000年前,中国人民就开始种植大豆,并通过将其发酵、生芽或蒸煮而制成种类繁多、味美可口的豆制品。据说是马可·波罗于18世纪将大豆带入欧洲,美国则是在20世纪30年代初才开始大量种植大豆。

大豆含有丰富的蛋白质、脂肪以及维持人类身体健康必不可少的亚油酸、维生素E;大豆还含有钾元素,可以减轻盐分对人体的危害;大豆所含的植物纤维对舒肠利胃也有一定的作用。大豆既是粮食作物,又是油料作物,同时也是副食品原料,它在工业上的用途也很广泛。

美国是世界生产和销售大豆最多的国家,其次是巴西、中国和阿根廷。我国大豆产区分布以松辽平原和黄淮海平原最为集中。松辽平原是全国最大的大豆产区,主要分布于松花江、辽河沿岸及哈大铁路沿线,其生产的大豆粒大、滚圆、含油率高;黄淮海平原是我国第二大大豆产区,播种面积占全国的46%。我国种植的大豆按其粒形,分为东北黄大豆和一般黄大豆。

大豆是春播秋收一年生草本植物,一般来说,每年的10月左右是其一年中的最低价,而6月左右则是它的高价区。影响大豆价格的因素很多,除天气条件、上年及当年的播种面积和产量、政府的政策外,还有牲畜饲养量、其他油籽的竞争、蛋白质的需求动向等。

大豆是一种价格变动剧烈的国际商品,其价格基本上是由供给和需求的平衡变化决定的,故参与大豆期货交易的交易商应密切注意与之相关的信息,以抓住潜在的价格剧变信息。

影响大豆期货价格的主要因素有:种植面积,气候因素、生长情况及收获进度,进口量,国际市场需求因素和国内市场需求因素,与大豆相关的农业、贸易、食品政策,国际期货市场的价格。

(二)大豆期货合约

表 9-2 是大豆期货合约的一个实例。

表 9-2　大连商品交易所黄大豆 1 号期货合约

交易品种	黄大豆 1 号
交易单位	10 吨/手
报价单位	元(人民币)/吨
最小变动价位	1 元/吨
涨跌停板幅度	上一交易日结算价的 ±4%
合约交割月份	1,3,5,7,9,11
交易时间	每周一至周五上午 9:00～10:15,10:30～11:30,下午 13:30～15:00 连续交易时间:前一自然日 21:00～23:00 (周一夜盘交易时段为上周五的 21:00～23:00)
最后交易日	合约月份第十个交易日
最后交割日	最后交易日后第 3 个交易日
交割品级	大连商品交易所黄大豆 1 号交割质量标准(F/DCE A001-2018)
交割地点	大连商品交易所指定交割仓库
最低交易保证金	合约价值的 5%
交割方式	实物交割
交易代码	A
上市交易所	大连商品交易所
上市日期	2002 年 3 月 15 日
交割等级	黄大豆 1 号合约 2005 年起施行大连商品交易所黄大豆 1 号交割质量标准(F/DEC A001-2018)

三、豆粕期货

(一)豆粕商品简介

豆粕是大豆经过提取豆油后得到的一种副产品,按照提取方法的不同,可以分为一浸豆粕和二浸豆粕两种。其中,以浸提法提取豆油后的副产品为一浸豆粕;而先以压榨取油,再经过浸提取油后所得的副产品称为二浸豆粕。在整个加工过程中,对温度的控制极为重要,温度过高,会影响蛋白质含量,从而直接关系到豆粕的质量和使用;温度过低,会增加豆粕的水分含量,水分含量高则会影响储存期内豆粕的质量。一浸豆粕的生产工艺较为先进,蛋白质含量高,是国内目前现货市场上流通的主要品种。

按照国家标准,豆粕分为三个等级,即一级豆粕、二级豆粕和三级豆粕。从目前国内豆粕现货市场的情况看,1999年国内豆粕加工总量(不含进口豆粕)大约为1 000万吨,其中一级豆粕大约占20%,二级豆粕占75%左右,三级豆粕约占5%,三个等级豆粕流通量的变化主要与大豆的品质有关。从不同等级豆粕的市场需求情况看,国内少数有实力的大型饲料厂使用一级豆粕,大多数饲料厂目前主要使用二级豆粕(蛋白质含量43%),二级豆粕仍是国内豆粕消费市场的主流产品,三级豆粕已很少使用。

豆粕一般呈不规则碎片状,颜色为浅黄色至浅褐色,味道具有烤大豆的香味。豆粕的主要成分为:蛋白质40%~48%,赖氨酸2.5%~3.0%,色氨酸0.6%~0.7%,蛋氨酸0.5%~0.7%。

豆粕是棉籽粕、花生粕、菜籽粕等12种动植物油粕饲料产品中产量最大、用途最广的一种。作为一种高蛋白质,豆粕是制作牲畜与家禽饲料的主要原料,还可以作为制作糕点食品、健康食品以及化妆品和抗生素的原料。大约85%的豆粕被用于家禽和猪的饲养,豆粕内所含的多种氨基酸适合于家禽和猪对营养的需求。实验表明,在不需额外加入动物性蛋白的情况下,仅豆粕中所含有的氨基酸就足以平衡家禽和猪的营养,促进牲畜的营养吸收。在家禽和生猪饲养中,豆粕得到了最大限度的利用,只有当棉籽粕和花生粕的单位蛋白成本远低于豆粕时,它们才会被考虑使用。事实上,豆粕已经成为比较其他蛋白源的基准品。在奶牛的饲养过程中,味道鲜美、易于消化的豆粕能够提高出奶量;在肉用牛的饲养中,豆粕也是最重要的油籽粕之一。豆粕还被用于制成宠物食品,玉米、豆粕的简单混合食物与使用高动物蛋白制成的食品具有相同的价值。最近几年来,豆粕也被广泛应用于水产养殖业中,豆粕中含有的多种氨基酸能够充分满足鱼类对氨基酸的特殊需要。

我国是豆粕生产大国,豆粕产量位于美国、巴西和阿根廷之后,居世界第四位。东北、华东和山东都是我国豆粕的重要生产基地,豆粕产量约占全国的80%以上。影响豆粕价格变动的主要因素有:豆粕供求因素,豆粕与大豆、豆油的比价关系,豆粕价格变化的季节性因素,国际市场价格的影响,进出口政策的影响。

(二)豆粕期货合约

表9-3是豆粕期货合约的一个实例。

表 9-3　大连商品交易所豆粕期货合约

交易品种	豆粕
交易单位	10 吨/手
报价单位	元(人民币)/吨
最小变动价位	1 元/吨
涨跌停板幅度	上一交易日结算价的 ±4%
合约交割月份	1,3,5,7,8,9,11,12 月
交易时间	每周一至周五上午 9:00～10:15,10:30～11:30,下午 13:30～15:00 连续交易时间:前一自然日 21:00～23:00 (周一夜盘交易时段为上周五的 21:00～23:00)
最后交易日	合约月份第 10 个交易日
最后交割日	最后交易日后第 3 个交易日
交割品级	大连商品交易所豆粕交割质量标准
交割地点	大连商品交易所指定交割仓库
最低交易保证金	合约价值的 5%
交割方式	实物交割
交易代码	M
上市交易所	大连商品交易所
上市日期	2000 年 7 月 17 日

四、豆油期货

(一) 豆油期货合约简介

豆油是大豆加工的油脂产品的总称。豆油按其加工程度,可分为大豆原油和成品大豆油。在我国,大豆原油(也称毛油)主要为工厂的中间产品,目前我国进口大豆油也全部是大豆原油。大豆原油具有贸易量大、品质均一、容易储存、与国际现货和期货市场接轨等优势,是比较适合进行期货交易的品种。

(二) 豆油期货的主要特点

1. 流通量大,商品率高。近年来,我国压榨、食品及饲料行业迅速发展,豆油产量、上下游相关行业的规模及商品流通量都非常大。目前,我国豆油年产量达到 500 多万吨,其商品率在 90% 以上,这为豆油期货交易的开展提供了有利条件。豆油市场是一个竞争性市场,众多的豆油生产、经销和消费企业都面临着较大的市场风险,因此,套期保值是众多豆油相关企业规避价格风险的迫切需要。

2. 价格波动大。大豆供给、豆油消费的季节性以及豆油不易储存的特点,导致豆油的价格波动性较大。同时,大豆、豆油的贸易政策、关税政策和配额政策对豆油的价格也会产生不小的影响。

3. 品种成熟,历史悠久。芝加哥期货交易所于1950年7月就推出了豆油期货合约,多年来一直受到投资者的欢迎,其市场规模不断扩大,年均交易量增长超过了15%。目前,豆油期货已经成为世界第六大农产品期货品种。

4. 交割方式多样,贴近现货市场,企业可以灵活操作。豆油期货采用期货转现货、滚动交割等方式,采用厂库仓单和仓库仓单相结合的仓单流转方式,符合现货流通习惯,便于企业灵活操作,节省成本,可以高效、快捷地完成交割。

5. 完善了大豆避险体系,实现了品种间的套利操作。

(三) 豆油期货合约

大连商品交易所豆油期货交割质量标准以我国豆油国标为蓝本,项目设置、数值选取基本一致,同时,对与现货市场发展情况不相符的个别指标及取值进行了微调,如增加了国标中没有但现货企业普遍使用的含磷量指标,并设计含磷量≤200mg/kg,将酸值由国标中的≤4.0mg KOH/g 调整为≤3.0mg KOH/g。这样,国产大豆原油基本上能够达到该交割标准,进口豆油在溶剂残留量等指标上有可能不达标。但是,经过简单加工,进口豆油完全可以满足期货交割质量标准。同时,为简化合约,豆油期货不设等级升贴水。豆油期货合约详见表9-4。

表9-4 大连商品交易所豆油期货合约

交易品种	豆油
交易单位	10吨/手
报价单位	元(人民币)/吨
最小变动价位	2元/吨
涨跌停板幅度	上一交易日结算价的±4%
合约交割月份	1,3,5,7,8,9,11,12月
交易时间	每周一至周五上午9:00~10:15,10:30~11:30,下午13:30~15:00 连续交易时间:前一自然日21:00~23:00 (周一夜盘交易时段为上周五的21:00~23:00)
最后交易日	合约月份第10个交易日
最后交割日	最后交易日后第3个交易日
交割品级	大连商品交易所豆油交割质量标准

续表

交割地点	大连商品交易所指定交割仓库
最低交易保证金	合约价值的5%
交割方式	实物交割
交易代码	Y
上市交易所	大连商品交易所
上市日期	2006年1月9日

五、玉米期货

（一）玉米商品简介

玉米属一年生草本植物，有苞米、棒子、玉茭、苞谷、珍珠米等俗称，起源于南美洲。到目前为止，世界各大洲均有玉米种植，玉米已成为最主要的饲料作物。玉米占世界粗粮产量的65%以上，占我国粗粮产量的90%。玉米是制造复合饲料最主要的原料，一般占饲料原料的80%，其余20%为豆粕或鱼粉等高蛋白添加物。

玉米籽粒中含有70%~75%的淀粉，10%左右的蛋白质，4%~5%的脂肪，2%左右的多种维生素。籽粒中的蛋白质、脂肪、维生素A、维生素B_1、维生素B_2的含量均比稻米多。以玉米为原料制成的加工产品有500种以上。

玉米籽粒和植株在组成成分方面的许多特点，决定了玉米的广泛利用价值。世界玉米总产量中，直接用作粮食的只占1/3，大部分用于其他方面。玉米是世界上最重要的粮食之一，特别是在一些非洲、拉丁美洲国家。现今全世界约有1/3的人以玉米籽粒作为主要食粮，其中，亚洲人的食物组成中，玉米少者占50%，多者达90%以上；非洲则占25%；拉丁美洲占40%。玉米的营养成分优于稻米、薯类等，缺点是颗粒大、食味差、黏性小。随着玉米加工工业的发展，玉米的食用品质不断改善。世界上大约65%的玉米都用做饲料，发达国家高达80%，因而玉米是畜牧业赖以发展的重要基础。玉米籽粒是重要的工业原料，经过初加工和深加工，可生产两三百种产品。初加工产品可作为基础原料进一步加工利用，在食品、化工、发酵、医药、纺织、造纸等工业生产中制造种类繁多的产品，穗轴可生产糠醛。另外，苞叶可编织提篮、地毯、坐毯等手工艺品，行销国内外。

玉米是世界上分布最广的作物之一，其中，北美洲种植面积最大，亚洲、非洲和拉丁美洲次之。全世界每年种植玉米1.3亿多公顷，总产量6亿吨左右，约占全球粮食总产量的35%左右，主要分布在美国、中国、巴西和阿根廷。这四个国家的总产量约占全球总产量的70%左右,其中,美国占40%左右,中国占20%左右。全球有两大著名玉米黄金带,分别位于美国和中国。

随着社会生产力发展水平的不断提高,玉米已经走过作为口粮消费的阶段,被广泛应用于饲料原料和工业原料。全球每年玉米总消费量保持在6亿吨以上,并随着全球经济的发展和人类需求的不断提高呈刚性增长之势。其中,饲料用消费占整个玉米消费的70%以上。

(二)影响玉米价格的主要因素

1. 玉米的供给。从历年的生产情况看,在国际玉米市场中,美国的产量占40%以上,中国的产量占近20%,南美的产量大约占10%。这些世界玉米主产地的产量和供应量对国际市场的影响较大,特别是美国的玉米产量,已经成为影响国际供给最为重要的因素。

2. 玉米的需求。玉米籽粒和植株在组成方面存在诸多特点,利用价值非常广泛:

一是食用。玉米是世界上最重要的食粮之一,特别是对一些非洲、拉丁美洲国家而言。现今全世界约有1/3的人口以玉米籽粒作为主要食粮。

二是饲料用。世界上有65%至70%的玉米都用做饲料,发达国家高达80%,是畜牧业赖以发展的重要基础。

三是工业加工。玉米籽粒是重要的工业原料,经过初加工和深加工,可生产两三百种产品。初加工产品和副产品可作为基础原料进一步加工利用,在食品、化工、发酵、医药、纺织、造纸等工业生产中制造种类繁多的产品。

3. 玉米进出口。我国是世界上重要的玉米出口国,我国玉米出口对象国大多位于周边地区,占全部出口量的90%以上。目前,我国最主要的玉米出口对象国是韩国、马来西亚、印度尼西亚和伊朗,对这些国家的玉米出口占我国玉米出口总量的80%以上。

4. 天气。对于美国和中国来说,每年4~9月是玉米播种和生长的关键时期;而对南美地区来说,则要关注10月至次年3月的天气变化情况。

5. 相关政策。影响玉米价格的相关政策包括国家粮食流通体制改革政策、进出口贸易政策、食品政策等。

(三)玉米期货合约

表9-5是玉米期货合约的一个实例。

表9-5 大连商品交易所玉米期货合约

交易品种	黄玉米
交易单位	10吨/手

续表

报价单位	元(人民币)/吨
最小变动价位	1元/吨
涨跌停板幅度	上一交易日结算价的±4%
合约交割月份	1,3,5,7,9,11月
交易时间	每周一至周五上午9:00~10:15,10:30~11:30,下午13:30~15:00 连续交易时间:前一自然日21:00~23:00 (周一夜盘交易时段为上周五的21:00~23:00)
最后交易日	合约月份第十个交易日
最后交割日	最后交易日后第3个交易日
交割品级	大连商品交易所玉米交割质量标准(FC/DCE D001-2015)(具体内容见附件)
交割地点	大连商品交易所玉米指定交割仓库
最低交易保证金	合约价值的5%
交割方式	实物交割
交易代码	C
上市交易所	大连商品交易所
上市日期	2004年9月22日

六、玉米淀粉合约

(一)玉米淀粉简介

玉米淀粉是将玉米经粗细研磨,分离出胚芽、纤维和蛋白质等副产品后得到的产品,一般来说,约1.4吨玉米(含14%水分)可以提取1吨玉米淀粉。据中国淀粉工业协会数据,2014年我国玉米淀粉产量约2 006万吨。从地域上看,前五大生产省份依次为山东(约966万吨,占48.2%)、吉林(约358万吨,占17.8%)、河北(约215万吨,占10.7%)、河南(约128万吨,占6.4%)和陕西(约119万吨,占5.9%)。

玉米淀粉用途广泛,下游产品达3 500多种,涉及淀粉糖、啤酒、医药、造纸等众多产业,其中淀粉糖用量最大,约占玉米淀粉消费总量的55%,其后依次是啤酒(约占10%)、医药(约占8%)、造纸和化工(分别约占7%)、食品加工(约占6%)、变性淀粉(约占5%)等。玉米淀粉消费地域分布较广,沿海地区占据突出地位,其中长三角地区约占17%,珠三角地区约占14%,胶东半岛约占12%,福建地区约占7%。

（二）影响玉米淀粉价格的因素

影响玉米淀粉价格波动的因素较多，大体上有三类，即供给因素、需求因素和其他因素。供给因素包括玉米供应和成本、淀粉企业开工和利润等，它主要影响成本，对玉米淀粉价格有支撑作用。需求因素包括下游需求增长量、企业效益、替代品数量和价格等，它主要影响淀粉价格的水平和波动幅度。其他因素包括物流成本、宏观环境、周期性因素等。

通常情况下，玉米淀粉价格与玉米价格类似，具有较强的季节性和周期性特点，受季节性和假日效应影响显著。玉米淀粉价格在一年中有三个重要节点，即劳动节和端午节、中秋和国庆、元旦和春节。一般情况下．在这三个节点前价格出现阶段性上涨，之后出现阶段性回落。

（三）玉米淀粉期货合约

表9-6是玉米淀粉期货合约的一个实例。

表9-6　大连商品交易所玉米淀粉期货合约

交易品种	玉米淀粉
交易单位	10吨/手
报价单位	元(人民币)/吨
最小变动价位	1元/吨
涨跌停板幅度	上一交易日结算价的4%
合约交割月份	1,3,5,7,9,11月
交易时间	每周一至周五上午9:00~10:15,10:30~11:30,下午13:30~15:00 连续交易时间：前一自然日21:00~23:00 （周一夜盘交易时段为上周五的21:00~23:00）
最后交易日	合约月份第10个交易日
最后交割日	最后交易日后第3个交易日
交割品级	大连商品交易所玉米淀粉交割质量标准
交割地点	大连商品交易所玉米淀粉指定交割仓库
最低交易保证金	合约价值的5%
交割方法	实物交割
交易代码	CS
上市交易所	大连商品交易所
上市日期	2014年12月19日
备注	自2019年9月11日(星期三)结算时起，涨跌停板幅度和最低交易保证金标准将分别调整为6%和8%

七、优质强筋小麦期货

(一)优质强筋小麦商品简介

强筋小麦简称强麦,主要是根据小麦粉的三个指标认定的:湿面筋含量,面团稳定时间,烘焙品质评分值。按照湿面筋含量的多少,优质小麦可分为三种:优质强筋小麦、优质弱筋小麦和优质中筋小麦。优质强筋小麦适合做面包,优质中筋小麦适合做面条和饺子、馒头等,优质弱筋小麦适合做糕点和饼干。

国家规定,优质强筋小麦标准主要为:湿面筋含量一等≥35%,二等≥32%;稳定时间一等≥10分钟,二等≥7分钟;面包烘烤评分≥80分,适合制作面包。优质弱筋小麦标准主要为湿面筋含量≤22%,稳定时间≤2.5分钟,适合做饼干和糕点。中筋麦界于强、弱筋之间,适合做面条、饺子、馒头等,目前国家尚未颁布优质中筋小麦标准,各类专业面粉对小麦的内在品质有特殊要求,因此,优质小麦主要表现在内在品质和烘焙、蒸、煮等特性上,而不局限于单项测试指标。有的品种个别指标高,但操作性能和食用品质并不好,关键要看它的适用性。

影响强筋小麦期货价格的因素很多,这些因素最终通过供求影响价格,主要有:经济因素(经济波动,利率和汇率变动),政策因素(金融政策、农业政策和粮油政策),自然因素(种植面积、产量、气候),心理因素(心理预期变化),市场因素(市场规模和投机等)。强筋小麦由于受季节性供求因素的影响,价格的季节性波动很大。

(二)优质强筋小麦期货合约

优质强筋小麦期货合约的实例见表9-7。

表9-7 郑州商品交易所强筋小麦期货合约

交易品种	强筋小麦
交易单位	20吨/手
报价单位	元(人民币)/吨
最小变动价位	1元/吨
涨跌停板幅度	不超过上一交易日结算价±7%
合约交割月份	1,3,5,7,9,11月
交易时间	每周一至周五(北京时间,法定节假日除外) 上午9:00~10:15,10:30~11:30,下午13:30~15:00

续表

最后交易日	合约交割月份的第 10 个交易日
最后交割日	合约交割月份的第 12 个交易日
交割品级	符合《中华人民共和国国家标准小麦》(GB 1351—2008)的三等及以上小麦,且稳定时间、湿面筋等指标符合《郑州商品交易所期货交割细则》规定要求
交割地点	交易所指定交割仓库
最低交易保证金	合约价值的 20%
交割方式	实物交割
交易代码	WH
上市交易所	郑州商品交易所
上市日期	2003 年 3 月 28 日
备注	2019 年 10 月 8 日恢复交易后,自强麦期货未出现涨跌停板单边市的第一个交易日结算时起,强麦期货 2003 合约及之后合约交易保证金标准调整为 7%,涨跌停板幅度调整为 5%

八、白砂糖期货

(一)白砂糖商品简介

食糖作为天然甜味剂,是人们日常生活的必需品,也是人体所必需的三大养分(糖、蛋白质、脂肪)之一。白砂糖(以下简称白糖)几乎是由蔗糖分这种单一成分组成的,白糖的蔗糖分含量一般在 95% 以上。食糖生产的基本原料是甘蔗和甜菜。我国是世界重要的食糖生产国和消费国,糖料种植在我国农业经济中占有重要地位,其产量和产值仅次于粮食、油料和棉花,居第四位,其分布主要集中在南方的广西、云南、广东湛江等地,甜菜糖主产区主要集中在北方的新疆、黑龙江、内蒙古等地。我国食糖产销量仅次于巴西和印度,居世界第三位(如果把欧盟作为一个整体统计,我国食糖产销量居世界第四位)。目前郑州商品交易所交易的食糖为一级白砂糖。

(二)影响白糖期货价格的主要因素

1. 白糖现货市场的供求关系。

(1)白糖的供给。目前,世界食糖产量 1.21 亿~1.40 亿吨,产量超过 1 000 万吨的国家和地区包括巴西、印度、欧盟和中国等。巴西、欧盟和泰国是世界食糖的主要出口国家和地区,特别是巴西和欧盟,年出口量分别占世界总出口量的 40% 和 16%。

(2)白糖的需求。世界食糖消费量较大的国家和地区包括印度、欧盟、中国和巴西等。

(3)白糖的进出口。世界食糖贸易量每年约在 3 700 万吨左右,以原糖为主。白糖的主要出口国为巴西、欧盟、泰国、澳大利亚和古巴等,主要进口国为俄罗斯、美国、印度尼西亚、欧盟和日本等。

(4)白糖库存。结转库存水平和白糖期货价格常常呈现负相关关系。另外,在国内,预估当年及下一年的库存和国家对食糖的收储与抛售,对于正确估测食糖价格具有重要意义。

2.气候与天气。食糖作为农副产品,无论是现货价格还是期货价格,从原料的种植到压榨,整个过程都会受到气候与天气因素的影响。在关注本国气候和天气变化的同时,也要关注食糖主要出口国的气候和天气变化。

3.季节性。我国甘蔗生产期为每年的 4~10 月,榨季为 11 月至次年的 4 月;甜菜每年 10 月开榨,次年 2 月结束。而食糖的需求则呈现一年四季相对平稳的特点。

4.政策因素。国际食糖组织的有关政策、欧盟国家对食糖生产者的补贴、美国政府的生产支持政策等,对全世界食糖供给量均有重要影响。各国食糖进出口政策和关税政策也是不容忽视的因素。当然,国内的宏观调控也是重要的影响因素。

5.替代品。甜味剂是食糖的主要替代品,主要包括淀粉糖、糖精和甜蜜素。

6.节假日。一年中的春节和中秋节是我国白砂糖消耗最大的节假日。节前一个月进入消费高峰,价格上涨;之后消费量降低,糖价往往回落。

7.国际期货市场的联动性。随着经济全球化进程的加快,世界主要食糖期货市场价格的相互影响也日益增强,国内食糖期、现货价格同国际食糖价格在变动趋势上具有一定的趋同性。

8.国际、国内政治经济形势。世界经济景气与否,是决定商品期货价格的重要因素之一;国内经济形势特别是国民经济主要景气指标的变化,将直接影响农产品期货价格的变化。

9.经济周期。经济周期是市场经济的基本特征,一般由复苏、繁荣、衰退和萧条四个阶段组成。

10.其他因素。一些突发事件如禽流感、"非典"等,对市场的价格会产生一定的影响;利率变化、汇率变化、通货膨胀率、消费习惯、运输成本等因素,也会对白糖价格产生一定的影响;此外,市场投机力量的变化及心理因素,也常常会影响白糖的价格走势。

(三)白砂糖期货合约

白砂糖期货合约的实例见表 9-8。

表 9-8 郑州商品交易所白砂糖期货合约

交易品种	白砂糖
交易单位	10 吨/手
报价单位	元(人民币)/吨
最小变动价位	1 元/吨
涨跌停板幅度	上一交易日结算价 ±4% 及《郑州商品交易所期货交易风险控制管理办法》相关规定
合约交割月份	1,3,5,7,9,11 月
交易时间	每周一至周五(北京时间,法定节假日除外)上午 9:00 ~ 10:15,10:30 ~ 11:30,下午 13:30 ~ 15:00 连续交易时间:21:00 至 23:30
最后交易日	合约交割月份的第 10 个交易日
最后交割日	合约交割月份的第 12 个交易日
交割品级	见《郑州商品交易所期货交割细则》
交割地点	交易所指定仓库
最低交易保证金	合约价值的 5%
交割方式	实物交割
交易代码	SR
上市交易所	郑州商品交易所
上市日期	2006 年 1 月 6 日
附加信息	经研究决定,将白糖期货挂牌合约时长由一年半缩短为一年。现已挂牌合约不变,SR1811 合约摘牌后再挂牌新合约

九、天然橡胶期货

(一)天然橡胶商品简介

天然橡胶是由人工栽培的三叶橡胶树分泌的乳汁经凝固、加工而制得,其主要成分为聚乙戊二烯,含量在 90% 以上。此外,还含有少量的蛋白质、脂及酸、糖分及灰分。天然橡胶按制造工艺和外形的不同,分为烟片胶、颗粒胶、绉片胶和乳胶等。市场上的天然橡胶以颗粒胶和烟片胶为主。颗粒胶是经凝固、造粒、干燥等工艺而制得,我国国产的天然橡胶基本上为颗粒胶,也称标准胶。国产标准胶代号 SCR(其中,S 为 Standard,即标准;C 为 Chinese,即中国;R 为 Rubber,即橡胶),即标准中国橡胶。天然橡胶一般按国际上统一的理化性能、指标来分级,这些理化性能包括杂质含量、塑性初值、塑性保持率、氮含量、挥发物含量、灰分含量及色泽指数 7 项。其中又以杂质含量为主导性指标,依杂质之多少,分为 5L(特级)、5(一级)、10(二级)、20(三级)及50(四级)共 5 个级别。烟片胶 RSS 是经凝固、干燥、烟熏等工艺而制得,我国进口的天然橡胶多为烟片胶。烟片胶一般按外形来分级,分为特级、一级、二级、三级、四级、五级等,达不到五级的则列为等外胶。烟片胶的级别主要通过目测色泽来判断。

天然橡胶广泛用于工业、农业、国防、交通、运输、机械制造、医药卫生领域和日常生活等方面,如交通运输上用的轮胎,工业上用的运输带、传动带、各种密封圈,医用的手套、输血管,日常生活中所用的胶鞋、雨衣、暖水袋等都是以橡胶为主要原料制造的;国防上使用的飞机、大炮、坦克甚至尖端科技领域里的火箭、人造卫星、宇宙飞船、航天飞机等,都需要大量的橡胶零部件。

天然橡胶的供应有农产品的特性,需求有工业品的特性。世界主要消费国(地区)有中国、美国、日本、西欧和印度等,我国已成为世界第一大天然橡胶消费国。天然橡胶的供给呈现刚性特征,新增产量不会大幅增加,主要天然橡胶生产国有泰国(34%)、印度尼西亚(23%)、马来西亚(9%)、中国(7%)、越南(4%)及印度(4%)。我国天然橡胶主要产区为海南(60%)、云南(35%)。

影响天然橡胶价格变动的主要因素有:季节、天气因素;经济形势;政策因素,如进出口政策、主产国政策;相关产品如合成橡胶、石油的供求情况;相关市场价格。

(二)天然橡胶期货合约

天然橡胶期货合约实例见表 9-9。

表 9-9 上海期货交易所天然橡胶期货合约

交易品种	天然橡胶
交易单位	10 吨/手
报价单位	元(人民币)/吨
最小变动价位	5 元/吨
涨跌停板幅度	上一交易日结算价 ±7%
合约交割月份	1,3,4,5,6,7,8,9,10,11 月
交易时间	每周一至周五上午 9:00~10:15,10:30~11:30,下午 13:30~15:00 连续交易时间:21:00 至 23:00
最后交易日	合约月份的 15 日(遇国家法定节假日顺延,春节月份等最后交易日交易所可另行调整并通知)
最后交割日	最后交易日后第五个工作日

续表

交割品级	标准品：1. 国产天然橡胶（SCR WF），质量符合国标 GB/T 8081—2008 2. 进口 3 号烟胶片（RSS3），质量符合《天然橡胶等级的品质与包装国际标准（绿皮书）》（1979 年版）
交割地点	交易所指定交割仓库
最低交易保证金	合约价值的 9%
交割方式	实物交割
交易代码	RU
上市交易所	上海期货交易所
上市日期	1993 年 11 月

十、棉花期货

（一）棉花期货简介

2004 年 6 月 1 日，我国棉花期货在郑州商品交易所正式推出。国际上，棉花期货是非常成熟的品种。19 世纪中期，由于棉花现货市场价格波动很大，对棉花的生产和贸易产生了严重冲击。1870 年，纽约棉花交易所应运而生，并于当年推出了棉花期货交易。随着棉花期货市场的不断发展，1987 年又推出棉花期权交易。纽约棉花交易所是世界上唯一一家交易棉花期货和期权的交易所，纽约棉花期货价格已成为全球棉花市场定价的重要依据。

棉花原产于热带、亚热带地区，最初为多年生木本植物，后经引种培育，发展成今天的一年生作物。棉花为锦葵目棉属，有亚洲棉、非洲棉、陆地棉（又叫细绒棉）、海岛棉（又叫长绒棉）四个棉种。我国植棉大约有 2 000 年的历史，到 20 世纪 50 年代末，陆地棉成为我国的主要品种，其次是长绒棉。棉花不仅是我国农产品中产量最大的经济作物，而且是关系国计民生的特殊商品，是涉及农业和纺织工业两大产业的重要商品。

我国是全球棉花第一消费大国，消费量占全球消费总量的 22.34%，纺织企业纤维加工中，棉花所占的比重超过 50%。棉花作为一种农产品，生产周期比较长，单凭现货市场的调节不能解决生产、价格的波动问题。产棉企业因棉价剧烈波动，盲目扩大种植面积，造成下一年度棉花销售的困难；而用棉企业为避免棉价持续上扬带来的成本上涨，不得不筹措大量银行贷款购买棉花、租借仓库，不但增加了财务费用，还加大了经营风险。随着国内棉花市场与国际市场逐步接轨，棉花生产、经营、加工企业和纺织企业面临着更大的风险。

从供需情况来看,世界上主要的棉花生产国是中国、美国、印度、巴基斯坦、乌兹别克斯坦、墨西哥和澳大利亚等国。

(二) 影响棉花价格的因素

影响棉花价格的因素主要有以下几种。

1. 气候变化。作为农产品,气候变化对棉花生产的影响极大。

2. 经济周期。随着经济全球化进程的不断深入,不同国家的经济周期出现了同步化特征。在经济周期的不同阶段,棉花消费也不同:在经济衰退期,全球棉花呈下降趋势,而在经济增长期,棉花消费则快速回升。

3. 产业政策。各个国家的农业补贴政策和进出口政策也成为棉花价格波动的不确定因素之一。

4. 产量预测。产量预测是导致棉花价格波动的一大因素。全球棉花产量预测的权威——国际棉花顾问委员会(ICAC)由43个棉花生产和消费国的政府组成,其发布的世界棉花生产、供应、需求及价格等信息对市场起着重要的指导作用。

5. 价格及价格指数。投资者需要关注的价格及价格指数包括:中国棉花收购价格,中国棉花现货价格,中国棉纱现货价格,国储棉拍卖价格,考特鲁克棉价(Cotlook)指数 A,B 及纽约期货价格。其中,反映国际棉花市场现货价格水平的 Cotlook 棉价指数,是目前世界棉价的晴雨表,也是市场重点关注的对象。

(三) 棉花期货合约

棉花期货合约实例见表 9-10。

表 9-10 郑州商品交易所一号棉花期货合约

交易品种	一号棉花
交易单位	5 吨/手(公定重量)
报价单位	元(人民币)/吨
最小变动价位	5 元/吨
涨跌停板幅度	不超过上一交易日结算价 ±4%
合约交割月份	1,3,5,7,9,11 月
交易时间	星期一至星期五(北京时间,法定节假日除外) 上午 9:00~10:15,10:30~11:30,下午:13:30~15:00 连续交易时间:21:00 至 23:30

续表

最后交易日	合约交割月份的第 10 个交易日
最后交割日	合约交割月份的第 12 个交易日
交割品级	基准交割品:符合 GB 1103.1—2012《棉花 第 1 部分:锯齿加工细绒棉》规定的 3128B 级,且长度整齐度为 U3 档,断裂比强度为 S3 档,轧工质量为 P2 档的国产棉花。替代品详见交易所交割细则。替代品升贴水见交易所公告
交割地点	交易所指定棉花交割仓库
最低交易保证金	合约价值的 5%
交割方式	实物交割
交易代码	CF
上市交易所	郑州商品交易所
上市日期	2004 年 6 月 1 日
附加信息	自 2019 年 3 月 19 日结算时起,棉花期货合约交易保证金标准调整为 5%,涨跌停板幅度调整为 4%。(调整前交易保证金标准和涨跌停板幅度分别 7% 和 5%)

十一、鸡蛋期货

(一)鸡蛋期货简介

从国际上看,鸡蛋期货最早由芝加哥商业交易所(CME)推出,CME 开始曾依靠鸡蛋期货起家。CME 创立于 1874 年,其前身为农产品交易所,由一批农产品经销商创建,当时该交易所上市的主要商品为黄油、鸡蛋、家禽以及其他不耐储藏的农产品。1898 年,黄油鸡蛋经销商退出农产品交易所,组建了芝加哥黄油和鸡蛋交易所,后更名为芝加哥商品交易所。除了 CME,鸡蛋期货也曾在日本中部商业交易所上市交易。

2013 年 11 月 8 日,鸡蛋期货在大连商品交易所正式挂牌交易。鸡蛋期货作为我国期货市场首个生鲜品种,其推出上市丰富了国内期货品种体系,并给蛋鸡业提供了规避"鸡飞蛋打"市场风险的工具。

我国鸡蛋的商品化率很高,除部分散养农户出产的鸡蛋用于自身消费外,规模养殖场的鸡蛋都通过市场化方式销售。2008 年至 2012 年,我国鸡蛋年平均产量约为 2 350 万吨,其中养殖数量超过 2 000 只的养鸡场产量约占全国总产量的60%,约为1 410万吨,可供交割量充足。自1985年开始,我国鸡蛋产量超过了美国,居世界第一位。

(二)影响鸡蛋价格的因素

1. 宏观环境及政策。随着我国居民消费水平的不断提高,物价水平总体呈现上升态势,导致鸡蛋价格呈现出了在波动中上涨的变动趋势。一旦宏观环境发生大的变化,将对鸡蛋价格产生冲击。

2. 供给。养鸡的饲养规模直接决定养殖户的经济效益和市场鸡蛋的供给量,对供求关系变化影响最大,是影响鸡蛋价格变动的主要因素。随着蛋鸡养殖规模的逐步增大,鸡蛋产品供给量不断增加,在生产技术不变的情况下,根据边际收益递减规律,鸡蛋价格呈现下降趋势。同时,生产的季节性因素也不可忽视。春季气候逐渐变暖,是鸡群产蛋最适合季节,进入产蛋的旺季,供应量增加,鸡蛋价格下降;夏季气温较高,气候炎热,影响蛋鸡的采食量,致使母鸡产蛋率下降,进入产蛋的淡季,产蛋量和上市量都会有所下降,供应量减少,鸡蛋价格上升。

3. 需求。人口数量的变化、地区经济发展速度、鸡蛋商品本身价格、其他相关商品价格、消费者收入水平、消费者饮食习惯、消费者未来消费倾向等因素都会对鸡蛋需求量产生影响,从而改变供求关系,引起鸡蛋价格的变化。

4. 成本。鸡蛋作为蛋鸡的产物,其成本构成本质上取决于蛋鸡生产的成本构成。与其他养殖业类似,蛋鸡养殖成本主要由仔畜费、精饲料费、人工费等组成,饲料与仔畜费用合起来占总成本比例超过了90%。

5. 天气因素和运输成本。天气变化会影响到鸡蛋储运情况,直接关系到鸡蛋价格的变化。如:夏季天气炎热,蛋品储存难度增大,如遇多雨天气,对交通运输带来诸多不便;同时,随着国际油价上涨,运输成本也会增加,对鸡蛋价格产生影响。

6. 疫病与进出口数量。鸡蛋进出口数量也是鸡蛋市场供求的一部分,进出口量变化对鸡蛋供求产生影响,进而影响鸡蛋价格。不过,由于国内鸡蛋进出口数量相对较少,对价格影响有限。而鸡疫病流行情况是影响未来鸡蛋供给和蛋价波动的重要因素。

(三)鸡蛋期货合约

鸡蛋期货合约实例见表9-11。

表 9-11 大连商品交易所鲜鸡蛋期货合约

交易品种	鲜鸡蛋
交易单位	5 吨/手(注:交易单位为吨,是报价单位 500 千克的 2 倍,所以回测时交易单位用 10 倍进行标示)
报价单位	元(人民币)/500 千克
最小变动价位	1 元/500 千克
涨跌停板幅度	上一交易日结算价的 ±5%
合约交割月份	1,2,3,4,5,6,7,8,9,10,11,12 月
交易时间	每周一至周五上午 9:00~10:15,10:30~11:30,下午 13:30~15:00
最后交易日	合约月份倒数第 4 个交易日
最后交割日	最后交易日后第 3 个交易日
交割品级	大连商品交易所鸡蛋交割质量标准
交割地点	大连商品交易所鸡蛋指定交割仓库、指定车板交割场所
最低交易保证金	合约价值的 7%
交割方式	实物交割
交易代码	JD
上市交易所	大连商品交易所
上市日期	2013 年 11 月 8 日
附加信息	自 2019 年 3 月 18 日(星期一)结算时起,将鸡蛋品种涨跌停板幅度和最低交易保证金标准分别调整为 5% 和 7%(调整前涨跌停板幅度和最低交易保证金标准分别 5% 和 8%)

十二、生猪期货

生猪期货于 2021 年 1 月 8 日在大连商品交易所上市交易。近年来,受非洲猪瘟疫和猪周期的共同影响,国内猪价波动巨大,甚至造成结构性通货膨胀。生猪期货的上市意义重大,生猪的养殖企业可以通过期货市场的套期保值功能降低因价格波动带来的经营风险,同时可以抑平市场猪肉价格的波动,稳定物价。

(一)生猪简介

生猪是对未宰杀的、除种猪以外家猪的统称。目前全球种猪有 5 大品种,其中长白猪、大约克夏猪、杜洛克猪三个品种的养殖最为广泛。随着选育技术的发展,不同品种间通过杂交形成了新的种系,如英系、美系、丹系、加系和法系。国内种猪主要为宁乡猪、太湖猪、香猪、东北民猪。

高元次杂交猪的各类性状普遍优于低元次猪,通过杂交得到的商品猪继承了不同品种的优势基因,具有体型大、生长周期短、饲料回报率高、瘦肉率高、经济效益明显等特点。目前我国种猪主要依靠进口,商品猪主要为国外品种杂交后的"杜长大"外三元猪。杂交过程中不同代际定义为一元猪、二元猪、三元猪。其中"祖代"一元猪生产二元母猪,主要是长白猪和大白猪。"父母代"二元猪用来生产三元商品猪,母二元猪是一元猪的后代,公猪使用杜洛克作为终端父本。"商品代"三元猪是二元猪杂交出来的品种。

(二)影响生猪价格的主要因素

1. 猪周期。"猪周期"在生猪行情研究中具有重要作用,一般体现为3~4年的周期规律。"猪周期"最核心的指标是能繁母猪存栏,若能繁母猪存栏出现大幅波动,猪价就会启动下一轮周期,并结合年内季节性的"小周期"进行波动。我国第一轮"大周期"从2006年1月到2009年11月,历时46个月,关键事件为"蓝耳病"发生,母猪存栏快速下降。第二轮"大周期"从2009年12月到2014年1月,历时49个月,关键事件为2010年冬季到2011年春季发生仔猪流行性腹泻。第三轮"大周期"从2014年2月到2018年5月,历时51个月,关键事件为环保驱动的供给侧改革。第四轮"大周期"从2018年6月开始,2017年猪价的持续走弱及2018年上半年的大幅亏损导致行业开始逐步淘汰母猪,2018年7月非洲猪瘟的爆发致能繁母猪存栏快速下降。2019年猪价开启了快速上涨通道,疫情由北往南传播、防控压力加大及种猪缺乏致产能恢复非常缓慢,猪肉供给缺口不断拉大,猪价不断刷新历史新高,2019年11月达到41元/千克。2020年受新冠疫情对猪肉消费的影响,猪价提前进入周期下行阶段,但由于产能恢复缓慢,猪价将长时间处于高位阶段,更多表现为台阶式下降及平台上下整理的走势。

2. 季节性。我国猪肉产量和消费呈现出明显的季节性波动。供给方面,二季度为低点,三季度逐步增加,四季度为高点,一季度高位回落。消费方面,每年11月到次年1月是全年消费最旺的时间,而春节后的3至4月为消费淡季,猪肉消费从8月开始回暖,销量环比回升,环比涨幅的最高值出现在12月,可达30%~40%。

受供需的季节性波动影响,猪价也呈现出明显的年内"小周期"。一般而言,年内的猪价高点出现在四季度,低点出现在一季度末二季度初,也就是3至4月,二季度企稳上涨。

3. 养殖成本。生猪养殖过程中的成本结构包含仔猪费用、饲料费用、兽药费用、人工费用和其他。不同养殖模式及群体在部分成本项目中存在一些差异,自繁自养的仔猪费用按照母猪摊销计算,一般来说会低于外购仔猪的成本,规模企业的人工及其他费用高于散养户。猪价主要由供需决定,而养殖成本起到监测价格底部区域的作用,一旦价格跌破行业平均成本线并长时间低位运行,行业将再次通过减少补栏引导下轮周期上行。

4. 疫情。过去10多年我国生猪养殖发生过4次影响范围较大的疫情,2007年至2008年蓝耳病、2010年的口蹄疫、2010年至2011年仔猪流行性腹泻、2018年7月开始的非洲猪瘟。疫情的发生与传播均导致当年生猪供给快速大幅下降,进而引起猪价快速上涨。生猪养殖过程中存在数种常见疾病,包含病毒性疾病与细菌性疾病。常见的病毒性疾病种类包括口蹄疫、经典猪瘟、蓝耳、伪狂犬、病毒性腹泻、圆环等,2018年7月非洲猪瘟首次传入我国,新型疾病对生猪养殖产生了较大的影响。随着我国动物疫苗行业的快速发展及猪场环境、管理、营养等环节水平的提升,猪场常见疾病的危害度逐步下降,猪瘟、蓝耳、口蹄疫等重大疾病全部可防可控。我国建立并完善了重大动物疾病监测体系,同时重点加强对外来新型疾病的监控与预防。

5. 宏观经济形势。猪肉消费在我国居民饮食结构中占有举足轻重的地位,过去10多年,随着我国经济快速发展,居民可支配收入的增长提升了人均猪肉消费量,同时城乡一体化的推进加速了农村地区猪肉消费的增长。从近几年的情况来看,随着我国人均GDP突破1万美元,猪肉消费增速会逐步趋缓。受新冠疫情影响,近年来我国经济形势受到了内外冲击,中小企业经营压力增加及居民可支配收入的预期下调在一定程度影响了猪肉消费。

(三)生猪期货合约

生猪期货合约的实例见表9-12。

表9-12 大连商品交易所生猪期货合约

交易品种	生猪
交易单位	16吨/手
报价单位	元(人民币)/吨
最小变动价位	5元/吨
涨跌停板幅度	上一交易日结算价的4%
合约月份	1、3、5、7、9、11月
交易时间	每周一至周五上午9:00~11:30 下午13:30~15:00,以及交易所规定的其他时间

续表

最后交易日	合约月份倒数第 4 个交易日
最后交割日	最后交易日后第 3 个交易日
交割等级	大连商品交易所生猪交割质量标准（F/DCE LH001－2021）
交割地点	大连商品交易所生猪指定交制仓库,捐定车板交部场所
最低交易保证金	合约价值的 5%
交割方式	实物交割
交易代码	LH
上市交易所	大连商品交易所

第二节　金属期货

一、金属期货概述

金属期货分为两大类：一是贵金属期货（黄金、白银、铂、钯），二是工业金属期货（铜、铝、铅、锌、镍、锡）。由于两者的性质和价格特征都不一样，因此在期货交易中常常把它们分开来。不过，银的地位比较特殊，有时把它当作贵金属交易，有时又把它当作工业金属交易，这取决于当时的经济条件。

金属期货有着悠久的历史，伦敦金属交易所（London Metal Exchange，LME）最为著名。金属期货交易最初产生于英国，20 世纪六七十年代由多家交易所陆续推出。在美国期货市场迅速发展的同时，以伦敦金属交易所为标志的欧洲期货市场也开始加速形成和发展，对欧洲地区经济的迅速发展和市场体系的不断完善产生了积极的推动作用。LME 的交易品种是铜、铝、铅、锌、锡、镍等基本金属，而美国的纽约商品交易所（COMEX）则以贵金属期货交易最为活跃。我国国内上市的铜期货合约的权威交易所是上海期货交易所。

二、铜期货

（一）阴极铜商品简介

铜是一种被广泛使用的金属，在导电性、导热性、抗拉强度、可延伸性、耐腐蚀性、耐疲劳性等方面有其独特的优点，主要用于工业设备制造业、电业、通信业、建筑业、运输业等。铜的价格对供需变化的反应非常敏感，波动幅度很大。铜与社会生活的密切相关性,使得铜的需求量与经济状况的变化直接关联。

铜的导电性能和导热性能仅次于银,纯铜可拉成很细的铜丝,制成很薄的铜箔。纯铜的新鲜断面是玫瑰红色的,但表面形成氧化铜膜后,外观呈紫红色,故常称紫铜。

铜除了纯铜外,还可以与锡、锌、镍等金属化合成具有不同特点的合金,即青铜、黄铜和白铜。在纯铜(99.99%)中加入锌产生的合金称黄铜,如含铜量80%、含锌量20%的普通黄铜管用于发电厂的冷凝器和汽车的散热器;加入镍产生的合金称为白铜;除此以外,加入其他金属元素产生的所有铜合金均称作青铜,加入什么元素就称为什么元素,最主要的青铜是锡青铜和铍青铜。锡青铜在我国应用的历史非常悠久,它既可用于铸造钟、鼎、乐器和祭器等,也可用作轴承、轴套和耐磨零件等。与纯铜的导电性有所不同,借助于合金方式,可以大大改善铜的强度和耐锈蚀性。这些合金有的耐磨,铸造性能好;有的具有较好的机械性能和耐腐蚀性能。

铜的供给来源除了矿山开采以外,还可以通过二次回收获得。世界主要产铜国为智利、美国、加拿大、赞比亚、扎伊尔和秘鲁等。我国是产铜大国,产量居世界第七位。我国的铜产量主要集中在江西、湖北、甘肃、天津、上海、安徽、辽宁、山西、湖南和云南等省市。由于我国铜矿品位较低,资源条件不够理想,但对铜的需求量又很大,因而每年都要进口铜及铜合金来弥补供给的不足。

影响铜的价格变动的因素包括:①供需关系。如生产量、消费量、进出口量、库存量。②国际国内经济形势。铜是重要的工业原材料,其需求量与经济形势密切相关。③进出口政策及关税。铜基本可以自由进出口,从而使国内、国际铜价互为影响。④国际市场上的相关价格,如 LME 及 COMEX 价格。⑤用铜行业的发展趋势。⑥国际对冲基金及其他投机资金的交易方向。⑦相关商品如石油等价格的波动以及汇率的变动等,这些因素也会对铜价产生影响。

(二)铜期货合约

铜期货合约的实例见表 9 – 13。

表 9 – 13　上海期货交易所阴极铜期货合约

交易品种	阴极铜
交易单位	5 吨/手
报价单位	元(人民币)/吨
最小变动价位	10 元/吨

续表

涨跌停板幅度	上一交易日结算价±5%
交易时间	每周一至周五上午9:00~10:15,10:30~11:30,下午13:30~15:00 连续交易时间:每周一至周五的21:00至次日1:00 法定节假日(不包含双休日)前第一个工作日的有色金属连续交易不再交易
最后交易日	合约月份的15日(遇国家法定节假日顺延,春节月份等最后交易日交易所可另行调整并通知)
最后交割日	最后交易日后第五个工作日
交割品级	标准品:阴极铜,符合国标GB/T 467—2010中1号标准铜(Cu-CATH-2)规定,其中主成分铜加银含量不小于99.95% 替代品:阴极铜,符合国标GB/T 467—2010中A级铜(Cu-CATH-1)规定;或符合BS EN 1978:1998中A级铜(Cu-CATH-1)规定
交割地点	交易所指定交割仓库
最低交易保证金	合约价值的7%
交割方式	实物交割
交易代码	CU
上市交易所	上海期货交易所
合约月份	1~12月
交割单位	25吨
上市日期	1993年3月

三、铝期货

(一)铝商品简介

铝是当今世界最常用的金属之一,它以其特有的物理、化学性能,成为一种颇受欢迎的材料而被广泛应用。随着新的应用领域的不断扩大和应用深度的加深,铝的产量持续高速增长。全世界已探明的铝土储量为230亿吨,澳大利亚、几内亚、巴西、牙买加、希腊和匈牙利等都是铝矾土蕴藏丰富的国家。我国铝土资源的储藏量也很大,主要分布在东北、西北、西南及华东地区。

铝作为一种被广泛应用的商品,其价格波动受多种因素的影响,主要因素有生产量、库存量、进出口量、替代品价格和产量及国际国内政治经济形势等。铝的产量受技术、设备及资源的约束较大,一般情况下增长缓慢,但是一旦在技术上有所突破或者发现了新的铝矿,铝的产量就会出现大的增长,从而影响供求关系。库存量是影响铝价的另一个重要因素。企业在不同的市场环境下会采取增加或减少库存的措施,以保证生产所需原料并加快资金周转;政府在不同时期,也会利用储备来稳定铝市场的价格。铝可以在一定程度上由其他材料代替,例如,塑料、涂层钢材或木材等在一些场合可以替代铝,因此,这些铝的替代品的推广与应用也会影响铝的价格。国际国内政治经济形势也是影响铝价的重要因素,如国与国之间的外交关系、主要产铝国铝矿工人的罢工、国内铝业政策的变化等都会影响铝价。

影响铝价变动的因素还有:①氧化铝的供应。氧化铝的成本约占铝锭生产成本的28%~34%,因此,氧化铝的供应量和价格会直接影响铝锭的价格。②电价。我国吨铝平均耗电为1.6万度,吨铝电费占铝锭成本的比例为38%。③国内外经济周期及宏观经济形势。④进出口量及其政策。⑤LME铝价。⑥用铝行业的发展趋势及其变化。⑦国际市场汇率的变化。

(二)铝期货合约

铝期货合约的实例见表9-14。

表9-14 上海期货交易所铝期货合约

交易品种	铝
交易单位	5吨/手
报价单位	元(人民币)/吨
最小变动价位	5元/吨
涨跌停板幅度	上一交易日结算价±5%
交易时间	每周一至周五上午9:00~10:15,10:30~11:30,下午13:30~15:00 连续交易时间:每周一至周五的21:00至次日1:00 法定节假日(不包含双休日)前第一个工作日的有色金属连续交易不再交易
最后交易日	合约月份的15日(遇国家法定节假日顺延,春节月份等最后交易日交易所可另行调整并通知)
最后交割日	最后交易日后第五个工作日
交割品级	标准品:铝锭,符合国标GB/T 1196—2008 AL99.70规定,其中铝含量不低于99.70%。 替代品:1. 铝锭,符合国标GB/T 1196—2008 AL99.85,AL99.90规定。 2. 铝锭,符合P1020A标准

续表

交割地点	交易所指定交割仓库
最低交易保证金	合约价值的7%
交割方式	实物交割
交易代码	AL
上市交易所	上海期货交易所
合约月份	1~12月
交割单位	25吨
上市日期	1992年5月28日

四、黄金期货

(一) 黄金商品简介

金,又称为黄金,化学元素符号为Au,是一种带有黄色光泽的金属。黄金具有良好的物理属性、稳定的化学性质、高度的延展性及数量稀少等特点,不仅是用于储备和投资的特殊通货,同时也是首饰业、电子业、现代通讯、航天航空业等部门的重要材料。黄金在20世纪70年代前还是世界货币,目前依然在各国储备资产中占有一席之地,是一种同时具有货币属性、商品属性和金融属性的特殊商品。

(二) 影响黄金价格的因素

1. 供求关系。从本质上讲,所有商品价格最本质的影响因素就是供求关系,黄金也不例外。黄金的供给因素包括:地面黄金存量、年开采量、金矿开采成本等。此外,主要产金国的政治经济变动等也会对黄金的供给产生影响。黄金的需求包括:工业需求、饰金需求、投资需求、国际储备需求等。一般而言,需求增加,金价上涨;需求减少,金价下跌。

2. 美元汇率。美元汇率是影响金价波动的重要因素之一。由于国际黄金用美元计价,在基本面、资金面和供求关系等因素均正常的情况下,通常有"美元涨,则金价跌;美元降,则金价扬"的规律。美元坚挺一般代表美国国内经济形势良好,而美元汇率下降则往往与通货膨胀、股市低迷等有关,这时黄金的保值功能就受到投资者的重视。

3. 石油和其他大宗商品。黄金价格与国际原油和其他大宗商品价格息息相关。通常情况下,黄金价格与国际原油和大宗商品价格呈现正向互动的关系。

4. 货币政策和通货膨胀。西方大国货币政策,特别是美国货币政策对全球资本流动和大宗商品价格,包括黄金价格,都会产生重大影响。例如,美国采取宽松货币政策,由于利率下降,美元货币供给增加,加大了全球流动性和通货膨胀的可能性,导致黄金价格上涨。长期来看,如果每年通胀率保持在正常范围内变化,则对金价波动影响不大;短期内,物价大幅上升,引起市场对货币购买力下降的担忧,导致金价上升。

5. 公共债务问题。近年来,西方国家普遍出现了公共债务问题。目前,美国政府债务水平已突破了国内生产总值的100%。欧债危机发酵和美国政府债务上限上调,等等,都对国际黄金价格产生了深刻影响。由于暂时还不会出现某种货币能够取代美元的国际货币地位,2008年底全球金融危机爆发,在避险需求的驱动下,出现了美元和黄金价格"齐涨"的局面。

6. 国际政局动荡、战争事件。国际上重大的政治、战争事件都将影响到金价,政府为战争或为维持国内经济平稳而支付费用,大量投资者转向黄金保值投资,都会扩大对黄金的需求,从而刺激金价上扬。

7. 股市行情。一般来说,股市下挫,金价上升。这主要体现了投资者对经济发展前景的预期,如果大家普遍对经济前景看好,资金会大量流向股市,股市投资热烈,金价下降。

除了上述影响金价的因素外,国际金融组织的干预活动,本国和地区中央金融机构的政策法规,也将对世界黄金价格的变动产生重大影响。

(三) 黄金期货合约

黄金期货合约的实例见表9-15。

表9-15 上海期货交易所黄金期货合约

交易品种	黄金
交易单位	1 000克/手
报价单位	元(人民币)/克
最小变动价位	0.05元/克
涨跌停板幅度	上一交易日结算价±4%
交易时间	每周一至周五上午9:00~10:15,10:30~11:30;下午13:30~15:00 连续交易时间:每周一至周五的21:00至次日2:30 法定节假日(不包含双休日)前第一个工作日的连续交易不再交易
最后交易日	合约月份的15日(遇国家法定节假日顺延,春节月份等最后交易日交易所可另行调整并通知)
最后交割日	最后交易日后第五个工作日

续表

交割品级	金含量不小于 99.95% 的国产金锭及经交易所认可的伦敦金银市场协会（LBMA）认定的合格供货商或精炼厂生产的标准金锭（具体质量规定见附件）
交割地点	交易所指定交割金库
最低交易保证金	合约价值的 5%
交割方式	实物交割
交易代码	AU
上市交易所	上海期货交易所
合约月份	最近三个连续月份的合约以及最近 13 个月以内的双月合约
交割单位	3 000 克
上市日期	2008 年 1 月 9 日

第三节 能源期货

一、能源期货概述

近年来,世界能源期货合约交易量的增长主要源于石油产品价格的波动。能源期货价格的主要特点是,期货价格低于现货价格,到期日越远的期货合约,其价格越低。其原因是,能源储存需要付出大量的储存保管费用。一般用户都只购买只够自己需要数量的期货合约,以便少付一些保管储存费。但由于需求突然增加,往往造成现货价格或近期期货合约价格大于远期期货合约的价格。能源期货价格也有很强的周期性。

目前,国际石油期货市场交易的品种主要有原油、成品油、燃料油三种类型。石油期货交易的最大好处在于能够事先固定成本,从而最大限度地解除交易者的后顾之忧。下面主要介绍燃料油、焦煤、动力煤、沥青、铁矿石等的期货交易。

二、燃料油期货

(一)燃料油商品简介

燃料油的定义有广义和狭义之分。从广义上说,所有可用作燃料的油都可以称为燃料油;狭义的燃料油是指特定类型的部分重油,一般是指原油经蒸馏而留下的黑色黏稠残余物,或它与较轻组分的掺和物,主要用作蒸汽锅炉及各种加热炉的燃料,或作为大型慢速柴油燃料及各种工业燃料。上海期货交易所燃料油期货指的是狭义的180CST混调燃料油。

我国近60%的燃料油供应依赖进口,主要从新加坡、俄罗斯、韩国及中东国家进口,国内燃料油的主要消费集中在发电、交通运输、冶金、化工、轻工等行业,其中,电力行业用量最大,占消费总量的32%,且该比例仍呈上升之势;其次是化工行业,主要用于化肥原料和石化企业燃料,占消费总量的25%;最后是交通运输行业,主要是船舶燃料,占消费总量的22%。

燃料油作为成品油的一种,是石油加工过程中在汽、煤、柴油之后从原油中分离出来的较重的剩余产物。燃料油广泛用于船舶锅炉燃料、加热炉燃料、冶金炉和其他工业炉燃料。燃料油主要由石油的裂化残渣油和直馏残渣油制成,其特点是黏度大,含非烃化合物、胶质、沥青质多。燃料油作为炼油工艺过程中的最后一种产品,产品质量控制有着较强的特殊性。最终燃料油产品形成受到原油品种、加工工艺、加工深度等许多因素的制约。

根据不同的标准,燃料油可以进行以下分类。

1. 根据出厂时是否形成商品,燃料油可以分为商品燃料油和自用燃料油。商品燃料油是指在出厂环节形成商品的燃料油;自用燃料油是指用于炼厂生产的原料或燃料而未在出厂环节形成商品的燃料油。

2. 根据加工工艺流程,燃料油可以分为常压燃料油、减压燃料油、催化燃料油和混合燃料油。常压燃料油是指炼厂常压装置分馏出的燃料油;减压燃料油是指炼厂减压装置分馏出的燃料油;催化燃料油是指炼厂催化、裂化装置分馏出的燃料油(俗称油浆);混合燃料油一般是指减压燃料油和催化燃料油的混合。

3. 根据用途,燃料油可以分为船用燃料油、炉用燃料油及其他燃料油。燃料油的主要技术指标有黏度、含硫量、闪点、水、灰分和机械杂质等。

(二)世界石油市场简介

世界上最大的石油现货市场有美国纽约、英国伦敦、荷兰鹿特丹和新加坡市场。20世纪70年代以前,这些市场仅仅是作为由各大石油公司相互调剂余缺和交换油品的手段,石油现货交易量只占世界总石油贸易量的5%以下,现货价格一般只反映长期合同超产的销售价格。因此,这个阶段的石油现货市场称为剩余市场(residual market)。1973年石油危机后,随着现货交易量及其在世界石油市场中所占比例逐渐增加,石油现货市场由单纯的剩余市场演变为反映原油生产、炼制成本和利润的边际市场(marginal market),现货价格也逐渐成为石油公司、石油消费国政府制定石油政策的重要依据。为了摆脱死板的定价束缚,一些长期贸易合同开始与现货市场价格挂起钩来。这种长期合同与现货市场价格挂钩的做法,一般采用两种挂钩方式,一种是指按周、月或季度通过谈判商定价格的形式,另一种是指以现货价格平均数(按月、双周、周)来确定合同油价的形式。

石油现货市场有两种价格,一种是实际现货交易价格,另一种是一些机构通过对市场进行研究和跟踪而对一些市场价格水平所做的估价。从世界范围看,北美、欧洲等经济较为发达地区燃料油的消费量在逐年下降。但是亚太地区很多国家处于经济起飞阶段,燃料油消费量在缓慢增加。

新加坡是世界石油交易中心之一,新加坡燃料油市场在国际上占有重要的地位,它主要由三部分组成:一是传统的现货市场,二是普氏(PLATTS)公开市场,三是期货市场。新加坡期货市场大致形成于1995年前后,从属性上讲属于衍生品市场,但它是柜台交易市场(OTC),而不是交易所内市场。期货市场的交易品种主要有石脑油、汽油、柴油、航煤和燃料油。新加坡燃料油期货市场的市场规模大约是现货市场的3倍以上,每天成交1亿吨左右,其中80%左右是投机交易,20%左右是保值交易。期货市场的参与者主要有投资银行和商业银行、大型跨国石油公司、石油贸易商以及终端用户。

燃料油期货合约的期限最长可达3年,每手合约的数量为500吨,合约到期后不进行实物交割,而是用现金结算,结算价采用普氏公开市场最近1个月的加权平均价,经纪商每吨收取7美分,即每手收取350美元的佣金。由于是一个OTC市场,而且期货市场交易通常是信用交易,履约担保完全依赖于成交双方的信誉,这就要求参与期货市场交易的公司都是国际知名、信誉良好的大公司。我国国内企业只有中化、中联油、中联化和中航油等少数几家大公司能够在新加坡期货市场上进行交易,绝大多数经营燃料油的中小企业只能通过种种渠道,经过二级代理或三级代理在期货市场上进行避险操作。

(三)影响燃料油价格的因素

我国燃料油以进口为主,主要从新加坡、韩国和俄罗斯等国家进口。国产燃料油主要由中国石油和中国石化两大集团下属的炼油厂以及少量的地方炼油厂生产。近年国产燃料油的产量呈下降趋势,其主要原因是,国内炼油厂为提高汽柴油等轻油的收率,增加了进口轻质原油提炼的比例。

我国进口燃料油成本的计算方式为:(MOPS价格+到岸贴水)×汇率+关税+其他费用。其中,其他费用包括代理费、港口费、商检费、仓储费、计驳费、卫生检查费、保险费、利息、城市建设费、防洪费等,通常在80元/吨左右。

假定某日新加坡高硫180CST报价253美元;贴水 -5美元;汇率为1美元兑换人民币8.11元;关税税率为6%;增值税税率为17%。则:总成本 = (253 - 5)×8.11×1.06×1.17 + 80 = 2 574.39(元/吨)。

影响燃料油价格的因素主要有以下几点:

1. 供求关系。供求关系是影响任何一种商品市场价格的根本因素,燃料油也不例外。随着我国经济持续、高速发展,我国对能源的需求也快速增长,到 2012 年,国内燃料油的产量达 1 929.1 万吨,但消费量为 3 446.2 万吨,进口资源占到供应总量的约 40%,进口数量的增减极大地影响着国内燃料油的供应状况。因此,权威部门公布的燃料油进出口数据是判断供求状况的一个重要指标。新加坡普式现货价格(MOPS)是新加坡燃料油的基准价格,也是我国进口燃料油的基准价格,所以,MOPS 及其贴水状况反映了进口燃料油的成本,对我国的燃料油价格的影响更为直接。

2. 原油价格走势。燃料油是原油的下游产品,原油价格的走势是影响燃料油供需状况的一个重要因素,因此,燃料油的价格走势与原油存在很强的相关性。对近几年价格走势的研究显示,纽约商品交易所 WTI 原油期货和新加坡燃料油现货市场 180CST 高硫燃料油之间的相关度高达 90% 以上。WTI 是指美国西得克萨斯中质原油,其期货合约在纽约商品交易所上市。国际上主要的原油期货品种还有 IPE,它是指北海布伦特原油,在英国国际石油交易所上市。WTI 和 IPE 的价格趋势是判断燃料油价格走势的两个重要依据。

3. 产油国特别是 OPEC 各成员国的生产政策。自 20 世纪 80 年代以来,非 OPEC 国家石油产量约占世界石油产量的 2/3,最近几年有所下降,但其石油剩余可采储量有限,且各国的生产政策也不统一,因此,其对原油价格的影响无法与 OPEC 组织相提并论。OPEC 国家控制着世界上绝大部分石油资源,为了共同的利益,各成员国之间达成的关于产量和油价的协议能够得到多数国家的支持,所以,该组织在国际石油市场扮演着不可替代的角色,其生产政策对原油价格具有重大的影响力。

4. 国际与国内经济。燃料油是各国经济发展中的重要能源,特别是在电力、石化、交通运输、建材和轻工行业的使用范围越来越广。燃料油的需求与经济发展密切相关。在分析宏观经济时,有两个指标很重要,一是经济增长率,或者说 GDP 增长率;另一个是工业生产增长率。经济增长时,燃料油的需求也会增长,从而带动燃料油价格的上升;经济下滑时,燃料油需求萎缩,会促使价格下跌。因此,要把握和预测燃料油未来的价格走势,把握宏观经济的趋势相当重要。

5. 地缘政治。在影响油价的因素中,地缘政治是不可忽视的重要因素之一。世界主要产油国的国内发生革命或暴乱,中东地区爆发战争,恐怖主义在世界范围内的扩散和加剧等,都会对油价产生重要的影响。回顾近 30 多年来的油价走势不难发现,世界主要产油国或中东地区地缘政治发生的重大变化都会反映在油价走势中。

6. 页岩气革命。页岩气是从页岩层开采出来的天然气,全球页岩气资源量约为456万亿立方米,主要分布在北美、中亚、中国、中东、北非、拉美、独联体国家和地区。目前,美国是世界唯一实现页岩气大规模商业性开采的国家。未来美国不仅可以实现能源自给自足,而且还有能力出口,这将会对全球能源价格和供求格局产生重大影响。

7. 投机力量。国际对冲基金以及其他投机资金是各石油市场最活跃的投机力量,由于基金对宏观基本面的理解更为深刻并且"先知先觉",基金的头寸与油价的涨跌之间往往有着非常好的相关性,虽然在基金参与的情况下,价格的过度涨跌在所难免,但了解基金的动向显然也是把握行情的关键。

8. 汇率和利率。国际上燃料油的交易一般以美元标价,而目前国际上几种主要货币均实行浮动汇率制,以美元标价的国际燃料油价格势必会受到汇率的影响。另外,利率是政府调控经济的一个重要手段,根据利率的变化,可以了解政府的经济政策,从而预测经济发展趋势的演变及其对原油和燃料油需求的影响。所以,汇率市场和利率市场都对油价有相当程度的影响。

(四)燃料油期货合约

燃料油期货合约的实例见表9-16。

表9-16 上海期货交易所燃料油期货合约

交易品种	燃料油
交易单位	10吨/手
报价单位	元(人民币)/吨(交易报价为不含税价格)
最小变动价位	1元/吨
涨跌停板幅度	上一交易日结算价±8%
合约交割月份	1~12月
交易时间	上午9:00~11:30,下午1:30~3:00,21:00~23:00。法定节假日(不包含周六和周日)前第一个工作日的连续交易时间段不进行交易
最后交易日	合约月份前一月份的最后一个交易日;交易所可以根据国家法定节假日调整最后交易日
最后交割日	最后交易日后第五个工作日
交割品级	RMG 380船用燃料油(硫含量为Ⅰ级、Ⅱ级)或者质量优于该标准的船用燃料油(具体质量规定见附件)
交割地点	交易所指定交割地点
最低交易保证金	合约价值的10%

续表

交割方式	实物交割
交易代码	FU
上市交易所	上海期货交易所
上市日期	2018年7月16日

三、焦煤期货

2013年3月22日,备受关注的焦煤期货在大连商品交易所上市交易。焦煤期货上市有利于进一步完善我国焦煤价格体系,健全焦煤价格形成机制。

(一)焦煤简介

焦煤也称冶金煤,又名主焦煤,是中等及低挥发分的中等黏结性及强黏结性的一种烟煤。焦煤在中国煤炭分类国家标准中,是对煤化度较高、结焦性好的烟煤的称谓。焦煤是世界范围内最珍贵稀缺的资源之一,占煤炭总储量的10%,其中主焦煤仅占整个煤种的2.4%。中国的焦煤储量占世界焦煤储藏总量的1/4,是储量最丰富的国家。

2018年我国主焦煤产量约为2.71亿吨,同比2000年的0.82亿吨增长了3.3倍。"十二五"期间,受经济持续下滑影响,需求低迷,产能过剩问题凸显,炼焦煤产量增速亦持续放缓,自2014年开始出现负增长,整体呈现下滑趋势。2018年,炼焦精煤产量4.5亿吨,其中焦煤精煤产量1.35亿吨,占比31.4%。近年来,随着我国焦煤资源的开发利用,焦煤市场规模不断增长。数据显示,2017年我国焦煤市场规模为4 484.06亿元,2018年达到5 008.62亿元,同比增长11.69%。

(二)影响焦煤价格的因素

1. 成本要素构成。炼焦煤的生产流程大体是:"煤矿开采—原煤—煤炭运输—洗煤厂洗煤"。炼焦原煤价格波动会直接影响到焦煤的生产成本,从而引起其价格的涨跌变化。炼焦原煤供应及炼焦精煤成本是影响焦煤价格走势的重要因素之一。从原煤开采到炼焦精煤产出,主要涉及煤矿开采、煤炭运输以及洗煤厂洗煤三大程序,对应的成本方面涉及原煤成本、运输成本以及洗煤费用。炼焦精煤成本计算公式如下:

$$精煤成本 = \frac{原煤成本 + 运输费用 + 洗煤费用 - 副产品价格 \times 副产品产率}{精煤产率}$$

2. 供求关系。在供给方面,影响焦煤价格的因素主要包括:国内焦煤产量特别是山西省产量、新建和在建矿井产能的释放、焦煤进口以及国内铁路运力等情况。另外,国内铁路运力也是影响焦煤供应的主要因素之一。通常情况下,在需求不变的前提下,国内供给增加,焦煤价格将面临下跌的压力,除非存在成本支撑。

3. 宏观经济形势。宏观经济形势也是判断焦煤市场变化趋势的关键因素。当经济进入上行周期,下游钢铁、焦化企业产品需求旺盛,企业产能开始扩张,对上游原材料的需求不断增加,供不应求的局面导致焦煤价格上涨;反之,当经济进入下行周期,房地产、汽车等终端需求减弱,钢铁、焦化企业库存增加,企业开始缩减生产规模,控制生产成本,上游原材料供大于求的局面会导致价格下跌。

4. 产业政策。产业政策变化会直接影响煤炭生产企业的生产成本。焦煤资源性、政策性成本上升,必然对焦煤企业可持续发展带来较大压力,需要煤炭企业内部消化,也必然会传递给下游企业,影响焦煤价格。

(三)焦煤期货合约

焦炭期货合约的实例见表9-17。

表9-17 大连商品交易所焦煤期货合约

交易品种	焦煤
交易单位	60吨/手
报价单位	元(人民币)/吨
最小变动价位	0.5元/吨
涨跌停板幅度	上一交易日结算价的±6%
合约交割月份	1,2,3,4,5,6,7,8,9,10,11,12月
交易时间	每周一至周五上午9:00～10:15,10:30～11:30,下午13:30～15:00 连续交易时间:前一自然日21:00至23:00 (周一夜盘交易时段为上周五的21:00至23:00)
最后交易日	合约月份第10个交易日
最后交割日	最后交易日后第3个交易日
交割品级	大连商品交易所焦煤交割质量标准(F/DCE JM001—2018)
交割地点	大连商品交易所焦煤指定交割仓库
最低交易保证金	合约价值的8%
交割方式	实物交割
交易代码	JM
上市交易所	大连商品交易所
上市日期	2013年3月22日

四、动力煤期货

在我国能源消费结构中,煤炭一直占据主要部分。2013年9月26日,我国国内首个大宗资源型商品期货,即动力煤期货在郑州商品交易所挂牌上市交易。

(一)动力煤简介

广义上讲,凡是以发电、机车推进、锅炉燃烧等为目的,产生动力而使用的煤炭都属于动力用煤,简称动力煤。动力煤主要包括:褐煤、长焰煤、不黏结煤、贫煤、气煤、少量的无烟煤。从商品煤来说,主要包括:洗混煤、洗中煤、粉煤、末煤等。

2018年我国煤炭产量为36.8亿吨,同比增长4.5%。全国煤炭消费量同比增长1%。煤炭价格在合理区间波动,动力煤中长期合同价格(5 500大卡下水煤)稳定在绿色区间,全年均价558.5元/吨,比上年下降9.5元/吨。现货市场受市场预期影响波动较大,价格总水平保持平稳。全国煤炭进口2.81亿吨,同比增长3.9%,出口493.4万吨,同比下降39%;净进口2.76亿吨,同比增长5.2%,为近四年来最高水平。

(二)影响动力煤价格的因素

1. 煤炭产能。煤炭产能决定动力煤有效供给的上限,从而成为影响我国动力煤价格的最基本因素。近几年,在国有大矿产能扩张、民间资本快速流入及相关国家政策影响下,我国煤炭产能迅速扩大。煤炭产量的平均增速已经超过了煤炭消费量的平均增速,煤炭产能过剩的局面基本形成。

2. 运输成本。从煤炭价格结构来看,煤炭价格主要由生产成本、运输成本以及各涉及部门的利润构成。现阶段我国煤炭的生产成本仅占到最后消费价格的百分之十几,中间环节费用占有很大比重,尤其是运输问题,对煤炭价格的影响举足轻重,是影响煤炭市场的主要因素之一。目前,我国铁路体制改革及水运专用泊位改造和新建,提升了我国煤炭运输能力,煤炭运输瓶颈和运输矛盾已经得到了一定程度的缓解。

3. 消费状况。动力煤消费需求主要取决于以下因素:第一,国民经济增长速度。未来来我国国民经济仍将保持相对稳定的增长。第二,电力、冶金、建材、化工等动力煤消费集中行业的需求。随着经济发展,这四大行业将继续保持稳步发展,动力煤用量稳步增加。与此同时,随着我国构建节约型社会和转变经济增长方式,限制高耗能、重污染行业发展政策措施的实施,我国单位GDP能耗将降低,将会放缓这四大行业对动力煤需求的增长速度。第三,适合城镇集中供暖锅炉的烟煤和灰分低、发热量大的优质煤末需求增势强劲。因此,今后一段时期煤炭的社会需求总量将保持稳定增长。

4. 国家政策。虽然国家放开了对煤炭价格的管制,放开了煤炭价格,但是,实质上国家对煤炭价格管制的影响并未完全消除。近年来,国家出台了一系列规范煤炭行业生产的政策或制度,如《关于深化煤炭资源有偿使用制度改革试点的实施方案》和《煤炭产业政策》等,随着这些政策的贯彻落实,煤炭企业生产成本大幅度上升。

5. 上下游产品供求。上游产品通过影响动力煤的生产成本影响动力煤价格。但对动力煤而言,其价格主要受下游产品的影响,主要耗煤行业特别是电力、建材和化工等行业的生产和需求状况是影响煤炭市场的最重要因素,决定了煤炭价格走势。

6. 国际市场煤价。随着我国煤炭市场的进一步开放,国际市场煤价对国内市场的影响日益加剧,国内外市场煤炭价格的联动性将进一步增强。即使在现阶段,国际市场煤炭价格也会影响煤炭出口,其影响将通过煤炭价格予以体现。

7. 其他能源价格。煤炭和石油是最基本的能源,石油价格大幅上扬对煤炭价格上涨起到了推波助澜作用。石油价格对煤炭价格影响体现在:一是比价关系促使煤价上涨,二是通过相关产品和行业对两种能源品的需求转换促使煤价上涨。未来美国页岩油气革命可能促使美国能源独立,世界能源价格充满变数。

8. 煤炭库存。煤炭库存是煤炭生产、运输、消费等多种因素作用的结果,与价格形成的因素基本相同,对煤炭价格变动具有先导作用。

9. 煤炭进出口。煤炭进出口量的多少直接影响到国内煤炭市场的供求情况,进而影响到煤炭价格,当国内供应不变、进口增加时,如果需求量不变,供应增加必将使得原本平衡的市场出现供给过剩,价格下跌。同样,出口煤炭会减少国内的供应,必然也会影响到煤炭的供求关系,进而影响价格。

(三)动力煤期货合约

动力煤期货合约的实例见表9-18。

表9-18 郑州商品交易所动力煤期货合约

交易品种	动力煤
交易单位	100 吨/手
报价单位	元(人民币)/吨
最小变动价位	0.2 元/吨
涨跌停板幅度	上一交易日结算价 ±5% 及《郑州商品交易所期货交易风险控制管理办法》相关规定

续表

合约交割月份	1~12月
交易时间	每周一至周五(北京时间,法定节假日除外) 上午9:00~10:15,10:30~11:30,下午13:30~15:00 连续交易时间:21:00至23:30
最后交易日	合约交割月份的第5个交易日
最后交割日	车(船)板交割:合约交割月份的最后1个日历日;仓单交割:合约交割月份的第7个交易日
交割品级	基准交割品:收到基低位发热量为5 500千卡/千克,干燥基全硫≤0.6%,30%≤干燥无灰基挥发分≤42%,干燥基灰分≤30%,全水≤20%的动力煤 替代品:收到基低位发热量≥4 800千卡/千克,干燥基全硫≤1%,30%≤干燥无灰基挥发分≤42%,干燥基灰分≤30%的动力煤
交割地点	交易所指定交割地点
最低交易保证金	合约价值的6%
交割方式	实物交割
交易代码	ZC
上市交易所	郑州商品交易所
上市日期	2013年9月26日

五、沥青期货

2013年10月9日,全球首个石油沥青期货品种上海期货交易所上市交易。

(一)沥青简介

沥青是由不同分子量的碳氢化合物及其非金属衍生物组成的黑褐色复杂混合物,呈液态,是一种防水防潮和防腐的有机胶凝材料,主要分为煤焦沥青、石油沥青和天然沥青三种,用于涂料、塑料、橡胶等工业以及铺筑路面等。我国是亚洲最大沥青消费国、进口国,国内产量在2012年达到1862万吨。近年来,国际原油市场价格持续高位大幅波动,沥青作为原油下游产品之一,其价格在很大程度上受到国际原油价格波动的影响,长期来看,与国际油价呈现一定联动关系。

(二)影响沥青价格的因素

1. 季节因素。寒冷的冬季使我国绝大部分地区地温低于10℃。按照公路交通部门施工要求,不能进行搅拌和摊铺。按惯例,在每年的11月中旬以后,我国绝大部分地区会下达停工令,进入冬储季节。等到来年春暖花开,地温回到10℃以上,又可以摊铺施工了,此时已是第二年的四、五月份了。一年12个月,石油沥青销售基本上一半时间为使用期,一半时间为冬储期。因此,石油沥青价格具有明显的季节性变化特征。

2. 宏观经济。在经济高速增长的情况下,石油沥青需求的增加将支撑其价格。反之,当国家经济增长出现不利形势时,因交通运输需求下降和建设资金不足等问题,道路设施新建工程建设会减少,石油沥青需求回落,其价格也将受到压制。

3. 国际原油价格。原油价格是决定石油沥青生产成本的主要因素,石油沥青是原油蒸馏后的残渣,和原油的关联度较高。从影响机制上来看,当原油价格上涨时,生产石油沥青的原料成本增加;反之,当原油价格下跌时,生产石油沥青的原料成本降低。

(三)沥青期货合约

沥青期货合约的实例见表9-19。

表9-19 上海期货交易所石油沥青期货合约

交易品种	石油沥青
交易单位	10 吨/手
报价单位	元(人民币)/吨
最小变动价位	2 元/吨
涨跌停板幅度	不超过上一交易日结算价±7%
合约交割月份	24 个月以内,其中最近1~6 个月为连续月份合约,6 个月以后为季月合约
交易时间	每周一至周五上午9:00~10:15,10:30~11:30,下午13:30~15:00 连续交易时间:21:00 至 23:00
最后交易日	合约月份的15 日(遇国家法定节假日顺延,春节月份等最后交易日交易所可另行调整并通知)
最后交割日	最后交易日后第五个工作日
交割品级	70 号 A 级道路石油沥青,具体内容见《上海期货交易所石油沥青期货交割实施细则(试行)》
交割地点	交易所指定交割地点
最低交易保证金	合约价值的9%
交割方式	实物交割
交易代码	BU
上市交易所	上海期货交易所
上市日期	2013 年10 月9 日

六、铁矿石期货

2013年10月18日,全球首个具有现货标的(实物交割)的铁矿石期货合约在大连商品交易所挂牌上市。

(一)铁矿石简介

铁矿石是指存在利用价值、含有铁元素或铁化合物的矿石。铁矿石用途单一,几乎只作为钢铁生产原材料使用。含铁矿物约300余种,其中常见的有170余种。但当前技术条件下,经济可用的主要有磁铁矿、赤铁矿、菱铁矿、褐铁矿等。

随着钢铁工业发展,铁矿石需求量总体呈现上升趋势,世界铁矿石贸易格局也在发生变化。全球矿石主要进口国开始由日本、西欧逐步转为中国。从国际铁矿石需求市场来看,欧洲和北美洲市场已较成熟,进口需求比较稳定。在亚洲,韩国和中国台湾地区的进口会有小幅增长,日本进口量将大致维持稳定。目前,中国成为全球最大的铁矿石消费国,进口全球60%的铁矿石。

(二)影响铁矿石价格的因素

1. 成本因素。铁矿石成本受一系列因素影响,如矿山开采设备价格、人工成本、开采所需水、电价格、相关税费以及海运费用等均会影响铁矿石到岸成本,从而对矿石市场价格造成影响。

2. 政策因素。铁矿石是国际大宗贸易商品,其价格受各种政策因素影响,如产地国的进出口政策,进口国关税政策以及消费国的钢铁产业发展政策等均会对铁矿石价格造成影响。

3. 产量变化。铁矿石的产能及产量增长与减少对市场价格有影响。矿山企业在生产企业由于设备检修、自然条件等原因造成停产或减产时,铁矿石价格也会相应变化。

4. 国际贸易价格。我国铁矿石进口依存度高,国际矿石价格与国内价格联动性强,国际市场价格变动会传递到国内,从而对铁矿石市场价格造成影响。

5. 下游需求变化。铁矿石市场价格同样会随着下游需求的变化而波动,下游消费量增长而供应不足时会使市场价格上升,下游消费减弱而上游供应充足时市场价格将下降。

6. 替代产品价格。当铁矿石市场价格较高,而替代产品如废钢价格相对较低时,会影响价格走低。

7. 产品库存变化库存变化也会影响铁矿石的市场价格,如地区库存量升高,贸易商愿意出货,价格会走低;地区库存量不足,贸易商囤货,将推动价格走高。

8. 宏观经济形势。宏观经济健康快速发展,对铁矿石市场具有很强的支撑和拉动作用。宏观经济主要是通过影响下游产业的需求,进而影响铁矿石市场变化,换言之,宏观经济表现是铁矿石市场需求的晴雨表,对其价格变动有重要影响,当宏观经济运行良好,建筑业、汽车制造业等相关行业对钢材的需求较为强劲,相应会带动铁矿石的需求,支撑其价格在高位运行。

(三) 铁矿石期货合约

铁矿石期货合约的实例见表 9 – 20。

表 9 – 20　大连商品交易所铁矿石期货合约

交易品种	铁矿石
交易单位	100 吨/手
报价单位	元(人民币)/吨
最小变动价位	0.5 元/吨
涨跌停板幅度	上一交易日结算价的 ±6%
合约交割月份	1,2,3,4,5,6,7,8,9,10,11,12 月
交易时间	每周一至周五上午 9:00 ~ 10:15,10:30 ~ 11:30,下午 13:30 ~ 15:00 连续交易时间:前一自然日 21:00 至 23:00 (周一夜盘交易时段为上周五的 21:00 至 23:00)
最后交易日	合约月份第 10 个交易日
最后交割日	最后交易日后第 3 个交易日
交割品级	大连商品交易所铁矿石交割质量标准(F/DCE I001—2017)
交割地点	大连商品交易所铁矿石指定交割仓库及指定交割地点
最低交易保证金	合约价值的 8%
交割方式	实物交割
交易代码	I
上市交易所	大连商品交易所
上市日期	2013 年 10 月 18 日

七、原油期货

(一) 简介

石油又称原油,是从地下深处开采的棕黑色可燃黏稠液体。目前关于石油的成因有两种说法:①无机论,即石油是在基性岩浆中形成的;②有机论,即各种有机物如动物、植物特别是低等的动植物像藻类、细菌、蚌壳、鱼类等死后埋藏在不断下沉缺氧的海湾、潟湖、三角洲、湖泊等地,经过许多物理、化学作用,最后逐渐形成为石油。

原油的颜色非常丰富,红、金黄、墨绿、黑、褐红甚至透明的都有。原油的颜色是它本身所含胶质、沥青质的含量,含量越高颜色越深。原油的颜色越浅,其油质越好,透明的原油可直接加在汽车油箱中代替汽油。原油的成分主要有:油质(这是其主要成分),胶质(一种黏性的半固体物质),沥青质(暗褐色或黑色脆性固体物质),碳质(一种非碳氢化合物)。按照蒸馏加工的沸点由小到大来分,原油的主要成品分为丁烷、汽油、柴油、煤油、润滑油和家用油以及其他有关产品:天然气,丙烷。

世界原油主要分布在以下六大产区:①中东海湾地区。地处欧、亚、非三洲的枢纽位置,原油资源非常丰富,被誉为"世界油库"。主要产地包括沙特阿拉伯、伊朗、伊拉克、科威特和阿联酋等。②北美洲。原油储量最丰富的国家是加拿大、美国和墨西哥;美国原油探明储量为 309 亿桶,主要分布在墨西哥湾沿岸和加利福尼亚湾沿岸,以得克萨斯州和俄克拉荷马州最为著名,阿拉斯加州也是重要的石油产区。③欧洲及欧亚大陆。包括俄罗斯、哈萨克斯坦、挪威、英国、丹麦等。④非洲。这是近几年原油储量和石油产量增长最快的地区,被誉为"第二个海湾地区"。储量和产量主要分布于西非几内亚湾地区和北非地区,集中分布在利比亚、尼日利亚、阿尔及利亚、安哥拉、苏丹、埃及等国家。⑤中南美洲。这是世界重要的石油生产和出口地区之一,也是世界原油储量和石油产量增长较快的地区之一,委内瑞拉、巴西和厄瓜多尔是该地区原油储量最丰富的国家。⑥亚太地区。该地区的可探明储量增长也较快,中国、印度、印度尼西亚和马来西亚是原油探明储量最丰富的国家。

目前世界上重要的原油期货合约有 4 个:纽约商业交易所(NYMEX)的轻质低硫原油即"西得克萨斯中质油"期货合约(见表 9-21)、高硫原油期货合约,伦敦国际石油交易所(IPE)的布伦特原油期货合约(见表 9-22),新加坡交易所(SGX)的迪拜酸性原油期货合约。世界主要石油交易所的交易品种有:

纽约商品交易所:轻油,天然气,无铅汽油,热油,布兰特原油。

新加坡交易所:中东原油。

东京工业品交易所:汽油,煤油,柴油,原油。

英国国际石油交易所:布伦特原油、柴油。

表9-21 NYMEX WTI 合约

商品代码	CL
交易时间	Globex：周日至周五18:00～次日17:15（纽约时间），每日开盘前休市45分钟 公开减价：周日至周五9:00～14:30（纽约时间）
交易品种	WTI 轻质低硫原油
合约规格	1 000桶（42 000美式加仑）
报价单位	美元/桶
最小报价单位	0.01美元/桶
涨跌限制	所有月份合约最初限幅为10.00美元/桶，但如果有任何一个合约在涨跌停板上的交易或出价达到5分钟，则停盘5分钟。之后，涨跌停板扩大10.00美元/桶。如果再次出现同样情况，停盘5分钟之后，涨跌停板再扩大10.00美元/桶
最后交易日	近月合约在交割前月25日前的3个工作日停止交易。如果当月25日为非工作日，需向前顺延至最近工作日。若合约上市后，合约前月25日被定为假期而原到期日非假日，则原到期日仍有效；若原最后到期日为假日，则向前顺延至最近工作日
上市合约	当年和后5年连续合约，并有后3年的6月和12月合约各3个
交割方式	实物交割，所有交割应当在整个交割月即当月的第一天至最后一天，均匀安排

表9-22 IPE BRENT 合约

商品代码	CO
交易时间	开盘:1:00（周日为23:00）（收盘:23:00，伦敦当地时间）
交易品种	Brent 轻质低硫原油
合约规格	1 000桶（42 000美式加仑）
报价单位	美元/桶
最小报价单位	0.01美元/桶
涨跌限制	无
最后交易日	若合约前月15日为工作日，则当日为最后交易日；若非工作日，则向后顺延至第一个工作日
上市合约	当年和后5年连续合约，并有后3年的6月和12月合约各3个
交割方式	期转现（EFP）方式进行实物交割，亦可现金结算，结算价为最后交易日后一个交易日Brent指数报价

（二）原油期货价格的构成及影响因素

原油期货价格与一般期货价格的构成基本类似,包括两大部分:一是产品生产过程中的成本、利润和税金,二是期货交易中发生的成本、商品流通费用和预期利润。

具体来说,原油期货的价格由五个部分构成:

1. 产品生产过程中的成本。原油生产,尤其是原油生产中的成本与期货价格的关系呈现两个显著特点:

首先,原油生产的成本并不是直接而是间接影响国际原油期货的价格。原油资源全球分布的不平衡性和原油需求的刚性,使得原油生产中存在高额的级差地租。世界原油的价格一般向高成本原油和替代能源的价格看齐,实际上,原油的生产成本远低于它的售价。在原油生产领域,由于原油的埋藏条件、油品特性和开采技术方法的不同,生产成本有很大差别。

其次,原油生产中前期用于勘探和开发的成本对价格的影响,主要是通过影响生产者的产量决策进而影响市场供应量,最后才间接影响市场价格。原油生产中,前期投资构成生产成本相当重要的组成部分。原油生产中的成本主要分为三个部分:地质勘探费用、钻井及油田地面建设费和开采操作费。因此,对原油成本的考察不能仅关注开采费用,更要重点考虑前期费用。

2. 产品的利润。原油期货价格包括产品生产过程中的利润,而且由于原油资源的垄断性,该利润比正常情况下的社会平均利润高得多,具有超额垄断利润的特点。由于原油形成需要特定的地质条件,世界原油资源的分布极为不均,这决定了原油市场具有垄断性。在垄断条件下,产品的价格并不直接由生产成本决定,与它的自身价值也没有直接的关系,而是由购买者的需求和支付能力决定。虽然原油市场并不是完全的垄断市场,但由跨国大原油公司、OPEC 国家和非 OPEC 产油国组成的供应者集团已经控制了绝大部分原油资源和产量,它们往往愿意维持原油的相对高价(但也不希望太高),以获得超额垄断利润,而这种利润预期也反映在原油期货的价格当中。由此我们也容易理解,虽然全球原油生产总成本相差甚大,但几乎都已投入生产,因为成本高的地区只是获得的利润稍低,却不会被市场淘汰。

3. 期货交易中的费用。原油期货交易中双方需要相应人员和设备的参与,需要以保证金的形式占用资金。在通常的情况下,保证金金额为期货合约总值的 5%～10%。保证金是交易者跻身于期货交易所必需的投资资金,但它并不是原油期货价格的构成要素,构成商品期货价格要素之一的是保证金利息,而且交易者要缴纳相关的交易佣金。这些交易成本都是原油期货价格中不可忽视的组成部分,这些沉淀资金的成本和手续费最后都要反映到期货价格当中。

4. 期货交易预期的利润。期货交易中的预期利润既包括所占用资金的社会平均投资盈利,也包括承担交易风险的风险报酬。原油期货交易者可以分为两类:套期保值者和投机者。套期保值者参与期货交易的主要目的是锁定交易风险,并没有太高的利润预期,但投机者之所以进入市场,就是为了在价格波动中寻找机会获利。期货交易中,投机者的参与是市场活跃的重要条件,也是合约成功的重要基础,因此,原油期货的价格反映了他们合理的利润预期。

5. 期货产品流通费用。由于大部分交易的原油不在交割地生产,因此,生产者必须将它们运至交割地并纳入相应的费用,这些流通费用构成了原油期货价格的重要组成部分。

影响原油现货价格的因素,即原油市场供需矛盾等因素,也会影响原油期货价格。然而,原油期货价格与现货价格也会出现短时间的偏离,因此,还有一些特殊因素会影响原油期货价格,如投资基金的炒作等金融因素。除此之外,原油作为重要的战略物资,是一种特殊的商品,影响国际原油价格的因素很多,原油价格在很大程度上还受国际政治、经济、外交和军事的影响。

(三) 中质含硫原油期货合约

中质含硫原油期货合约的实例见表 9-23。

表 9-23　上海国际能源交易中心中质含硫原油期货合约

交易品种	中质含硫原油
交易单位	100 桶/手
报价单位	元(人民币)/桶
最小变动价位	0.1 元(人民币)/桶
涨跌停板幅度	不超过上一交易日结算价 ±8%
合约交割月份	最近 1~12 个月为连续月份以及随后八个季月
交易时间	上午 9:00~10:15,10:30~11:30,下午 13:30~15:00 连续交易时间:每周一至周五 21:00 至次日 02:30 法定节假日前第一个工作日(不包含周六和周日)的连续交易时间段不进行交易
最后交易日	交割月份前第一月的最后一个交易日;上海国际能源交易中心有权根据国家法定节假日调整最后交易日

续表

最后交割日	最后交易日后的第五个交易日
交割品级	中质含硫原油,基准品质为API度32.0,硫含量1.5%,具体可交割油种及升贴水由上海国际能源交易中心另行规定
交割地点	上海国际能源交易中心指定交割仓库
最低交易保证金	合约价值的9%
交割方式	实物交割
交易代码	SC
上市交易所	上海国际能源交易中心

八、乙二醇期货

(一)乙二醇简介

乙二醇(Mono Ethylene Glycol, EG)又名"甘醇",乙二醇分子式是$C_2H_6O_2$,常温下为无色、无臭、有甜味的黏稠液体,比重约为1.11。乙二醇是一种重要的石油化工基础有机原料,主要用于生产聚酯纤维(涤纶)、聚酯薄膜、聚酯工程塑料、防冻剂等,同时也用于生产润滑剂、增塑剂、水力制动用液体、非离子表面活性剂、乙二醇醚、炸药、涂料、油墨等,用途非常广泛。从全球范围来看,聚酯产品(包括涤纶、包装树脂、聚酯薄膜及其他)约占乙二醇消费量的90%。在我国,超过74%的乙二醇被用于生产涤纶等聚酯纤维。

(二)影响乙二醇价格的因素

乙二醇是化纤行业的主要原料,其价格影响因素众多,上下游产品的价格、生产企业开工率、国家宏观经济和产业政策等均会影响乙二醇的价格波动。

1. 上游原料的影响。

全球乙二醇的终端原材料为原油、页岩气、石油气、煤炭,均属于能源类商品,因此能源价格的涨跌对乙二醇有较大影响力。其中,油头乙二醇的产能产量占比最大。从原材料角度分析,原油价格对乙二醇的影响相对更大:原油价格上涨,通过生产成本等途径传导至乙二醇市场,使得价格上涨;原油价格下跌,将影响乙二醇商家及下游厂家价格预期,或出现销货困难,或出现采购意愿下滑,使得价格倾向于走弱。

2. 行业中游的影响。

乙二醇行业中游主要是乙二醇装备投产、产能释放、装备检修等供应因素。加上我国乙二醇进口依赖程度较高,进口量以及港口库存对乙二醇的价格影响较大。其中,一方面,受制于我国"缺油少气多煤"的能源格局,我国大力推广煤制乙二醇装置,近几年国内煤制乙二醇产能不断增加,未来我国供应将更为宽松,限制乙二醇市场上涨幅度;另一方面,国内港口乙二醇库存比较低时,有时会对乙二醇市场提供强有力的支撑。

3. 下游需求的影响。

乙二醇的市场价格同样也会随着下游需求的变化而波动。国内90%以上的乙二醇需求来自聚酯行业,其中74%被用来生产聚酯纤维,即用于纺织行业。聚酯行业的景气度与国内消费和外贸需求直接相关。当国内经济周期性上行,消费增长加快,或是纺织品出口市场景气度上升时,聚酯行业快速发展,对原料乙二醇的需求增长,将促进乙二醇市场价格上升;反之,当经济进入下行周期,消费水平下降,或是纺织业出口景气度转弱时,聚酯行业开工率下滑,对原材料乙二醇的需求减弱,下游行业需求减弱而上游供应充足时市场价格将下降。

(三)乙二醇期货合约

大连商品交易所乙二醇期货合约见表9-24

表9-24 大连商品交易所乙二醇期货合约

交易品种	乙二醇
交易单位	10 吨/手
报价单位	元(人民币)/吨
最小变动价位	1 元/吨
涨跌停板幅度	上一日结算价5%
合约交割月份	1~12
交易时间	每周一至周五上午9:00~11:30,下午13:30~15:00 夜盘交易时间为21:00~23:00
最后交易日	合约月份倒数第四个交易日
最后交割日	最后交易日后第三个交易日
交割品级	大连商品交易所乙二醇交割质量标准(F/DCE EG001-2018)
交割地点	大连商品交易所乙二醇指定交割仓库
最低交易保证金	合约价值6%
交割方式	实物交割
交易代码	EG
上市交易所	大连商品交易所

本章小结

本章介绍了农产品期货、金属期货和能源期货的主要交易品种。

农产品期货的一个重要特点,就是其合约价格的变化周期与农产品的生长周期几乎完全相同。农畜林产品期货交易品种主要有以下几类:一是谷物类,如大豆、豆粕、小麦、玉米、红小豆、籼米、糙米、燕麦等;二是经济作物类,如棉花、原糖、咖啡、可可、棕榈油、冰冻橘子汁、干茧等;三是畜产类,如活猪、活牛、冷冻猪肉、鸡、鸡蛋及其制品等;四是林产品类,如木材、天然橡胶、胶合板等。本章详细介绍了其中的大豆期货、豆粕期货、豆油期货、玉米期货、玉米淀粉、优质强筋小麦期货、白砂糖期货、天然橡胶期货、棉花期货和鸡蛋期货等。

金属期货有着悠久的历史,最初产生于英国。金属期货合约分为两大类:一是贵金属期货(黄金、白银、铂、钯),二是工业金属期货(铜、铝、铅、锌、镍、锡)。本章介绍了其中的铜期货、铝期货和黄金期货。

能源期货合约交易量的增长主要源于石油产品的价格波动。能源期货价格的主要特点是:期货价格低于现货价格,到期日越远的期货合约,其价格越低。能源期货有很强的周期性。在国际石油期货市场上,目前的交易品种主要有原油、成品油和燃料油。本章主要介绍了燃料油期货、焦煤期货、动力煤期货、沥青期货、铁矿石期货和原油期货。

复习思考题

简答题

1. 简单介绍农产品期货的主要品种。
2. 简单介绍金属期货的主要品种。
3. 简单介绍石油期货的主要品种。
4. 简单介绍世界石油市场的情况。
5. 影响燃料油价格的主要因素有哪些?

本章附录 国外交易所相关商品期货合约

表9-24至表9-27为国外交易所相关商品期货合约。

表9-24 美国芝加哥期货交易所(CBOT)大豆期货标准合约

合约单位	5 000蒲式耳
报价单位	美分/蒲式耳
最小变动价位	1/4 美分/蒲式耳
合约月份	1,3,5,7,8,9,11
交易时间	(北京时间)场内交易:22:30~2:15 电子盘:9:30~18:00(冬令时向后推迟1小时)

表9-25 美国芝加哥期货交易所(CBOT)小麦期货标准合约

合约单位	5 000蒲式耳
报价单位	美分/蒲式耳
最小变动价位	1/4 美分/蒲式耳
合约月份	1,2,3,5,7,9
交易时间	(北京时间)场内交易22:30~2:15 电子盘:9:30~18:00(冬令时向后推迟1小时)

表9-26 伦敦金属货交易所(LME)铜期货标准合约

合约数量单位	25吨
报价单位	美元/吨
价格波动最低幅度	0.5美元/吨
交割日期	3个月内为任何一个交易日 3个月以上至15个月为每个月第3个星期三
交易时间	(北京时间)20:00~20:05,20:30~20:35(正式牌价),21:15~23:10(场外交易)23:30~23:35,0:15~0:20,0:35~1:00(场外交易)

注:白天我们看到的伦敦铜的价格是为了方便远东的交易而设的电子盘交易(24小时连续交易,只要有成交就有价格)。

表9-27 东京工业品交易所(TOCOM)天胶期货标准合约

合约单位	10吨
合约标准	国际3号烟胶片(RSS3)
报价单位	日元/公斤
最小变动价位	0.1日元/公斤
交易时间 (北京时间)	(分五节,为静盘交易) 8:45,9:45 12:45,13:45,14:30

第十章 利率期货

教学目标

通过本章学习,掌握利率期货套期保值、套利和投机交易的原理与策略。

学习重点

- 债券收益率的计算
- 债券久期的概念
- 债券凸性的概念
- 利率期货多头套期保值和空头套期保值
- 利率期货的套利和投机。

第一节 债券及其价格

一、债券及其特征

债券是政府、金融机构、工商企业等机构直接向社会借债筹措资金时,向投资者发行,承诺按一定利率支付利息并按约定条件偿还本金的债权债务凭证。债券的本质是债的证明书,具有法律效力。债券购买者与发行者之间是一种债权债务关系,债券发行人即债务人,投资者(或债券持有人)即债权人。债券作为一种重要的融资手段和金融工具,具有如下特征:

第一,偿还性。债券一般都规定有偿还期限,发行人必须按约定条件偿还本金并支付利息。

第二,流通性。债券一般都可以在流通市场上自由转换。

第三,安全性。与股票相比,债券通常规定有固定的利率,与企业绩效没有直接联系,收益比较稳定,风险较小。此外,在企业破产时,债券持有者享有优先于股票持有者对企业剩余财产的索取权。

第四,收益性。债券的收益性主要表现在两个方面,一是投资债券可以给投资者定期或不定期地带来利息收益;二是投资者可以利用债券价格的变动买卖债券,赚取差额。

二、债券价格

债券的价格可分为发行价格与市场交易价格两类。

(一)债券发行价格

债券发行价格是指在发行市场(一级市场)上,投资者在购买债券时实际支付的价格。目前,债券发行价格通常有三种不同情况:一是按面值发行,按面值收回,其间按期支付利息,这是附息债;二是按面值发行,按本息相加额到期一次偿还,这种债券相当于定期存单;三是以低于面值的价格发行,到期按面值偿还,面值与发行价之间的差额即为债券利息,这是零息债券。

(二)债券市场交易价格

债券发行后,一部分可流通债券在流通市场(二级市场)上按不同的价格进行交易。债券市场交易价格的高低取决于公众对该债券的评价、市场利率以及人们对通货膨胀率的预期等。一般来说,债券价格与到期收益率成反比,也就是说,债券价格越高,从二级市场上买入债券的投资者所得到的实际收益率就越低,反之亦然。不论票面利率与到期收益率的差别有多大,只要离债券到期日愈远,其价格的变动就愈大;实行固定的票面利率的债券价格与市场利率及通货膨胀率呈反方向变化,但实行保值贴补的债券是个例外。

三、债券收益率

债券的收益可以用债券收益率表示,债券收益率是债券投资者在债券上的收益与其投入的本金之比。具体来说,债券有三种不同的收益指标。

(一)票面利息率

票面利息率是固定利息收入与票面本金额的比率,一般在债券票面上注明,这是投资于债券时最直观的收入指标。面值相同的债券,票面注明的利率高的,利息收入自然就高,反之亦然。但是,由于大多数债券都是可转让的,其转让价格随行就市,所以投资者认购债券时,实际支出的价款并不一定与面值相等,这样,用票面利息率衡量投资收益就不再有实际意义。

(二) 直接收益率

直接收益率又称现行收益率,是投资者实际支出的价款与实际利息之间的相互关系。其计算公式是:

$$\text{直接收益率} = (\text{票面面额} \times \text{票面利率} \div \text{实际购买债券价格}) \times 100\% \quad (1)$$

用直接收益率评估投资风险,比票面利率指标显然进了一步,但仍有缺点。因为它是一个静态指标,只反映认购债券当时的成本与收益的对比状况,不能反映债券有效期内或债券到期时的实际收益水平。

(三) 实际收益率

实际收益率又称到期收益率,是衡量投资者投资债券的实际全部收益的指标,它主要考虑两方面的收益,即债券的利息收益和债券买卖价格与债券面值的差额收益。其计算公式为:

$$\text{实际收益率} = \text{利息收入} + [(\text{债券面额} - \text{债券购买价}) \div \text{距到期日年度数}] \div [(\text{债券面额} + \text{债券购买价}) \div 2] \times 100\% \quad (2)$$

对于分期偿还的债券,还需应用加权平均法计算出债券的平均期限,将实际收益率调整为平均期限收益率,所用权数是每期偿还本金额。

(四) 债券收益率的计算公式

1. 对处于最后付息周期的附息债券(包括固定利率债券和浮动利率债券)、贴现债券和剩余流通期限在 1 年以内(含 1 年)的到期一次还本付息债券,到期收益率按单利计算。其计算公式为:

$$y = \frac{FV - PV}{PV} \div \frac{D}{365} \quad (3)$$

式中,y 为货币市场到期收益率;PV 为债券全价;FV 为到期本息和,其中,贴现债券 $FV=100$,到期一次还本付息债券 $FV = M + N \times C$,附息债券 $FV = C \div f + M$,M 为债券面值,N 为债券偿还期限(年),C 为债券票面年利息,f 为债券每年的利息支付频率;D 为从债券交割日至债券兑付日为止的剩余流通天数。

2. 剩余流通期限在 1 年以上的到期一次还本付息债券,其到期收益率按复利计算。其计算公式为:

$$y = \sqrt[L]{\frac{M + N \times C}{PV}} - 1 \quad (4)$$

式中,y 为到期收益率;M 为债券面值;N 为债券偿还期限(年);C 为票面年利息;PV 为债券的全价,L 为债券的剩余流通期限(年),它等于债券交割日至到期兑付日的天数 ÷365。

3. 不处于最后付息周期的固定利率附息债券和浮动利率债券的到期收益率按复利计算。其计算公式为：

$$PV = \frac{C/f}{(1+y/f)^w} + \frac{C/f}{(1+y/f)^{w+1}} + \cdots + \frac{C/f}{(1+y/f)^{w+n-1}} + \frac{M}{(1+y/f)^{w+n-1}} \quad (5)$$

式中，y 为所求的到期收益率；PV 为债券的全价（包括净价和应计利息）；C 为当年票面年利息；f 为债券每年的利息支付频率；n 为剩余的付息次数（$n-1$ 即为剩余的付息周期数）；D 为从债券交割日距最近一次付息日的天数；w 等于 $D\div$ 当前付息周期是的实际天数，M 为债券面值。

在以上到期收益率的计算公式中，到期收益率日计数基准均采用"实际天数÷365"的方式，即 1 年按 365 天计算，1 月按实际天数计算，闰年的 2 月 29 日不计息。债券剩余期限规定为从交割日开始到债券到期日截止的实际天数所包含的付息周期数（不一定是整数）。最后付息周期是指附息债券处在上一次利息已经支付过，只剩下最后一次利息尚未支付的时期，如果债券是一年付息一次，则最后付息周期是指债券续存期的最后一年；如果债券是半年付息一次，则最后付息周期指债券续存期的最后半年。根据上述公式计算浮动利率债券，每年需要根据参数 C 的变化调整。

四、债券的久期

久期（Duration）的概念最早由麦考利在 1938 年提出，因此又称麦考利久期（简记为 D）。麦考利久期是使用加权平均数的形式计算债券的平均到期时间，是债券未来产生现金流时间的加权平均，其权重是各期现金值在债券价格中所占的比重。其计算公式如下：

$$D = \frac{\sum_{t=1}^{T} PV(c_t) \times t}{B} \quad (6)$$

式中，D 是麦考利久期；B 是债券当前的市场价格；$PV(c_t)$ 是债券未来第 t 期现金流（利息或资本）的现值；T 是债券到期时间。

债券发行时和债券发行之后，都可以计算麦考利久期。计算发行时的麦考利久期，T（到期时间）等于债券期限；计算发行之后的麦考利久期，T（到期时间）小于债券期限。

麦考利久期定理如下：

第一，只有零息债券的麦考利久期等于它们的到期时间。

第二，附息债券的麦考利久期小于或等于它们的到期时间。

第三，统一公债的麦考利久期等于 $(1+1/y)$，其中 y 是计算现值采用的贴现率。

麦考利久期与债券价格的关系是：对于给定的收益率变动幅度，麦考利久期越大，债券价格的波动幅度越大：

$$\frac{\Delta p}{p} \approx -D \times \frac{\Delta y}{1+y} \quad (7)$$

令修正久期 $MD = D \times \frac{1}{1+y}$

则有：

$$\frac{\Delta p}{p} \approx -MD \times \Delta y \quad (8)$$

久期是一种测度债券发生现金流的平均期限的方法。由于债券价格的敏感性会随着到期时间的增加而增加，久期也可以用来测度债券对利率变化的敏感性，根据债券的每次息票利息或本金支付时间的加权平均来计算久期。决定久期即影响债券价格对市场利率变化的敏感性的因素包括到期时间、息票利率和到期收益率。不同的债券价格对市场利率变动的敏感性不一样，债券久期是衡量这种敏感性最重要和最主要的指标。久期等于利率变动 1 个单位所引起的价格变动。例如，市场利率变动 1%，债券的价格变动 3%，则久期是 3。

五、债券凸性

久期本身随着利率的变化而变化，因此，它不能完全描述债券价格对利率变动的敏感性。1984 年，Stanley Diller 引进了凸性的概念。久期描述了价格—收益率曲线的斜率，凸性描述了曲线的弯曲程度。凸性为债券价格对收益率的二阶导数除以价格，再乘以 1/2，凸性 C 的计算公式如下：

$$C = \frac{1}{2} \times \frac{\frac{d^2 p}{dy^2}}{p} = \frac{1}{2} \times \frac{1}{(1+y)^2} \sum t(t+1) \frac{c_t}{(1+y)^t} \quad (9)$$

$$\frac{\Delta p}{p} = -MD \times \Delta y + C \times (\Delta y)^2 \quad (10)$$

公式（9）为附息债券的凸性公式，公式（10）是对附息债券收益率曲线 $p = f(y)$ 用泰勒（Taylor）级数展开式二阶近似得出的近似公式。债券收益率曲线是一条从左上向右下倾斜并且下凸的曲线。图 10 - 1 中，$b > a$。

例如，面值 100 元、期限 10 年、10% 的息票率，每年付息一次，若到期收益率是 5%，则债券价格是 138.61 元；若上升为 6%，则价格下降到 129.94 元；若下降到 4%，价格上升为 148.67 元。同样是收益率 1% 的变化，收益率上升带来的价格变化是 138.61 - 129.94 = 8.67 元，而收益率下降带来的价格变化是 148.67 - 138.61 = 10.06 元，这种属性我们称之为债券价格的凸性。

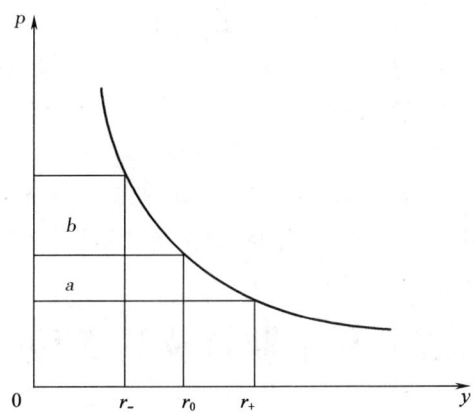

图 10-1 债券价格—收益率曲线

债券凸性具有如下特点:

第一,凸性随久期的增加而增加。若收益率、久期不变,则票面利率越大,凸性越大。利率下降时,凸性增加。

第二,对于没有隐含期权的债券来说,凸性总是大于 0,即:当利率下降时,债券价格以加速度上升;当利率上升时,债券价格以减速度下降。

第三,含有隐含期权的债券的凸性一般为负,即价格随着利率的下降以减速度上升,或债券的有效持续期随利率的下降而缩短,随利率的上升延长。这是因为利率下降时,买入期权的可能性增加了。

总之,修正久期与凸性都是利率风险指标,用来衡量债券价格对利率变化的敏感性。

六、远期利率协议

远期利率协议(Forward Rate Agreement,FRA)是一份远期合约,合约双方约定某一利率水平应用于未来某一段时间内的一笔名义本金上。卖方(贷款方)答应名义上借给买方(借款方)一定数额的钱,这笔名义贷款的利率在远期利率协议签订之日由双方确定下来。一般贷款付息都在贷款期结束日,但是远期利率协议结算一般选择在名义贷款的起始日,交割额为按约定利率计算与按参考利率计算的利息的差额贴现到交割日的贴现值,名义本金的作用仅仅在于计算交割额而不实际发生贷款。如果参考利率高于约定利率,则卖方支付给买方,反之,由买方支付给卖方。

例如,对于一笔"6×9,8.03%~8.09%"的 FRA 报价,其中"6×9"(6 个月对 9 个月)是表示期限,即从交易日(如 7 月 13 日)起 6 个月末(即次年 1 月 13

日)为起息日,而交易日后的9个月末为到期日,协议利率的期限为3个月。"8.03%~8.09%"为报价方报出的FRA买卖价,其中,前者是报价银行的买价,若与询价方成交,则意味着报价银行(买方)在结算日支付8.03%利率的利息给询价方(卖方),并从询价方处收取参照利率的利息;后者是报价银行的卖价,若与询价方成交,则意味着报价银行(卖方)在结算日从询价方(买方)处收取8.09%利率的利息,并支付参照利率的利息给询价方。

第二节 利率期货及其交易概况

一、利率期货的定义和分类

利率期货是指以债券类证券为标的物的期货合约,它可以回避银行利率波动所引起的证券价格变动的风险。利率期货的标的是货币市场和资本市场的各种债务凭证。所谓债务凭证,是指在信用活动中产生的用以证明债权债务关系的书面凭证。

利率期货的种类繁多,按照合约标的的期限,可分为短期利率期货和长期利率期货两大类。短期利率期货是指期货合约的期限在1年以内的各种利率期货,即以货币市场的各类债务凭证为标的的利率期货均属于短期利率期货,包括各种期限的商业票据期货、国库券期货及欧洲美元定期存款期货等;长期利率期货则是指期货合约标的的期限在1年以上的各种利率期货,即以资本市场的各类债务凭证为标的的利率期货均属于长期利率期货,包括各种期限的中长期国库券期货和市政公债指数期货等。

二、利率期货的产生与发展

20世纪70年代中期以来,西方各国纷纷推行金融自由化政策,以往的利率管制得以放松甚至取消,导致利率波动日益频繁而且剧烈。面对日趋严重的利率风险,各类金融商品持有者尤其是各类金融机构迫切需要一种既简便可行、又切实有效的管理利率风险的工具。利率期货正是在这种背景下应运而生的。

最早开办利率期货业务的是美国。20世纪70年代末,受两次石油危机的冲击,美国和西方各主要资本主义国家的利率波动非常剧烈,这使得借贷双方面临着巨大的风险。为了降低或回避利率波动的风险,1975年9月,美国芝加哥商业交易所首先开办了利率期货——美国国民抵押协会抵押证期货,随后又分别推出了短期国库券、中长期国库券、商业银行定期存款证、欧洲美元存款等金融工具的利率期货。1975年10月,芝加哥期货交易所推出了政府国民抵押贷款协会(GNMA)抵押凭证期货合约,标志着利率期货这一新的金融期货类别的诞生。在这之后不久,为了满足人们管理短期利率风险的需要,1976年1月,芝加哥商业交易所的国际货币市场推出了3个月期的美国短期国库券期货交易,并大获成功。在整个70年代后半期,它一直是交易最活跃的短期利率期货品种。

在利率期货发展历程上具有里程碑意义的一个重要事件,是1977年8月22日美国长期国库券期货合约在芝加哥期货交易所上市。这一合约获得了空前的成功,成为世界上交易量最大的一个合约。此前的政府国民抵押贷款协会抵押凭证期货合约虽然是长期利率期货,但由于交割对象单一,流动性较差,不能完全满足市场的需要。而长期国库券信用等级高,流动性强,对利率变动的敏感度高,且交割简便,因而成为市场的首选品种。甚至美国财政部发行新的长期国库券时,都刻意选择在长期国库券期货合约的交易日进行。继美国推出国债期货之后,其他国家和地区也纷纷以其本国的长期公债为标的,推出各自的长期国债期货。其中比较成功的有英国、法国、德国、日本等。

1981年12月,国际货币市场推出了3个月期的欧洲美元定期存款期货合约。这一品种发展很快,其交易量现已超过短期国库券期货合约,成为短期利率期货中交易最活跃的一个品种。欧洲美元定期存款期货之所以能够取代短期国库券期货的地位,直接原因在于后者自身的局限性。短期国库券的发行量受到期债券数量、当时的利率水平、财政部短期资金需求和政府法定债务等多种因素影响,在整个短期利率工具中所占的比例较小。许多持有者只是将短期国库券视为现金的安全替代品,对通过期货交易进行套期保值的需求并不大。同时,由于利率变动时,短期国库券价格的变动幅度要大于信用等级较低的其他短期债务工具,不利于投资者对其债市投资组合实现高效的套期保值,于是人们又不断创新,推出新的短期利率期货。其中相对重要的是1981年7月由国际货币市场、芝加哥期货交易所及纽约期货交易所同时推出的美国国内可转让定期存单期货交易,但由于实际交割的定期存单往往由信用等级最低的银行所发行,给投资者带来了诸多不便。欧洲美元定期存款期货的产生有效地解决了这一问题。由于欧洲美元定期存款不可转让,因此,该品种的期货交易实行现金结算的方式。所谓现金结算,是指期货合约到期时不进行实物交割,而是根据最后交易日的结算价格计算交易双方的盈亏,并直接划转双方的保证金以结清头寸的一种结算方式。现金结算方式的成功,在整个金融期货发展史上具有划时代的意义,它不仅直接促进了欧洲美元定期存款期货的发展,并且为股票指数期货的推出铺平了道路。

三、利率期货的交割方式

利率期货价格与实际利率呈反方向变动,即利率越高,债券期货价格越低;

利率越低,债券期货价格越高。利率期货的交割方法特殊,它主要采取现金交割方式,有时也有现券交割。现金交割是以银行现有利率为转换系数来确定期货合约的交割价格。利率期货交割一般有实物交割和现金交割两种方式。

（一）实物交割

实物交割是指期货合约的买卖双方于合约到期时,根据交易所制定的规程,通过转移期货合约标的物的所有权,将到期未平仓合约进行了结的行为。实物交割目前也是利率期货中国债期货交易一般采用的方式。

由于国债期货的标的是名义债券,实际上并没有完全相同的债券,因此,在实物交割中采用指定一揽子近似的国债来交割的方式,即符合条件的交割券通过转换因子进行发票金额计算,并由卖方选择最便宜的可交割债,通过有关债券托管结算系统进行。由于这种交割制度在实践中操作简便,不仅在一定程度上推动了国债期货交易的发展,也提高了现货市场的流动性。

由于期货交易不是以现货买卖为目的,而是以买卖合约赚取差价来达到保值的目的,因此,在期货交易中真正进行实物交割的合约实际上并不多。交割过多,表明市场流动性差;交割过少,表明市场投机性强。在成熟的国际商品期货市场上,交割率一般不超过5%。不过,国债期货采用实物交割的最大问题在于可交割国债数量。对机构投资者来说,不论是平日持有的国债头寸,还是通过现货交易系统取得的国债头寸,可交割国债数量充足与否应不会成为问题。不过,市场一旦出现多头囤积国债逼空的情况,便会出现麻烦。在国外的市场上也曾出现过类似问题,这需要交易所事先制定合理的交易和交割制度。

（二）现金交割

现金交割是指到期未平仓期货合约进行交割时,用结算价格来计算未平仓合约的盈亏,以现金支付方式最终了结期货合约的交割方式。这种交割方式主要用于金融期货中期货标的物无法进行实物交割的期货合约,在利率期货中主要用于短期利率期货的交割。例如,短期利率期货合约的价格按照市场的价格指数来计算,具体计算方法是1减去贴现率（一般是现货市场的报价）再乘以100,即报价指数=（1－贴现率）×100,1张91天到期交割的短期国债的实际价格应为:100－（100－报价指数）×90÷360（单位:万美元）。例如,如果贴现率为7%,期货合约的价格指数就为93,到期日的实际价格就是100－（100－93）×90÷360＝98.25（万美元）。

近年来,国外一些交易所也在探索将现金交割的方式用于国债期货,不过采用现金交割方式的国家目前只有澳大利亚、韩国和马来西亚等,而且合约的交易量并不多。

现金交割制度成功的主要条件在于现货指导价格的客观性,因为期货合约最后结算损益时是按照现货指导价格计算的,交易者有可能通过操纵现货价格来达到影响现金结算价格的目的,因此,如何进行最后结算价的采样及计算非常重要。

四、利率期货交易概况

(一)利率期货交易的种类

利率期货交易一般可分为利率期货套期保值、投机和套利交易。利用利率期货进行套期保值,是规避固定收益债券利率风险的有效手段。固定收益债券的价格与市场利率呈反方向变动,即市场利率上升,则债券价格下跌;市场利率下跌,则债券价格上涨。利率期货的套期保值交易分为空头套期保值和多头套期保值。空头套期保值是指卖空利率期货合约,卖空的原因是预期债券价格将会下跌,而这种下跌是由市场利率上升导致的,因此,空头套期保值的目的是规避因利率上升而出现损失的风险;与之相反,多头套期保值的目的是规避因利率下降而出现损失的风险。利率期货的投机和套利交易与一般意义上的期货投机、套利交易相似。

(二)国际上主要的利率期货合约

全球期货交易市场一般划分为四大区域,分别是北美、亚太、欧洲和拉美及其他地区,亚太市场在全球衍生品市场中占据交易的最大份额(见表10-1)。2021年,全球期货和期权成交达到创纪录的625.85亿手,较2020年增长了157.69亿手,年比增幅为33.7%,这是连续第4年全球成交创纪录。创纪录的成交是受到亚太和拉美以及其他新兴市场快速增长的推动,三地的增幅分别为51.6%、37.5%和32.6%。新兴市场的巴西、中国、印度以及土耳其较2020年分别增长了38.0%、22.1%、89.9%和37.1%,上述四国的成交占全球总成交的59.8%。2021年全球期货成交量增长14.6%,达292.75亿手,期权成交量增长56.6%,达333.09亿手。全球期权成交呈现爆发性增长,成为2021年增长的核心动力。

表10-1 全球各地区期货和期权成交量 单位:手(单边)

地区	2021	2020	同比增减
亚太	30 549 801 646	20 147 190 374	51.6%
欧洲	5 451 896 778	5 608 640 531	-2.8%
拉美	8 893 935 540	6 467 912 726	37.5%
北美	15 381 696 837	12 852 019 653	19.7%
其他	2 307 353 319	1 739 586 853	32.6%
总计	62 584 684 120	46 815 350 137	33.7%

数据来源:FA,其他地区包括希腊、以色列、南非和土耳其。

按照产品项目细分,金融类产品中的股指成交量增长最强劲,成交创新高,达 281.22 亿手,增幅高达 50.9%,印度和巴西交易所贡献增长的大部分。个股成交增幅高达 38.1%,总成交 137.37 亿手。外汇成交 55.56 亿手,较 2020 年增长 22.9%。利率成交 45.77 亿手,较 2020 年增长 11.2%,扭转了 2020 年的颓势。商品市场成交两极分化,农产品、非贵金属与其他类商品成交均出现双位数的增长,能源和贵金属成交大幅下降。农产品、非贵金属、其他类商品成交分别为 28.19 亿手、20.05 亿手和 22.83 亿手,增幅分别为 9.7%、39.9% 和 57.7%,能源和贵金属类商品成交分别为 27.27 亿手和 7.59 亿手,降幅分别高达 13.8% 和 22.7%。农产品在全球成交中的份额占比为 4.5%,超过能源 4.4% 的全球占比(见表 10-2)。

表 10-2　全球各类别产品期货和期权成交量

单位:手(单边)

类别	产品	2021 年成交量	2020 年成交量	同比增减	市场份额占比
金融类	股指	28 122 032 069	18 637 273 243	50.9%	44.99%
	个股	13 736 562 587	9 945 483 510	38.1%	21.9%
	外汇	5 556 110 611	4 519 521 815	22.9%	8.996
	利率	4 577 033 594	4 115 193 000	11.2%	7.39%
	金融类小计	51 991 738 861	37 217 471 568	39.7%	83.09%
商品类	能源	2 727 287 973	3 164 135 411	-13.8%	4.4%
	农产品	2 818 522 904	2 569 453 495	9.7%	4.59%
	非贵金属	2 004 622 362	1 433 275 966	39.9%	3.2%
	贵金属	759 479 725	982 959 639	-22.7%	1.3%
	其他	2 283 032 295	1 448 054 058	57.7%	3.69%
	商品类小计	10 592 945 259	9 597 878 569	10.4%	17.09%
总计		62 584 684 120	46 815 350 137	33.7%	100.0%

数据来源:FIA,其他包括商品指数、信费、化肥、航运、住房、通胀、木材、塑料和天气。

根据 Futures Industry Association(FIA)统计的成交量数据,2022 上半年,中国内地期货交易所中,大商所、郑商所、上期所和中金所在全球交易所期货和期权成交量排名中分别位居第 8、第 10、第 12 和第 26 位。上半年全球各类期货期权品种成交量排名中,中国品种在农产品品种前 20 名中占有 16 席,金属品种前 20 强中占有 14 席,能源品种前 20 强中占有 5 席,贵金属品种前 20 强中占有 3 席(见表 10-3)。

表 10-3 2022 年上半年全球成交量前二十衍生品交易所

单位:手(单边)

排名	交易所	2022 年 1~6 月	2021 年 1~6 月	变化
1	印度国家证券交易所(NSE)	16 121 923 181	6 594 326 737	144%
2	巴西交易所(B3)	3 859 874 013	4 161 727 063	-7%
3	芝加哥商业交易所集团(CME Group)	3 036 474 949	2 493 046 524	22%
4	洲际交易所(ICE)	1 768 763 250	1 620 784 480	9%
5	芝加哥期权交易所(CBOE)	1 669 179 402	1 501 410 834	11%
6	纳斯达克(NASDAQ)	1 548 454 797	1 710 038 561	-9%
7	伊斯坦布尔交易所(BIST)	1 220 254 517	932 068 953	31%
8	大连商品交易所(DCE)	1 076 896 839	1 101 380 251	-2%
9	欧洲期货交易所(Eurex)	1 050 132 988	891 344 829	18%
10	郑州商品交易所(ZCE)	1 028 371 149	1 291 320 530	-20%
11	韩国交易所(KRX)	1 014 099 241	1 216 205 857	-17%
12	上海期货交易所(SHFE)	872 404 591	1 263 231 077	-31%
13	孟买证券交易所(BSE)	762 865 793	768 619 077	-1%
14	莫斯科交易所(MOEX)	714 933 753	1 014 133 199	-30%
15	迈阿密国际交易所(MIAX)	662 765 738	646 062 125	3%
16	多伦多证券交易所集团(TMX Group)	351 794 232	278 522 146	26%
17	香港交易所(HKEX)	227 039 897	216 509 421	5%
18	日本交易所集团(JPX)	214 474 764	167 537 350	28%
19	台湾期货交易所(TAIFEX)	190 441 730	207 782 823	-8%
20	新加坡交易所(SGX)	131 493 961	115 268 038	14%

资料来源:FIA

下面对四家交易所最活跃的利率期货品种进行简要介绍。

1. CME 的欧洲美元期货合约(Eurodollar)(见表 10-4)。1981 年 12 月 9 日,CME 推出了 3 月期欧洲美元期货合约,该合约现已成为全球最活跃和最具创新性的期货合约之一。

表 10-4　CME 的欧洲美元期货合约

交易品种	3 个月欧洲美元定期存款
交易单位	1 000 000 美元
报价方式	指数方式,指数 = 100 - 年利率(不带%)
最小变动价位	1/2 个基本点,12.5 美元/合约(现货月为 1/4 个基本点)
涨跌停板幅度	场内不限,Globex 为 200 个基本点
交易时间 (美国中部时间)	场内:周一至周五,7:20 至 24:00 Globex:周日至周四,17:00 至次日 14:00
最后交易日	合约月份第 3 个星期三往回数的第 2 个伦敦银行工作日
交割日	合约月份第 3 个星期三
交割方式	现金交割
最终结算价	根据英国银行家协会的 Libor 抽样平均利率计算

注:CME 3 月期欧洲美元期货合约也在新加坡交易所(SGX)交易。

2. CBOT 的 10 年期国债期货合约(见表 10-5)。CBOT 1982 年 5 月 3 日推出的 10 年期国债期货合约现已成为 CBOT 最成功的期货合约。

表 10-5　CBOT 的 10 年期国债期货合约

交易品种	100 000 美元面值的中期国债
报价方式	点 - 1/32 点(每点 1 000 美元,84 - 165 代表 84 又 16.5/32 点)
合约月份	季度月(1 年以内)
最小变动价位	1/32 点的 1/2(跨月套利为 1/32 点的 1/4)
涨跌停板幅度	无
交易时间 (美国中部时间)	公开喊价:周一至周五,7:20 至 14:00 电子盘:周日至周四,18:00 至次日 16:00
最后交易日	合约月份最后 1 个工作日往回数的第 7 个工作日
最后交割日	合约月份最后 1 个工作日
交割方式	实物交割
交割等级	从交割月第 1 日算起,剩余日期为 6 年半至 10 年的中期国债
交割平台	联储簿记电子过户系统 (Federal Reserve book-entry wire-transfer system)

3. Eurex 的长期国债(Euro – Bund)期货合约(见表 10 – 6)。Eurex 是全球第二大衍生品交易所,它是由德国期货交易所(DTB)和瑞士期权及金融期货交易所(SOFFEX)于 1997 年 9 月 4 日合并成立的。Eurex 自 2000 年 10 月 6 日推出国债期货交易,现已成为全球最大的利率衍生品交易所。在 Eurex 的利率期货中,成交最活跃的莫过于 Euro – Bund 国债期货了。

表 10 – 6 Eurex 的 Euro – Bund 债券期货合约

合约标准	德国政府发行的剩余期限在 8.5 至 10.5 年之间,息票率为 6% 的长期债券,该债券的发行量至少为 50 亿欧元
合约价值	100 000 欧元
报价方式	合约面值的百分数(保留两位小数)
合约月份	最近的 3 个季度月
最小变动价位	0.01 个百分点(10 欧元/合约)
交易时间 (中部欧洲时间)	8:00 至 22:00
交割日	交割月第 10 个公历日,如不是交易日,顺延至下一交易日
最后交易日	交割日往回数第 2 个交易日,终止交易时间为 12:30
交割方式	实物交割

4. Euronext 的欧元利率(Euribor)期货合约(见表 10 – 7)。Euronext 是近年来在欧洲崛起的又一家国际性期货交易所。2000 年 9 月,法国、荷兰及比利时的相关交易所通过互换股份,最终成立了这一泛欧证券交易所,新交易所包括证券现货交易和各种产品的期货期权交易。交易所成立不久,葡萄牙的里斯本交易所也加入进来,2002 年又完成了对 Liffe 的战略性收购,后又与葡萄牙证交所(BVLP)合并。Euronext 的利率期货(期权)交易主要集中在 Liffe。在 Euronext 的利率期货中,成交最活跃的莫过于欧洲同业银行拆借利率(Euribor)期货。2007 年 4 月 4 日,纽约证券交易所与泛欧证券交易所合并,同时在纽交所上市,成为全球第一家跨大西洋证券交易所。

表 10 – 7 Euronext 的欧元利率期货合约

交易品种	3 个月欧元定期存款
交易单位	1 000 000 欧元
报价方式	指数式,指数 = 100 – 年利率(不带%)

续表

最小变动价位	1/2 个基本点,12.5 欧元/合约
合约月份	季度月以及最近 6 个连续月,共有 25 个合约可以交易
交易时间（伦敦时间）	7:00 至 21:00
最后交易日	合约月份第 3 个星期三往回数的第 2 个交易日,终止交易时间为上午 10:00
交割日	最后交易日后的第 1 个交易日
交割方式	现金交割
最终结算价	根据最后交易日布鲁塞尔时间 11:00（伦敦时间 10:00）欧洲银行家协会（EBF）公布的 3 月期欧元存款利率计算

第三节 利率期货交割

国债期货是国际期货市场中交易最活跃和最成功的利率期货品种之一。国债期货交易成功是与其独特的交割制度设计分不开的。国际国债期货交割大部分实行实物交割,只有韩国等少数国家实行现金交割的形式。实物交割采用混合交割方式,符合条件的交割券通过转换因子,进行发票金额计算,并由卖方选择最便宜的可交割债,通过银行电子转账系统进行。

一、混合交割方式

国际国债期货交易实行混合交割方式,每种国债期货合约允许交割的券种并不仅限于一种债券,而是以某种标准的虚拟债券为交割标的,只要是到期期限符合规定的一揽子债券,都可以作为交割标的物进行交割。例如,美国 CBOT 的 30 年期国债期货合约把票面利率为 6% 的美国国债作为其交易标的,凡是到期期限在 15 年以上的美国长期国债,都可用于交割,而到期期限在 6.5 年至 10 年期间的美国国债,都可用于 10 年期国债期货的交割。具体交割时,实行卖方选择权,卖方可以选择对自己有利的债券、日期与时间进行交割。但由于市场上票面利率等于 6% 的国债可能很少,因此采用混合交割的方法,允许期货到期可交割多种具备一定条件的债券,以避免由于相应的债券发行额较小而出现价格操纵,还可有效规避实物券到期兑付给期货交易带来的影响,保证国债期货交易的平稳、连续进行。

但在国债现券市场上,符合交割标准的券种由于票面利率、到期日差别很大,市场交易价格也不同,这使得现券市场上可供选择的债券相当复杂,卖方希望从中选出最便宜的可交割债券(Cheapest to Deliver,CTD)作为自己的交割券,以降低交割成本。为此,国际国债期货市场引进了转换因子(Conversion Factor,CF)的方法,将不同剩余期限、不同票面利率的可交割债券的价格进行折算,以使各个券种的价格和国债期货的价格之间能够直接进行对比,使卖方能够选择最便宜的可交割债券进行交割。

二、转换因子的计算

转换因子是指可使国债期货合约的价格与各种不同票面利率的可用于交割的现货债券具有可比性的折算比率,其实质是面值 1 美元的可交割债券在其剩余期限内的现金流量用标准票面利率所折算的现值。转换因子是中长期国债期货的一个非常重要的概念,是确定各种不同的可交割债券发票金额(见本节稍后)的不可缺少的系数。通过转换因子的调整,各种不同剩余期限、不同票面利率的可交割债券的价格均可折算成期货合约所系的标准交割国债价格的一定倍数。

转换因子公式根据债券定价理论来设置。在计算可交割债券的转换因子时,首先必须确定该债券的剩余期限,然后以期货合约标准票面利率作为贴现率,将面值为 1 元的该种债券在其剩余期限内的所有现金流量折算为现值。下面以美国为例,介绍几种常用的转换因子计算方法。

(一)第一种方法

第一种方法的计算公式如下:

$$CF = \frac{1}{(1+r/2)}\left[\frac{c}{2} + \frac{c}{r}\left[1 - \frac{1}{(1+r/2)^{2n}}\right] + \frac{1}{(1+r/2)^{2n}}\right] - \frac{c}{2} \times \frac{6-x}{6} \quad (11)$$

式中,CF 为转换因子;r 为国债期货合约标准票面利率;c 为以年利率表示的可交割债券票面利率;n 为可交割债券剩余期限中的完整的年数;x 为可交割债券剩余期限中不足 1 年而按季取整后的月数。

(二)第二种方法

当可交割债券在剩余期限内的付息次数为偶数时,有:

$$CF = \sum_{t=1}^{s}\frac{c/2}{(1+r/2)^t} + \frac{1}{(1+r/2)^s} \quad (12)$$

式中,CF 为转换因子;r 为国债期货合约标准利率;c 为以年利率表示的可交割债券票面利率;s为可交割债券在剩余期限内的付息次数。

当可交割债券在剩余期限内的付息次数为奇数时,有:

$$CF = \frac{1}{(1+r/2)^{1/2}} \left[\sum_{t=1}^{s} \frac{c/2}{(1+r/2)^t} + \frac{1}{(1+r/2)^s} + \frac{c}{2} \right] - \frac{1}{2} \times \frac{c}{2} \qquad (13)$$

(三) 第三种方法

第三种方法的计算公式为:

$$CF = \left[\frac{c}{r} \times \frac{\left(1+\frac{r}{2}\right)^s - 1}{\left(1+\frac{r}{2}\right)^s} + \frac{100}{\left(1+\frac{r}{2}\right)^s} - \frac{c}{2} \times \frac{(6-x)}{6} \right] \div 100 \qquad (14)$$

式中,CF为转换因子;r为国债期货合约标准利率;c为以年利率表示的可交割债券票面利率;s为可交割债券在剩余期限内的付息次数;x为不足1年而按季取整的月数。

上述转换因子计算公式都是根据债券贴现定价理论得到的,因此,不同计算公式计算出的最终转换因子值相同。而且,对于给定交割月份和利率的国债期货合约而言,一种可交割债券的转换因子将固定不变,不会受时间变化和该债券价格以及期货价格变化的影响。

通常情况下,转换因子值由可交割债券的票面利率与到期期限决定。可交割债券实际票面利率越高,转换因子就越大;实际票面利率越小,转换因子就越小。实际票面利率高于国债期货合约标准票面利率的可交割债券,其转换因子大于1,并且剩余期限越长,转换因子越大;而实际票面利率低于国债期货合约标准票面利率的可交割债券,其转换因子小于1,并且剩余期限越长,转换因子越小。可交割债券的剩余期限越短,转换因子就越接近于1。

三、发票金额

将国债期货合约价格乘以可交割债券的转换因子,可将期货价格转化为特定可交割债券在期货交割日的远期价格,称为调整后期货价格,即:

$$调整后期货价格 = 期货价格 \times 转换因子 \qquad (15)$$

中长期国债期货合约在交割时,由于卖方选择交割券种、交割时间等的不同,买方向其支付的金额会有差别,实际支付金额被称为发票金额。在期货合约交割日,合约卖方有权获得直到交割日的累积应计利息,因此,这一利息是发票金额的组成部分。发票金额可以根据国债期货合约的最终结算价、卖方选择支付的券种以及实际交割日期确定。其计算公式为:

$$发票金额 = 调整后期货价格 + 应计利息$$

用数学公式表示为:

$$A = N \times (F_T \times CF + I) \quad (16)$$

式中，A 为发票金额；F_T 为期货合约交割结算价；CF 为卖方所付可交割券种的转换因子；I 为每一合约的累积应计利息；N 为交割的期货合约数量。

由于期货合约可交割债券利息一般都是固定的，因此，应计利息是可交割债券票面利率与持有时间的函数，即：

$$I = C/2 \times \frac{t}{T_c} \quad (17)$$

式中，C 为卖方支付券种的票面利率；t 为上次利息支付后至合约到期日的天数；T_c 为该券相邻两次利息支付的间隔天数。

四、最便宜的交割债券

最便宜的交割债券（CTD）是指发票金额高于现货价格最多或低于现货价格最少的可交割债券，即相对于发票金额，其现货价格最低的可交割债券。期货合约卖方选择这种债券进行交割，可以获得最大的利润或带来最小的损失，即交割成本是最低的。卖方的交割成本为：

$$\begin{aligned}
交割成本 &= 卖方购买国债支付的现金 - 卖方交割国债收到的现金 \\
&= (国债现货价格 + 应计利息) - 发票金额 \\
&= 国债价格 - 期货合约价格 \times 转换因子
\end{aligned} \quad (18)$$

运用该公式，卖方根据现时的期货报价及每种国债的报价，可以逐个测算出每种国债的交割成本，从而挑选出最便宜的债券进行交割。从该公式及转换因子的定义易得出如下结论：当市场利率高于标准票面利率或收益率曲线较陡时，期限相对较长的债券更可能成为 CTD；而当市场利率低于标准票面利率且收益率曲线相对平缓时，期限相对较短的债券更可能被用来交割。

最便宜可交割债券是由债券现货市场价格、市场利率水平以及债券的剩余期限等许多因素决定的，这些因素的变化会导致最便宜可交割债券的改变。即使在比较平稳的市场环境下，某一到期期限的最便宜可交割债券也未必是下一个到期期限合约的最便宜交割债券。最便宜交割债券的不确定性有效地避免了交割时市场操纵行为的发生。

第四节　利率期货套期保值

利用利率期货进行保值，主要有多头套期保值、空头套期保值和基于久期的套期保值三种形式。

一、多头套期保值策略

利率期货的多头套期保值,是指投资者欲将未来的资金用于购买债券,估计未来利率有下跌可能,也就是债券价格有上升趋势时,为了避免将来支出更多资金购买债券而买进利率期货合约的策略。

[例10-1] 某公司财务主管预计3个月后将有300万美元的资金流入,并可作为短期投资,但他预计银行存款利率短期内将下跌,而联邦公债期货价格将上升,于是他以92美元的价格购买了30份联邦公债期货。3个月后收到此笔资金,他在将款项存入银行的同时,又卖出30份联邦公债期货。其交易如表10-8所示。

表10-8 利率期货多头套期保值实例

	现货市场	期货市场
当初交易	3个月期银行存款利率2.5%	买进30份公债期货合约,价格92.00美元,收益率为8%,成本为2 940 000美元
3个月后	将300万美元存入银行,利率2%	卖出30份公债期货合约,价格94.50美元,收益率为5.5%,价值2 958 750美元

在现货市场上,因存款利率下降将损失:

$$3\ 000\ 000 \times (2.5\% - 2\%) \times 90 \div 360 = 3\ 750(美元)$$

在期货市场上,期货交易赢利为2 958 750 - 2 940 000 = 18 750(美元),通过期货市场操作,公司实际赢利为18 750 - 3 750 = 15 000(美元)。

本例是在现货市场发生不利变化时,通过期货市场加以弥补,反过来,如果现货市场发生了有利变化,期货市场则会出现亏损。

二、空头套期保值策略

利率期货的空头套期保值,是指持有债券的投资者估计利率有上升趋势(即债券贬值),不愿长期保留债券,为了既能投资赢利又不失债券流动性,且避免利率上升引起债券贬值的风险而出售期货合约的策略。

[例10-2] 某投资公司为完成投资计划,决定在3个月内发行20年期长期公司债券。当时的长期利率(美国长期国债期货合约)的收益率为10.8%,该公司认为长期利率的走势将上扬,于是决定采取卖出长期国债期货合约的方式进行保值。然而,3个月后利率却下跌了10.2%。公司交易情况如表10-9所示。

表 10-9 利率期货空头套期保值实例

现货市场	期货市场
预计发行 20 年期债券,收益率为 11.2%	卖出 100 手长期国债期货合约,收益率为 10.8%
3 个月后,以收益率 10.5% 发行债券	买进 100 手长期国债期货合约,收益率为 10.2%

从此例中可以看出,虽然公司 3 个月后以 10.5% 的收益率发行了债券,比预计发行债券的收益率低。但由于预测失误,公司在期货市场上出现了损失,最终公司的利息成本为 11.1%。

三、基于久期的套期保值策略

当市场利率发生变动时,债券价格的变动幅度取决于该债券的久期,而利率期货价格的变动幅度也取决于利率期货标的债券的久期,我们可以根据保值债券与标的债券的久期来计算套期比率。

令 S 和 D_S 分别表示需进行套期保值资产的价格和久期,F 表示利率期货的价格,D_F 表示期货合约标的债券的久期。根据久期的定义,当收益率曲线只发生平行移动,且收益率(y)是连续复利率时:

$$\Delta S \approx -SD_S \Delta y$$

通过合理地近似,我们还可以得到:

$$\Delta F = -FD_F \Delta y$$

因此,为了对冲收益率变动对保值债券价值的影响,所需要的期货合约数(N)为:

$$N = \frac{SD_S}{FD_F}$$

这就是基于久期的套期比率。

[例 10-3] 2012 年 11 月 20 日,某基金管理者持有 200 万美元的美国政府债券,他担心市场利率在未来的 6 个月内将剧烈波动,希望通过卖空 2013 年 6 月到期的长期国债期货合约,该合约目前市价为 94-06,即 94.187 5 美元,该合约规模为 10 万美元面值的长期国债,因此每份合约的价值为 94 187.50 美元。假设在未来 6 个月内需保值债券的平均久期为 8.00 年,又假定长期国债期货合约交割最合算的债券是 30 年期年息票利率为 13% 的国债。未来 6 个月该债券平均久期为 10.3 年。请问他应该卖空多少份长期国债期货合约?

根据公式 $N = \dfrac{SD_S}{FD_F}$，他应卖出的期货合约数为：

$$N = \frac{2\ 000\ 000}{94.187\ 5} \times \frac{8.00}{10.30} = 16\ 493 \approx 165（份）$$

应该注意的是，由于基于久期的套期保值没有考虑债券价格与收益率关系曲线的凸性问题，而且它是建立在收益率曲线平移的假定之上的，因此存在较大的局限性。

第五节 利率期货投机与套利

一、利率期货投机与套利的类型

利率期货投机有两种类型，即空头投机和多头投机。空头投机者希望通过"先高价卖出，后低价补进"而赚取差价利润，多头投机者希望通过"先低价买入，后高价卖出"而获得收益。

利率期货的套利形式分为三种，即跨月份套利、跨品种套利和跨市场套利。跨月份套利是指在同一交易所进行同一品种但不同交割月份的套利活动；跨品种套利是指买进某种利率期货合约并同时卖出另一不同种类的利率期货合约；跨市场套利是指同时在两个不同的交易所进行两种类似的利率期货合约的相反方向的交易。

1977年8月22日，美国长期国库券期货合约在芝加哥期货交易所上市，这是国债期货发展历程中具有里程碑意义的重要事件。这一交易品种获得了空前的成功，成为当时世界上交易量最大的一种金融合约。目前，国债期货在世界金融衍生品市场中仍占有举足轻重的地位。国债期货交易是指国债买卖双方在有组织的交易所通过公开竞价的方式，就将来某一时期按预定的成交价格交收标准数量的特定国债品种而达成的协议。国债期货交易的双方并不一定要真正购进和卖出某种国债，而是可以通过一种可反复交易的标准化合约——国债期货交易合约，来达到对冲利率风险或获取价格变动差额赢利的目的。

无套利定价理论认为，如果金融市场不存在套利，那么复制任一随机现金流量的成本就应该是这个随机现金流量的价格。根据这一基本思想，在不存在套利机会的市场里，当市场均衡时，金融资产即期价格与其未来现金流量之间必然存在某种内在的联系，这种内在的联系正是金融资产定价的基本依据。以国债期货的定价为例。投资人以现货和期货方式购买同一国债的总成本(价格加交易成本)应该是一样的,因为未来的现金流量是一样的。因此,期货价格加期货交易成本(如交易手续费等)应等于现货价格加现货交易成本(如保管费用、借入资金的利息成本等)。一般来说,期货交易成本小于现货交易成本,因此,期货价格大于现货价格。通常我们把两者之差称为净交易成本,即净交易成本等于现货交易成本减去期货交易成本。据此,我们可以得出:国债期货的理论价格等于国债现货价格加上净交易成本。

如果忽略国债期货的交易成本,不考虑手续费、税金等支出,国债期货交易的净交易成本实际上就是借入资金所支出的利息成本(融资成本)减去国债票面利息收入的差额。因此,从理论上说,国债期货价格等于国债现货价格加上融资成本减去国债票面利息收入,用数学方程式表示如下:

$$F_{0,t} = S_0(1 + I - A_I) \tag{19}$$

式中,$F_{0,t}$为到期时间为t的国债期货合约目前(0时刻)的价格;S_0为国债现货价格($t=0$);I为0到t时段的融资成本率;A_I为0到t时段的债券应计利息率。

如果上述价格关系不成立,套利者将立即进场赚取无风险利润,直到套利机会消失为止。若现货相对于期货的价格太低,交易者可以借入资金买进国债现货,同时放空国债期货合约,然后持有现货至期货合约到期而交割空头头寸。这笔交易可以在不需本金投资的情况下赚取无风险的利润。

同样,如果现货相对于期货的价格太高,反向操作同样可获取无风险利润。一个有效率的完备市场不可能存在这类套利机会,因为套利行为将使市场价格反向变动,直至套利机会消失为止。在有效率的国债期货交易市场上,供需双方通过公开、公平、公正的竞价,使国债价格水平在动态中形成具有竞争性的权威价格,即通过竞争,产生全社会公认的价格。这种价格具有很强的预期性,能够预先较准确地反映未来国债市场的供求情况,并且能对未来各个时期潜在的供求关系进行超前性的调节。一个健康、有效率的国债期货市场,其产品定价必然符合上述基本定价规律。反之,若国债期货市场价格长期偏离理论价格,则说明这个市场是一个低效率或者是受投机力量左右的市场。

二、国债期货的利差套利

按照品种的差别划分,国债期货的利差套利可以分为相同品种利差套利、相近年期品种利差套利和不同品种间利差套利。国债期货利差套利操作的特点是大资金运作、风险适中和高时效性。这里只叙述后两种套利。

(一)相近年期品种利差套利

相近年期的债券,理论上的到期收益率应该比较接近,但实际市场上往往存在不小的利差。在开放式回购的操作环境中,投资人可以通过债券间利差的变化实现无资金占用、无成本的利差套利操作。

利差套利操作的原理是:如果预计债券间利差缩小,无论是收益率低的债券收益上升还是收益率高的债券收益下降,或是其他的利率缩小方式,投资人总可以选择利率低的债券做逆回购,并做空该债券,再选择利率高的债券做多,并通过正回购取回逆回购所垫付的资金(假设逆回购利率和正回购利率相同)。通过这样的操作流程,投资人可以实现利差缩小的收益。

以 7 年期基准债 301 和 307 为例。如果 301 到期收益率为 2.4%,净价为 100.61,307 的到期收益率为 2.5%,净价为 100.52,两债券的利差为 10 个基点。投资人使用一笔资金选择利率较低的 301 做一个月的逆回购,然后卖出得到资金,买入利率较高的债券 307,然后做正回购,抵押 307,拿回资金。假设回购到期,两债券收益率都上涨,301 和 307 分别为 2.6% 和 2.65%,利差缩小到 5 个基点。此时,债券 301 净价为 99.75,307 为 99.81。投资人进行反向操作,卖出 307,买入债券 301,资金返还正回购方。不考虑时间价值,投资人的收益为:301 的价差所得(100.61 - 99.75 =)0.86,加上 307 的价差收益(99.81 - 100.52 =)- 0.71,总收益为 0.15 元。这种操作模式不需要占用投资人资金。

相反,如果投资人预计利差扩大,可以执行相反的操作流程。使用一笔资金选择利率较高的债券做逆回购,然后卖出债券 307,买入利率较低的债券 301,然后做正回购,通过 301 和 307 之间的价差来获利。这种操作虽然无须成本,但是必须承担债券间的非系统性风险。投资人如果判断失误,就会遭受损失。投资人精算套利的可操作范围时,需要考虑到操作中的各项成本。

(二)不同品种间利差套利

除了不同年期债券间可以套利,不同债券品种间也可以进行套利,如固息债和浮息债之间。比如,投资人预计未来会有通胀的压力,市场利率很可能将上升,此时浮息债价格会上涨,而长期固息债价格下跌,可以通过逆回购,融入长期债在市场上抛出,再等额买入浮息债,之后用浮息债做抵押进行正回购,取回资金。到回购期末,浮息债上涨,长期债下跌,投资人就可以通过拿回抵押的浮息券并卖出,再买入相对较低的长期债完成开放式回购交割来获利。

此时,投资人的获利等于浮息债的上涨收益加上长期债的下跌价差收益。不考虑税收、回购折算比率和交易成本等因素,投资人可以不出资金而套取收益。当然,现实市场上的流动性问题、机构操作资金的规模等都会影响到实际套利的效果。

三、回购调期套利

在开放式回购下,资金融出方可以把债券作为抵押进行正回购融资,因此,投资人可以进行回购的调期套利。以 182 天回购和 91 天回购为例。假设 182 天回购利率比 91 天回购利率高 20 个点,预计长期回购利率即 182 天相对 91 天回购利率在半年中还将维持 20 个点的利差,投资人就可以使用起始资金先做 182 天的逆回购融出资金、得到债券,然后做 91 天的正回购拿回资金。等到 91 天的回购到期后,再重复一次 91 天正回购操作。如果 91 天后的 91 天回购利率变化不大,投资人在半年后就可以锁定其间的利差收益。相反,如果长期回购和短期回购的利率出现倒挂,投资人也可以采用相反的操作手法来获利,即先做 91 天的逆回购,然后再做 182 天的正回购,91 天回购到期后再重复 91 天逆回购操作。

如果不考虑交易成本和税收的影响,调期套利操作不需要占用资金,但是它需要承担一定的操作风险。因此,这种套利操作要求投资人对回购市场有深入的了解且经验丰富,能精确把握自身的投资成本,并有一套完善而有效的操作流程。

四、开放式回购加远期无风险套利

将开放式回购和远期合约相结合,可以创造出一种无风险无成本的赢利模式。其操作流程大致如下:首先,使用一笔资金做逆回购得到国债 A,在市场上卖出,取回资金归还融资,同时做一笔国债 A 的远期买入合约,买入的日期要正好是回购到期结算日。等到回购和远期同时到期结算时,使用合约价格买入国债 A,并把此债交还资金融出方,进而取回资金还清远期合约款。扣除交易成本后,只要回购收益大于现货、远期差价损失就可以赢利。如果结果是负值,只要把上面的操作反过来就可以赢利。按照当前银行间买断式回购的规定,只要当日内正、逆回购的利率波动足够大,可以补偿交易成本,就可以进行无风险套利,即只要回购报价利率间有利差,就可以通过融入低利率资金、融出高利率资金,做两笔相反方向的远期来实现收益。通过以上程序,投资人可以做到不占用资金而无成本无风险地套利。

五、持仓债券套期保值

通过开放式回购操作,可以实现对持仓债券的套期保值。在预计债市将持续下跌的情况下,虽然继续持仓很可能还会遭受损失,但是考虑到财务做账和其他因素,投资人不愿意斩仓止损。若使用开放式回购做空此债,对冲持仓损失,就可以起到套期保值的作用。

这种操作很适合在市场持续下跌的情况下大量持有长期债券仓位的机构投资人,如保险公司。这类投资人必须持有相当数量的长期债券。当然,它对风险控制的要求比较高,手中持有的长期债券在市场条件下已经积累了大量的利率风险,使用开放式回购可以迅速释放这部分风险。

第六节　国债期货交易

国债期货作为利率风险管理工具,属于金融期货中利率期货的一种,是指买卖双方通过有组织的交易场所,约定在未来特定时间,按预先确定的价格和数量进行券款交割的国债交易方式。

一、国债期货的产生与发展

国债期货最初是发达国家规避利率风险、维持金融体系稳定的产物。从第二次世界大战结束到20世纪60年代中期,由于美国政府及有关金融部门的限制,美国金融市场的利率一直处于较低水平和相对平稳的状态,尤其是长期金融市场上,各种国家债券的利率非常稳定。因此,美国金融市场对国债期货的需求并不强烈。但是进入70年代以后,"滞涨"使得这种状况发生了根本性的变化。20世纪70年代,受布雷顿森林体系解体以及石油危机爆发的影响,西方主要发达国家的经济陷入了滞涨,为了推动经济发展,各国政府纷纷推行利率自由化政策,导致利率波动日益频繁而且幅度剧烈。频繁而剧烈的利率波动使得金融市场中的借贷双方特别是持有国债的投资者面临着越来越高的利率风险,市场避险需求日趋强烈,迫切需要一种便利有效的利率风险管理工具。在这种背景下,国债期货等利率期货首先在美国应运而生。

美国的第一张国债期货合约是美国芝加哥商业交易所(CME)于1976年1月推出的90天期的短期国库券期货合约。利率期货一经产生便得到迅速发展。在推出了第一张利率期货合约后不久,为更好地管理短期利率风险,1978年9月,CBOT又推出了1年期短期国库券期货合约。在整个70年代后半期,短期利率期货一直是交易最活跃的国债期货品种。1977年8月,CBOT推出针对资本市场长期利率风险管理的美国长期国债期货合约,1982年5月又推出了10年期中期国债期货。此后,国债期货交易量大幅攀升。到目前为止,美国10年期国债期货合约不仅是CBOT成交量最大的一个品种,也是全球利率期货市场最活跃的交易品种之一。

20世纪70年代美国国债期货的推出,对于世界其他国家具有较强的示范效应。但由于推出国债期货对国债现货市场发展的要求较高,要求有一定规模、流动性较强的国债现货市场,世界上推出国债期货的国家并不多。国债期货品种目前集中于美国、英国、澳大利亚、日本、德国、韩国等主要发达国家。

二、我国国债期货交易历史与现状

(一)我国国债期货交易的历史

我国国债期货交易试点开始于1992年,结束于1995年5月,历时两年半,大致经过了以下四个阶段。

1. 初始清淡期(1992年12月—1993年10月)。1992年12月,上海证券交易所最先开放了国债期货交易。上交所共推出12个品种的国债期货合约,只对机构投资者开放。但在国债期货交易开放的近一年里,交易并不活跃。从1992年12月28日至1993年10月,国债期货成交金额只有5 000万元。

2. 开始活跃期(1993年10月—1994年4月)。1993年10月25日,上交所对国债期货合约进行了修订,并向个人投资者开放国债期货交易。1993年12月,原北京商品交易所推出国债期货交易,成为我国第一家开展国债期货交易的商品期货交易所。随后,原广东联合期货交易所和武汉证券交易中心等地方证券交易中心也推出了国债期货交易。

3. 快速发展期(1994年4月—1995年2月)。从1994年第二季度开始,国债期货交易逐渐趋于活跃,交易金额逐月递增。1994年结束时,上交所的全年国债期货交易总额达到1.9万亿元。1995年以后,国债期货交易更加火爆,经常出现日交易量达到400亿元的市况,而同期市场上流通的国债现券不到1 050亿元。由于可供交割的国债现券数量远小于国债期货的未平仓合约规模,因此,市场上的投机气氛越来越浓厚,风险也越来越大。

4. 疯狂毁灭期(1995年2月—1995年5月)。1995年2月,国债期货市场上发生了著名的"3·27"国债期货违规操作事件,给市场以沉重的打击。为规范整顿国债期货市场,1995年2月25日,中国证监会和财政部联合颁发了《国债期货交易管理暂行办法》;同日,中国证监会又向各个国债期货交易场所发出了《关于加强国债期货风险控制的紧急通知》,不仅提高了交易保证金比例,还将交易场所从原来的十几个收缩到沪、深、汉、京四大市场(见表10-10)。一系列的清理整顿措施并未有效抑制市场投机气氛,透支、超仓、内幕交易、恶意操纵等现象仍然十分严重,国债期货价格继续狂涨。1995年5月,国债期货市场再次发生恶性违规事件——"3·19"国债期货事件。5月17日下午,中国证监会发出通知,决定暂停国债期货交易。各交易场所从5月18日起组织会员协议平仓。5月31日,全国14个国债期货交易场所全部平仓完毕,我国首次国债期货交易试点以失败告终。

表10-10 沪、京、汉、深四大市场国债期货市场交易情况

交易场所	年份			
	1994年		1995年	
	成交手数(万手)	成交金额(100万元)	成交手数(万手)	成交金额(100万元)
上海证券交易所	9 183.4	2 351 180.6	15 000	4 969 158
北京商品交易所	2 937.82	388 663.48	4 273.31	628 662
武汉证券交易中心	659.67	245 587	*	*
深圳证券交易所	128.48	31 294	4 631.64	764 470

注:1. 本表数据来源:《中国证券期货统计年鉴》,中国统计出版社1996年。
2. 表中"*"表示该处数据不详。

(二)我国国债期货市场发展现状

2013年6月,时隔18年后,国债期货在中金所重新上市交易。其背景是:

1. 国债现货市场规模大幅增长,能够支持国债期货的平稳运作。截至2013年6月底,我国记账式国债余额为7.35亿元(约1.2万亿美元),是1995年国债期货试点时期可流通国债存量的约70倍,远远超过了美国等绝大多数国家推出国债期货时的国债现货市场规模(见表10-11)。

表10-11 国债期货推出时各国国债存量

国家	首个国债期货产品上市时间	首个国债期货产品名称	当时国债规模(亿美元)
美国	1976年	90天期国库券期货	6 535
德国	1990年	长期国债期货	3 658
英国	1982年	长期金边债券期货	1 915
澳大利亚	1984年	2年期和10年期国债期货	192
日本	1985年	10年期国债期货	9 111
韩国	1999年	3年期国债期货	344

数据来源:OECD

2. 财政部国债定期滚动发行制度日益成熟。目前财政部已经建立起一套完善的国债市场化发行机制,对1,3,5,7,10年期关键期限的国债品种采用定期滚

动发行制度,关键期限国债每期发行约 300 亿元。

3.5 年期和 7 年期国债供应量充足,抗操纵性强(见表 10－12)。5 年期和 7 年期均为财政部国债发行关键年限。2013 年将发行 5 年期和 7 年期国债共 18 期,约 5 400 亿元;相比 2012 年,分别增加 2 期和 3 期,增加约 1 500 亿元。5 年期和 7 年期国债发行的增加将进一步活跃可交割债券的交易,增强了 5 年期国债期货合约的防逼仓和抗操纵能力。

表 10－12　2003—2013 年我国关键期限国债品种发行情况

关键年期国债	2003 年	2004 年	2005 年	2006 年	2007 年	2008 年	2009 年	2010 年	2011 年	2012 年	2013 年
1 年期	/	/	3	3	4	3	4	5	5	4	4
3 年期	/	/	/	3	3	3	4	4	5	4	4
5 年期	/	3	2	/	/	/	5	7	5	4	6
7 年期	4	3	3	4	4	4	6	7	7	9	12
10 年期	2	/	/	/	4	4	6	8	9	10	9
合计	6	9	10	10	15	14	25	31	31	31	35

数据来源:中华人民共和国财政部官方网站

4.国债发行和交易已实现市场化,投资者避险需求日趋强烈。随着我国利率市场化改革的稳步推进,利率波动将更为频繁和剧烈,投资者避险需求日趋强烈,目前债券市场存量已超过 28 万亿元,利率很小的波动可能会造成几千亿市值的变化。

5.场外衍生品交易已经起步。目前,我国场外利率衍生品市场(债券远期、利率互换和远期利率协议等)初具规模,显示出了市场机构对利率风险管理的需求,为国债期货的上市奠定了基础(见表 10－13)。

表 10－13　2012 年全年银行间利率衍生品交易情况

品种	成交量
利率互换	29 016 亿元
债券远期	166 亿元
远期利率协议	2 亿元
总成交	29 184 亿元

数据来源:中国外汇交易中心

6. 法规日益健全，监管能力逐步提高，发生系统性风险的可能性很低。2012年3月，国务院《关于2012年深化经济体制改革重点工作的意见》提出"稳妥推进原油等大宗商品期货和国债期货市场建设"；2012年9月，《金融业发展和改革"十二五"规划》明确提出"适时推出国债期货"；同年，十八大明确"深化金融体制改革，加快发展多层次资本市场，推进金融创新，维护金融稳定"；2013年5月6日，国务院常务会议强调，2013年要"稳步推出利率、汇率市场化改革措施"；2013年5月24日，国务院《关于2013年深化经济体制改革重点工作的意见》提出"推进国债期货市场建设"。因此，国债期货"复出"可以说是水到渠成。

2018年8月17日，我国国债期货市场积极适应市场发展需求，成功上市了2年期国债期货，标志着我国已经基本形成覆盖短、中、长期的国债期货产品体系。这有助于进一步健全反映市场供求关系的国债收益率曲线，丰富金融市场利率风险管理工具，提高债券市场服务实体经济能力。整体来看，作为债券市场基础性利率风险管理工具市场，国债期货市场运行平稳，运行质量进一步提升，在促进债券市场发展、助力健全国债收益率曲线等方面进一步发挥作用。

2018年12月18日，30年期国债期货的全市场仿真交易上市。这标志着在2年期、5年期和10年期国债期货成功上市后，超长期国债期货交易正式列入日程。30年期国债期货的仿真合约面值100万人民币，票面利率3%，可交割债券范围为发行期限不高于30年，合约到期月份首日剩余期限为25～30年的记账式附息国债，最小变动价位为0.01元，交易保证金执行标准为仿真合约价值的4%。

2018年12月28日，《中国金融期货交易所做市商管理办法》开始实施。做市商制度是全球金融市场的常规制度安排，能够有效提高市场流动性和市场效率，平抑价格异常波动，促进市场功能发挥。

国债期货期转现交易已于2019年1月17日启动。期转现交易具有基差交易功能，能减少大额订单对市场的冲击，有效防范交割风险，促进国债期货市场功能发挥，是场内集中竞价交易的必要补充。

中国金融期货交易所持续深入开展市场培育，引导各类投资者理性参与市场投资，投资者结构日益完善。继2020年商业银行、基本养老保险基金正式参与国债期货市场后，2021年中长期资金入市步伐继续加快。首批7家保险机构全部入市，企业年金和职业年金基金也先后参与，国债期货的机构投资者类型增加。2021年，国债期货机构成交、持仓占比分别为65.55%、88.40%，较2020年分别增长9.60个百分点和2.77个百分点，国债期货是目前机构投资者占比最高的期货品种。

2021年我国国债期货日均成交10.31万手，日均持仓24.60万手，较2020

年分别增加0.42万手、8.14万手,增幅分别为4.23%、49.41%。随着经济走势不确定性加大,债券市场多空博弈进一步加剧,机构积极运用国债期货进行风险管理和实施丰富的交易策略,国债期货成交、持仓规模屡创新高。2年期国债期货日均成交1.07万手,日均持仓2.96万手,同比分别增加0.12万手、0.91万手,增幅分别为12.59%、44.53%;5年期国债期货日均成交2.50万手,日均持仓6.91万手,同比分别增加0.11万手、2.23万手,增幅分别为4.48%、47.54%;10年期国债期货日均成交6.74万手,日均持仓14.73万手,同比分别增加0.19万手、5.00万手,增幅分别为2.93%和51.34%。

三、中国金融期货交易所国债期货合约

(一)标的选择

合约标的选择是面额为100万元、票面利率为3%的中期或长期名义标准券,这种券在现实中并不存在。目前,美国、德国、澳大利亚、英国等绝大多数国家都采用"名义标准券"作为国债期货的合约标的。这样做的好处在于名义标准券反映了未来国债收益率的整体水平和市场对整体利率水平的预期,不会受到个别国债供给、需求的影响,因此,采用名义标准券的国债期货可以较好地对冲利率风险,有利于发挥国债期货的套期保值功能。此外,名义标准券设计可以扩大可交割国债的范围,较为有效地防止价格操纵,减少交割时的逼仓风险。

我国开展国债期货的主要目的是为投资者提供一种利率风险管理工具,因此,合约面额设计应和银行间及交易所国债交易的规模相适应,符合期货投资者的交易习惯,同时也要考虑市场流动性,充分发挥国债期货的利率风险规避功能。综合各种因素,合约面额设计为100万元。这种合约面额设计能满足投资者适当性制度,并兼顾套期保值者参与的便利程度以及投机者的参与意愿。票面利率的设定以当前的利率水平为重要参考点,考虑将来的利率水平,给出一个相对合理的整数利率。新合约上市时,票面利率可能进行调整,以反映现有收益率状况。名义标准券票面利率的指定应能随着时间的推移和市场债券收益率的波动,使得最便宜可交割债券的标的能够较频繁的变化,从而有效地避免市场操纵。

(二)可交割债券:一揽子可交割国债

尽管国债期货采用了名义标准券作为合约标的,理论上国债期货也反映了名义标准券的未来价格,但是实际上,与国债期货相对应的国债现货并不是虚拟的,而是中国金融期货交易所规定的满足一定条件的一揽子可交割国债,这些国债都可以参与交割,这就形成了与国债期货对应的现货集

合,因为套利机制与国债期货走势相似并在交割前价格收敛。在实际交易中,并不是所有可交割国债都被用来参与交割,这样,国债期货必然会反映最有可能参与交割的国债的价格。依据中金所的规定,可交割国债的范围包括从交割月首日算起剩余期限为 4 至 7 年的固定利率国债。定义 5 年期国债期货的可交割期限范围,重点有以下几项:有足够的可交割券符合期限范围,交割成本要低,交割标的流通性要高,交割标的同等级范围要广,可交割标的的同质性要尽量趋同。另外,可交割债券还要满足三个条件:一是为记账式国债,二是可在银行间和交易所的债券托管机构托管,三是满足银行间市场和交易所市场的转托管要求。

(三) 转换因子

国债期货交易实行名义标准券设计,采用一揽子国债交割方式。但是,由于这些国债的剩余期限、票面利率等与名义标准券存在差异,这些国债的价格并不能直接与国债期货的价格进行对比,因此需要对这些国债价格进行转化,这就需要计算各种可交割国债和期货标的名义标准券之间的转换比例,这个比例称为转换因子(conversion factors)。

转换因子是面值 1 元的可交割国债在其剩余期限内的所有现金流量以名义标准券的票面利率(3%)作为贴现率进行折现的现值,是国债期货合约中最重要的参数之一。由于我国国债期货采用滚动交割的方式,理论上,不同交割日的转换因子数值不同;但为了便于信息公布和方便投资者计算,国际上各交易所仍然保持在转换因子整个交割月中为同一个值。参照美国国债期货市场对转化因子的计算方法,中金所在计算转化因子时,对可交割债券的剩余期限采用按月取整的方式,具体计算公式如下:

$$CF = \frac{1}{(1+r/f)^{xf/12}} \left\{ \frac{c}{f} + \frac{c}{r} \left[1 - \frac{1}{(1+r/f)^{n-1}} \right] + \frac{1}{(1+r/f)^{n-1}} \right\} - \frac{c}{f} \times \frac{12-fx}{12}$$

其中:

r 表示国债期货合约票面利率(3%);

x 表示交割月距离下一个付息月的月份数(当交割月是付息月时,$x=6$ 或 12);

n 表示剩余付息次数;

c 表示可交割券的票面利率;

f 表示可交割券每年的付息次数。

在计算了转化因子后,用国债现货的价格除以转化因子,就可以得到国债的转化后价格,从而使不同国债均与国债期货的价格具有可比性;或者采用国债期货的价格乘以转化因子,得到国债期货的转化后价格,也使得国债与国债期货的价格具有可比性。这个公式看似复杂,但并不需要投资者自己计算,交易所会在新合约上市之初公布一揽子可交割债券的转换因子。

(四) 最便宜可交割债券

最便宜可交割(The Cheapest to Deliver,CTD)债券是国债期货中一个很重要的概念。由于一揽子可交割债券中,国债的价格和转换因子不同,转化后的国债价格也不同;但是国债期货的交割价相同,因此,在进行交割时,国债期货的空头需要从现货市场上买入国债,同时按照交割价进行交割,这样对于空头来说,存在一个"最便宜的可交割债券",使得国债期货空头购买该国债时价格最低,这样对国债空头也最为有利。这也造成了国债期货的空头具有一定的选择期权,可以选择最合适自己、对自己最有利的国债进行交割。

要寻找最便宜可交割国债,可以构建一个投资组合,购买国债现货,同时卖空对应的期货(卖空比例是转换因子),然后在期货合约到期时,把国债现货用于期货交割,这样获得的理论收益率就是隐含回购利率。隐含回购利率最高的券是最便宜可交割券。隐含回购利率的计算公式如下:

$$\text{隐含回购利率} = \frac{\text{发票价格} - \text{购买价格}}{\text{购买价格}} \times \frac{365}{\text{投资组合构建时到交割日的天数}}$$

再简化一下,对于所有可交割债券,计算其期货转换价格与现券价格的差,数值最大的那个即为最便宜可交割债券。相当于说,卖价与买价的差(绝对值)越大,对期货合约空头来说越划算。

举例来说,期货价格为98,现在有两个可交割券,A券价格为99,转换因子1.01;B券价格为96,转换因子为0.96。期货转换价格与现券价格之差为:

对于A券,$98 \times 1.01 - 99 = -0.02$。

对于B券,$98 \times 0.96 - 96 = -1.92$。

显然,A券是最便宜可交割券。

(五) 涨跌停板和保证金水平

国际上对国债期货普遍没有设立涨跌停板,主要原因是国债现货和期货价格的波动幅度一般不大。我国国债期货中期国债设立涨跌停板,旨在抑制市场过度投机,降低市场风险,维护市场发育初期的健康运作。目前中金所设定的涨跌停板幅度为2%。保证金水平的设定是风险控制效果和交易成本二者之间的权衡。从我国的情况看,风险控制是第一位的,在此前提下,将来可考虑选择适当的基于波动率的保证金模型,降低交易成本。目前交易所设置的最低保证金是合约价值的2%。

梯度保证金设置见表10-14。

表 10-14 国债期货合约保证金设置

合约最低保证金	2%
交割月前一个月中旬的第一个交易日	3%
交割月前一个月下旬的第一个交易日	4%

(六)交割方式:实物交割

国债期货的交割方式包括实物交割和现金交割两种,实物交割的方式有利于期现货价格变动一致。目前,国际上绝大多数国家或地区的国债期货采用实物交割制度,只有澳大利亚、韩国等国债现货市场规模较小的少数国家采用现金交割。我国国债现货存量充足,财政部国债发行日趋规律化,债券回购等市场日益成熟,国债期货采用实物交割方式的条件已经具备。

(七)发票价格

国债期货合约交割时,卖方要向买方支付可交割国债,买方向卖方付款。买方接受每百元国债,支付给卖方的实际金额称为发票价格(Invoice Price),其表达式为:

$$发票价格 = 期货价格 + 转换因子 + 应计利息$$

中国金融期货交易所 2 年期国债期货合约表详见表 10-15。

表 10-15 2 年期国债期货合约表

交易品种	面值为 200 万元人民币、票面利率为 3% 的名义中短期国债
最小变动价位	0.005 元
涨跌停板幅度	上一交易日结算价的 ±0.5%
交易时间	每周一至周五上午 9:15~11:30,下午 13:00~15:15 最后交易日交易时间:9:15~11:30
最后交易日	合约到期月份的第二个星期五
最后交割日	最后交易日后的第三个交易日
最低交易保证金	合约价值的 0.5%
交割方式	实物交割
交易代码	TS
上市交易所	中国金融期货交易所
可交割国债	发行期限不高于 5 年,合约到期月份首日剩余期限为 1.5~2.25 年的记账式付息国债

续表

报价方式	百元净价报价
合约月份	最近的三个季月（3月、6月、9月、12月中的最近三个月循环）
上市日期	2018年8月17日

中国金融期货交易所5年期国债期货合约表详见表10-16。

表10-16　5年期国债期货合约表

交易品种	面值为100万元人民币、票面利率为3%的名义中期国债
最小变动价位	0.005元
涨跌停板幅度	上一交易日结算价的±1.2%
交易时间	每周一至周五上午9:15~11:30，下午13:00~15:15 最后交易日交易时间:9:15~11:30
最后交易日	合约到期月份的第二个星期五
最后交割日	最后交易日后的第三个交易日
最低交易保证金	合约价值的1.2%
交割方式	实物交割
交易代码	TF
可交割国债	发行期限不高于7年、合约到期月份首日剩余期限为4~5.25年的记账式附息国债
报价方式	百元净价报价
合约月份	最近的三个季月（3月、6月、9月、12月中的最近三个月循环）
上市日期	2013年9月6日

中国金融期货交易所10年期国债期货合约表详见表10-17。

表10-17　10年期国债期货合约表

交易品种	面值为100万元人民币、票面利率为3%的名义长期国债
最小变动价位	0.005元
涨跌停板幅度	上一交易日结算价的±2%

续表

合约交割月份	最近的三个季月（3月、6月、9月、12月中的最近三个月循环）
交易时间	每周一至周五上午9:15~11:30，下午13:00~15:15 最后交易日交易时间:9:15~11:30
最后交易日	合约到期月份的第二个星期五
最后交割日	最后交易日后的第三个交易日
最低交易保证金	合约价值的2%
交割方式	实物交割
交易代码	T
可交割国债	发行期限不高于10年、合约到期月份首日剩余期限不低于6.5年的记账式附息国债
报价方式	百元净价报价
合约月份	最近的三个季月（3月、6月、9月、12月中的最近三个月循环）
最低交易保证金	交割月份前一个月下旬的前一交易日结算时起，交易保证金为合约价值的3%，交割月份第一个交易日的前一交易日结算时起，交易保证金为合约价值的4%
上市日期	2015年3月20日

四、国债期货交易策略

（一）国债期货套期保值

期货和标的现货价格之间存在较强的相关性，且随着期货合约到期日的临近，现货市场与期货市场价格趋向一致，这就是套期保值的基本依据。在国债期货套期保值中，投资者根据现货头寸反向建立期货头寸，目的是使组合头寸的风险尽量呈现中性。

套期保值策略可以分为两类：多头套期保值与空头套期保值。下面以多头套期保值为例。

[例10-4] 某机构投资者4月份预计在6月份将购买800万元面值的某5年期A国债，假设该债券是最便宜可交割债券，相对于5年期国债期货合约，该国债的转换因子为1.25；当时A国债价格为每百元面值118.5元，为防止到6月份国债价格上涨，锁住成本，该投资者在国债期货市场上进行买入套期保值，具体操作策略见表10-18。

表 10-18　国债期货多头套期保值操作

	国债现货市场	国债期货市场
当前	4月6日,5年期的A国债每百元价格118.50元	4月6日,以每百元94.55元的价格购入10份6月份交割的5年期国债期货合约,每份合约面值100万元,共计1 000(800×1.25)万元
价格上涨	6月6日,国债现货市场价上涨至119.70元,买入面值800万元的A国债	6月6日,以95.55元的价格平仓10份面值100万元5年期国债期货合约
上涨时购入成本	国债现货购入成本 - 国债期货盈利 = 80 000×119.70 - 10×10 000×(95.55 - 94.55) = 9 476 000元 (原购入成本80 000×118.50 = 9 480 000元,按市价购入成本为80 000×119.70 = 9 576 000元)	
价格下跌	6月6日,国债现货市场价下跌到117.30元,买入面值800万元的A国债	6月6日,以93.55元价格平仓10份面值100万元的5年期国债期货合约
下跌时购入成本	国债现货购入成本 + 国债期货亏损 = 80 000×117.30 + 10×10 000×(94.55 - 93.55) = 9 484 000元 (按市价购入成本为80 000×117.30 = 9 384 000元)	

为了方便计算,在上例中假设套期保值比率等于转换因子,要对冲800万元面值的现券则须用1 000万元的期货合约对冲。6月6日,无论利率上行或下行,投资者实际购入成本与4月6日的118.5×80 000 = 9 480 000元接近,而与当前国债现货的购入成本无关。也就是说,投资者利用国债期货市场的反向操作对冲了锁定现货价格的变动造成的损益,实现了套期保值。

(二)国债期货套利

国债期货与相关国债现货之间、国债期货不同品种或不同月份合约之间都应保持一定的合理价差;当价差偏离合理水平时,买进相对低估的产品并卖出相对高估的产品,等待价差回归至合理水平后平仓获利,这就是国债期货套利。

国债期货套利包括跨期套利、跨品种套利、基差交易、收益率曲线套利等。

1.跨期套利。跨期套利交易在国债期货套利交易中最常见,它是指交易者利用标的物相同但到期月份不同的期货合约之间价差的变化,买进近期合约、卖出远期合约,或卖出近期合约、买进远期合约,待价格关系恢复正常时,再分别对冲以获利的交易方式。

[例10-5]　2012年11月份,某投资者发现,2013年3月份到期的5年期

国债期货价格为106元,2013年6月份到期的5年期国债期货价格为110元,两者价差为4元,投资者若预测一个月后的3月份到期的5年期国债期货合约涨幅会超过6月份的5年期国债期货合约,或者前者的跌幅小于后者,那么他就可以进行跨期套利,具体操作策略参见表10-19(假设一张期货合约面值100万元)。

表10-19 国债期货跨期套利操作

	2013年3月份到期的5年期国债期货合约	2013年6月份到期的5年期国债期货合约
当前(11月份)	2012年11月14日,买进5张2012年3月到期的5年国债期货合约,价格106元	2012年11月14日,卖出5张2012年6月到期的5年期国债期货合约,价格110元
12月份(假设价格上涨)	2012年12月14日,卖出5张3月到期的5年国债期货合约,价格109元	2012年12月14日,买入5张2012年6月到期的5年期国债期货合约,价格112元
获利	(109-106)×10 000×5-(112-110)×10 000×5=50 000元	
12月份(假设价格下跌)	2012年12月14日,卖出5张3月到期的5年期国债期货合约:价格104元	2012年12月14日,买入5张6月份到期的5年期国债期货合约:价格107元
获利	(104-106)×10 000×5-(107-110)×10 000×5=50 000元	

2. 跨品种套利。一般来说,跨品种套利是在同一交易所、相同到期月份、但合约标的债券不同的国债期货合约之间进行的。品种间的关联度强,价格影响因素大致相同,在正常情况下价差比较稳定。

[例10-6] 2012年11月,某交易者发现,2013年3月份到期的10年期国债期货价格为111元,而同样是2013年3月到期的5年期国债期货价格则为106元。他认为此价差高于正常价差,一个月后此价差会回落。于是该交易者在市场上卖出5张10年期国债期货合约,买进5张5年期国债期货合约,具体参见表10-20。

表10-20 国债期货跨品种套利操作

	以5年期国债为标的物的合约,2013年3月份到期	以10年期国债为标的物的合约,2013年3月份到期
当前(11月份)	11月14日,买入5张5年期国债期货合约,价格106元	11月14日,卖出5张10年期国债期货合约,价格111元

续表

	以 5 年期国债为标的物的合约，2013 年 3 月份到期	以 10 年期国债为标的物的合约，2013 年 3 月份到期
	以 5 年期国债为标的物的合约，2013 年 3 月份到期	以 10 年期国债为标的物的合约，2013 年 3 月份到期
一个月后（12 月份）	12 月 14 日，卖出 5 张 5 年期国债期货合约，价格 109 元	12 月 14 日，买入 5 张 10 年期国债期货合约，价格 113 元
获利	(109 – 106) × 10 000 × 5 – (113 – 111) × 10 000 × 5 = 50 000 元	

3.基差交易。国债期货基差是指国债期货和现货之间价格的差异，用公式表示如下：

国债基差 = 现券价格 – 期货价格 × 转换因子

做多基差，即投资者认为基差会上涨，现券价格的上涨（下跌）幅度高于（低于）期货价格乘以转换因子的幅度，则买入现券，卖出期货，基差如期上涨后分别平仓；做空基差，即投资者认为基差会下跌，现券价格的上涨（下跌）幅度会低于（高于）期货价格乘以转换因子的幅度，则卖出现券，买入期货，待基差如期下跌后分别平仓。

[例 10 – 7] 7 月 10 日买入 100 万张 050012.IB，卖出 104 手 TFM1312 合约，持有至 7 月 18 日卖出债券，平仓期货结束套利。具体参见表 10 – 21。

表 10 – 21　国债期货基差交易示例

	050012.IB 中债估值净价	TFM1312 合约结算价	基差
7 月 10 日	100.900 3	97.542	– 0.608 73
7 月 18 日	100.147 6	96.366	– 0.137 61
套利规模	现券 100 万张、期货 104 手	债券净价损益	– 752 700
资金投入规模（元）	102 929 173.6	期货净价损益	1 223 040
现券转换因子	1.040 67	债息收益	81 095.89
初始基金	– 0.608 73	资金成本	81 215.35
初始隐含回购利率	4.98%	套利损益	470 220.54
参照资金利率	3.60%	套利年化收益率（%）	20.84
票面利率	3.70%	—	—

4.收益率曲线套利。对于收益率曲线套利，国债期货的价格和最便宜可交割券相应期限的收益率是密切相关的。当投资者预期收益率曲线发生平坦化或

陡峭化的变化,即不同期限间的利差发生变化时,通过国债期货可以进行基于收益率曲线形态变化的套利交易。例如,当投资者预期收益率曲线将更为陡峭,则可以买入短期国债期货,卖出长期国债期货,实现"买入收益率曲线";相反,当投资者预期收益率曲线将变得平坦时,则可以卖出短期国债期货,买入长期国债期货,实现"卖出收益率曲线"。

本章小结

本章首先介绍了债券收益率、债券久期和债券凸性的概念,接着介绍了国际利率期货市场的情况,讨论了利率期货套期保值、套利和投机交易的原理和策略。

债券是政府、金融机构、工商企业等在直接向社会借债筹措资金时向投资者发行,承诺按一定利率支付利息,并按约定条件偿还本金的债权债务凭证。债券的投资收益用债券收益率表示,债券收益率是债券投资者得到的收益与其投入的本金之比。

债券收益指标有三种:票面利息率、实际收益率和直接收益率。

久期是用加权平均数的形式来计算债券的平均到期时间,等于债券未来产生现金流时间的加权平均值,其权重是各期现金值在债券价格中所占的比重。久期描述了价格收益率曲线的斜率,而凸性则描述了曲线的弯曲程度。凸性为债券价格对收益率的二阶导数。

最早开办利率期货业务的是美国。利率期货价格与实际利率呈反方向变动。利率期货主要采取现金交割方式,有时也有现券交割。利率期货交易一般可分为利率期货套期保值、投机和套利交易。

利用利率期货进行套期保值,主要有多头套期保值、空头套期保值和基于久期的套期保值等三种形式。

利率期货投机分为两种类型,即空头投机和多头投机。

利率期货的套利形式分为三种,即跨月份套利、跨品种套利和跨市场套利。

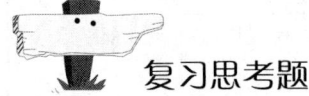

复习思考题

一、名词解释

1. 零息债券   2. 附息债券   3. 债券收益率   4. 麦考利久期

5. 修正久期　　6. 债券凸性　　7. 现金交割　　8. 实物交割
9. 利差套利　　10. 最便宜债券　　11. 转换因子

二、简答题

1. 简述债券的基本特性。
2. 简述麦考利久期定理的内容。
3. 简述利率期货多头套期保值策略。
4. 简述利率期货空头套期保值策略。
5. 简述基于久期的利率期货套期保值策略。
6. 国债期货套利有哪几种方式？

本章附录 "3·27"国债期货事件

"3·27"国债期货合约对应的品种是1992年发行的3年期国库券,该券发行总量240亿元,1995年6月到期兑付,交易标的物是9.5%的票面利息加上保值贴补率。"3·27"国库券到期的基础价格已经确定,即票面价值100元加上3年利息与保值贴补之和47.50元,合计147.50元。但到期的价格还要受是否加息和保值贴补率高低的影响,市场对此看法不一。因此,对是否加息和通胀率及保值贴补率的不同预期,成了"3·27"国债期货品种多空双方的主要分歧。

1995年2月22日晚,财政部发出公告,公布了"3·27"国债期货品种具体的贴息办法,证实了"3·27"国库券到期还本付息时,将按同期银行储蓄存款利率计息并实行保值贴补。这对国债期货多头方来说是一个好消息,可却使空头方面临巨额亏损。但是,空头方并不甘心承认失败。1995年2月23日下午4点22分后,在短短的8分钟之内,空方的主要代表万国证券公司在并无交易保证金的情况下违规抛出大量卖单,"3·27"国债期货收盘时的价格被打到147.40元。为遏止事态进一步恶化,上海证券交易所做出了最后8分钟交易无效的决定,并随后宣布国债期货交易从2月27日开始休市,同时组织协议平仓。

"3·27"事件震撼了我国证券期货界,也引起了管理层的极大关注。国务院责成原监察部、中国证监会等部门对这一事件进行了长达4个多月的调查。1995年9月20日,原监察部、中国证监会等部门公布了"3·27"国债期货事件查处结果,认定此事件系一起严重的蓄意违规事件——是在国债期货市场发展过快、交易所监管不严和风险管理滞后的情况下,由上海万国证券公司、辽宁国发(集团)股份有限公司等少数大户蓄意违规、操纵市场、扭曲价格、严重扰乱市场秩序所引起的金融风暴。

"3·27"事件之后,中国证监会和财政部发布了国债期货交易管理暂行办法,其后,又出台了《关于加强国债期货交易风险控制的紧急通知》《关于落实国债期货交易保证金规定的紧急通知》《关于要求各国债期货交易场所进一步加强风险管理的通知》等一系列通知。各交易所也采取提高保证金比例,设置涨跌停板等措施,以抑制国债期货的投机气氛。但从当时的情况来看,我国尚不具备开展国债期货交易的基本条件,交易中风波不断。1995年5月17日,经国务院同意,中国证监会做出了暂停国债期货交易试点的决定。至此,中国第一个金融期货品种在推出30个月后宣告夭折。

第十一章 股指期货

教学目标

通过本章的学习,了解股指期货的产生与发展、股指期货的特点,熟悉世界主要股票指数及期货品种,了解股指期货套期保值、投机和套利交易以及股票期货的发展情况。

学习重点

- 股票价格指数
- 股指期货合约的特点
- 沪深300指数期货合约
- 股指期货套期保值
- 投机和套利

第一节 股指期货概述

股指期货的全称为股票指数期货,它是以股价指数为依据的期货,是买卖双方根据事先的约定,同意在未来某一个特定的时间按照双方事先约定的股价指数进行股票指数交易的一种标准化协议。

一、股指期货的产生与发展

1982年,美国堪萨斯交易所(KCTB)首次推出价值线指数期货,这是股指

期货诞生的标志。国际股指期货的发展历程大致可以分为以下四个阶段。

(一)股指期货的孕育和产生阶段(1977—1982年)

20世纪70年代,金融全球化和自由化浪潮增加了风险的来源和传播渠道,放大了风险的影响和后果。全球商品和资产的价格波幅加剧,金融危机频频发生。与此同时,西方各国受石油危机的影响,经济发展十分不稳定,利率波动频繁,通货膨胀加剧,股市一片萧条。美国道·琼斯指数跌至1 700点,跌幅甚至超过了20世纪30年代金融风暴时期的1倍。股票市场价格的大幅波动导致了投资者对股票风险管理工具的强烈需求。

1977年10月,KCBT正式提交了开发股指期货的报告,但由于标的指数、新合约管辖权等问题,直到1982年2月24日,KCBT才正式推出了价值线股指期货合约。2个月后,芝加哥商业交易所(CME)推出了标准普尔500(S&P 500)股指期货合约;同年5月,纽约期货交易所(NYBOT)推出了纽约证券交易所综合指数期货合约。在股指期货交易开展初期,由于投资者对这一投资工具的特性缺乏了解,交易比较清淡,市场走势不稳,市场效率较低,常常出现现货价格与期货价格之间基差较大的现象。

(二)股指期货的成长阶段(1983—1987年)

随着市场的发展,股指期货逐渐为投资者所了解并加以应用,其功能在这一时期逐步被认同,交易也日渐活跃起来,并在许多国家和地区得到了发展,从而形成了世界性的股指期货交易热潮。这一时期股指期货的高速发展主要得益于市场效率的提高。期货市场高流动性、高效率、低成本的特点得以完全显现,大部分股市投资者已开始参与股指期货交易,并熟练运用这一工具对冲风险、谋取价差。一些更复杂的动态交易模式也日益流行,例如,利用动态套期保值(Dynamic Hedging)技术实现投资组合保险(Portfolio Insurance),利用股指期货进行策略性资产分配(Asset Allocation),等等。

(三)股指期货的停滞阶段(1988—1989年)

1987年10月19日,美国华尔街股市一天暴跌近25%,从而引发了使全球股市遭受重创的金融风暴。一些人认为,这次股灾的罪魁祸首是股指期货。尽管事后证明没有证据表明是期货市场的过错,但股指期货市场还是受到了重创,交易量不断下降。这次股灾也使市场管理者充分认识到股指期货"双刃剑"的作用,因而加强了对股指期货交易的风险监管和制度规范,出台了许多防范股市大跌的应对措施。例如,期货交易所制定了股票指数期货合约的涨跌停板限制,借以稳定市场发生剧烈波动时投资者的恐慌心理。这些措施在后来股指的小幅振荡中起了重要作用,保证了股指期货市场的持续平稳运行,为20世纪90年代股指期货的繁荣奠定了坚实基础。

(四)股指期货的快速发展阶段(1990—2015年)

进入20世纪90年代后,有关股指期货的争议逐渐消失,投资者的行为也更为理性。特别是随着全球证券市场的迅猛发展和国际投资日益广泛,投资者对股票市场风险管理工具的需求猛增。近十几年来,无论是市场经济发达国家还是新兴市场国家,股指期货交易都呈现出良好的发展势头,并逐步形成了包括股票期货、期权和股指期货、期权在内的完整的股票衍生品市场体系。

近年来,随着我国金融改革开放的不断深入,尤其是利率、汇率的市场化,各金融机构对期货等风险管理工具的需求日益强烈。与此同时,我国资本市场股权分置改革顺利推进,上市公司质量不断提高,券商和期货公司内部控制日益规范,机构投资者的力量日渐壮大,证券、期货市场的法律法规环境更加完善,资本市场进入了一个新的发展时期,这些都为股指期货的上市创造了良好的条件。同时,我国商品期货市场十多年的发展也为股指期货的平稳运行积累了丰富的经验。2010年4月16日,沪深300股指期货成功上市,标志着我国覆盖农产品、金属、能源、化工和金融等领域的期货品种体系初步形成,也昭示着我国期货市场进入了一个新的发展阶段。2015年4月16日,上证50和中证500股指期货在中国金融期货交易所上市。

(五)股指期货的松绑之路(2015年至今)

2015年A股剧烈波动时,股指期货因为其领先的股价指引功能,被认为是市场大跌的"元凶"之一。2015年8月起,期指交易被严格约束,无论是对交易手数的限制,还是手续费的巨额提升,都让期指市场成交清淡。随着市场对相关政策的反思,期指价值发现的作用逐渐被重视,要求期指松绑的呼声也越来越高。从2017年2月第一次松绑开始到目前,期指共迎来了四次松绑,期指交易渐回正轨。

表 11-1 2015年后股指期货的四次松绑

调整时间	保证金			过度交易标准	平今仓交易手续费
	沪深300	上证50	中证500		
股灾前	10%			—	0.023‰
2015年8月26日	12%			600手	0.115‰
2015年8月27日	15%			600手	0.115‰
2015年8月28日	20%			100手	0.115‰
2015年8月31日	30%			100手	0.115‰
2015年9月7日	40%			10手	2.3‰

续表

调整时间	保证金			过度交易标准	平今仓交易手续费
	沪深300	上证50	中证500		
2017年2月16日	20%		30%	20手	0.92‰
2017年9月15日	15%		30%	20手	0.69‰
2018年12月3日	10%		15%	50手	0.46‰
2019年4月19日	10%		12%	500手	0.345‰

二、股票价格指数的编制与计算

（一）股票价格指数的编制

股票价格指数又称股价指数，是股市中反映各种股票价格变动水平的一种比例数或指标，它根据十几种或几十种甚至数百种上市公司的股票价格综合编制而成。股价指数通常以某一段时间或某年某月某日的具体日期为基期，基期股价指数为一常数，以后各期的股价指数的计算公式为：

各期的股价指数＝计算期股价平均值÷基期股价平均值×常数

股票价格指数编制分为四个步骤：

第一步，选择样本股，即选择一定数量的具有代表性的上市公司股票作为股票价格指数的样本股。样本股可以是全部上市股票，也可以是其中有代表性的一部分。样本股的选择主要考虑两条标准：一是样本股的市价总值要占在交易所上市的全部股票市价总值的相当部分，二是样本股价格的变动趋势必须能反映股票市场价格变动的总趋势。

第二步，选定某基期，并以一定的方法计算基期平均股价。通常选择某一有代表性或股价相对稳定的日期为基期，并按选择的某一种方法计算这一天的样本股平均价格或总市值。

第三步，计算计算期平均股价并做必要的修正。收集样本股在计算期的价格并按选定的方法计算平均价格。有代表性的价格是样本股收盘平均价。

第四步，指数化，即将基期平均股价定为某一常数，并据此计算计算期股价的指数值。

（二）股票价格平均数

股价平均数采用股价平均法，用来度量所有样本股经调整后的价格水平的平均值，可分为简单算术股价平均数、加权股价平均数和修正股价平均数。

1.简单算术股价平均数。简单算术股价平均数是以样本股每日收盘价之和

除以样本数。其计算公式为:

$$\bar{P} = \frac{\sum P_i}{N}$$

式中,$\bar{P}$ 为平均股价;P_i 为各样本股收盘价;N 为样本股票种类。

简单算术股价平均数的优点是计算简便,但也存在两个缺点:第一,发生样本股送配股、拆股和更换时会使股价平均数失去真实性、连续性和时间数列上的可比性;第二,在计算时没有考虑权数,即忽略了发行量或成交量不同的股票对股票市场有不同影响这一重要因素。简单算术股价平均数的这两点不足,可以通过加权股价平均数和修正股价平均数来弥补。

2. 加权股价平均数。加权股价平均数也称加权平均股价,是将各样本股票的发行量或成交量作为权数计算出来的股价平均数。其计算公式为:

$$\bar{P} = \frac{\sum_{i=1}^{n} P_i Q_i}{\sum_{i=1}^{n} Q_i}$$

式中,Q_i 为样本股的发行量或成交量。

以样本股成交量为权数的加权平均股价可表示为:

$$加权平均股价 = \frac{样本股成交总额}{同期样本股成交总量}$$

计算结果为平均成交价。

以样本股发行量为权数的加权平均股价可表示为:

$$加权平均股价 = \frac{样本股市价总额}{同期样本股发行总量}$$

计算结果为平均市场价格。

3. 修正股价平均数。修正股价平均数是在简单算术平均数法的基础上,当发生送股、拆股、增发、配股时,通过变动除数,使股价平均数不受影响。修正除数的计算公式如下:

$$新除数 = \frac{股份变动前一日股份变动后的总价格}{股份变动前的平均数}$$

$$修正股价平均数 = \frac{股份变动当日股份变动后的总价格}{新除数}$$

[例11-1] A、B、C、D 四种股票样本,计算日股价分别为5.6元、12.4元、8.0元和9.2元,当日 B 股票1股拆为5股,次日为变动日,次日四种样本股票的股价分别为5.7元、2.6元、7.9元和9.4元。按照修正股价平均数计算,次日修正股价平均数为多少?

$$新除数 = \frac{5.6 + 2.48 + 8 + 9.2}{(5.6 + 12.4 + 8 + 9.2) \div 4} = 2.873$$

分子中的 $2.48 = 12.4 \div 5$

则：

$$修正股价平均数 = \frac{5.7 + 2.6 + 7.9 + 9.4}{2.873} = 8.91(元)$$

错误的计算是：

$$股价平均数 = \frac{5.7 + 2.6 \times 5 + 7.9 + 9.4}{4} = 9.0(元)$$

目前，在国际上影响最大、历史最悠久的道·琼斯股价平均数就采用修正平均股价法来计算股价平均数，每当股票分割、送股或增发和配股数超过原股份10%时，就对除数做相应的修正。

（三）股票价格指数

股票价格指数是将计算期的股价或市值与某一基期的股价或市值相比较的相对变化指数，用以反映市场股票价格的相对水平。

股价指数的编制方法有简单算术股价指数和加权股价指数两类。

1. 简单算术股价指数又有相对法和综合法之分。

相对法是先计算各样本股的个别指数，再加总求算术平均数。若设股价指数为 P'，基期第 i 种股票价格为 P_{0i}，计算期第 i 种股票价格为 P_{li}，样本数为 N。其计算公式为：

$$P' = \frac{1}{N} \sum_{i=1}^{n} \frac{P_{li}}{P_{0i}} \times 常数$$

综合法是将样本股基期价格和计算期价格分别加总，然后再求出股价指数，其计算公式为：

$$P' = \frac{\sum_{i=1}^{n} P_{li}}{\sum_{i=1}^{n} P_{0i}} \times 常数$$

2. 加权股价指数是以样本股票发行量或成交量为权数加以计算，其又有基期加权、计算期加权和几何加权之分。

基期加权股价指数又称拉斯贝尔加权指数（Laspeyre Index），系采用基期发行量或成交量作为权数。其计算公式为：

$$P' = \frac{\sum_{i=1}^{n} P_{li} P_{0i}}{\sum_{i=1}^{n} P_{0i} P_{0i}} \times 常数$$

式中，Q_{0i}为第i种股票基期发行量或成交量。

计算期加权股价指数又称派许加权指数（Paasche Index），采用计算期发行量或成交量作为权数。计算期加权股价指数适用性较强，使用较广泛，很多著名股价指数，如标准普尔指数等，都使用这一方法。其计算公式为：

$$P' = \frac{\sum_{i=1}^{n} P_{li} P_{li}}{\sum_{i=1}^{n} P_{0i} P_{li}} \times 常数$$

式中，Q_{li}为计算期第i期股票的发行量或成交量。

几何加权股价指数又称费雪指数公式（Fisher's Index Formula），是对两种指数做几何平均，由于计算复杂，几何加权股价指数很少被实际应用。其计算公式为：

$$P' = \sqrt{\frac{\sum_{i=1}^{n} P_{li} P_{0i}}{\sum_{i=1}^{n} P_{0i} P_{0i}} \times \frac{\sum_{i=1}^{n} P_{li} P_{li}}{\sum_{i=1}^{n} P_{0i} P_{li}}} \times 常数$$

三、股指期货合约的特点

与其他期货合约相比，股票指数期货合约有如下特点：

第一，股票指数期货合约是以股票指数为基础的金融期货。长期以来，市场上没有出现单种股票的期货交易，这是因为单种股票不能满足期货交易上市的条件而且单种股票期货交易也难以回避股市波动的系统性风险；而股票指数是众多股票价格平均水平的转化形式，在很大程度上可以作为代表股票资产的相对指标。股票指数上升或下降，表示股票资本的增多或减少，这样，股票指数就具备了成为金融期货的条件。利用股票指数期货合约交易，可以消除股市波动带来的系统性风险。

第二，股票指数期货合约所代表的指数必须是具有代表性的权威性指数。目前，由期货交易所开发成功的所有股票指数期货合约都是以权威的股票指数为基础的。比如，芝加哥商业交易所的S&P 500指数期货合约就是以标准普尔公司公布的500种股票指数为基础的。权威性股票指数的基本特点是具有客观反映股票市场行情的总体代表性和影响的广泛性，这就保证了期货市场具有较强的流动性和广泛的参与性，是股指期货成功的先决条件。

第三，股指期货合约价格以股票指数的"点"来表示。世界上所有的股票指数都是以点数表示的，而股票指数的点数也是该指数期货合约的价格。例如，S&P 500指数6月份为260点，这260点也是6月份股票指数合约的价格。以指数点乘以一个确定的金额数值就是合约的金额。在美国，绝大多数股指期货合约的金额是用指数乘以 500 美元计算出的,例如,在 S&P 500 指数为 260 点时,S&P 500 指数期货合约代表的金额为 260×500=13 000(美元);指数每涨跌 1 点,该指数期货交易者就会有 500 美元的盈亏。

第四,股票指数期货合约是现金交割的期货合约。股票指数期货合约采用现金交割方式,这主要是考虑到:第一,股票指数是一种特殊的股票资产,变化非常频繁,而且是众多股票价格平均值的相对指标,如果采用实物交割,势必涉及烦琐的计算和实物交收等麻烦的手续;第二,股指期货合约的交易者并不愿意交收该股指所代表的实际股票,其目的在于保值和投机,而采用现金进行交割和最终结算既简单快捷,又节省费用。

第五,股票指数期货合约价格的决定。股票指数期货属于可储存期货商品,它的价格是由持有成本决定的。如果股票指数期货的市场价格与均衡价格发生背离,套购或套利行为就会使期货市场的价格又回到原有的均衡水平。持有成本分为两部分:一是投资于该项股票资产的机会成本,即实际的借贷成本;二是负向持有成本,即持有期间的持仓收益。假设投资者从 t 时刻持有某种股票资本至 T 时,则计算出在 t 时股票指数期货价格为:

$$F = I_t + (r-d) \times (T-t)/360 \times I_t$$

式中,F 为 T 时的股票指数期货价格;I_t 为 t 时股票指数;r 为从 t 到 T 时的短期利率水平;d 为 t 到 T 时的股息收益率。

可见,股指期货价格受四个因素的影响:股价指数水平、股息收益率、利率水平以及距交割期的时间长短。

[例 11-2] 现时 S&P 500 指数水平为 300,短期利率为 8%,年股息率为 4%,距交割期为 3 个月,则 3 个月到期的 S&P 500 指数期货合约的理论价格为:
$$F = I + (r-d) \times (T-t)/360 \times I = 300 + (8\% - 4\%) \times 90/360 \times 300 = 303$$

四、股指期货交易与股票交易的不同

股指期货交易与股票交易的区别主要在于:

第一,股指期货可以进行卖空交易。股票卖空交易的一个先决条件是必须首先从他人手中借到一定数量的股票。国外对于股票卖空交易设定有较严格的条件,而进行指数期货交易则不然。实际上,半数以上的指数期货交易中都有卖空的交易头寸。对投资者而言,做空机制的魅力在于当预期未来股市的总体趋势将呈下跌态势时,投资人可以主动出击而非被动等待股市见底,使投资人在下跌的行情中也能有所作为。

第二,股指期货交易的成本较低。相对于现货交易,指数期货交易的成本相当低,在国外,只有股票交易成本的 1/10 左右。指数期货交易的成本包括:交易佣金,买卖价差,用于支付保证金的机会成本和可能的税项。在美国,一笔期货交易(包括建仓和平仓的完整交易)收取的费用只有 30 美元左右。

第三,股指期货具有较高的杠杆比率。较高的杠杆比率即收取保证金的比例较低。在英国,对于一个初始保证金只有 2 500 英镑的期货交易账户来说,它可以进行的金融时报 100 种指数(FTSE-100)期货的交易量可达 70 000 英镑,杠杆比率为 28∶1。

第四,股指期货市场的流动性较高。有研究表明,指数期货市场的流动性明显高于股票现货市场。如在 1991 年,FTSE-100 指数期货交易量就已高达 850 亿英镑。

第五,股指期货实行现金交割方式。虽然股指期货市场是建立在股票市场基础之上的衍生市场,但是期指交割以现金形式进行,即在交割时只计算盈亏而不转移实物;在股指期货合约的交割期,投资者完全不必购买或者抛出相应的股票来履行合约义务,这就避免了在交割期股票市场出现"挤市"的现象。

一般来说,股指期货市场专注于根据宏观经济形势进行买卖,而现货市场则专注于根据个别公司状况进行买卖。

五、世界主要的股票价格指数

(一)标准普尔 500 指数

标准普尔 500 指数是由标准普尔公司 1957 年开始编制的。最初的成分股由 425 种工业股票、15 种铁路股票和 60 种公用事业股票组成。从 1976 年 7 月 1 日开始,其成分股改由 400 种工业股票、20 种运输业股票、40 种公用事业股票和 40 种金融业股票组成。它以 1941 年至 1942 年为基期,基期指数定为 10,采用加权平均法进行计算,以股票上市量为权数,按基期进行加权计算。与道·琼斯工业平均股票指数相比,标准普尔 500 指数具有采样面广、代表性强、精确度高、连续性好等特点,被普遍认为是一种理想的股票指数期货合约的标的。

(二)道·琼斯平均价格指数

道·琼斯平均价格指数简称道·琼斯平均指数,是目前人们最熟悉、历史最悠久、最具权威性的一种股票指数,其基期为 1928 年 10 月 1 日,基期指数为 100。道·琼斯股票指数的计算方法几经调整,现在采用的是除数修正法,即不是直接用基期的股票指数做除数,而是先根据成分股的变动情况计算出一个新除数,然后用该除数除报告期股价总额,得出新的股票指数。目前,道·琼斯工业平均股票指数共分四组:第一类是工业平均数,由 30 种具有代表性的大工业公司的股票组成;第二组是运输业 20 家铁路公司的股票价格指数;第三组是 15

家公用事业公司的股票指数;第四组为综合指数,是用前三组的65种股票加总计算得出的指数。人们常说的道·琼斯指数通常是指第一组,即道·琼斯30种工业股票的平均价格指数。

(三)纳斯达克综合指数

纳斯达克(NASDAQ)即全美证券商自动报价系统,于1971年正式启用。它利用电子计算机技术,将美国6 000多个证券商网点连接在一起,形成了一个全美统一的场外交易市场。NASDAQ市场包括全国市场和小型资本市场两个部分,前者市值占到总市值的95%左右。NASDAQ市场设立了13种指数,其中以NASDAQ综合指数影响最大,它包括在NASDAQ上市的全部上市公司,是以其每个公司的普通股市值为权重计算的。该指数于1971年2月5日启用,基准点为100点。

(四)金融时报股票指数

金融时报股票指数是由伦敦证券交易所编制并在《金融时报》上发布的股票指数。根据样本股票的种数,金融时报股票指数分为30种股票指数、100种股票指数和500种股票指数三种指数。目前常用的是金融时报工业普通股票指数,其成分股由30种代表性的工业公司的股票构成,最初以1935年7月1日为基期,后来调整为以1962年4月10日为基期,基期指数为100,采用几何平均法计算。而作为股票指数期货合约标的的金融时报指数则是以市场上交易较频繁的100种股票为样本编制的,其基期为1984年1月3日,基期指数为1 000。

(五)日经股票平均指数

日经股票平均指数的编制始于1949年,它是由东京股票交易所第一组挂牌的225种股票的价格所组成。这个由日本经济新闻有限公司(NKS)计算和管理的指数通过主要国际价格报道媒体加以传播,并被各国广泛用来作为代表日本股市的参照物。1986年9月,新加坡国际金融交易所(SIMEX)推出日经225股票指数期货,成为一个重大的历史性发展的里程碑。此后,日经225股票指数期货及期权的交易也成为许多日本证券商投资策略的组成部分。

(六)香港恒生指数

香港恒生指数是由我国香港恒生银行于1969年11月24日开始编制的用以反映香港股市行情的一种股票指数。该指数的成分股由在香港上市的较有代表性的33家公司的股票构成,其中金融业4种,公用事业6种,地产业9种,其他行业14种。恒生指数最初以1964年7月31日为基期,基期指数为100,以成分股的发行股数为权数,采用加权平均法计算。后由于技术原因,改为以1984年1月13日为基期,基期指数定为975.47。恒生指数现已成为反映我国香港地区政治、经济和社会状况的主要风向标。

第二节　股指期货交易

一、股指期货合约

股指期货是一种以股票指数作为买卖对象的期货。股指期货交易的实质是将对股票市场价格指数的预期风险转移到期货市场的过程,其风险通过对股市走势持不同判断的投资者的买卖操作而相互抵消,主要功能是价格发现和套期保值,用以规避股票市场的系统性风险并进行投资等,是专业市场人士使用的投资组合管理的一项策略,也是股票投资者规避股票风险的一种有效的工具。

股指期货合约的具体条款整体上与其他品种相似,但也有其自身的特点。表11-2至表11-5分别为中国金融期货交易所(CFFEX)沪深300、上证50、中证500、中证1000指数期货合约条款。

表11-2　沪深300股指期货合约

交易品种	沪深300指数
报价单位	指数点
最小变动价位	0.2点
涨跌停板幅度	上一个交易日结算价的±10%
交易时间	上午:9:30~11:30,下午:13:00~15:00
最后交易日	合约到期月份的第三个周五,遇国家法定假日顺延
最后交割日	合约到期月份的第三个周五,遇国家法定假日顺延
最低交易保证金	合约价值的10%
交割方式	现金交割
交易代码	IF
附加信息	日内过度交易行为的监管标准为单个合约500手,套期保值交易开仓数量不受此限
合约乘数	每点300元
合约月份	当月、下月及随后两个季月
上市日期	2015年4月16日

表 11-3 上证 50 股指期货合约

交易品种	上证 50 指数
报价单位	指数点
最小变动价位	0.2 点
涨跌停板幅度	上一个交易日结算价的 ±10%
交易时间	上午:9:30~11:30,下午:13:00~15:00
最后交易日	合约到期月份的第三个周五,遇国家法定假日顺延
最后交割日	合约到期月份的第三个周五,遇国家法定假日顺延
最低交易保证金	合约价值的 10%
交割方式	现金交割
交易代码	IH
附加信息	日内过度交易行为的监管标准为单个合约 500 手,套期保值交易开仓数量不受此限
合约乘数	每点 300 元
合约月份	当月、下月及随后两个季月
上市日期	2015 年 4 月 16 日

表 11-4 中证 500 股指期货合约

交易品种	中证 500 指数
报价单位	指数点
最小变动价位	0.2 点
涨跌停板幅度	上一个交易日结算价的 ±10%
交易时间	上午:9:30~11:30,下午:13:00~15:00
最后交易日	合约到期月份的第三个周五,遇国家法定假日顺延
最后交割日	合约到期月份的第三个周五,遇国家法定假日顺延
最低交易保证金	合约价值的 12%
交割方式	现金交割
交易代码	IC
附加信息	日内过度交易行为的监管标准为单个合约 500 手,套期保值交易开仓数量不受此限
合约乘数	每点 200 元
合约月份	当月、下月及随后两个季月
上市日期	2015 年 4 月 16 日

表 11-5 中证 1000 股指期货合约

合约标的	中证 1000 指数
合约乘数	每点人民币 200 元
报价单位	指数点
最小变动价位	0.2 点
合约月份	当月、下月及随后两个季月
交易时间	上午:9:30-11:30,下午:13:00-15:00
每日价格最大 波动限制	上一个交易日结算价的 10%
最低交易保证金	合约价值的 8%
最后交易日	合约到期月份的第三个星期五,遇国家法定 假日顺延
交割日期	同最后交易日
交割方式	现金交割
交易代码	IM
上市交易所	中国金融期货交易所
上市日期	2022 年 7 月 22 日

二、股指期货价值计算

股指期货合约的面值通常是以股票指数数值乘以一个固定的金额计算的。假设固定金额为 100 元,每份股指期货合约的面值就是用 100 乘以当时的股票指数。股指期货具有期货的共性,既可以做多,也可以做空;可以先买后卖,也可以先卖后买。股指期货通常是在期货市场进行交易,交易的对象是股票指数,而不是股票;股指期货交割时采用的是现金,而不是股票;股指期货更具有"以小搏大"的特点,因此,交易以保证金方式进行,不像股票交易,必须以全额资金买卖。投资股指期货可以不持有股票就涉足股票市场。

[例 11-3] 假设在 2 000 点卖出 1 个单位(1 张)上证指数,在 1 600 点平仓,而交易保证金为 10%,需要投入的交易资金 = 2 000 × 100 × 10% = 20 000(元),平仓后的利润 = (2 000 - 1 600) × 100 = 40 000(元)。

合约乘数是指每个指数点对应的人民币金额。根据沪深 300 指数期货合约,目前合约乘数为 300 元/点。沪深 300 指数期货的合约价值为沪深 300 指数期货报价点位乘以合约乘数。如果当时指数期货报价为 1 400 点,那么沪深 300 指数期货合约价值为 1 400 点 × 300 元/点 = 420 000 元。

三、股指期货交割

股指期货交易采用现金交割方式。在现金交割方式下,每一未平仓合约将于到期日得到自动冲销,也就是说,在合约的到期日,卖方无须交付股票组合,买方也无须交付合约总价值,只是根据交割结算价计算双方的盈亏金额,通过增加赢利方和减少亏损方保证金账户资金的方式来了结交易。

现金交割与每日无负债结算在本质上是一致的,差别在于两点:其一,结算价格的计算方式不同;其二,现金交割后多空双方的仓位自动冲销,而每日无负债结算后双方的仓位仍然保留。由于交割结算价是根据当时的现货价格,通过某种约定的方式计算出来的,因而股指期货的现金交割方式使得股指期货价格与现货价格在合约到期日必然趋同。

第三节　股指期货套期保值

一、基差风险

股票指数期货合约的标的资产是股票市场价格指数,它利用股票指数的变化来代表期货合约价值的涨跌。可以把价格指数理解为支付红利的证券,指数代表一种证券组合,持有这样一组组合证券的投资者可以得到红利,即指数的红利。假定 d 为指数的年红利率,则指数期货价格 F 应为:

$$F = Se^{(r-d)T} \tag{1}$$

式中,S 为现货价格;r 为无风险利率。

基差风险等于拟保值资产的现货价格与所使用合约的期货价格之差,即:

$$基差 = 拟保值资产现货价格 - 所使用合约的期货价格$$

如果拟套期保值资产与期货标的资产一致,在期货合约到期日,基差应该为 0,而在到期日前,基差可能为正值,也可能为负值。如果拟套期保值资产与期货标的资产不一致,则不能保证期货到期日基差等于 0。当套期保值期限已到,而基差不为 0 时,套期保值就存在基差风险。

令 t_1 表示进行套期保值的时刻,t_2 表示套期保值期限结束的时刻,S_1 表示 t_1 时刻拟套期保值资产的现货价格,S_1^* 表示 t_1 时刻期货标的资产的现货价格,F_1 表示 t_1 时刻期货价格,S_2,S_2^* 和 F_2 分别表示拟保值资产现货价格、标的资产现货价格及期货价格,b_1,b_2 分别表示 t_1,t_2 时刻的基差,则:

$$b_1 = S_1 - F_1$$

$$b_2 = S_2 - F_2$$

对于空头套期保值来说，套期保值者在 t_1 时刻知道将于 t_2 时刻出售资产，于是在 t_1 时刻持有期货空头，并于 t_2 时刻平仓并同时出售资产。因此，该套期保值者出售资产获得的有效价格 S_e 为：

$$S_e = S_2 + F_1 - F_2 = F_1 + (S_2^* - F_2) + (S_2 - S_2^*) \tag{2}$$

式(2)中的 $S_2^* - F_2$ 和 $S_2 - S_2^*$ 分别代表基差的两个组成部分。第一部分为狭义的基差，第二部分表示两项资产不一致而产生的基差。

由于 F_1 已知，而 b_2 未知，因此，套期保值后出售资产的有效价格存在基差风险。若 $b_2 > b_1$，则对空头套期保值者较为有利；若 $b_2 < b_1$，则对空头套期保值者不利。

对于多头套期保值者来说，应当在 t_1 时刻持有期货多头，t_2 时刻平仓，并在同时买入资产。多头套期保值者通过套期保值购买资产所支付的有效价格与公式(2)是一样的。这说明，若 $b_2 < b_1$，对多头套期保值者有利。

二、对冲比率

对冲比率是指期货合约头寸规模与套期保值资产规模之间的比率。当套期保值资产价格与标的资产期货价格的相关系数等于1时，为了使套期保值后的风险最小，对冲比率应等于1；而当相关系数不等于1时，对冲比率就不应等于1。

为了推导出对冲比率 h 与相关系数 ρ 之间的关系，我们令 ΔS 和 ΔF 代表套期保值期内保值资产现货价格 S 的变化和期货价格 F 的变化，σ_S 代表 ΔS 的标准差，σ_F 代表 ΔF 的标准差，σ_ρ 代表套期保值组合的标准差。

对于空头套期保值组合来说，在套期保值期内组合价值的变化 ΔV 为：

$$\Delta V = \Delta S - h\Delta F$$

对于多头套期保值组合来说，ΔV 为：

$$\Delta V = h\Delta F - \Delta S$$

在以上两种情况下，套期保值组合价格变化的方差都等于

$$\sigma_\rho^2 = \sigma_S^2 + h^2\sigma_F^2 - 2h\rho\sigma_s\sigma_F \tag{3}$$

最佳的对冲比率必须使风险 σ_ρ^2 最小化。为此，σ_ρ^2 对 h 的一阶偏导数必须等于0，而二阶偏导数必须大于0。

对式(3)求导可得：

$$\frac{\partial \sigma_\rho^2}{\partial h} = 2h\sigma_F^2 - 2\rho\sigma_S\sigma_F$$

$$\frac{\partial^2(\sigma_\rho^2)}{\partial h^2} = 2\sigma_F^2 > 0$$

令 $\frac{\partial \sigma_\rho^2}{\partial h} = 0$，可得出最佳对冲比率：

$$2h\sigma_F^2 - 2\rho\sigma_S\sigma_F = 0$$

$$h = \rho \frac{\sigma_S}{\sigma_F} \quad (4)$$

式(4)表明，最佳的对冲比率等于 ΔS 和 ΔF 之间的相关系数乘以 ΔS 的标准差与 ΔF 的标准差的比率。

当我们用股价指数期货为股票组合进行套期保值时，最佳的对冲比率为：

$$h = \beta \quad (5)$$

其中，β 为该股票组合与股价指数的系数。则指数期货价格为：

$$F = S_1 e^{(r-q)(T-t)}$$

式中，S_1 为股价指数；$e^{(r-q)(T-t)}$ 为已知数。

因此，股票组合与股价指数的 β 系数可以近似地用股票组合与股价指数期货的 β 系数来代替。根据 β 系数的定义，有：

$$\beta = \frac{C_{SF}}{\sigma_F^2}$$

式中，C_{SF} 为股票组合与股指期货的协方差。

根据 ρ 的定义，$\rho = \frac{C_{SF}}{\sigma_S \sigma_F}$，有：

$$h = \rho \frac{\sigma_S}{\sigma_F} = \frac{C_{SF}}{\sigma_S \sigma_F} \times \frac{\sigma_S}{\sigma_F} = \frac{C_{SF}}{\sigma_F^2} = \beta$$

[例11-4] 某公司打算运用6个月期的S&P 500股价指数期货为其价值500万美元的股票组合进行套期保值，该组合的 β 值为1.8，当时的期货价格为400。由于1份该期货合约的价值为 $400 \times 500 = 20$（万美元），因此该公司应卖出的期货合约的数量为：

$$1.8 \times \frac{500}{20} = 45 (份)$$

三、股指期货套期保值策略

（一）多头套期保值策略

投资者希望在未来某一时间持有股票，当预测股票市场可能出现大幅上涨时，为避免股票价格上涨造成成本增加，投资者可以买进指数期货合约，以达到降低认购成本的目的。

[**例 11-5**] 某投资者想购买一家大公司股票 500 股,时价为 500 美元/股,但该投资者手中仅有 240 000 美元,尚缺 10 000 美元,而且该股票行情可能继续上涨。此时贷款的利息费用也很高。于是,该投资者购买了 1 个月的股指期货合约 45 份,1 个月后,股指果真上涨了 10 个百分点,按每点 50 美元计算,他通过该交易赢利 22 500 美元(50×10×45)。此时股票市场行情也在上涨,该公司股价升到每股 520 美元,所需资金为 520 美元。现在该投资者手中持有的现金为 24 000 + 22 500 = 262 500 美元,足以支付所需的资金。

(二)空头套期保值策略

投资者持有股票多头部位,当预测股票市场可能出现大幅下跌时,为避免股票价格下跌造成损失,投资者可以卖出指数期货合约,以达到锁定利润的目的。

[**例 11-6**] 某人持有某家大公司股票 500 股,通过对该公司经营状况和股市行情的分析,他预测 1 个月后公司股票价格和股市的价格指数都将回落。为了使持有的股票资产免遭损失,他采取空头保值的方法,在期货市场上出售 1 个月期股票指数合约 45 份。1 个月后,股票指数下跌了 10 个点,而该股票价格也从每股 500 美元跌至 480 美元。这时该投资者又买进同样的期货合约 45 份进行平仓。仍按每点 50 美元计算,结果如下:

因持有的股票价格下跌造成的资产损失:

$$(500 - 480) \times 500 = 10\ 000(美元)$$

空头套期保值获利:

$$50 \times 45 \times 10 = 22\ 500(美元)$$

净获利:

$$22\ 500 - 10\ 000 = 12\ 500(美元)$$

第四节 股指期货投机与套利

一、股指期货投机

投机者是股指期货市场的重要组成部分,投机交易增强了市场流动性,承担了套期保值交易转移的风险,是股指期货市场正常运营的保证。投机的目的是获得价差利润,但投机是有风险的。股指期货投机有两种方式:

第一,买空。投机者预期指数将上升,于是购买某一交割月份的股指期货合约,一旦预测准确,他便将事先买入的指数期货卖出,进行平仓,从而获利。这种操作过程即为买空。

第二,卖空。投机者预期指数将下跌,于是售出某一交割月份的股指期货合约,一旦预测准确,再进行平仓,从而获利。这种操作过程即为卖空。

二、股指期货套利

股指期货套利是指同时买进和卖出两张不同到期日的股指期货合约。交易者买进自认为便宜的合约,同时卖出那些高价的合约,以便从两合约价格间的变动关系中获利。在进行套利时,交易者注意的是合约相互之间的价格关系,而不是绝对价格水平。

股指期货套利分为四类:期现套利、跨期套利、跨市套利和跨品种套利。

(一) 期现套利

期现套利是在股票市场和股指期货市场同时进行买入(卖出)股票现货和卖出(买入)股指期货,等待基差收敛后同时平仓,以获得价差收益。

股指期货期现套利的原理是利用期货合约到期时向现货指数价位收敛的特点,一旦两者偏离程度超出交易成本,通过买入低估值一方,卖出高估值一方,当两市场回到均衡价格时,再同时进行反向操作,结束交易,套取差价利润。

期现套利的操作可分为五个步骤:预估套利成本,发现套利机会,实施套利操作,监视基差变动,了解套利头寸。

[例 11 - 7] 2010 年 4 月 16 日,股票市场的沪深 300 指数收盘时为 3 356.8 点。此时,5 月 21 日到期的沪深 300 指数 IF1005 合约期价为 3 426 点。假设某投资者的资金成本为每年 4.8%,并假设 2010 年沪深 300 指数成分股在 IF1005 合约到期前不会分红,问此时是否存在期现套利机会?

第一步,计算套利成本:

股票买卖的双边手续费为成交金额的 0.1%:

3 356.8 × 0.1% = 3.36(点)

股票买卖的印花税为成交金额的 0.1%:

3 356.8 × 0.1% = 3.36(点)

股票买入和卖出的冲击成本为成交金额的 0.05%:

3 356.8 × 0.05% = 1.18(点)

股票组合模拟指数跟踪误差为指数点位的 0.2%:

3 356.8 × 0.2% = 6.73(点)

一个月的资金成本约为指数点位的 0.4%:

3 356.8 × 0.4% = 13.46(点)

期货买卖的双边手续费为 0.2 个指数点,则期货买入和卖出的冲击成本为 0.2 个指数点,套利成本合计 = 3.36 + 3.36 + 1.18 + 6.73 + 13.46 + 0.2 + 0.2 = 28.49 点。

第二步,发现套利机会:

IF1005 合约的价格为 3 426 点,3 426 点 - 3 356.8 点 = 69.2 点 > 28.49 点,即 IF1005 期货合约的价格大于无套利区间的上界,市场存在正向套利机会。

第三步,实施套利操作:

根据套利可用资金 2 500 万元,设计投入 2 000 万元左右的套利方案。按期货保证金比例 15% 计算,投入股票和期货的资金分别为 1 740 万元和 260 万元。

IF1005 合约价值为 3 426 × 300 × 1 = 1 027 800(元)。

每张合约保证金为 1 027 800 元 × 15% = 154 170(元)。

初步计算,期货头寸规模为 260 万元 ÷ 1.541 7 万元 ≈ 17 手。

即在期货市场以 3 426 的价格卖出 IF1005 合约 17 手,投入初始保证金 1 027 800 × 15% × 17 = 262.1 万元;同时,收盘前买入事先计划好的沪深 300 指数成分股中权重排名前 100 位的股票组合,其市值约为 1 740 万元。剩余资金用于预备股指期货头寸的保证金追加需要。

第四步,监视基差变动:

2010 年 5 月 21 日,沪深 300 指数期货合约 IF1005 到期交割,收盘时沪深 300 指数点位为 2 768.79,而 IF1005 到期结算价为 2 749.46 点,期货价格与现货价格收敛基本一致。

第五步,了结套利头寸:

与 4 月 16 日相比,5 月 21 日收市前,沪深 300 指数下跌了 3 356.8 - 2 768.79 = 588.01 点,跌幅为 17.52%。最后两小时里,在股票市场上卖出股票投资组合的全部股票,卖出市值约为 1 425 万元;收市后,在期货市场上以 2 749.46 点自动交割 17 手 IF1005 期货合约空头头寸,从而结束全部套利交易。

在股票市场上,卖出股票投资组合亏损 1 740 - 1 425 = 315(万元)。

在期货市场上,17 手 IF1005 期货合约交割后赢利 (3 426 - 2 749.46) × 300 × 17 = 345(万元)。

盈亏相抵后,总利润为 345 - 315 = 30(万元)。

(二)跨期套利

跨期套利是套利交易中最普遍的一种,是利用同一股指期货但不同交割月份之间价格出现的异常变化进行对冲而获利,又可分为牛市套利(bull spread)和熊市套利(bear spread)两种形式。例如,在进行股指期货牛市套利时,套利者买入近期交割月份股指期货合约,同时卖出远期交割月份股指期货合约,希望近期合约价格上涨幅度大于远期合约价格上涨幅度。熊市套利则相反,即卖出近期交割月份合约,买入远期交割月份合约,期望远期合约价格下跌幅度小于近期合约价格下跌幅度。

[例11-8] 2010年5月18日,沪深300指数期货的次月合约(IF1006合约)开盘报价2 711.8点,而下季合约(IF1012合约)报价仅为2 735点,二者价差仅23.2点,达到历史最低位。某客户决定进行跨期套利交易,即买入相对低估的IF1012合约,同时卖出相对高估的IF1006合约。

接下来一周,A股市场出现反弹,到5月31日,IF1006合约上涨到2 809.8点,而当天IF1012合约收于2 890.2点,二者价差从23.2点扩大到80.4点,客户获得了57.2个指数点的套利收益。

(三) 跨市套利

跨市套利是在不同市场之间进行的套利交易行为。当同一股指期货合约在两个或更多的交易所交易时,由于区域间的时区差别和地理差别,各合约间存在一定的价差关系。例如,日经225指数期货分别在东京、新加坡和芝加哥上市交易。另外,股票现货市场与期货市场也存在跨市套利机会,例如,纽约股票现货市场与芝加哥股指期货市场。每年两个市场间都会出现几次价差超出正常范围的情况,这就为交易者跨市套利提供了机会,常见的套利类型就是在标准普尔指数ETF与标准普尔指数期货之间进行套利。

(四) 跨品种套利

跨品种套利是指利用两种不同但又相关联的指数期货产品之间的价差进行交易,这两种指数之间具有相互替代性或受同一供求因素制约。跨品种套利交易的形式是同时买进和卖出相同交割月份但不同种类的股指期货合约。例如,道·琼斯指数期货与标准普尔指数期货、迷你标准普尔指数期货与迷你纳斯达克指数期货之间等都可以进行套利交易。

交易者进行套利交易,主要是因为套利的风险较低,套利交易可以避免始料未及的或因价格剧烈波动而引起的损失,并提供某种保护,但套利赢利能力较直接交易小。套利的主要作用在于帮助扭曲的市场价格回复到正常水平,并增强市场的流动性。

股指期货的定价公式为 $F = Se^{(r-q)(T-t)}$。如果 $F > Se^{(r-q)(T-t)}$,可以通过购买指数中的成分股票,同时卖出指数期货合约而获利;若 $F < Se^{(r-q)(T-t)}$,则可以通过相反操作,即卖出指数中的成分股票,买进指数期货合约而获利,这就是指数套利。当 $F < Se^{(r-q)(T-t)}$ 时,指数套利操作通常由拥有指数成分股票组合的大基金来进行;而当 $F > Se^{(r-q)(T-t)}$ 时,指数套利操作通常由拥有短期资金市场的公司来进行。对于一些包含较多股票的指数,指数套利有时通过交易数量相对较少的代表性股票来进行,这些代表性股票价格的变动能较准确地反映指数变动。指数套利经常采用计算机程序交易方法。

[例 11-9] 2015 年 4 月 20 日沪深 300 指数是 4 521.92,上证 50 指数是 3 164.46;2015 年 5 月 13 日,沪深 300 指数是 4 718.44,上证 50 指数是 3 141.30。IF 合约手续费计算公式为沪深 300 指数×300×万分之一点一五,IH 合约手续费计算公式为上证 50 指数×200×万分之一点一五。

投资者开仓平仓两次手续费合计为:

IF = (4 521.92 + 4 718.44)×300×0.000 115 = 318.792 42(元)

IH = (3 164.46 + 3 141.30)×200×0.000 115 = 145.032 48(元)

总的手续费 = 318.792 42×3 + 145.032 48×2 = 1 246.442 22(元)。

最后实际利润为 129 640 - 1 246.442 22 = 128 393.557 8(元)。

从计算结果来看,利用 IF 与 IH 进行跨品种套利确实有很大的获利空间。

第五节 股票期货交易

股票期货是以单只股票作为标的物的期货合约。世界股票期货发展的状况可以概括如下:

第一,开办股票期货的交易所越来越多。股票期货由瑞典交易所在 1990 年首创,目的是与当时的斯德哥尔摩交易所抗衡(两个交易所现已合并)。1994 年,澳大利亚悉尼期货交易所与芬兰赫尔辛基交易所也跟进推出了股票期货。1995 年,香港期货交易所开始有股票期货上市。进入 21 世纪后,英国伦敦国际金融期货交易所(LIFFE)推出了通用股票期货(USF)。2000 年 9 月,美国商品期货交易委员会(CFTC)和证券交易委员会(SEC)达成协议,通过了《商品期货现代化法案》,解除了对股票期货的限制,实行对证券期货的联合监管。印度、南非和俄罗斯等新兴市场国家股票期货交易的发展也很快。2005 年布宜诺斯艾利斯、墨西哥衍生品交易所也引进了股票期货。目前,全球已有 20 余家交易所推出了单只股票期货,包括加拿大、瑞典、芬兰、英国、西班牙、印度、南非及中国香港等国家和地区。

第二,股票期货交易量不断增长。自开办股票期货交易以来,除了 2002 年交易量比上年减少以外,其交易量总体上呈现出增长的趋势。2000—2006 年,全球股票期货交易量年均增长率为 79.08%(若不包括俄罗斯的数据,则为 58.13%)。根据美国期货业协会(FIA)的数据,全球交易所衍生品成交合约张数由 1999 年的 24 亿张增至 2005 年的 99 亿张,年均增长率为 27%。

2006年全球股票期货交易量比2005年增长82.78%,其重要原因在于欧洲期货交易所(Eurex)于2005年开始进行股票期货交易,并且交易量较大,其2006年的股票期货交易量为3 558.90万张,比2005年的7.78万张增长了456倍,名列全球第三。

第三,新兴市场股票期货增长超过了传统衍生产品的增长。2006年股票期货交易量居前5位的交易所依次为印度国家证券交易所、南非约翰内斯堡证券交易所、欧洲期货交易所、欧洲交易所和BME西班牙交易所。在前十大交易所中,传统期货大国仅占3名。这表明,股票期货在新兴市场比在传统期货大国的发展更为迅速。股票期货发展最惊人的国家是印度,其股票期货交易量远高于美国与全球其他交易所。印度国家证券交易所的衍生品市场从2002年起稳居全球股票期货交易量第一名,目前已成为仅次于韩国交易所(KRX)的亚洲第二大衍生品交易所。

第四,交易所交易基金(ETF)期货成为证券期货的新品种。近年来,随着全球指数化投资的兴起和盛行,以ETF份额的套期保值、指数套利和投机交易为投资目的的ETF期货也开始产生。美国关于证券期货的标的范围本来就包括个股、ETF和窄基指数。芝加哥商业交易所认为,ETF期货融合了迷你合约和ETF的优势,是很有潜力的期货品种。目前,OneChicago挂牌交易5只ETF期货合约,最成功的Diamonds期货是基于Diamonds信托1号基金份额的期货合约。芝加哥商业交易所从2005年6月6日开始挂牌基于美国3个交易最活跃的ETF期货合约,欧洲期货交易所(Eurex)也有多种ETF期货合约挂牌。

第五,股票期货具备低廉、灵活及有效等特性。从股票期货在各区域的成交量来看,似乎新兴市场的投资者比较偏好这种期货产品。事实上,这种现象与股票期货具有成本低廉、操作灵活等特性有关。股票期货实质就是约定未来特定时间交割股票的合约,换言之,股票期货就是以个股为标的的期货合约,投资者要想交易股票期货,只需选择方向(上涨或下跌),并按要求缴纳一定比例的保证金即可,操作上与商品期货没有太大的差异。境外的经验表明,股票期货市场的参与者不仅是机构投资者,还有广泛的大众投资者。股票期货运用灵活,避险套利效果佳,因而对散户具有一定的吸引力。

本章小结

本章首先讲述了股指期货的产生与发展,分析了股指期货的特点,介绍了世界主要股票指数及期货品种,接着讨论了股指期货的套期保值、投机和套利交易,并介绍了世界股票期货发展的情况。

股指期货的全称为股票指数期货,是以股价指数为依据的期货。它是买卖双方根据事先约定,同意在未来某一个特定时间按照双方事先约定的股价指数进行股票指数交易的一种标准化协议。1982年,美国堪萨斯交易所(KCTB)首次推出价值线指数期货,它是股指期货诞生的标志。

股票指数期货合约有如下特点:第一,股票指数期货合约是以股票指数为基础的金融期货;第二,股票指数期货合约所代表的指数必须是具有代表性和权威性的指数;第三,股指期货合约价格以股票指数的"点"来表示;第四,股票指数期货合约是现金交割的期货合约。

世界主要股票价格指数有标准普尔500指数、道·琼斯平均价格指数、纳斯达克综合指数、金融时报股票指数、日经股票平均指数和香港恒生指数。

股指期货套期保值策略包括多头套期保值策略和空头套期保值策略。多头套期保值是指投资者希望在未来某一时间持有股票,当预测股票市场可能出现大幅上涨,为避免股票价格上涨造成成本增加,投资者可以通过买进指数期货合约以达到降低认购成本的目的。空头套期保值是指投资者持有股票多头部位,当预测股票市场可能出现大幅下跌,为避免股票价格下跌造成损失,投资者可以通过卖出指数期货合约达到锁定利润的目的。

股指期货投机包括买空投机和卖空投机。买空投机是指投机者预期指数将上升,于是购买某一交割月份的股指期货合约,一旦预测准确,便将事先买入的指数期货卖出,平仓获利。卖空投机是指投机者预期指数将下跌,于是售出某一交割月份股指期货合约,一旦预测准确,再进行平仓,从而获利。

股指期货套利是指同时买进和卖出两张不同到期日的股指期货合约。交易者买进自认为便宜的合约,同时卖出那些高价合约,从两合约价格间的变动关系中获利。在进行套利时,交易者注意的是合约之间的相互价格关系,而不是绝对价格水平。股指期货套利有三种形式,即跨期套利、跨市套利和跨品种套利。

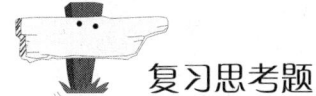
复习思考题

一、名词解释

1. 股价指数　　　　2. 沪深300指数　　　3. 香港恒生指数
4. 道·琼斯指数　　5. S&P 500指数　　　 6. NASDAQ综合指数
7. 日经225指数　　8. 英国金融时报指数　9. 跨期套利

10. 跨市套利　　11. 跨品种套利　　12. 合约乘数
13. 股票期货　　14. ETF 期货　　15. 期现套利

二、简答题
1. 股票指数期货合约有何特点？
2. 股票指数期货交易与股票交易有何不同？
3. 简述世界股指期货发展的历史。
4. 简述沪深 300 指数期货合约条款的内容。
5. 简述如何利用股指期货进行套期保值？

本章附录

1997 年国际炒家进攻香港地区金融市场路线图

国际炒家蓄谋已久,对袭击香港地区金融市场进行了精心策划和部署。他们终于在 1997 年 10 月份寻到了战机,同时在股票市场、货币市场和期货市场发动了立体式进攻,声东击西,连环冲击,浑水摸鱼,手段极其老辣(见图 11-1 和图 11-2)。

第一步:为了日后抛售港汇和港股,就得事先买入港汇和港股,因此,他们先大量借入较低利息(约 6 厘)的美元,买入港汇和港股,预做囤积。同时,大手向银行沽出远期港汇合约做对冲操作,一旦日后港汇弃守也可回避风险。于是出现了在香港回归前后,外资大量流入,港股三级跳的现象。各方人士误以为是香

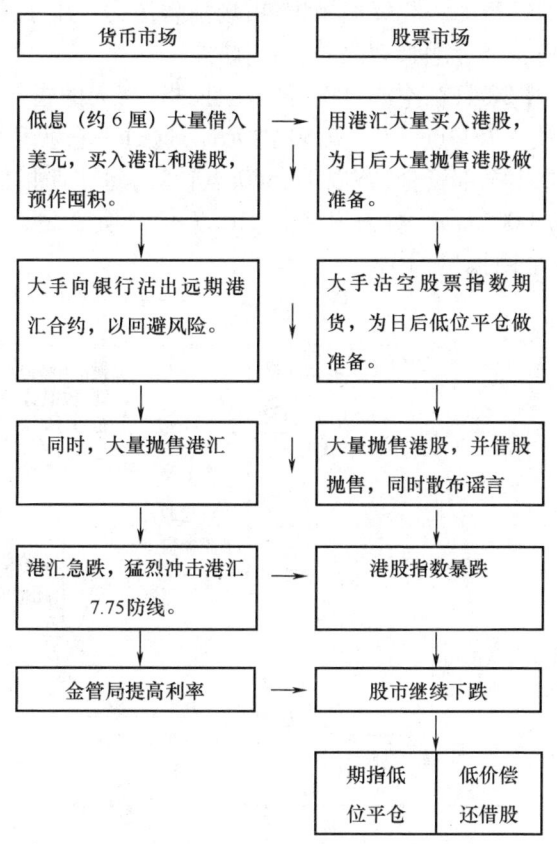

图 11-1 国际炒家进攻香港金融市场路线图(一)

港回归"冲喜"现象。

第二步:到处散布谣言,打击投资人信心。10月以来,市场中不利港股的传闻增多,包括郭氏兄弟被绑架、长江实业在美国卖股被查等。同时,他们进攻台湾地区汇市,台湾"中央银行"损失50亿美元外汇储备后,台湾被迫弃守汇价,这成为他们发动总攻的契机。

第三步:全线出击。大手沽空股票指数期货,为日后低位平仓做准备。全线抛售港股和港汇,导致股票市场和货币市场同时暴跌。除全线出货外,还借贷去沽,引发中小投资人跟风抛售,一些长线港股基金因害怕港汇失守使其蒙受损失,也从市场仓皇撤退。这时,摩根士丹利发出关于将持有港股减至为零的建议。此言一出,港股一溃千里。

此前,接手远期沽盘的银行惧怕港汇失守蒙受港元贬值的损失,只好在现货市场和期货市场沽出港元,以做对冲。港元受到投机炒家、众多散户、长线基金和接手远期沽盘的银行的一起蜂拥抛售,市场沽售压力产生了滚雪球效应,港汇迅速而猛烈地冲击香港金融管理局的7.75防线。

若炒家在10月20日沽空60 000张恒生期指,当天的指数为12 860点,一个星期后指数下跌3 761点,以一点50港元计,这时平仓获利可达14亿美元。实际上炒家无须拿出全部资金,若以12 860点计算,每张期指值643 000港元,但保证金只需60 000港元,杠杆比率为10.7倍。换言之,一周内期指下跌29.5%,投机者资金回报达316%。

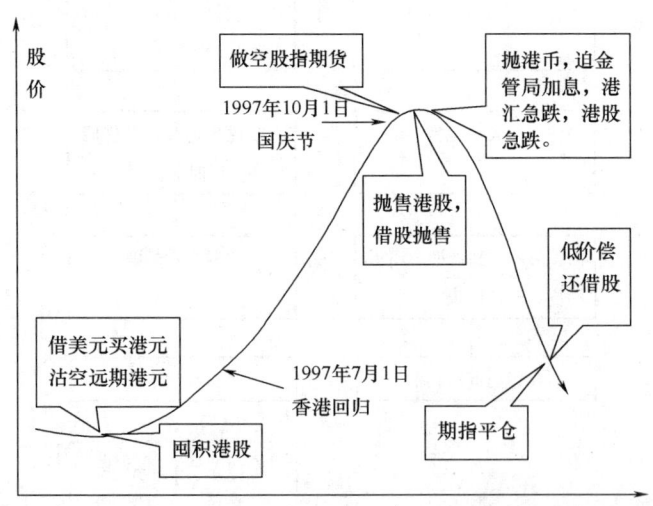

图11-2 1997年国际炒家进攻香港金融市场路线图(二)

第十二章 外汇期货

教学目标

通过本章的学习,掌握外汇期货的概念、特点与影响汇率的因素,熟悉外汇期货套期保值、投机和套利的方法。

学习重点

- 外汇与汇率的概念
- 外汇期货的产生、特点和功能
- 影响汇率的因素
- 外汇期货套期保值、投机和套利的方法

第一节 外汇与汇率

一、外汇与汇率的概念

(一)外汇

外汇指的是外币或以外币表示的用于国际债权债务结算的各种支付手段。外汇具有以下几个特点:①必须以外国货币来表示;②在国外必须能够得到偿付;③必须是可以自由兑换的货币。

外汇有动态和静态之分。动态的外汇是指把一个国家的货币兑换成另外一个国家的货币,借以清偿国际债权债务关系的一种专门性的经营活动;静态的外汇是指以外国货币表示的可用于国际结算的支付手段,这种支付手段包括以外币表示的信用工具和有价证券,如银行存款、商业汇票、银行汇票、银行支票、外国政府债券及其长短期证券等。人们通常所说的外汇一般是指其静态概念。

国际货币基金组织对外汇的解释是:"外汇是货币行政当局(中央银行、货币管理机构、外汇平准基金组织和财政部)以银行存款、财政部国库券、长短期政府债券等形式保有的,在国际收支逆差时可以使用的债权。"

按照我国1997年1月修正颁布的《外汇管理条例》的规定,外汇是指下列以外币表示的可以用于国际清偿的支付手段和资产:①外国货币,包括纸币和铸币;②外币支付凭证,包括票据、银行存款凭证和公司债券和股票等;③外币有价证券,包括政府债券、公司债券和股票等;④特别提款权和欧洲货币单位;⑤其他外汇资产。

目前,在国际外汇市场上交易量比较大的外汇主要品种有美元、欧元、日元、英镑、港币等,这些外汇品种都是目前外汇市场上交易频繁、交易量较大的外汇,它们剧烈、频繁的变动往往会导致整个外汇市场的剧烈变动。

(二)汇率

汇率即外汇的价格,简单地说,就是两种不同货币之间的比价。在外汇市场,最易使人混淆的就是外汇报价。外汇的报价形式分为以下两种。

1. 直接报价(Direct Quotation)。这是以1单位外国货币折合若干单位的本国货币的汇率表示的形态。我国采用的就是直接报价法。

2. 间接报价(Indirect Quotation)。这是以1单位本国货币折合若干单位的外国货币的汇率表示的形态。

二、影响汇率的因素

影响汇率的因素有很多,概括起来,主要有以下几种:

第一,政治局势。国际、国内政治局势的变化对汇率有很大的影响。局势稳定,则汇率稳定;局势动荡,则汇率下跌。政治局势所需要关注的方面包括国际关系、党派斗争、重要政府官员情况、动乱和暴乱等。

第二,经济形势。一国经济各方面综合效应的好坏是影响本国货币汇率最直接和最主要的因素,并主要考虑经济增长水平、国际收支状况、通货膨胀水平和利率水平等几个方面。其中,一国经济实力的变化与宏观经济政策的选择是决定汇率长期发展趋势的根本原因,而国际收支状况是影响汇率最直接的因素。国际收支中,如果出口大于进口,资金流入,意味着国际市场对该国货币的需求增加,这样该国货币就会升值;反之,若进口大于出口,资金流出,国际市场对该国货币的需求下降,货币就会贬值。通货膨胀也对汇率有着较大的影响,因为从根本上来说,汇率是由货币所代表的实际价值决定的。如果一国的物价水平高,通货膨胀率高,说明本币的购买力下降,会促使本币贬值;反之,则趋于升值。利率对汇率的短期影响比较大。利率对汇率的影响是通过不同国家的利率差异引起资金特别是短期资金的流动而起作用的。一般情况下,如果两国利率差异大于两国远期、即期汇率差异,资金便会由利率较低的国家流向利率较高的国家,从而有利于利率较高国家的国际收支。

第三,政府政策。政府的财政政策、外汇政策和央行的货币政策对汇率起着非常重要的作用,有时甚至是决定性作用。例如,政府宣布将本国货币贬值或升值,央行的利率升降和市场干预。

第四,战争与冲突。战争、局部冲突和暴乱等将造成某一地区的不安全,对相关地区以及弱势货币的汇率将造成负面影响,而对于远离事件发生地国家的货币和传统避险货币的汇率则较为有利。

第五,市场心理。外汇市场参与者的心理预期严重影响着汇率的走向。对于某一货币的升值或贬值,市场往往会形成自己的看法。在参与者达成一定共识的情况下,这些看法将在一定时间内左右汇率的变化,这时,可能会发生汇率的升降与基本面完全脱离或央行干预无效的情况。

第六,投机交易。随着金融全球化进程的加快,充斥在外汇市场中的国际游资越来越庞大,这些资金有时为某些投机机构所掌控,由于其交易额非常巨大,并多采用对冲方式,有时会对汇率走势产生深远的影响。如量子基金曾阻击英镑、泰铢,使其汇率在短时间内大幅贬值。

三、人民币汇率形成机制

人民币汇率形成机制,简称汇率机制,实际上就是汇率制度的选择问题。完善汇率机制是我国自主的选择,必须要充分考虑我国社会、经济的承受能力,避免汇率大幅波动。在我国加入世界贸易组织后新的开放形势下,完善人民币形成机制的必要性彰明较著。完善人民币形成机制的核心内容包括五个方面,即完善汇率的决定基础、矫正汇率形成机制的扭曲、健全和完善外汇市场、增加汇率的灵活性、改进汇率调节机制。完善汇率机制的实质是提高汇率形成的市场化程度,而不是简单调整汇率水平。

改革开放之后,人民币汇率大致经过了以下六个发展阶段。

(一)改革开放初期的人民币汇率高估时期(1979—1980年)

从1973年起,世界进入浮动汇率时代,西方国家货币汇率频繁而大幅度地变动。而70年代中后期,在我国国内,商品价格逐渐上涨,人民币对内价值下降,但此时人民币的对外价值不但没有下降,反而在上升。这时候,人民币汇率水平是属于高估的,并严重妨碍了我国商品的出口。

(二)内部贸易结算价时期(1981—1984年)

为鼓励出口、限制进口,加强外贸经济核算,适应我国对外贸易体制的改革,从1981年起,我国实行两种汇率:一种是用于非贸易外汇收支的对外公布的汇价,一种是用于贸易外汇收支的内部结算价。内部贸易结算价定为1美元合2.8元人民币,它是按1978年全国平均出口换汇成本1美元合2.53元人民币加上10%的利润计算出来的,到1984年底停止使用。

(三)人民币汇率不断贬值时期(1985—1994年)

1985年以后,我国外贸体制加快改革,人民币改变了以往那种只随外币浮动而变动的情况,开始根据我国对外经济发展需要进行调整,逐步发挥调节对外经济的作用。这时候,长期以来人民币汇率的高估以及内部贸易结算价的取消,使出口变得日趋艰难;为了支持出口且有利于其他对外经济发展的需要,人民币汇价依据全国出口平均换汇成本变化不断调低。其间,1986年7月5日,将1美元合3.20元人民币调至3.70元人民币,1989年11月又调为4.72元人民币,1990年12月调至5.21元人民币。1985年至1994年,人民币汇率总体不断下跌。1994年1月1日汇率并轨前,人民币兑美元汇率在1美元合5.05元人民币左右的水平。

(四)人民币汇率小幅升值时期(1994—2005年)

1994年1月1日,我国实施人民币汇率并轨改革,将双轨并行的5元人民币兑1美元的官方汇率与调剂中心10元至12元的调剂汇率并轨到8.7元。随着人民币官方汇率与外汇调剂价格正式并轨,我国开始实行以市场供求为基础的、单一的、有管理的浮动汇率制。企业和个人按规定向银行买卖外汇,银行进入银行间外汇市场进行交易,形成市场汇率。中央银行设定一定的汇率浮动范围,并通过调控市场保持人民币汇率稳定。汇率并轨后,我国外汇市场上的人民币汇率保持基本稳定,人民币兑美元的汇率基本稳定在1美元兑换8.28元左右。这一时期,我国对外贸易和利用外资呈平稳发展状态,国际收支连续10年出现双顺差局面;汇率稳中有升,基本平衡在1美元兑换8.07元水平。

(五)人民币汇率走向浮动汇率制(2005年8月—2015年8月)

考虑到浮动汇率安排在应对外部冲击等多个方面优于固定汇率,能够避免固定汇率可能导致金融危机的国际传染和汇率制度的崩溃,我国宣布了汇改并正式走向浮动汇率的安排。2005年7月21日,我国对完善人民币汇率形成机制进行了改革,人民币汇率不再盯住单一美元,而是选择若干种主要货币组成一个货币篮子,同时参考一篮子货币计算人民币多边汇率指数的变化,实行以市场供求为基础、参考一篮子货币进行调节的有管理的浮动汇率制度。汇改后,人民币汇率从 2005 年开始基本呈现持续升值的趋势,最高在 2014 年初曾升至 6.0406。2005 年至 2015 年,央行数次调高汇率的日内波幅,直至中间价基础上的 ±2%,以期提升汇率的弹性,但中间价的形成尚未真正实现浮动。

(六)人民币汇率走向更加弹性的浮动汇率制(2015 年 8 月至今)

2015 年 8 月 11 日,中国人民银行宣布调整人民币对美元汇率中间价报价机制,做市商参考上日银行间外汇市场收盘汇率,向中国外汇交易中心提供中间报价。这一调整使得人民币兑美元汇率中间价机制进一步市场化,在中间价的形成中引入市场供求因素,真正提升了汇率的波动性,也更加真实地反映了当期外汇市场的供求关系。此次改革既增强了汇率弹性,又努力在提高汇率灵活性和保持汇率稳定性之间求得平衡,保持了人民币汇率在合理均衡水平上的基本稳定。

2016 年 10 月 1 日,人民币纳入 SDR 货币篮子正式生效。新的 SDR 货币篮子包含美元、欧元、人民币、日元、英镑 5 种货币,权重分别为 41.73%、30.93%、10.92%、8.33%、8.09%。人民币纳入 SDR 是人民币国际化的里程碑,是对中国经济发展成就和金融业改革开放成果的肯定,有助于增强 SDR 的代表性、稳定性和吸引力,也有利于国际货币体系改革向前推进。

目前,随着"一带一路"建设的深入推进,人民币国际化与"一带一路"相辅相成:"一带一路"为人民币国际化开辟了新的空间,而人民币汇率形成机制作为直接影响人民币国际化的重要因素,其市场化改革的重要性也逐渐显现。

第二节 外汇期货合约

一、外汇期货的产生

外汇期货是指交易双方在期货交易所内通过公开竞价达成在将来规定的日期、地点、价格买进或卖出规定数量外汇的期货合约的一种期货交易。

1972 年 5 月,芝加哥商业交易所正式成立国际货币市场分部,推出了第一张外汇期货合约,揭开了期货市场创新发展的序幕。1976 年以来,外汇期货市场迅速发展,交易量激增数十倍。1978 年,纽约商品交易所也增加了外汇期货业务。1979 年,纽约证券交易所宣布设立一个新的交易所,专门从事外币和金融期货业务。1981 年 2 月,芝加哥商业交易所首次开设了欧洲美元期货交易。随后,澳大利亚、加拿大、荷兰和新加坡等国也开设了外汇期货交易市场。从此,外汇期货市场便蓬勃发展起来。随着国际贸易的发展和经济全球化进程的加快,外汇期货交易一直保持着旺盛的发展势头,不仅为广大投资者和金融机构等经济主体提供了有效的套期保值工具,也为套利者和投机者提供了新的获利手段。

外汇期货产生并迅速发展的原因,一是随着经济全球化进程的加快,国际贸易、国际投资和国际信贷无论是深度还是广度都与日俱增,各国各企业对外汇的需求越来越多;二是各国政府逐渐放宽了对外汇的汇率管制,汇率变化的不确定性越来越大,企业面临的外汇风险也因此不断提高。

目前,外汇期货交易的主要品种有美元、英镑、欧元、日元、瑞士法郎、加拿大元、澳元和墨西哥比索等。从世界范围看,外汇期货的主要市场在美国,其中又基本上集中在芝加哥商业交易所的国际货币市场(IMM)、中美洲商品交易所(MCE)和费城期货交易所(PBOT)。此外,外汇期货的主要交易所还有伦敦国际金融期货交易所(LIFFE)、新加坡国际货币交易所(SIMEX)、东京国际金融期货交易所(TIFFE)和法国国际期货交易所(MATIF)等,每个交易所基本上都有本国货币与其他主要货币交易的期货合约。

二、外汇期货的特点

外汇期货具有如下特点:

第一,外汇期货合约是标准合约。当然,不同货币的合约规模(交易单位)是不同的。外汇期货的交割月份是外汇期货合约规定的期货合约的期限,一般有3个月、6个月、9个月和12个月之分,12个月是最长的合约期限。由于绝大部分合约在到期前已经对冲,故到期实际交割的合约只占很少的一部分。合约除了规定交割月份外,还规定了交割日期,即交割月份中的某一日。

第二,就报价来说,澳大利亚元、欧元、日元等货币的报价是以每美元多少外币来表示的,这与典型的银行外汇交易的报价方式完全一致;而英镑和加拿大元则采用每单位外币多少美元来表示,这是国际外汇期货合约的特点之一。

第三,外汇期货合约规定了最小波幅。价格最小波幅是进行外汇期货合约买卖时,由于供需关系使合约价格产生变化的最低限度。如英镑期货合约的价格最小波幅为每一英镑美元汇价的5个基点,每份合约的美元价值为12.5美元;加拿大元期货合约的价格最小波幅为每一加拿大元的美元汇价的1个基点,每份合约的美元价值为10美元,等等。

第四,外汇期货合约规定涨跌限制。涨跌限制是指每日交易价格变化的最大幅度限制。各种外汇期货合约每日价格变化的最大幅度也各不相同。如英镑期货合约的涨跌限制为每一英镑的美元汇价的500个基点,每份合约的美元价值为1 250美元。

还需要注意的是,远期外汇交易与外汇期货交易在许多方面有着相同或相似之处,常常被误认为是期货交易。远期外汇交易是指交易双方在成交时约定于未来某日期按成交时确定的汇率交收一定数量某种外汇的交易方式。远期外汇交易一般由银行和其他金融机构通过电话、传真等方式达成,交易数量、期限、价格自由商定,比外汇期货交易更加灵活。在套期保值时,远期外汇交易的针对性更强,往往可以使风险全部对冲。但是,远期外汇交易的价格不具备期货价格那样的公开性、公平性与公正性。远期外汇交易没有交易所、清算所为中介,流动性远低于外汇期货交易,而且面临着对手违约的风险。

三、外汇期货的功能

在外汇期货市场上,期货的价格是通过众多的买卖双方以公开竞价的形式决定的,它集中反映了外汇期货的供求状况和一定时间内外汇期货价格间的关系。期货交易者为了在期货交易中获得成功,会尽可能准确地预测价格走势,分析各种影响期货交易的因素,并且立即反映为期货价格的升降。这种不断变化的价格趋势能够显示未来时期真正的价格水平,加上各种传播媒介把这种价格迅速传递到每个现货市场,进而影响现货市场的交易。

外汇期货的功能有以下几方面:

第一,规避市场风险。外汇期货最原始的目的是为外汇交易者提供转移汇率变动风险的工具。避险者预先在现货市场买进或卖出某种外汇,同时在期货市场上卖出或买进期货合约,用期货赢利来抵补现货亏损,以达到规避风险的目的。套期保值所依据的基本原理是:现货市场价格与期货市场价格受相同因素的影响,价格变动呈同一趋势,即随着现货市场价格的上涨或下跌,期货市场的价格也升高或降低。在套期保值中,持有外汇现货的一方为防止未来因价格下跌而遭受损失,便卖出期货合约,当未来的现货价格和期货价格低于当初卖出时的价格时,则采取买进同样数量期货合约对冲的办法,所得差价收益用来弥补现货市场上实际出售外汇的部分损失,以达到保值的目的。对套期保值者来说,参与外汇期货市场不是赚取利润,而是通过套期保值来转移价格风险。

就整个期货市场而言,市场风险由为了避免风险而进行交易的套期保值者向愿意承担风险以求获利的投机者转移。投机者是以从期货市场的价格波动中谋取丰厚利润为目的、愿意承担市场风险的交易者。期货市场是由套期保值者(避险者)与投机者共同组成的,避险者一般不愿意承担价格变动风险,而投机者却有能力而且愿意承担风险。仅有避险者的外汇期货市场很难顺利进行下去,而仅有投机者的期货市场则有可能招致市场的不稳定。只有避险者参与的市场,或者只有投机者参与的市场,都无法产生具有经济功能的外汇期货市场。

市场交易越活跃,风险机会越多,获利的机会也越多,这对于投机者来说是至关重要的。

第二,降低交易成本,提高市场效率。期货市场为交易者提供了一个集中买卖的场所,所有卖方与卖方聚集在一起公开竞价交易,无须各自寻找交易对手,这就大大减少了交易成本。并且,由于金融期货市场使众多的买方与卖方聚在一起,将各自对未来价格的预期汇成一个价格,期货价格与现货价格间频繁的反复互动,就形成了一个价格自动调节机制,可以减少价格形成过程中的垄断,有利于提升整个市场的效率。

第三,促进信息传递。按照信息经济学的观点,作为交易工具的外汇期货由于自身有效率的运作机制,使得外汇期货市场能够为市场参与者提供即时和公开的信息,使交易者在平等的条件下竞争。由此,期货市场的参与者能够以低于现货市场的成本进行交易。由于期货市场上非公开或内部的信息非常少,有关影响市场供求关系的信息能够准确地反映在价格上,这就促进了社会资源更充分、更有效地配置和运用。

四、外汇期货合约的内容

外汇期货合约是由交易所制定的一种标准化合约,合约对交易币种、合约金额、交易时间、交割月份、交割方式和交割地点等内容均有统一的规定。外汇期货交易就是对标准化合约的买卖,交易双方通过公开竞价的方式达成成交价格,从而完成外汇期货合约的买卖。外汇期货合约主要包括以下几个方面的内容:

第一,外汇期货合约的交易单位。每一份外汇期货合约都有交易所规定的标准交易单位。

第二,交割月份。国际货币市场所有外汇期货合约的交割月份都是一样的,为每年的3月、6月、9月和12月。交割月的第三个星期三为该月的交割日。

第三,通用代号。在具体操作中,交易所和期货经纪商以及期货行情表都用代号来表示外汇期货。

第四,最小价格波动幅度。国际货币市场对每一种外汇期货报价的最小波动幅度都做了规定。在交易场所内,经纪人的出价或叫价只能是最小波动幅度的倍数。

第五,每日涨跌停板额。每日涨跌停板额是一项期货合约在一天之内比前一交易日的结算价格高出或低过的最大波动幅度,一旦报价超过停板额,则成交无效。

大多数外汇期货交易者并非以实际买卖期货为目的,其目的在于投机。因此,大多数期货合约都在交割日以前以反方向交易方式即买进再卖出或卖出再买进方式冲销掉。据估计,只有5%左右的外汇期货合约等到交割日到期时才进行实际交割。实际上,当合约进行现金结算时,交易者就按冲销的汇价进行清算,计算出头寸了结的损益情况。

第三节　外汇期货套期保值

外汇期货套期保值交易是指按照期货市场中套期保值的决策程序和方法,利用外汇期货交易,确保外币资产或外币负债的价值不受或少受汇率变动带来的损失。具体做法是,在已经发生的一笔即期或远期外汇交易的基础上,为防止损失,同时做一笔相反方向的交易。如果其中一笔原有交易受损,就可通过相反交易的获利而对损失加以弥补或者抵消。套期保值交易主要分为多头套期保值交易和空头套期保值交易。

一、多头套期保值

多头套期保值是为防止偿付外币时外汇价格上升,将要以外汇支付的款项即拥有的外汇负债,采取先在外汇期货市场上购进同等数量的外汇期货合约,等到将来在现货市场上购进所需外汇时再卖出购进的期货合约的保值方式。

[例12-1]　一家跨国公司有两个分支机构,分别在美国和英国。某年6月,在英国的机构有一笔资金闲置3个月,而此时美国的机构恰好紧缺短期周转资金。公司管理层希望将这笔资金从英国调入美国,但为避免汇率风险,该公司在外汇市场上进行了期货交易。具体操作方式及结果如表12-1所示。

表12-1　多头套期保值实例

	现货市场	期货市场
6月份	以1英镑兑换2美元的价格卖出50万英镑	以1英镑兑换2.05美元的价格购买8份9月份交割的英镑期货合约
9月份	以1英镑兑换2.05美元的价格购买50万英镑	以1英镑兑换2.10美元的价格卖出8份9月份交割的英镑期货合约
结果	损失 = 500 000 × (2.05 − 2) = 25 000(美元)	赢利 = 500 000 × (2.10 − 2.05) = 25 000(美元)
	美元投资者损益 = 0,这就是说,通过保值交易,这家公司完全避免了汇率变动的风险	

二、空头套期保值

空头套期保值是指交易者在现货市场上处于多头地位,即持有外汇资产,再在期货市场上做一笔相应的空头交易,以防止外汇价格下跌的风险,如出口商将在未来收到外汇货款,个人或公司在外国银行的存款等。为避免外汇汇率波动可能造成的损失,先行于外汇期货市场卖出该种货币的期货合约。

[例12-2] 某美国投资者准备投资于短期证券市场。此时90天的美国国债利率为6%,而同期的英国国债利率为19%,显然比美国国债有吸引力。但英国国债的利息以英镑支付。若在投资期满时,英镑贬值,该投资者在利率上的获利就会被汇率的变动所抵消。为了克服汇率变动可能给投资者带来的损失,该投资者可以利用外汇期货进行空头套期保值。具体操作及结果如表12-2所示。

表12-2 空头套期保值实例

	现货市场	期货市场
3月1日	以1英镑兑换2美元的价格购买62 500英镑,并投资于3个月期的英国国债	以1英镑兑换1.95美元的价格卖出1份6月份到期的英镑期货合约
6月1日	将投资本利和以1英镑兑换1.9美元的价格兑换成=62 500×(1+19%×92/365)×1.9=124 436.99(美元)	以1英镑兑换1.85美元的价格买入1份6月份到期的英镑期货合约
结果	亏损=62 500×(1+19%×92/365)×(2-1.9)=6 549.32(美元)	赢利=62 500×(1.95-1.85)=6 250(美元)
	投资者最终亏损6 549.32美元-6 250美元=299.32美元;或者说,投资者仅以299.32美元的代价,避免了可能遭受6 549.32美元的损失	

第四节 外汇期货投机与套利

依据投机者持仓头寸的方向划分,外汇期货投机交易可以分为空头投机和多头投机。

(一)空头投机

空头投机是指投机者预测外汇期货价格将要下跌,从而先卖后买,希望高价卖出,低价买入对冲。当投机者预期某种货币将贬值时,就在外汇市场上乘该外币价格相对较高时先行卖出该货币,到该货币真正下跌时再买进该货币,赚取差价。

例如,投机者认为4月份美元将贬值,便将手中的1万美元卖出,获得110万日元。4月份如他所料,1美元兑100日元,投资者又将手中的日元卖出,买进11 000美元,则赚取了11 000 - 10 000 = 1 000(美元)。

(二)多头投机

多头投机是投机者预测外汇期货价格将要上升,从而先买后卖,希望低价买入,高价卖出对冲。当投机者预期某种货币将升值时,就在外汇市场上乘该外币价格相对较低时,先买进该种货币,待该货币汇率上升时,将其卖出。

例如,美元在2月份兑日元是1美元兑换110日元,投机者认为4月份美元将升值,则他花110万日元买进10 000美元。4月份如他所料,1美元兑换日元为120日元,投资者便将手中的美元卖出,获得120万日元,则他赚了120 - 110 = 10(万日元)。

(三)外汇套利

外汇期货套利交易是指交易者同时买进和卖出两种相关的外汇期货合约,然后再将其手中的合约同时对冲,从两种合约的相对变化中获利的交易行为。套利活动能否成功,取决于期货价格的走势是否与投资者的判断一致。对期货市场而言,套利活动的存在是必要的。

套利有简单套利和复合套利之分。

1. 简单套利。简单套利是指在同一期货市场上,对同一期货品种先买后卖或先卖后买,以期从中获利。具体就外汇期货而言,当预期外汇价格上升时,套利者就可以先买后卖;当预期外汇价格会下跌时,套利者则可以先卖后买。

2. 复合套利。由于不同的期货市场、不同的期货品种或同一期货品种不同的合约之间往往存在价格差,利用这些价格差同时买卖两种合约,也就有可能获利。这种行为叫作复合套利。具体说来,复合套利又有跨市套利、跨品种套利和跨期套利三种。

跨市套利是指利用同一外汇期货合约在不同期货交易所的价格差获利;跨品种套利就是跨币种套利,是交易者根据对交割月份相同而币种不同的期货合约在某一交易所价格走势的预测,买进某一币种的期货合约,同时卖出另一币种相同交割月份的期货合约,从而进行套利交易,以期从中获利的行为;跨期套利是指交易者根据对币种相同而交割月份不同的期货合约在某一交易所价格走势的预测,买进某一交割月份期货合约,同时卖出另一交割月份同种期货合约,从而进行套利交易的行为。

[例12-3] 外汇期货复合套利实例。2月10日,某交易者在国际货币市

场买入 100 手 6 月期欧元期货合约(最低价格波幅 0.000 1 点 = 12.5 美元),价格为 1.360 6 美元/欧元,同时卖出 100 手 9 月期欧元期货合约,价格为 1.346 6 美元/欧元。5 月 10 日,该交易者分别以 1.352 6 美元/欧元和 1.269 1 美元/欧元的价格将手中合约对冲。如表 12 - 3 所示,该交易者在两份合约中共计获利 $(0.077\ 5 - 0.008\ 0) \times 10\ 000 \times 12.5 \times 100 = 868\ 750$(美元)。

表 12 - 3　外汇期货跨月套利交易

	6 月期欧元(100 手)	9 月期欧元(100 手)
开仓	买入 1.360 6 美元/欧元	卖出 1.346 6 美元/欧元
平仓	卖出 1.352 6 美元/欧元	买入 1.269 1 美元/欧元
结果	损失 0.008 0	盈利 0.077 5

本章小结

　　本章首先讲述了外汇与汇率的概念,介绍了外汇期货的概念和特点,分析了影响汇率的因素,并介绍了外汇期货套期保值、投机和套利的方法。

　　外汇指的是外币或以外币表示的用于国际债权债务结算的各种支付手段。动态的外汇是指把一个国家的货币兑换成另一个国家的货币,借以清偿国际债权债务关系的一种专门性经营活动;静态的外汇是指以外国货币表示的可用于国际之间结算的支付手段。

　　汇率即外汇的价格,也就是两种不同货币之间的比价。

　　外汇期货交易是指交易双方在期货交易所内通过公开竞价达成在将来规定的日期、地点、价格买进或卖出规定数量的外汇期货合约的一种期货交易。

　　外汇期货的套期保值交易是指按照期货市场中套期保值的决策程序和方法,利用外汇期货交易,确保外币资产或外币负债的价值不受或少受汇率变动带来的损失。具体做法是,在已经发生的一笔即期或远期外汇交易的基础上,为防止损失,同时做一笔相反方向的交易。外汇期货的套期保值交易一般分为多头套期保值与空头套期保值。

　　外汇期货交易还包括外汇期货投机与套利,从投机者持仓部位方向上,可以分为多头投机和空头投机。外汇套利分为简单套利和复合套利。

复习思考题

一、名词解释

1. 外汇 2. 汇率 3. 外汇期货 4. 交割月份 5. MCE 6. IMM 7. PBOT
8. 外汇投机

二、简答题

1. 简述影响汇率的因素。
2. 简述外汇期货的功能。
3. 目前主要有哪些外汇期货品种?
4. 如何进行外汇期货的套期保值?
5. 如何进行外汇期货的复合套利?

第十三章 期权交易

教学目标

通过本章的学习,掌握期权的概念、分类、期权定价理论、期权交易流程和期权交易策略。

学习重点

- B-S期权定价模型的假设条件
- 影响期权价格的各种因素
- 期权交易流程
- 各种期权交易策略的适用条件。

第一节 期权的概念和分类

一、期权的概念

期权是在期货基础之上产生的一种金融工具,是指在未来一定时期可以买卖的权利,买方向卖方支付一定数额(期权费)之后拥有的在未来一段时间内(指美式期权)或未来某一特定日期(指欧式期权)以事先规定的价格(执行价格)向卖方购买或出售一定数量的特定标的物(实物商品、证券或期货合约)的权利,但不必负有买进或卖出的义务。

期权交易实质上是一种权利的交易。买方有执行的权利,也有不执行的权利,完全可以灵活选择。从本质上讲,期权是在金融领域中将权利和义务分别进行定价,使得权利的受让人在规定的时间内对于是否进行交易行使其权利,而义务方必须履行。在进行期权交易时,购买期权的合约方称作买方,而出售合约的一方则叫作卖方。买方即是权利的受让人,而卖方是必须履行买方行使的权利的义务人。另外,在期货交易所里交易的期权产品是一种标准化合约,期权价格在市场上公开竞价形成,合约条款都是事先规定的,具有普遍性和统一性。

期权合约主要有三项要素:期权费、执行价格和合约到期日。这三项要素也是期权合约区别于期货合约的重要因素。

(一) 期权费

期权费又称权利金、期权金,是期权的买方支付的期权价格,即买方为获得期权而付给期权卖方的费用。期权费是期权合约中唯一的变量,是由买卖双方在期权市场公开竞价形成的,是期权的买方为获取期权合约所赋予的权利而必须支付给卖方的费用。对于期权的买方来说,期权费是其损失的最高限度;对于期权的卖方来说,卖出期权即可得到一笔期权费收入,而不用立即交割。

(二) 执行价格

执行价格是指事先规定的期权的买方行使权利时标的物的买卖价格。执行价格确定后,在期权合约规定的期限内,无论价格怎样波动,只要期权的买方要求执行该期权,期权的卖方就必须以此价格履行义务。例如,期权买方买入看涨期权,在期权合约的有效期内,若价格上涨,并且高于执行价格,则期权买方就有权以较低的执行价格买入期权合约规定数量的特定商品,而期权卖方也必须无条件地以较低的执行价格履行卖出义务。对于外汇期权来说,执行价格就是外汇期权的买方行使权利时事先规定的汇率。

(三) 合约到期日

合约到期日是指期权合约必须履行的最后日期。欧式期权规定,只有在合约到期日方可执行期权;美式期权规定,在合约到期日之前的任何一个交易日(含合约到期日)均可执行期权。同一品种的期权合约有效期的长短不尽相同,可按周、季度、年以及连续月等不同的时间期限划分。

二、期权的分类

按不同的标准,可将期权划分为不同的种类。

第一,按期权合约标的物的不同,期权可以分为现货期权和期货期权。现货期权到期交割的是现货商品或采用现金交割,期货期权到期交割的是相关期货合约。按照标的物划分的期权种类如表13-1所示。

表 13-1　期权的种类

期权 {
　现货期权 { 商品期权——农产品、金属、能源等大宗商品期权
　　　　　　　金融期权——股票、股指、利率、外汇等期权
　期货期权 { 商品期货期权——农产品、金属、能源等期货期权
　　　　　　　金融期货期权——股票、股指、利率、外汇等期货期权
}

第二，按期权的权利来划分，主要有看涨期权和看跌期权。看涨期权是指期权的买方有权按事先约定的价格和规定的时间向期权卖方买入一定数量的标的资产。看跌期权是指期权的卖方有权按事先约定的价格和规定的时间向期权买方卖出一定数量的标的资产。

第三，按执行时间的不同，期权主要分为欧式期权和美式期权。欧式期权是指只有在合约到期日才被允许执行的期权，它在大部分场外交易中被采用。美式期权是指可以在成交后有效期内任何一天被执行的期权，多为场内交易所采用。

第四，按照执行价格与基础资产市场价格关系的不同，可将期权分为价外期权、价内期权和平价期权。价外期权是指看涨期权的基础资产价格超过期权执行价格，或看跌期权的基础资产价格低于期权执行价格的情形，因此，价外期权无利可图；价内期权与价外期权刚好相反，是指看涨期权的基础资产价格低于期权执行价格，或看跌期权的基础资产价格高于期权执行价格的情形，因此，价内期权有利可图；平价期权是指基础资产价格与期权执行价格相等的情形。

（一）利率期权

利率期权是一项关于利率变化的权利。买方支付一定金额的期权费后，就可以获得这项权利：在到期日按预先约定的利率，按一定的期限借入或贷出一定金额的货币。这样，当市场利率向不利方向变化时，买方可固定其利率水平；当市场利率向有利方向变化时，买方可获得利率变化的好处。利率期权的卖方向买方收取期权费，同时承担相应的义务。

利率期权是规避利率风险的有效工具。借款人通过买入一项利率期权，可以在利率水平向不利方向变化时得到保护，而在利率水平向有利方向变化时得益。利率期权有多种形式，主要有利率上限、利率下限和利率上下限等品种。

1. 利率上限。利率上限是指客户与银行达成一项协议，双方确定一个利率上限水平，在此基础上，利率上限的卖方向买方承诺：在规定的期限内，如果市场参考利率高于协定的利率上限，则卖方向买方支付市场利率高于协定利率上限的差额部分；如果市场利率低于或等于协定的利率上限，卖方无任何支付义务。同时，买方由于获得了上述权利，必须向卖方支付一定数额的期权费。

2. 利率下限。利率下限是指客户与银行达成一个协议，双方规定一个利率下限，卖方向买方承诺：在规定的有效期内，如果市场参考利率低于协定的利率下限，则卖方向买方支付市场参考利率低于协定利率下限的差额部分；若市场参考利率大于或等于协定的利率下限，则卖方没有任何支付义务。作为补偿，卖方向买方收取一定数额的期权费。

3. 利率上下限。利率上下限是将利率上限和利率下限两种金融工具结合起来使用。具体地说，购买一个利率上下限，是指在买进一个利率上限的同时，卖出一个利率下限，以收入的手续费来部分抵消需要支出的手续费，从而达到既防范利率风险又降低成本费用的目的；而卖出一个利率上下限，则是指在卖出一个利率上限的同时，买入一个利率下限。

（二）股指期权

股指期权即股票指数期权，是指期权购买者付给期权的出售方一笔期权费，以取得在未来某个时间或该时间之前，按照事先约定的执行价格即股指水平买进或卖出某种股票指数合约的选择权。第一份普通股指期权合约于1983年3月在芝加哥期权交易所出现。该期权的标的物是标准普尔100种股票指数。随后，美国证券交易所和纽约证券交易所迅速引进了指数期权交易。指数期权以普通股股价指数作为标的，其价值决定于作为标的的股价指数的价值及其变化。股指期权必须用现金交割。清算的现金额度等于指数现值与执行价格之差与该期权合约规模的乘积。

（三）外汇期权

外汇期权是一种选择权，其持有人即期权买方享有在未来某个时间或该时间之前以规定的价格买进或卖出一定数额某种外汇资产的权利；而期权卖方则有义务在买方要求履约时卖出或买进期权买方买进或卖出的该种外汇资产。假如外汇期权是约定买方有权购买外汇，则该期权称为看涨期权；反之，则称为看跌期权。

外汇期权交易可作为规避外汇汇率波动风险的有效保值工具。在这个意义上，它是远期外汇抵补与期货交易保值的延伸，但它与后两者之间存在明显的差别。期权如不行使，到期只是失效的问题，风险是有限度的，且无须每日清算，到期前无现金流产生。此外，期权交易还具有以下优点。

1. 风险小。期权买方一开始就能预知最坏的情形，即最大的损失就是所支付的期权费。因为不必支付其他现金，期权费便能固定汇率行情不利的风险。

2. 可综合保值。期权为企业财务经理和交易商们增加了新的保值或投机工具。他们可以把它单独用于保值，也可以和远期外汇交易或期货交易结合起来使用，以达到综合保值及赢利的目的。

3. 具有较强的灵活性。期权是保值交易中灵活性较大的一种，因为它能提供一系列的协定汇价,而远期外汇交易和期货交易只能在市场现有的某个远期汇价上成交。

4. 有权选择是否履约。期权不存在必须履约的义务,因此,经常是对可能发生但不一定实现的资产或收益的最理想的保值工具。

三、期权的价值

期权的价值包括内涵价值和时间价值。

期权的内涵价值,是指期权价格中反映期权执行价格与基础资产市场价格之间关系的那部分价值。多头期权的内涵价值是该基础资产市场价格高出期权执行价格的那部分价值。如果基础资产市场价格低于或等于期权执行价格,这时期权的内涵价值为零,但不可能为负值。空头期权的内涵价值是该基础资产市场价格低于期权执行价格的那部分价值。如果基础资产市场价格高于或等于执行价格,这时期权的内涵价值为零。空头期权的内涵价值同样不能为负值。

期权的时间价值是指期权价值减去期权内涵价值之后的价值。例如,一笔多头期权的期权价格为每份 9 元,执行价格为每份 78 元,当时基础资产的价格为每份 75 元,则该笔期权的内涵价值为每份 3 元(78 - 75 = 3);时间价值为每份 6 元(9 - 3 = 6)。期权的时间价值既反映了期权交易期内的时间风险,也反映了市场价格变动程度的风险。在期权的有效期内,期权时间价值的变化是一个从大到小、从有到无的过程。一般而言,期权的时间价值与期权有效期的时间长短成正比。

四、我国期权市场的发展现状

2015 年 2 月 9 日,上证 50ETF 期权于上海证券交易所上市。这是中国内地首只场内期权品种,宣告了中国期权时代的到来。2017 年 3 月 31 日,豆粕期权作为国内首只期货期权在大连商品交易所上市。2017 年 4 月 19 日,白糖期权在郑州商品交易所上市交易。2018 年 9 月 21 日,铜期权合约在上海期货交易所上市交易。自 2019 年开始,国内期权市场快速发展,权益类扩充了上交所 300ETF 期权、深交所 300ETF 期权和中金所 300 股指期权,商品类期权陆续有玉米、棉花、黄金等十多个品种上市。

2021 年,全球期货和期权成交达到创纪录的 625.85 亿手,较 2020 年增长了 157.69 亿手,年增幅为 33.7%,略低于 2020 年的增速,但远高于过去 5 年来的平均增速,这是连续 4 年全球成交持续创纪录。中国较 2020 年增长了 22.1%,成为推动全球成交创历史新高的主要动力之一。2021 年,中国期权市场成交总量 24 521.69 万手,较 2020 年增长 11 950.1 万手。

第二节 期权定价理论

1973年,Fischer Black 和 Myron Scholes 发表了《期权定价和公司财务》一文,在一系列严格的假设条件下,通过严密的数学推导和论证,提出了后来被称为 Black–Scholes 模型(即 B–S 模型)的期权定价模型,这是期权定价理论研究中的开创性成果。B–S 模型的公式成为交易商们普遍使用的一个定价工具,推动了衍生产品市场的深入发展。B–S 模型由于其逻辑的严密、形式的优美及计算的简单,在实践中被广泛采用。

一、B–S 模型的假设条件

B–S 模型是建立在完全无套利分析理论基础之上的,即通过构造一个包括期权空头和股票多头的组合,令在股票价格变动期间,由股票价格可能的上涨所带来的利润将被相应的期权对应的损失完全冲抵;反之,在股票价格变动期间,由股票价格可能的下降所带来的损失将被相应的期权对应的收益完全冲抵。因此,这一组合收益率一定等于同期的无风险收益率。相对于其他定价模型,B–S 模型有如下假定条件:

第一,无风险收益率为常数。
第二,股票价格服从几何布朗运动,且其波动率为常数。
第三,股票价格是连续的,不存在股价跳空。
第四,股票不进行分红、派息、配股等。
第五,期权为欧式期权。
第六,没有交易成本和税负。
第七,股票可以卖空且不受惩罚,而且卖空者得到交易中的全部利益。
第八,市场不存在无风险套利机会。

二、B–S 模型的公式及其分析

在以上假设条件下,基于构造动态的套期保值组合的分析,Black 和 Schole 推导出了一个确定期权价格的明确公式:

买入期权:
$$C = SN(d_1) - Xe^{-rt}N(d_2) \tag{1}$$

卖出期权:
$$P = -SN(-d_1) + Xe^{-rt}N(-d_2) \tag{2}$$

其中：
$$d_1 = [\ln(S/X) + (r + 0.5\sigma^2)t]/\sigma\sqrt{t}$$
$$d_2 = d_1 - \sigma\sqrt{t}$$

式中：C 为买入期权的市场价值；P 为卖出期权的市场价格；S 为标的股票的现行市场价格；X 为期权的执行价格；r 为无风险收益率；t 为距离到期日的时间，以年为单位；σ 为股票价格的标准差；$N(d)$ 为标准正态累积分布；$\ln(S/X)$ 为 S/X 的自然对数。

虽然 B-S 模型的推导过程以及公式本身看上去比较复杂，但该公式的应用却相对简单。公式的主要参数是：①现行股票价格 S；②期权执行价格 X；③距离到期日的时间 t；④市场无风险利率 r；⑤股票价格年波动度的标准差 σ。在这些因素中，前面三项比较容易获得，而市场无风险利率以及股票价格年波动度可以根据经验以及专业软件计算得出，这就给投资者带来了简单且相对有效的计算依据。B-S 模型推出后，在金融界影响巨大，并在实际分析中得到了广泛运用。

各个因素对于期权价值的影响见表 13-2。

表 13-2 各个因素对期权价值影响的比较

影响因素	对期权价值的影响			
	欧式看涨期权	欧式看跌期权	美式看涨期权	美式看跌期权
执行价格	负效应	正效应	负效应	正效应
当前股票价格	正效应	负效应	正效应	负效应
波动率	正效应	正效应	正效应	正效应
到期期限	正效应	正效应	正效应	正效应
无风险利率	正效应	负效应	正效应	负效应
有效期内的红利	负效应	正效应	负效应	正效应

三、对 B-S 模型的评价

Black 和 Scholes 认为，股票价格服从几何布朗运动，且波动率为常数。在无套利条件下，利用动态复制方法可以推导出基于不付红利股票的欧式看涨期权价格。但由于模型本身的设计过于严格，且需要一些与实际情况不符的假设，如股价变动过程呈正态分布、股价波动率固定不变、无风险利率水平不变等。这些假设导致 B-S 模型的价格与期权市场的实际价格常有较大差距，因此，用该模型得到的价格往往只作为参考价格。

B-S 模型主要有以下缺点：

第一，模型的假设缺乏现实性。该模型假设股票不进行分红、派息、配股等，所以，此模型主要是针对不派发股利的股票而设计的；而在实际的证券市场中，股票的分红、派息是经常出现的，这就使得模型只能在较短的期限内用来计算期权的价格，当对应的标的证券进行分红、派息后，还需要重新测算。

该模型基于完全套期保值的假设之上，由 B–S 模型得出的期权价格是"公平"的。也就是说，如果存在其他任何价格，就有可能通过持有弥补头寸的基础股票而获得无风险套利。如果市场上买入期权价格比 B–S 期权定价模型得出的价格高，投资者可以卖掉买入期权，同时买入一定量的基础股票；反之，如果买入期权的市场价格低于该模型得出的"公平"价格，投资者则会购进买入期权，并卖空一定数量基础股票。这种通过持有一定基础股票头寸的套期保值过程可以使投资者锁定无风险套利利润。

在这种情况下，发行商在对冲风险时必须按照 B–S 理论的要求进行动态连续避险操作。模型的假设条件"在短期内，在任何价位上可以买入或者卖空任何比例的证券"就是为此设计的。但在现实中，这样连续避险的操作并不现实，投资者可能会买不到股票或者期权头寸，也可能难以买到模型要求的价格，由于该假设是整个公式推导的基础，因此，当假设不成立时，模型计算出来的期权价格也只能具有参考意义。另外，该模型假设期权为欧式的，这使得该模型难以对美式期权加以定价。

第二，"波动率微笑"(Volatility Smile)问题。MacBeth 和 Merville(1979)发现，价内期权通常具有较高的隐含波动率，而价外期权通常具有较低的隐含波动率，这种现象被称为"波动率微笑"。这种现象会导致 B–S 模型低估价内期权的价格，高估价外期权的价格，并且这种现象会随着到期日临近而加剧。

这一问题也在实证研究中被证实，Black 和 Scholes 利用场外交易和芝加哥期权交易市场数据进行了研究，发现买进被市场低估(相对 B–S 理论价格)的期权并卖出被市场高估(相对 B–S 理论价格)的期权可以获得超额收益率，证明了 B–S 理论价格存在错误定价。

1987 年，Black 本人指出，B–S 公式系统地低估了深度虚值(价外期权)看跌期权的价值，即所谓"布莱克之洞"。"波动率微笑"成为 B–S 期权公式所不能解释的经典疑难之一。

Rubinstein(1985,1994)综合了 B–S 期权定价公式的各种异常情况，其中最著名的是股票和指数期权的波动率微笑效应，并且波动率微笑具有期限结构，换句话说，波动率微笑效应以某种系统的方式依赖于期权的到期期限，而且这种微笑效应在短期期权中较长期期权明显。这表明，现有的期权定价公式的基本设定存在不合理的地方。

第三,"厚尾分布"(Fat Tails)。许多研究者研究了股票期权以外的期权,他们发现,无论是货币期权、期货期权还是在股指期权的实证研究中,B-S 期权公式都存在错误定价,且货币期权标的分布存在双厚尾。Lauterbach 和 Schultz 研究了认股权证定价,发现标的资产价格分布存在右厚尾。

期权定价的关键因素是期末标的资产价格的概率分布,该分布在经典的期权定价方法中被视为所有投资者对此具有一致的预期。迄今为止,该分布被假定为对数正态的。但如上所述,实际期末标的资产价格分布并非对数正态分布,而是具有厚尾并有偏度,类似于帕累托分布,并且波动率也不是常数。于是许多学者认为这些就是造成错误定价的原因。

为此,不少学者都提出了许多 B-S 修正模型,诸如随机波动率模型、复合期权模型、跳跃—扩散模型以及随机波动率与跳跃—扩散结合的模型等,但这些模型除了更加复杂以外,本质上并没有突破经典 B-S 期权定价公式的范围,依旧无法令人满意地解决诸多问题。

第四,均值回复(Mean Reversion)。Scott(1987),French(1987),Poterba 和 Summers(1986),Stein(1989)等人的实证研究表明,波动率围绕一个常数值震荡,这被称为"均值回复",它意味着波动率倾向于回到长期均值的水平。

第五,杠杆作用(Leverage Effect)。Fisher Black(1976)和 Rubinstein(1994)等均证明了波动率与股价运动之间存在负相关关系,Christie(1982)将这种现象解释为股价下降会提高公司的杠杆度,因此也提高了其波动率与风险。

第三节 期权交易流程

一、期权交易指令

期权交易指令的内容主要包括:①开仓或平仓;②买进或卖出;③执行价格;④合约月份;⑤交易代码;⑥期权种类(看涨期权或看跌期权);⑦合约数量;⑧市价或现价(期权费);⑨指令种类。

指令种类分为市价指令、限价指令和取消指令等。

当某客户发出交易指令,买进或卖出一份期权合约时,经纪公司接受指令,并将其传送到交易所。交易者发出交易指令时,很重要的一点是选择执行价格。选择执行价格要考虑的一个重要方面是交易者对后市的判断。对于买进看涨期权来说,执行价格越高,看涨预期越大;对于买进看跌期权来说,执行价格越低,看跌预期越大。

二、撮合与成交

1. 交易者向其经纪公司发出下单指令,说明要求买进或卖出的期权数量、看涨期权或看跌期权以及期权的执行价格、到期月份、交易指令种类、开仓或平仓等。例如,以市价买入(开仓)10 份 3 月份到期执行价格为 1 600 元/吨的小麦看涨期权。

2. 交易指令通过电脑,按照成交原则撮合成交。期权费的竞价原则同期货合约的竞价原则,即价格优先、时间优先。电脑撮合系统首先按照竞价原则分买入和卖出指令进行排序,若买价大于、等于卖价,则自动撮合成交,撮合成交价等于买价、卖价和前一成交价三者中居中的那个价格。例如,客户甲发出指令:以市价买入(开仓)10 手 3 月份到期执行价格为 1 600 元/吨的小麦看涨期权;客户乙发出如下指令:以 20 元期权费卖出 10 手 3 月份到期执行价格为 1 600 元/吨的小麦看涨期权。那么,甲、乙的指令通过电脑就会撮合成交。

3. 会员经纪公司将成交回报告知交易者。

三、期权交易的了结方式

(一)对冲平仓

期权的对冲平仓方法与期货基本相同,都是将先前买进(卖出)的合约卖出(买进)。只不过,期权的报价是期权费。

如果买进看涨期权,卖出同执行价格、同到期日的看涨期权对冲平仓;如果卖出看涨期权,买进同执行价格、同到期日的看涨期权对冲平仓;如果买进看跌期权,卖出同执行价格、同到期日的看跌期权对冲平仓;如果卖出看跌期权,买进同执行价格、同到期日的看跌期权对冲平仓。例如,客户甲以 20 元/吨买入 10 手 3 月份到期、执行价格为 1 600 元/吨的小麦看涨期权。如果小麦期货价格上涨,则期权费也上涨,比如上涨到每吨 30 元,那么客户甲发出如下指令:以 30 元/吨卖出(平仓)10 手 3 月份到期、执行价格为 1 600 元/吨的小麦看涨期权。

期权的平仓盈亏与期货类似,是买卖期权的期权费的差价,只要卖出价减去买入价是正数就赚钱,是负数就亏钱,是零则不赢不亏(不考虑交易手续费)。例如,买进时期权费是每吨 20 元(不管是看涨期权还是看跌期权),卖出平仓时是每吨 30 元,则每吨赚取 10 元。

(二)执行与履约

期权的买方(客户通过其开户的期货经纪公司)在合约规定的有效期限内任一交易日闭市前,均可通过交易下单系统下达执行期权的指令,交易所按照持仓时间最长原则指派并通知期权卖方(客户由其开户的期货经纪公司通知),期权买卖双方的期权部位在当日收市后转换成期货头寸。对于看涨期权多头,按照执行价格获得多头期货头寸;对于卖出看涨期权,按照执行价格,卖方获得空头期货头寸。对于买进看跌期权,按照执行价格,买方获得空头期货头寸;对于卖出看跌期权,按照执行价格,卖方获得多头期货头寸。

例如,执行价格为1 500元/吨的11月小麦看涨期权执行后,买方获得1 500元/吨的11月份小麦期货多头头寸,卖方获得1 500元/吨的11月份小麦期货空头头寸。如果期权买方已经持有开仓价格为1 560元/吨的11月小麦空头期货合约,也可以用执行看涨期权获得的多头期货头寸与已经持有的空头期货头寸平仓,获利60元/吨。

(三) 期权到期

如果到期时期权没有对冲平仓,也没有提出执行,在当日结算时,投资者的期权持仓就会被自动了结。按照惯例,在期权到期时,实值期权会被自动执行。所以,买方放任到期的一般为虚值期权。

根据需要,期权买方可以不执行期权,让期权到期;而期权卖方除对冲平仓和应买方要求履约外,只能等待期权到期。

随着到期日的临近,期权的时间价值会加速衰减。在到期日,期权的时间价值为零。因此,时间是期权卖方的"朋友",是期权买方的"敌人"。对于期权的买方而言,应尽量避免看对了方向却看错了时间,以免当期货价格向有利方向变动时,期权已经到期了。

第四节　期权交易策略

期权的基本交易方式分为买入看涨期权、卖出看涨期权、买入看跌期权和卖出看跌期权四种,其他所有的交易策略都是在这一基础之上产生的。期权投资策略众多,灵活多样。同时,期权投资又是复杂和难以理解的。下面从期权的买方和卖方这两个不同的角度,分别介绍一些简单实用的交易策略。

一、期权买方交易策略

(一) 预期大涨,买进看涨期权

预期大涨,买进看涨期权策略的使用时机:期货市场受到利多题材刺激,多头气势如虹,预料后续还有一波不小的涨幅。操作方式:买进看涨期权。最大获利:无限制,期货价格涨得越多,获利越大。最大损失:期权费。损益平衡点:执行价格+期权费。保证金:不缴纳。

[例13-1] 棉花期货的价格为 15 000 元/吨,某投资者十分看好棉花期货的后市,买入 1 手执行价格为 15 200 元/吨的棉花看涨期权,支出的期权费为 422 元/吨,损益平衡点为 15 622 元。若 10 天后,棉花期货价格涨至 16 000 元/吨,看涨期权涨至 950 元/吨。投资者卖出平仓,获利 428 元/吨(见图 13-1)。

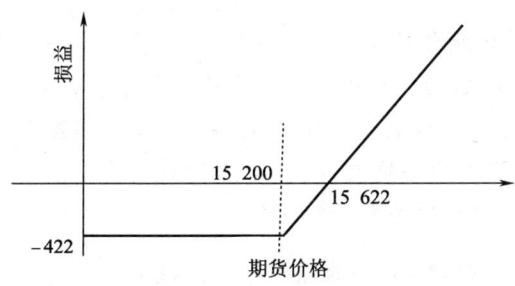

图 13-1 买进看涨期权损益图

(二)预期大跌,买进看跌期权

预期大跌,买进看跌期权策略的使用时机:期货市场受到利空消息打击或技术性转空,预计后市有一波不小的跌幅。操作方式:买进看跌期权。最大获利:无限制,期货价格跌得越多,获利越大。最大损失:期权费。损益平衡点:执行价格-期权费。保证金:不缴纳。

[例13-2] 棉花期货价格为 15 000 元/吨,某投资者看空棉花期货后市,买入 1 手执行价格为 14 600 元/吨的棉花看跌期权,支出期权费 330 元/吨。损益平衡点为 14 270 元。若 10 天后,棉花期货价格跌至 14 000 元/吨,看跌期权涨至 770 元/吨。投资者卖出平仓,获利 440 元/吨(见图 13-2)。

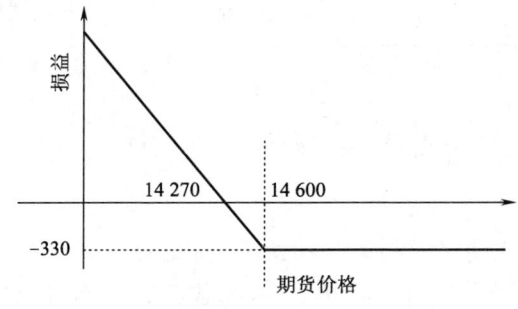

图 13-2 买进看跌期权损益图

(三) 预期小涨,进行看涨期权套利

预期小涨,进行看涨期权套利策略的使用时机:看多后市,但认为不会大幅上涨。其特点在于,期权费成本低,风险和收益均有限。操作方式:买入较低执行价格的看涨期权+卖出较高执行价格的看涨期权(同月份)。最大获利:执行价格差-期权费。最大损失:净期权费支出。损益平衡点:较低执行价格+净期权费支出。保证金:不缴纳。

[例13-3] 棉花期货价格为15 000元/吨,某投资者看好棉花期货后市,买入1手执行价格为15 000元/吨的棉花看涨期权,支付期权费510元/吨。但他又认为价格不会突破15 600元/吨,所以卖出1手执行价格为15 600元/吨的同月份看涨期权,收入期权费280元/吨。净支付期权费230元/吨。损益平衡点为15 230元/吨(见表13-3及图13-3)。

表13-3 看涨期权套利案例分析

时间	期货价格	买入执行价格15 000	卖出执行价格15 600	头寸损益
10日后	15 400	650	340	80
到期日1	15 000	0	0	-230
到期日2	15 600	600	0	370

注:部位损益为按表中期权价格平仓后的收益减去期初净支付的期权费

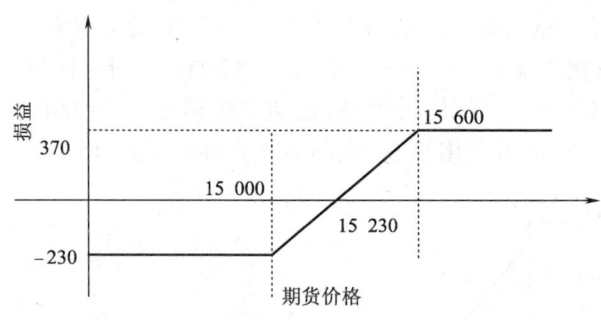

图13-3 看涨期权套利损益图

(四) 预期小跌,进行看跌期权套利

预期小跌,进行看跌期权套利策略的使用时机:看空后市,但认为期货价格不会大幅下跌。其特点在于,期权费成本低,风险的收益均有限。操作方式:买入较高执行价格的看跌期权+卖出较低执行价格的看跌期权(同月份)。最大获利:执行价格差-期权费。最大损失:净期权费支出。损益平衡点:较高执行

价格－净期权费支出。保证金：不缴纳。

[例13－4] 棉花期货价格为15 000元/吨,某投资者看空棉花期货后市,买入1手执行价格为15 000元/吨的棉花看跌期权,支付期权费510元/吨。但他又认为价格不会跌破14 600元/吨,所以卖出1手执行价格为14 600元/吨的同月份看跌期权,收入期权费330元/吨。净支付期权费180元/吨。损益平衡点为14 820元(见表13－4及图13－4)。

表13－4 看跌期权套利案例分析

时间	期货价格	买入执行价格15 000	卖出执行价格14 600	头寸损益
10日后	14 800	520	320	20
到期日1	15 000	0	0	－180
到期日2	14 600	400	0	220

注：头寸损益为按表中期权价格平仓后收益减去期初净支付的期权费

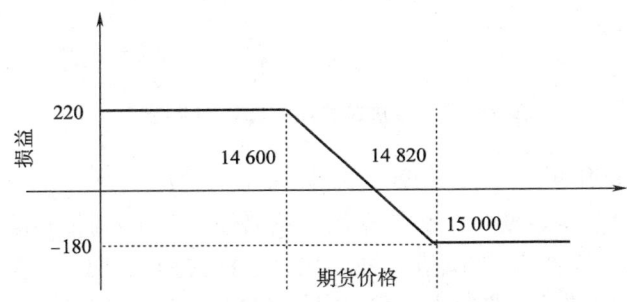

图13－4 看跌期权套利损益图

(五)预期波动率增加,买进跨式期权套利

预期波动率增加,买进跨式期权套利策略的使用时机:市场重大消息即将出台,会引起市场的大幅波动,但方向不明。操作方式:买入某执行价格的看涨期权＋买入相同执行价格的看跌期权(同月份)。最大获利:无限制。最大损失:期权费总支出。损益平衡点:执行价格±期权费总支出。保证金:不缴纳。该策略为做多波动率策略,缺点是成本较高,如果市场波动不大,投资者的亏损会较大。

[例13－5] 棉花期货价格为15 000元/吨,某投资者认为棉花期货价格会大幅波动,买入执行价格为15 000元/吨的棉花看涨和看跌期权各1手,期权费均为510元,共支付期权费1 020元。损益平衡点为13 980元和16 020元(见表13－5及图13－5)。

表 13-5 买进跨式期权套利案例分析

时 间	期货价格	买入执行价格(看涨)15 000	买入执行价格(看跌)15 000	头寸损益
10 日后	13 500	30	1 530	540
到期日 1	15 000	0	0	-1 020
到期日 2	13 500	0	1 500	480

注:头寸损益为按表中期权价格平仓后收益减去期初净支付的期权费。

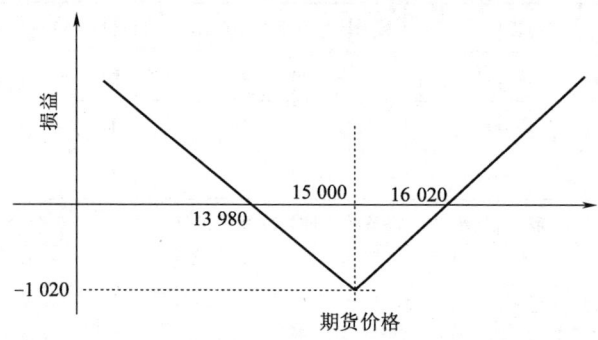

图 13-5 买进跨式期权套利损益图

(六)买进看涨期权,规避期货空头持仓风险

买进看涨期权,规避期货空头持仓风险策略使用时机:对期货看跌但又不愿意承担太大风险。操作方式:买进看涨期权,保持已持有的期货空头头寸。最大获利:无限制。最大损失:期货卖出价-执行价格-期权费。损益平衡点:期货卖出价-期权费。其特点是能够规避期货价格上涨的风险,同时保持期货价格下跌所带来的赢利。

[例 13-6] 某投资者以市场价格 15 000 元/吨卖出 1 手(5 吨/手)棉花期货,由于担心判断失误,于是买进 5 手(1 吨/手)同月份执行价格为 15 200 元/吨的看涨期权,期权费 400 元/吨,共支付 2 000 元。

情况一:棉花期货价格下跌,投资者对期货价格的判断是正确的,期货头寸赢利,期权头寸亏损。投资者可以放弃执行的权利。由于买入期权的风险限于其支付的期权费,因此,期货头寸的赢利扣除 2 000 元后,为交易组合的总赢利。更好的选择是,投资者择机卖出看涨期权,平仓了结,可以收回部分期权费成本。

情况二:如果期货价格上涨,期货头寸亏损,期权头寸赢利,投资者平仓了结后,期权头寸的赢利可以弥补期货部位的亏损。或者,投资者提出执行,获得 15 200 元/吨的期货多头,对冲其持有的期货空头。这样,买入看涨期权等于锁定了期货最高买入价,锁定了期货空头的平仓价。无论期货价格涨至多高,投资者的最大损失是确定而有限的。本例中,投资者的最大亏损为 3 000 元。

(七)买进看跌期权,规避期货多头持仓风险

买进看跌期权,规避期货多头持仓风险策略的使用时机:对期货看涨但又不愿意承担太大风险。操作方式:买进看跌期权,保持已持有的期货多头头寸。最大获利:无限制。最大损失:执行价格 - 期货买入价 - 期权费。损益平衡点:期货建仓价格 + 期权费。其特点是能够规避期货价格下跌的风险,同时保持期货价格上涨所带来的赢利。

[例 13 - 7] 某投资者以市场价格 15 000 元/吨买进 1 手(5 吨/手)棉花期货,为规避价格下跌的风险,以 400 元/吨的价格买进 5 手(1 吨/手)同月份执行价格为 14 800 元/吨的看跌期权,共支付期权费 2 000 元。

情况一:如果价格上涨,期货部位赢利,期权部位亏损。投资者可以卖出看跌期权,平仓了结,或者放弃权利。当价格涨至 15 400 元,期货头寸的赢利完全弥补期权费成本,交易组合开始赢利,并且赢利随着价格的上涨持续增加。

情况二:如果期货价格下跌,期货头寸亏损,期权头寸赢利,投资者全部平仓了结后,期权头寸的赢利可以弥补期货头寸的亏损。或者,投资者提出执行,获得 14 800 元/吨的期货空头,对冲其持有的期货多头。无论价格跌得多深,投资者的风险已被锁定。买入看跌期权等于锁定了最低卖价,锁定了期货多头的平仓价格和最大亏损。本例中,投资者的最大亏损为 3 000 元。

二、期权卖方交易策略

(一)预期不涨,卖出看涨期权

预期不涨,卖出看涨期权策略的使用时机:期货价格经过一段时间上涨,面临前期高点或技术阻力位,预计后市转空或者进行调整。操作方式:卖出看涨期权。最大获利:期权费。最大损失:无限制,期货价格涨得越多,亏损越大。损益平衡点:执行价格 + 期权费。保证金:缴纳。

[例 13 - 8] 棉花期货价格为 15 000 元/吨,某投资者看淡棉花期货后市,卖出 1 手执行价格为 15 200 元/吨的棉花看涨期权,收到期权费 422 元/吨。损益平衡点为 15 622 元。

情况一:若 10 天后,棉花期货价格维持 15 000 元/吨,看涨期权跌至 330 元/吨。投资者买入平仓,获利 92 元/吨。

情况二:若部位保留至到期日,棉花期货价格只要维持在 15 200 元及以下,买方均会放弃执行的权利,投资者都可以获取 422 元的利润(见图 13 - 6)。

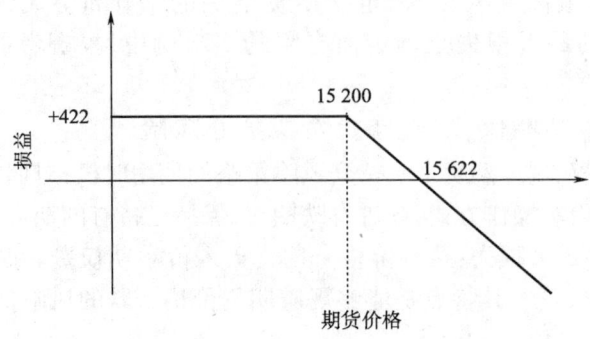

图 13-6 卖出看涨期权损益图

(二) 预期不跌,卖出看跌期权

预期不跌,卖出看跌期权策略的使用时机:市场向多或牛皮盘整。操作方式:卖出看跌期权。最大获利:期权费。最大损失:无限制,期货价格跌得越多,亏损越大。损益平衡点:执行价格-期权费。保证金:缴纳。

[例 13-9] 棉花期货价格为 15 000 元/吨,某投资者谨慎看好棉花期货后市,卖出 1 手执行价格为 15 000 元/吨的棉花看跌期权,收入期权费 510 元/吨。损益平衡点为 14 490 元。

情况一:若 10 天后,棉花期货价格涨至 15 100 元/吨,看跌期权跌至 370 元/吨。投资者买入平仓,获利 140 元/吨。

情况二:若持有至到期日,只要期货价格不低于 15 000 元,看跌期权都没有价值,买方不会提出执行,卖方投资者可以赚取全部期权费 510 元(见图 13-7)。

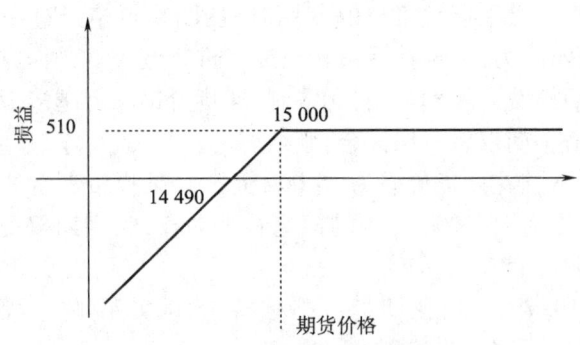

图 13-7 卖出看跌期权损益图

（三）卖出看涨期权，提高期货多头赢利

卖出看涨期权，提高期货多头赢利策略的使用时机：对期货看涨但上有阻力，或者有明确利润目标和价位目标。操作方式：买进期货＋卖出虚值看涨期权。最大获利：执行价格－期货买入价＋期权费。最大损失：无限制。损益平衡点：期货建仓价格－期权费。特点是能够通过卖出期权，收入期权费，可以增加赢利；可规避期货价格下跌的风险，但不完全。

[例13-10] 某投资者以市场价格15 000元/吨买入1手棉花期货，认为期货价格会上行至15 600元，因此，他以300元/吨卖出5手同月份执行价格为15 600元/吨的看涨期权，收到共1 500元的期权费。

情况一：如果期货价格上涨，达到或低于15 600元/吨，证明投资者的期货价格的判断十分准确。期货头寸赢利，期权仍处于平值或虚值状态，买方不会提出执行。

情况二：如果期货价格上涨到15 600元/吨以上价格，期货头寸赢利，期权头寸亏损。期权转化为实值状态，若期权的买方提出执行，投资者会被指派建立期货空头头寸，价格为15 600元/吨。正好对冲其15 000元/吨的期货多头，获得收益600元/吨，加上其获得的期权费收入，获利可达到900元/吨，相当于以15 900元/吨的价格平仓。

情况三：如果价格下跌，但不低于14 700元/吨。期货头寸的亏损和期权头寸的赢利同步扩大，如果持有到到期日，投资者仍可以用期权费收入来弥补期货多头的亏损。但如果价格跌破14 700元/吨，期货头寸的损失继续扩大，期权头寸的赢利却不再增加，因为期权卖方的最大赢利为其收到的期权费。因此，在市场超出预期下跌的情况下，投资者的期货多头风险将无法通过卖出的看涨期权完全得到弥补。

（四）卖出看跌期权，提高期货空头赢利

该策略的使用时机：对期货看跌，但有明确利润目标和价位目标。操作方式：卖出期货＋卖出虚值看跌期权。最大获利：期货卖出价－执行价格＋期权费。其最大损失：无限制。损益平衡点：期货卖出价＋期权费。其特点是能够通过卖出期权，收入期权费，可以增加赢利；可规避期货价格上涨的风险，但不完全。

[例13-11] 某投资者认为棉花期货价格会有400点的跌幅，因此以市场价格15 000元/吨卖出1手棉花期货。同时，以330元/吨卖出5手同月份执行价格为14 600元/吨的看跌期权，共收到1 650元期权费。

情况一:如果期货价格下跌,但不低于 14 600 元/吨,期货头寸赢利,期权仍处于平值或虚值状态,买方不会提出执行。

情况二:如果期货价格下跌到 14 600 元/吨以下,期货头寸赢利,期权头寸亏损,同时期权转化为实值状态。若期权的买方提出执行,投资者会被指派建立期货多头头寸,价格为 14 600 元/吨,正好对冲其 15 000 元/吨的期货空头,获利 400 元/吨。加上其获得的期权费收入,总获利可达到 730 元/吨,相当于以 14 270 元/吨的价格平仓。

情况三:如果价格上涨,但不超过 15 330 元/吨,期货头寸亏损,期权头寸赢利,期权到期后,投资者仍可以用期权费收入来弥补期货空头的亏损。如果投资者判断失误,价格向上突破 15 330 元/吨,期货空头的亏损继续增加,看跌期权空头头寸的赢利却不再增加,因为期权空头的最大赢利是其收到的 330 元的期权费。在市场大幅上涨的情况下,投资者期货空头的风险将无法通过卖出看跌期权而完全得到弥补。

(五)预期波动率减小,卖出跨式期权套利

预期波动率减小,卖出跨式期权套利策略的使用时机:市场处于平静期,价格维持牛皮盘整。操作方式:卖出某执行价格的看涨期权 + 卖出相同执行价格的看跌期权(同月份)。最大获利:期权费总收入。最大损失:无限制。损益平衡点:执行价格 ± 期权费总支出。保证金:缴纳。采用该策略,亏损无限制,投资者需要密切关注市场变化,并且自身要有承受风险的能力。

[例 13-12] 棉花期货价格为 15 000 元/吨,某投资者认为棉花期货价格会大幅波动,卖出执行价格为 15 000 元/吨的棉花看涨和看跌期权各 1 手,期权费均为 510 元,共收入期权费 1 020 元。损益平衡点为 13 980 元和 16 020 元(见表 13-6 和图 13-8)。

表 13-6 卖出跨式期权套利案例分析

时 间	期货价格	卖出执行价格(看涨)15 000	卖出执行价格(看跌)15 000	头寸损益
10 日后	14 000	90	1 080	-150
到期日 1	15 000	0	0	+1 020
到期日 2	13 500	0	1 500	-480

注:头寸损益为按表中的期权价格平仓后的收益减去期初净支付的期权费

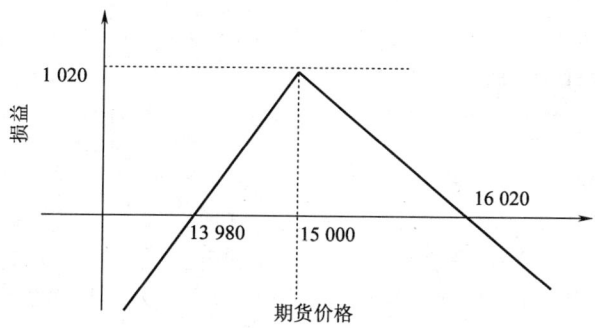

图 13-8　卖出跨式期权套利的损益

本章小结

本章首先讲述了期权的概念和分类；介绍了 B-S 期权定价模型的假设条件和基本内容，分析了影响期权价格的各种因素，介绍了期权交易的业务流程，并对各种期权交易策略进行了具体分析。

期权是在期货基础之上产生的一种金融工具，是指在未来一定时期可以买卖的权利，买方向卖方支付一定数量金额（期权费）之后，拥有在未来一段时间内（指美式期权）或未来某一特定日期（指欧式期权）以事先规定的价格（执行价格）向卖方购买或出售一定数量的特定标的物（实物商品、证券或期货合约）的权利，但不必负有买进或卖出的义务。

按不同的标准，可将期权划分为不同的种类：第一，按期权的权利来划分，有看涨期权和看跌期权；第二，按执行时间的不同，期权分为两种，即欧式期权和美式期权；第三，按照执行价格与基础资产市场价格的关系不同，期权分为价内期权、价外期权和平价期权；第四，按期权合约标的资产的不同，可以把期权分为两个大类，即商品期权和金融期权。

期权定价的 B-S 模型是建立在完全无套利分析理论的基础之上的。

期权交易包括期权交易指令、撮合与成交和期权交易的了结三个环节。

期权的基本交易方式分为买入看涨期权、卖出看涨期权、买入看跌期权和卖出看跌期权四种，其他所有交易策略都是在这些基础上产生的。

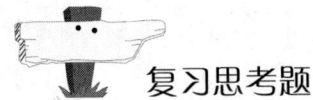
复习思考题

一、名词解释
1. 权利合约　　2. 内涵价值　　3. 时间价值　　4. 价内期权
5. 价外期权　　6. 平价期权　　7. 利率上限　　8. 利率下限
9. 利率上下限　10. 欧式期权　11. 美式期权　12. 股指期权
13. 外汇期权　14. 损益平衡点　15. 波动率微笑

二、简答题
1. 简述期权合约的特点。
2. 简述B-S期权定价模型的假设条件。
3. 简述B-S期权定价模型的不足之处。
4. 简述期权交易指令的主要内容。
5. 如何运用期权工具规避风险？请举例说明。
6. 如何运用期权进行投机？请举例说明。

第十四章 其他衍生产品

教学目标

通过本章的学习,了解权证、可转换债券、互换产品、外汇掉期和结构性金融产品的特点和交易策略。

学习重点

- 权证的概念、分类和特点
- 可转换债券与债券和股票的比较
- 利率互换与货币互换的特点
- 外汇掉期的交易策略
- 结构性金融产品的基本特征

第一节 权证产品

一、权证的定义

权证(warrants)是一种期权类衍生金融工具,是指标的证券发行人或其以外的第三人发行的、约定持有人在规定期间内或特定到期日有权按约定的执行价格向发行人购买或出售标的证券,或以现金结算方式收取结算差价的有价证券。

权证是发行人与持有人之间的一种契约关系,持有人拥有在某一约定时期或约定时间段内,以约定价格向权证发行人购买或出售一定数量的标的资产

(如股票)的权利。在国外成熟的权证市场上,其标的既包括常见的金融工具,如股票、债券、外币等,还包括衍生金融产品,如期权、期货等。通常以各种标的资产的名称来命名权证种类,如股票权证、债券权证、外币权证以及期货权证等,其中又以股票权证占大多数。

全球最早的权证可追溯到1911年的美国,当时美国电力公司通过发行权证进行融资。20世纪60年代,许多美国公司利用股票权证从事并购其他企业的融资。由于权证相对廉价,因此,部分权证甚至被当成推销手段。当时的美国在债券发售出现困难时,常常以赠送股票权证加以"利诱"。欧洲权证市场也较成熟。在亚太地区,新加坡等地的权证市场也有一定的规模。1987年德国德众银行决定为AGAG公司发行备兑权证,使备兑权证成为全球产品,得到了大力发展。

二、权证的分类

(一) 认股权证和备兑权证

按照发行人的不同,可以将权证分为认股权证(equity warrant)和备兑权证(covered warrant)。认股权证的全称是股票认购授权证,它是公司的集资活动,通过发行公司股份的认购权证进行。行使认股权证时,公司要发行新股,并将行使价授予行使权证的持有人。备兑权证一般由投资银行发行,发行人发行备兑权证并非为集资,而是为投资者提供一种管理投资组合的有效工具。备兑权证是上市证券,在交易所进行买卖,并构成发行人与持有人之间的一项合约,发行人的责任及备兑权证的条款及细则列于上市文件中。备兑权证所认兑的股票不是新发行的股票,而是已在市场上流通的股票。发行备兑权证不是上市公司的行为,不会增加股份公司股本。

(二) 认购权证和认沽权证

按照持有人权利的不同,认股权证分为认购权证和认沽权证。认购权证是赋予持有人一个权利而非责任,以行使价在特定期限内购买相关资产;认沽权证是赋予持有人一个权利而非责任,以行使价在特定期限内出售相关资产。

(三) 价内权证、价外权证及价平权证

按照发行时行使价与标的资产价格的高低,权证可以分为价内权证、价外权证及价平权证三类。标的资产市场价格高于认购权证的行使价格称为价内;标的资产市场价格低于认购权证的行使价格称为价外;标的资产市场价格等于认购权证的行使价格称为价平。对认沽权证而言,则恰好相反。

（四）欧式认股权证、美式认股权证和百慕大式权证

以行使时间划分,认股权证分为欧式认股权证、美式认股权证和百慕大式权证。美式认股权证持有人在权证上市日至到期日期间任何时间均可行使其权利,欧式认股权证持有人只可以在到期日当日行使其权利,百慕大式权证持有人在权证上市日至到期日期间的规定时间可行使其权利。

三、权证的特点

权证具有以下特点：

第一,权证表征了发行人与持有人之间存在的合同关系,权证持有人据此享有的权利与股东所享有的股东权在内容上有着明显的区别,即:除非合同有明确约定,权证持有人对标的证券发行人和权证发行人的内部管理和经营决策没有参与权。

第二,权证赋予权证持有人的是一种选择的权利而不是义务。与权证发行人有义务在持有人行权时依据约定交付标的证券或现金不同,权证持有人完全可以根据市场情况自主选择行权还是不行权,无须承担任何违约责任。

第三,以小搏大,具有杠杆效应。如香港市场上 1 股汇丰银行的股票要 120 多港元,相比之下,权证是散户投资者理想的投资工具,汇丰银行的权证价格仅为几港元,用买股票几分之一的资金去买汇丰银行权证,只要汇丰银行的股价上涨 1%,投资者的回报就可能高达 20% 甚至更多。

四、我国的权证市场

2005 年 8 月 22 日,我国第一只股改权证——宝钢权证上市交易。之后,随着股权分置改革的推进,武钢 JTP1、武钢 JTB1 和机场 JTP1 等股改权证陆续上市。经过两年多的发展,权证市场已成为投资者瞩目的焦点。截至 2007 年 7 月 17 日,我国共有 16 只权证,全部为股票权证,具体为:11 只认购权证,5 只认沽权证;9 只股本权证,7 只备兑权证;1 只欧式权证,15 只百慕大式权证。2007 年,权证交易品种由年初的 26 只减少到 17 只,其中退市 12 只,新上市 3 只;权证市场累计成交近 40 万亿元。面对权证市场交易出现的过度投机性,深交所、上交所采取了相应的监控措施,以防范风险。

在 2010 年 10 月份江铜权证谢幕之后,市场仅剩长虹权证一只。权证市场交易活跃度和成交量的萎缩,预示着权证暂时退出资本市场或成事实。但权证品种的陆续退市并不意味着权证市场的"终点"。只要未来与国际市场接轨的大趋势不变,权证市场将再次迎来螺旋式上升、发展的机会。我国会在总结经验、完善机制前提下,迎来权证市场新的发展高潮的"起点"。

五、权证投资策略

权证投资应遵循一定的分析流程:

一是方向判断,投资者应首先对标的证券未来的涨跌方向有一个明确的判断,然后才去购买对应的权证。

二是横向比较,若针对相关标的证券发行的权证不止一只,投资者应收集有关标的证券所有权证的信息,并就权证的行权价格、剩余期限及其发行人等内容进行比较,选择适合自身投资偏好的权证。

三是在其他条件类似的情况下,投资者应选择隐含波动率较小的权证,或实际杠杆比率较高的权证。

四是对于拟买入的权证,投资者还应进一步参考和比较其隐含波动率和历史波动率,以判断权证的价位是否偏高。

(一)利用高杠杆性,获取更高收益

在进行权证交易时仅须支付小额的权利金便可获得标的资产的收益。权利金一般只相当于标的资产价格很小的一个比例,因此,权证具有高杠杆性。可以用杠杆比例来衡量权证的杠杆性。杠杆比例 = 标的股票价格÷(权证价格÷行使比例)。杠杆比例越大,表示杠杆效果越大。

[例14-1] 假设上证50ETF的现价为0.8元,某投资者看好上证50指数未来6个月的走势,他可以有两种投资选择:

第一,直接购买。直接购买10 000份上证50ETF,共需付资金8 000元。

第二,投资上证认购权证。要享有10 000份上证50ETF上涨的好处,投资者也可以选择投资1 000份认购权证,这样只需资金932元,杠杆比例为0.8 ÷ (0.932÷10) = 8.58倍。假设1个月后,上证50ETF价格涨至0.90元,按照权证的定价公式,此时认购权证的价格大约为1.581元。直接投资ETF,收益率为12.5%;投资认购权证,收益率为(1 581 - 932)÷932 = 69.63%。

如果投资者判断失误,ETF价格跌至0.70元。直接投资50ETF,损失10 000 × (0.8 - 0.7) = 1 000元,而投资认购权证的最大损失是权利金932元。两种投资决策的盈亏如图14-1所示。

(二)自我构造保本型理财产品

权证是一种基础性的衍生产品,券商利用权证可以开发出许多不同的衍生产品。实际上,有了权证,投资者也可以根据自己风险收益偏好的不同,通过权证与债券等金融工具的组合,自行设计适合自己进行资产管理的产品。

[例14-2] 某投资者是一个保守的私营企业主,他现有流动资金1 000

万元,希望进行 6 个月的保本型投资,但又希望能得到超过目前市场利率的收益率。假设市场上现有一个剩余 6 个月期限的 A 债券,到期年收益率为 4%。按照投资者的要求,可构建如下组合:

第一,投资债券 990.11 万元;

第二,投资认购权证的金额为 919 万元。

投资者的到期收益情况见表 14 - 1。

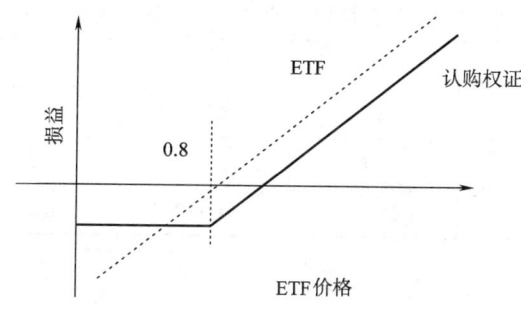

图 14 - 1 投资 ETF 与认购权证损益对比图

表 14 - 1 用认购权证和债券构建保本型产品的损益

	情况一:ETF 涨至 0.95 元	情况二:ETF 跌至 0.75 元以下
债券部分价值(万元)	990.1 × (1 + 4%/2) = 1 009.902	990.1 × (1 + 4%/2) = 1 009.902
权证部分价值(万元)	9.9/0.932 × (0.95 - 0.8) × 10 = 15.933	0
总资产价值(万元)	1 025.835	1 009.902
收益率	2.58%	0.99%
折合年收益率	5.16%	1.98%

可见,即使市场下跌,投资者的本金仍得到了保证。通过此类办法,投资者可实现在控制风险的同时追求最大收益的投资目标。这种组合就是流行的保本基金的雏形。当然,投资者通过对购买权证资金比例的控制,可以得出各种风险收益配比的投资组合,例如最大损失 2%、5%、10% 等。

(三)为持仓证券进行套期保值

投资人如已持有现货,为防止现货下跌而蒙受巨额亏损,可以购买对应的认沽权证作为避险工具。

[例 14 - 3] 某投资者预期未来 3 个月内上证 50 指数将上涨,于是以 0.8

元的价格购买了100万份50ETF,但他又担心预测错误,那么,他可以购买10万份上证50ETF认沽权证,这样,大体上将出现以下几种情况(见表14-2)。

由此可见,通过这样的避险操作,投资者虽然多付出了一定的成本(权利金),却能够将最大损失锁定,而持有的现货仍然能够享受正常的获利。其实,从图14-2可以清楚地看出,投资者实际上通过支付一定的成本,构造了一个亏损有限、收益无限的认沽权证。

表14-2 带有套期保值的现货组合盈亏情况分析

ETF 价格(元)	0.6	0.72	0.85	1.0
ETF 盈亏(万元)	-20	-8	5	20
权证盈亏(万元)	8.87	-3.13	-6.13	-6.13
现货组合总盈亏(万元)	-11.13	-11.13	-1.13	13.87

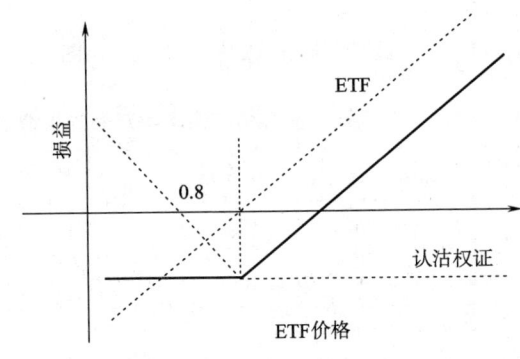

图14-2 带有套期保值的现货组合损益图

(四)将相对收益转化为绝对收益

国内有不少投资者在证券品种的选择上具有优势,他们选择的证券常常能够超越指数。但是,中国证券市场作为一个新兴的、不成熟的市场,系统性风险在投资风险中所占的比重非常大,投资者常常因为无法规避巨大的系统性风险而变得伤痕累累,这也是绝大多数机构投资者只能把超越指数作为业绩评价的标准,而无法承诺绝对收益的原因。但是,如果利用认沽权证,我们就可以将相对收益转化为绝对收益。

[例14-4] 某机构投资者在个股选择上做得非常成功,相对收益率可以做到超越上证50指数15%。假设现在其购买了750万元的某证券组合A和100万份的ETF认沽权证(成本61.3万元)。到期时,可能出现如表14-3所示

的几种情况。

表 14-3　相对收益转化为绝对收益的盈亏情况分析

ETF 变动幅度(%)	10	-10	-20	-30
组合 A 盈亏(万元)	750×(15%+10%)=187.5	750×(15%-10%)=37.5	-37.5	-112.5
认沽权证盈亏(万元)	-61.3	-31.3	48.7	128.7
总盈亏(万元)	126.2	6.2	11.2	16.2
总收益率(%)	15.55%	0.76%	1.38%	2%

可见，即使市场大幅度下跌，投资者仍可获得大于零的绝对收益率。

(五) 暴涨暴跌都获利——马鞍式权证组合

在某些情况下，投资者能判断市场将要大幅波动，却不清楚市场波动的方向如何。那么，投资者就可以同时买入基于同一标的资产的认沽权证和认购权证，在享受市场大幅波动带来赢利的同时，又能最大限度地控制风险。

[例 14-5]　某投资者判断市场在未来的 6 个月内，指数将受某政策影响，出现大涨或大跌，但是具体变动方向不明，于是花 9 320 元买入 10 000 份认购权证，同时花 6 130 元买入 10 000 份认沽权证。权证到期时，权证组合收益情况如表 14-4 所示。

表 14-4　马鞍式权证组合盈亏情况分析

ETF 价格(元)	1.1	0.9	0.8	0.7	0.5
认购权证净损益(万元)	2.001	0.068	-0.932	-0.932	-0.932
认沽权证净损益(万元)	-0.613	-0.613	0.613	-0.113	1.887
总收益(万元)	1.388	-0.545	-0.319	-1.045	0.955

可见，只要标的资产出现大幅度变动，无论涨跌，投资者的权证组合都能够赢利，并且变动幅度越大，收益越高。但是如果标的资产出现盘整行情，投资者将蒙受一定的损失，其可能的最大损失为两个权证的权利金。马鞍式权证组合的损益如图 14-3 所示。

由于这种权证组合的损益图类似于马鞍，故被称为马鞍式权证组合，也称跨式权证组合。

(六) 更复杂的权证交易策略

如果权证市场已经具备一定的规模，市场产品比较丰富，且不存在卖空限制，权证的交易策略将会五彩斑斓，让人眼花缭乱，拍案叫绝。下面我们介绍的

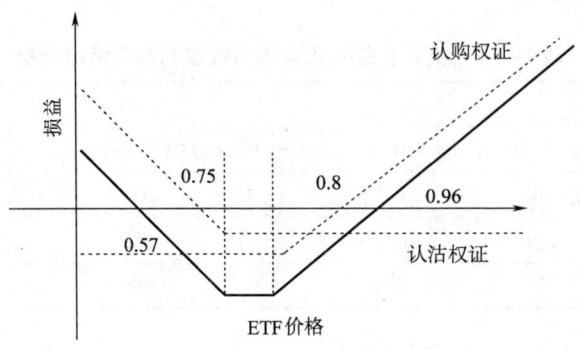

图14-3 马鞍式权证组合损益图

一种蝶式差价权证组合(Butterfly Spread)就是一个生动的例子。

蝶式差价权证组合由同一标的资产的3种不同执行价格的相同类型权证头寸所组成:购买一个较低执行价格 X_1 的认购权证,购买一个较高执行价格 X_3 的认购权证,买入两个执行价格 X_2 的认沽权证,其中 X_2 为 X_1 和 X_3 的中间值。一般来说,X_2 非常接近于股票的现价。该策略的损益如图14-4所示。

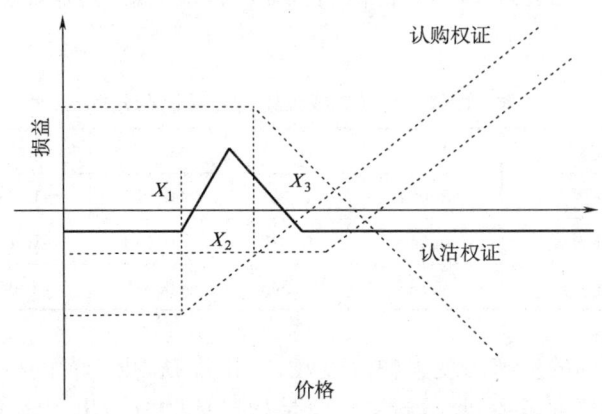

图14-4 蝶式差价权证组合损益图

如果股票价格 S_t 保持在 X_2 附近,则该策略就会获利;如果股票价格在任何方向上有较大波动,则会产生损失(权利金)。因此,对于那些认为股票价格不可能发生较大波动的投资者来说,这是一个非常适当的策略。本策略和马鞍式权证组合策略的损益状态刚好相反。假设 $X_2 = (X_1 + X_3)/2$,蝶式差价权证组合的损益如表14-5所示。

表14-5 蝶式权证组合盈亏情况分析(未计最初成本)

股票价格范围	认购权证1	认购权证2	认估权证(空头)	策略组合
$St < X_1$	0	0	0	0
$X_1 < St < X_2$	$St - X_1$	0	0	$St - X_1$
$X_2 < St < X_3$	$St - X_1$	0	$-2(St - X_2)$	$X_3 - St$
$St < X_3$	$St - X_1$	$St - X_3$	$-2(St - X_2)$	0

相反,投资者也可以运用认沽权证构造蝶式差价组合:购买1个执行价格较低的认沽权证,购买1个执行价格较高的认沽权证,同时出售2个执行价格居中的认沽权证。虽然组成的权证不同,但是组合的损益状态却和利用认购权证的情况完全一致。

第二节 可转换债券

一、可转换债券概述

(一)可转换债券的定义

可转换债券(convertible bond)是一种期权类衍生金融工具,是发行人依照法定程序发行,在一定期间内可以依据约定的条件转换成股份的公司债券。一般意义上的可转换债券是指一种无担保、无追索权、信用级别较低,兼有债务性和股权性的中长期混合型融资和投资工具。简单地说,可转换债券就是一张比市场利率略低的公司债券附上一个转换价格略高于正股市价的转换权,即选择权(option)。也就是说,可转换债券投资人以牺牲部分利息差为"代价",换取未来一定时间内,以事先约定的转股价格或转换比率将其转换成股票,从而获取差价利益的机会。

(二)可转换债券的特征

可转换债券作为一种公司债券,具有一般债券的基本特征,需要定期偿付本金、利息,具备面值、票面利率、偿还期限等要素。同时它又是一种混合金融工具,具有自己的一些特征。

1.可转换债券既有债券的性质,又有股票的性质。这一特征表现为:当它未被转换成股票前,是一种公司债券,体现的是债权债务关系,持有者是债权人;转换成股票后,它就成为股票,体现的是产权关系,持有者成为公司股东,享有股东的权利。

2. 可转换债券的利率较低。可转换债券兼有债务性和股权性的特点,决定了它的票面利率通常低于一般债券,有的甚至低于同期银行存款利率。这是因为:债务性为投资的安全性提供了保障,使投资者能在持有此项债券的初期,获得比股利更为稳定和可靠的利息收益;而股权性又能使投资者在公司经营状况良好时,将此债券转换为股票,由此获得比一般债券的利息收益更高的股利收益。简言之,可转换债券的投资者以牺牲部分利息差为代价,换取了在未来的一定时间,以事先约定的转股价格或转换比率来转换股票,从而获得差价利益的机会。

3. 可转换债券具有双重选择权。一方面,投资者拥有是否转股的选择权。可转换债券在发行时的募集说明书中,规定有转股价格及调整方法、实施转股的时间范围等内容,投资者既可以在规定时间内以约定的条件换股,也可以不行使转换权利而持有此债券至期满。通常,在募集说明书中还有回售条款。投资者由此拥有是否按条件把手中的债券回售给发行人的选择权。另一方面,发行人也有一份选择权。可转换债券一般为次级信用债券,具有赎回条款,规定公司可在到期日以前以一定的价格将其赎回。所以,发行人拥有是否实施赎回条款的选择权。这种双重选择权分别保障了投资者和发行人的利益,使可转换债券具有更大的吸引力。

(三) 可转换公司债券与纯粹债券和普通股的比较

1. 可转换公司债券与纯粹债券的比较。在其他条件相同的情况下,可转换公司债券的票面利率会比纯粹债券低,投资者选择它,是因为当企业股票价格大幅度上升时,可通过行使转换权来分享股票增值收益。对于公司来说,与发行纯粹债券相比,在公司发行可转换公司债券后的时期里,若发行公司股票表现出色,投资者纷纷转股,稀释了股权,股票价格下降,反而对公司不利;若公司股票表现差劲,投资者放弃转换权,公司可以少付利息,则有助于公司。在有效的证券市场中,股价是随机的,谁也无法预测,所以无法肯定可转换公司债券是优于还是劣于纯粹债券。

2. 可转换公司债券与普通股的比较。与普通股相比,在公司发行可转换公司债券后的时期里,若发行公司股票表现出色,投资者纷纷转股,由于转股价格高于发行日的股价,相当于公司高价发行股票,对公司有利;若公司股票表现差劲,投资者放弃转换权,则对公司不利,因为若当初发行股票,发行价高于发行后的股价,公司可以收到比其随后股票价值要多的现金。在有效的证券市场中,股价是随机的,谁也无法预测,所以,无法肯定可转换公司债券是优于还是劣于普通股。

因此,如果公司表现良好,发行可转换公司债券会比发行纯粹债券要差,但会优于发行普通股。相反,如果公司表现糟糕,发行可转换公司债券会比发行纯粹债券要好,但比不上发行普通股。

(四)可转换债券融资的优点

1. 降低融资成本。这一优点非常明显。可转换债券的双重性质,一方面向投资者提供了获得本金和利息的安全承诺,另一方面又提供了在发行公司股价攀升时将债券转换为股票、在股票市场上获得较高收益的机会,所以它的票面利率较低。发行公司通过较低的融资成本,获得可供长期使用的资金。

2. 提供了一种发行股票的曲折方法。许多公司可能实际上是希望发行股票而非债券,只是因受到政府对股票发行额度的严格限制而无法直接发行股票。可转换债券为这些公司提供了一种间接发行股票的方法。发行公司通过发行可转换债券并制定相应的赎回条款(这种赎回条款往往会使债券持有人愿意转换),使绝大部分债权转化为股权,从而达到发行股票的真正目的。

3. 减少所筹资本的使用约束。当投资者购买一般债券时,为保证发行人的偿债能力,往往在契约中设定许多约束性条款;而可转换债券的投资者是公司的潜在股东,与公司的利益冲突要小得多,因此,公司在使用所筹资金时受到的约束相对要小些,拥有一定的灵活性。

4. 享受税收利得。公司支付给股东的股利是从税后净利中支付的,而支付给债权人的债券利息则是从税前利润中支付。因此,股息成本完全由公司承担,而债券的利息成本公司只承担大部分(若公司所得税税率为25%,则公司只需承担75%)。因此,在可转换债券未转换成股票之前,公司可以享受这一税收利得。

(五)可转换债券转换价格的决定因素

1. 股票价格。股票价格是最重要的影响因素。股票的市场价格和价格走势直接主导着转换价格的确定。境外制定转换价格一般是以发行前一段时期的股票市价的均价为基础,上浮一定幅度作为转换价格,通常上浮5%~30%。

2. 债券期限。可转换公司债券的期限越长,相应的转换价格也越高;期限越短,则转换价格越低。

3. 利息率。一般来说,利息率高,则转换价格也高;利息率低,则转换价格也低。利息率是同可转换债券期限的长短相一致的。

4. 发行地点。发行地点总是同投资人联系在一起的,同时,发行地点对发行可转换债券所要求的法律环境、信息披露条件等方面会有影响,它还影响发行成本,进而影响转换价格。

5. 上市地点。上市地点的技术条件、交易制度条件、市场活跃程度、市场规模、投资者群体结构等,都影响可转换债券的转换价格。

二、我国的可转换债券市场

1843年,美国NEWYORK ERIE公司发行了世界上第一张可转换公司债券,经过近两个世纪的发展,可转换债券市场已经成为发达国家金融市场不可或缺的重要组成部分。

可转债在我国发展历程较短,而且较长时间内处于摸索阶段。虽然近两年可转债呈爆发式增长,但相比每年发行量过千只的公司债券,未来可转债仍有较大发展空间。从发行情况看,可转债在我国的发展大体可分为三个阶段:

第一阶段(1992—2001年)。这一时期我国可转债整体处于萌芽和探索阶段,这一时期政策法规尚不完善,缺少监管。可转债发行数量仅6只,发行额度仅52.00亿元。特别是因为1992年11月第一只由上市公司发行的可转债——宝安转债转股失败,到1997年,五年内国内都再无可转债发行。

第二阶段(2002—2016年)。1997年3月,我国市场上第一个可转债规范性文件——《可转换公司债券管理暂行办法》发布。2001年,中国证监会又接连颁布《上市公司发行可转换债实施办法》《关于做好上市公司可转换债券发行工作的通知》等政策性文件,国内转债市场建立了相对完备的监管体系,可转债的发行有了指导和约束的框架。2006年,中国证监会颁布《上市公司证券发行管理办法》,并同时废止《可转换公司债券管理暂行办法》、《上市公司发行可转换债实施办法》和《关于做好上市公司可转换债券发行工作的通知》三部政策性文件。在此之后,由于投资者和发行人对可转债认识不足,再加上对发行人盈利性要求高且存在规模限制以及政策和市场导向等原因,可转债仅保持了持续稳定的发行,未能出现爆发式增长。

第三阶段(2017年至今)。这一时期,国内监管政策发生了新的变化。中国证监会开始收紧再融资。2017年2月,证监会发布了《关于修改〈上市公司非公开发行股票实施细则〉的决定》和《发行监管问答——关于引导规范上市公司融资行为的监管要求》两项监管文件。2017年5月,证监会又颁布《上市公司股东、董监高减持股份的若干规定》,从定价基准日、发行规模、融资频率、减持监管等方面收紧定增融资。相比之下,可转债融资不受融资频率限制,作为定增的重要替代产品,可转债迎来不可多得的发展机遇。

2019年以来,作为上市公司良好的融资渠道,可转债越来越受到投资者的青睐,发行规模和标的数量都创出新高。从可转债信用申购推出开始,可转债的发行数量和规模快速上涨。截至2022年上半年末,我国广义可转债市值突破9 366亿元。其中,沪市广义可转债规模高达6 366亿元,深市广义可转债规模略超3 000亿元。一般而言,广义可转债市场不仅包括公募可转债,还包括定向可转债和可交债。

三、可转换债券案例分析

2004年10月,包钢的钢联股份成功发行了18亿元可转换债券,所募资金重点用于冷轧薄板项目建设。在条款设计上,钢联股份转债独具特色,充分考虑了投资者利益。尽管可转换债券的票面利率偏低,但其修正、回售和赎回条款在一定程度上弥补了其中的不足。在同等规模的可转换债券中,它不失为可转换债券投资者的较好选择。现对钢联转债的发行条款做如下分析。

（一）票面利率

5年期票面利率分别为1.3%、1.5%、1.7%、2.1%和2.6%,平均利率为1.84%,在2004年已发行可转换债券品种中处中游水平。由于具有利息补偿条款,在第5年可以获得3.8%的额外利息补偿,利率补偿率达到2.6%。这在一定程度上弥补了债券价值的不足,对投资者较为有利。

（二）赎回及回售条款

条款规定,钢联转债发行半年后进入赎回期,股价连续30个交易日高于转股价的130%,可以103元赎回。这种相对较为宽松的赎回条件为可转换债券投资者享受股价上涨所带来的收益提供了更多的空间。虽然由于自动修正条款的设置使可转换债券回售的可能性减少,但所设回售价格高达108元,反映出了较强的债性,使钢联转债具有较好的支撑性。

四、可转换债券投资策略

可转换债券的特性决定了它的投资风险高于债券、低于股票,平均投资收益高于债券、低于股票,这就拓宽了投资者选择投资品种的范围,使得不同的风险能够由具有与之相适应的风险承受能力的投资者来承担,从而优化了整个资本市场的风险/收益转移机制。与发达的资本市场相比,我国资本市场还处于弱有效甚至无效率的市场状态,市场投资者以散户居多,投机气氛较浓,信息传播滞后。由于可转换债券联结了股票和债券两个市场,必然会给投资者以众多的套利机会。投资者可利用两个市场间信息的不对称来进行无风险套利,尤其是在可转换债券转换成股票的过程中,套利机会更加明显。同时,可转换债券中蕴含着赎回权和回售权,这两份期权的价值也将随着股价、到期期限以及股票分红派现等因素的变化而变化,使得对可转换债券的投资又增添了一些不确定因素。因此,掌握合理的投资策略尤为重要,这一方面能为投资者带来显著的经济利益,另一方面也可提高整个市场的运作效率。

(一) 不可赎回可转换债券的投资策略

所谓赎回权,是指合约赋予发行人在可转换债券到期前,以一定的价格从投资者手中购回可转换债券的权利。对不可赎回的可转换债券,如果在可转换债券到期之前,股票不分红或者债券不带息票,可转换债券的投资者就不应该提前行使转换权。现实情况是,在可转换债券到期之前,股票一般都有分红,并且债券是带息票的,那么,此时可转换债券的投资策略应该遵循以下原则。

第一,如果在可转换债券到期之前股票不分红,投资者就不应该提前行使转换权。

第二,如果在可转换债券到期之前有大额红利派发,则提前行使转换权可能有利;如果保留转换权的价值不足以抵补派发到的红利,投资者就应该提前行使转换权。

第三,如果债券是带息票的,息票利息的存在将降低债券持有者行使转换权的积极性。如果不行使转换权,债权人可以得到全部息票利息;如果转换了,息票利息将留在公司,而债权人原来只占有其中的一部分。

第四,如果在支付息票利息前派发红利,而红利的数额小于息票利息,则可转换债券的投资者就不应该为了红利而提前行使转换权。

(二) 可赎回可转换债券的投资策略

对含有可赎回权的可转换债券的投资,通常要比不含可赎回权可转换债券的投资复杂得多。目前我国发布的有关发行可转换债券的公告中,可转换债券一般都含有可赎回权,因此,对可赎回的可转换债券投资策略的把握至关重要。一般而言,发行人规定的可赎回条件都是以其自身的利益为出发点的,即当可转换债券的市场价格对发行人极其不利时,发行人才会行使赎回权。赎回权的行使将迫使投资者直接面临两种选择:一是被迫赎回,同时获得一笔赎金;二是不愿被赎回,同时行使转换权,将可转换债券转换成股票后继续持有。

投资者选择哪一种方案,由这两种方案所能获得的收益来决定。一般来说,公司对赎回权的使用还是相当慎重的,往往要等到转换价值高出赎回价将近一半时才行使赎回权。这是因为,赎回权的行使会使发行人流出一大笔现金,从而降低发行人资产的流动性;而可转换债券被强制转股,将导致股票权益稀释,从而使股价下跌。当然,当市场利率变得很低时,若发行人行使赎回权,再以当前较低利率融资对发行人更有利时,也不排除发行人行使赎回权的可能性。

以上两种投资策略仅是在理论上的探讨。事实上,现实情况十分复杂,可转换债券不仅包含看涨期权,还包含可赎回权、可回售权以及发行人对转股价格的向下修正权。如果把这些因素全都考虑在内,那么,对可转换债券投资策略的精确分析必须借助于复杂的期权定价理论。

第三节 互换产品

一、定义和分类

互换是两个或两个以上的参与者之间直接或通过中介机构签订协议,互相或交叉支付一系列本金或利息,或者本金和利息的交易行为。根据支付内容的不同,金融互换有三种基本形式,即利率互换(Interest Rate Swap)、货币互换(Currency Swap)和股票互换(Stock Swap)。

利率互换是只交换利息的金融互换,即协议的当事人之间就共同的名义本金额,各自依据不同的利率计算指标,计算并交换一组利息流量。

货币互换是交换本金、通常也交换利息的金融互换,即协议的当事人之间在既定的期间内交换不同币种的利息流量,并于期间结束时,依据协议约定的汇率交换计算利息的本金。

此外,还可以将利率互换和货币互换结合起来,如一种货币的固定利率付息与另一种货币的浮动利率付息相交换,这也被人们称为交叉利率通货互换(Cross Currency Interest Rate Swap)。

金融互换是在固定汇率制崩溃、浮动汇率制形成及利率波动日益频繁和剧烈的背景下产生的。其意义在于:第一,通过金融互换,可在全球各市场之间进行套利,在降低筹资者的融资成本或提高投资者的资产收益的同时,促进全球金融市场的一体化;第二,利用金融互换,可以管理资产负债组合中的利率风险和汇率风险;第三,金融互换为表外业务,可以逃避外汇管制、利率管制及税收限制。

二、互换的风险

互换是金融创新的结果。在金融互换业务和交易出现之后,资本市场的加速发展、科学技术的日新月异,导致应规避风险之需而产生的金融创新工具本身也面临着风险问题。

(一)信用风险

信用风险是指因交易的一方不能履行或不能全部履行责任而致使对方发生损失的可能性。产生信用风险的原因在于,一是当事人一方的履约能力受到限制,二是其履约意愿发生了偏差。根据金融互换的定义,互换双方可能是互换活动的当事人,也可能涉及金融中介机构,还可能通过银行并使之在同一笔互换活动中充当买方与卖方。可以说,上述相关利益主体构成了互换业务的当事人群体,只要某一方出现违约,信用风险就会发生。

(二) 市场风险

市场风险是指由于汇率或利率变动,使当事人某一方互换价值的变动为负数的可能性。因金融互换可以分为货币互换和利率互换,相应的,其风险也就分为货币互换市场风险和利率互换市场风险两种。在实际工作中,一般运用风险敞口等值法予以测定。

(三) 国家风险

国家风险也称政策风险,是指当一个国家因某种特殊原因发生政策性波动,致使对手不履约;或因该国实行外汇管制,从而无法得到对手资金的风险。在金融互换业务中,政策性因素具有不可抗拒的特点,有时甚至可能无法预知,因此,这种风险难以防范与控制。

(四) 结算风险

结算风险是指互换各方在资金支付时间上存在差异导致的风险。由于汇率或利率在不同时间可能存在较大波动,互换当事人结算的资金也可能相应的发生差异。

导致金融互换风险的原因,一是经济方面,主要体现在汇率和利率的变动上;二是政策方面,如国家体制的变化等;三是操作因素,如当事人过分投机操作、内部协调失控、缺乏交易知识等;四是其他方面,如社会因素与自然因素等。当然,导致互换风险的因素并不是孤立存在的,正如系统风险一样,分析风险因素时,必须对复杂的环境进行综合考虑,以免顾此失彼。

三、利率互换

在互换市场上,利率互换一直居于支配地位。利率互换是同种货币在商定时期内按照商定的名义本金数量计算的利息义务(利息支付)或收取(投资收益)的双方当事人之间为交换现金流而签订的一种协议。商定的本金数量既不是贷款,也不是投资。开始时不进行交换,在到期日也没有偿还的问题,因此称为名义本金。当事人之间的利息流以名义本金额作为计算依据,并根据预先确定的规则进行交换。

利率互换的依据是比较优势原理,互换成本的节约主要来自各方当事人的信用状况不同以及其他市场的不完善。在中长期债券市场和短期信贷市场上,不同借款人的风险状况不同,他们在这些市场上筹集资金的条件必然存在差异。一般来说,信用品质较低的发行人在固定利率债务市场上必须提供比浮动利率市场更高水平的溢价,或者必须支付更高的融资成本才能筹集到所需资金。利率互换的当事人在有最大的相对成本优势的市场上筹集资金,通过利率互换,将所筹集资金的成本从固定利率转为浮动利率,或者反过来,从浮动利率转化为固定利率,从而有效地获得套利利益。

[例 14-6] A 公司需要浮动利率资金,它可以在信贷市场上以半年伦敦银行同业拆放利率(Libor)加上 20 个基点或在债券市场以 11.05% 的年利率筹措长期资金。同时,B 公司需要固定利率资金,它能够在信贷市场上的半年 Libor 加上 30 个基点或在债券市场上以 11.75% 的年利率筹措长期资金。尽管 A 公司在两个市场上都具有绝对优势,但在债券市场上却具有更大的相对优势。因此,A 公司以 11.05% 的年利率发行长期债券,B 公司以半年 Libor 加上 30 个基点的利息成本在信贷市场上借入长期资金,二者通过银行进行互换交易。A 公司向银行支付半年 Libor 并从银行收取 11.05% 的固定利率,B 公司向银行支付 11.25% 的固定利率,并从银行收取浮动利率 Libor。

最终结果是,A 公司以 Libor 筹措到长期浮动利率资金,比直接进入信贷市场筹资便宜 20 个基点,B 公司以 11.25% 加上 30 个基点筹措到长期固定利率资金,比直接进入债券市场筹资便宜 20 个基点;银行作为中介人,其中介费为 20 个基点。

除了提供成本利益之外,利率互换还可以广泛应用于以下方面:①利率互换使借款可以有效地进入由于信用等级较低、缺乏知名度或者对某个特定资本市场的过度使用可能无法进入的市场,从而在不可能进入债券市场的情况下筹集到固定利率资金;②在不筹措新资金的情况下,重新安排债务结构;③重新安排利息收入或投资的状况;④对利率水平的变动方向进行保值或投机。

四、货币互换

与利率互换一样,货币互换的基础仍然是比较优势原理。一个公司总是希望在具有相对优势的市场上筹集资金,这种相对优势是该公司有较高的知名度和威望,从而筹资的成本较低,或者较容易地互换成所需要的货币。

[例 14-7] A 公司为一家美国公司,希望为其法兰克福子公司筹集欧元 5 年期固定利率债务。B 公司是一家德国公司,想要为其纽约子公司筹集美元 5 年期浮动利率债务。A 公司在美元信贷市场有较高的信用级别,能以 Libor 筹措到 5 年期美元半年浮动利率资金,而进入德国债券市场筹集 5 年期资金的成本为 9.665%。B 公司信用级别尽管不如 A 公司,但在德国债券市场上有较高的知名度,能以 9.75% 年利率筹集 5 年期固定利率的欧元,而进入信贷市场筹集 5 年期浮动利率美元资金的成本为 Libor 加上 50 个基点。无论在美元信贷市

场还是在德国债券市场，A公司都比B公司有绝对优势，同时，A公司在美元信贷市场上具有相对优势。在这种情况下，A公司和B公司通过银行中介进行交叉货币互换，这对双方都有利。交换过程如下：

第一，本金的初始交换。互换当事人按双方商定的汇率交换本金，这一交换可以是名义上的，也可以是实际交换。本例中，A公司以Libor筹集1 000万5年期浮动利率美元，B公司以9.75%的年利率筹集等量（如700万欧元）5年期固定利率欧元。本金按当时即期汇率$1 = Euro 0.7进行交换。

第二，连续的利息交换。即当事人根据本金数量、按照交易开始时商定的固定利率在商定的日期交换利息支付。本例中，A公司和B公司同意互相支付对方的融资成本。

第三，本金的最终交换。在到期日，本金按最初交换时的汇率$1 = Euro 0.7进行再交换。

互换交易的最终结果表现在三个方面：

首先，A公司以9.6%的利率筹集到5年期固定利率欧元，比直接进入德国债券市场筹资便宜6.5个基点（9.6% - 9.665% = -0.065%）。

其次，B公司以Libor+30个基点筹集到5年期浮动利率美元资金，比直接进入美元信贷市场筹资便宜20个基点[（Libor + 0.3%）-（Libor + 0.5%）= -0.2%]。

最后，银行作为交易中介人，从美元本金上每年收取30个基点，而对欧元本金每年付出15个基点。为了避免美元、欧元两种货币利息流所产生的外汇风险，银行可以进行一系列抛售美元买入欧元的远期外汇交易，对所赚取的15个基点的净利润进行保值。

五、股票互换

股票互换是一种交易双方之间的协议，其中至少一方同意在协议有效期内依照未来的时间表向另一方支付根据股票指数确定的一定比率的回报，另一方根据某固定或浮动的比率或另一股票指数进行支付。合约中的支付按某相关名义本金的一定百分比确定。

[例14-8] A公司拥有美国股票，同时希望将其投资组合的15%配置为德国蓝筹公司的股票。一种选择是，卖出美国股票，买入德国股票。但是，这种方法存在的问题是：跨国投资需要付出较高的交易成本，同时还需要办理复杂的手续。为避开这个问题，A公司可与一家持有德国股票但又想投资美国股市的B公司签订一个股票互换协议。具体运作步骤如下：

第一步，A公司确定名义本金等价于其投资于投资组合的市场价值的

15%,每季度进行一次款项支付。

第二步,双方交换支付。A 公司每季度按名义本金向 B 公司支付标准普尔 500 股票指数的回报率。B 公司每季度依据同样的名义本金向 A 公司支付德国阿克挺股票指数的回报率。

该互换的总体结果是 A 公司实际上卖出了等价于其投资组合名义价值 15% 的美国股票,并买入了德国股票。

需要注意的是,股票互换和其他互换存在一定的差异。合约确定了交易者向对方支付一定的收益,但是这个收益也可能是负收益,因此,其中一方可能要负责两种款项的支付。例如,标准普尔 500 指数下跌,而阿克挺指数上涨。这时假如 A 公司的 15% 名义本金贬值为 14%,就意味着该投资组合的经理必须补偿 B 公司的此项损失。另一方面,阿克挺指数上涨了,B 公司必须根据重新定价的投资组合,例如名义本金的 16% 进行支付。这意味着 B 公司要依据比原来规模大的投资组合进行支付。因此,A 公司还必须根据德国阿克挺指数的支付差额对 B 公司进行补偿。

从股票互换的原理看,股票互换的特点是能为基金经理、资产组合经理和机构投资者提供一种转换资产的良好途径。这种衍生品不仅可以节省买卖交易中的高额费用,而且也提供了一种在海外股票市场避免国外资本管制、税收及利润分配等复杂问题的方法。

六、互换的优点

无论是利率互换还是货币互换,在其运行过程中,都表现出以下几方面的优点:

第一,无论何时需要预先支付,都必须出现在公司的账户上。但是,互换通常不涉及现金的预先支付,这对现金匮乏的公司来说无疑是有利的。假定一个公司刚刚完成一个收购项目,其速动比率可能会变得很低,公司可能试图摆脱沉重的浮动利率债务负担,使之转化成固定利率利息。在这种情况下,利率互换就是一种比较好的选择。

第二,互换能够以最小的不利影响被反转。互换可能产生错误,比如刚刚互换为支付固定利率的利息,市场利率就下降了。但是,由于互换通常比期权、利率上限、利率下限和利率双限等衍生金融工具交易更为活跃,因此,只要认真监控,互换可以很容易被反转过来。

第三,标准化文本使互换的流动性大大提高。国际互换交易商协会已为互换设立了全球标准化文本,而利率上限、利率下限和利率双限的文本却是与客户商定的,从而决定了前者具有较高的流动性。

第四,互换在交易额和到期期限上有一定的优势。利率互换期限可以超过

10 年,交易额通常在 1 亿美元以上。相反,利率上限、利率下限和利率双限的期限通常不超过 5 年,交易额达到 1 亿美元的合约也极为少见。

第四节 外汇掉期

一、外汇掉期的定义

外汇掉期是金融掉期(financial swap)产品的一种。金融掉期又称金融互换,是指交易双方按照预先约定的汇率、利率等条件,在一定的期限内相互交换一组资金,从而达到规避风险的目的。掉期业务结合了外汇市场、货币市场和资本市场的避险操作,为规避中长期的汇率和利率风险提供了有力的工具。作为一项高效的风险管理手段,掉期的交易对象可以是资产,也可以是负债;可以是本金,也可以是利息。金融掉期根据内容的不同,可以简单地分为两大类:外汇掉期(currency swap)和利率掉期(interest rate swap)。在它们的基础上,市场后来又出现了一些创新产品,如将货币互换和利率互换相结合,产生了货币利率交叉互换(cross - currency interest rate swap),或是将掉期与期权相结合,产生了互换期权,等等,使金融掉期的内涵更加丰富。金融掉期产生于对风险管理的需求,而推动其迅速发展的重要原因则是交易双方的相对优势。金融掉期的交易双方正是通过运用各自在不同市场的相对优势,达到降低筹资成本的目的。

二、掉期交易的功能

掉期交易是 20 世纪 70 年代随着外汇期货、期权等金融衍生品的产生而逐步发展起来的。当前,掉期交易已是金融衍生品王国中的一大家族,有利率掉期和汇率掉期两大类。我国央行文件允许的不涉及利率的人民币与外币掉期业务是外汇掉期业务中最基本、最简单的一类,也是在企业管理汇率风险中最易用的一类。从各国的经验看,在发展本外币掉期业务时,一般也都是从这种最简单的掉期业务开始的。

掉期交易之所以产生,是由于存在汇率风险;而汇率风险的存在,又源于本币、外币以及时间的关系。

在国际经济交往中,通常用本国货币计价并进行结算,本国交易商回避了汇率变动带来的风险,但是交易对手却因选择了用对方国家的货币进行计价结算而遭遇了汇率风险。这表明,汇率风险是不会完全规避掉的。外汇掉期业务规避汇率风险的基本原理是基于对时间要素的管理。外汇掉期业务一般是指客户与银行在签订一笔即期外汇业务的同时,签订一笔金额相同、方向相反的远期外汇业务;或者是两笔期限不同,但金额相同、方向相反的远期外汇业务。这样,通过业务方向在时间上的掉转,两笔交易的汇率事先确定,因而能起到管理汇率风险的作用。

外汇掉期业务可以成为企业和个人管理汇率风险的手段。对银行来说,由于做了两笔方向相反、金额相等的外汇业务,它的净敞口头寸为零,起到了既做了业务,又主动管理汇率风险的双重目的;对企业特别是外币收支频繁的企业来说,通过掉期业务,能够锁定汇率风险,而且还能得到降低交易费用、降低融资成本、提高收益等附属的好处。

(一)锁定汇率风险

锁定汇率风险既可能是一种损失,也可能是一种收益。在签订掉期合约时确定的远期汇率与到期时的即期汇率有大于、等于或小于三种可能,因此就有了收益或损失的可能。而运用掉期业务,无论未来汇率如何变动,并不影响交易的进行,企业能够明确知道自己承担的汇率变动值。在这种情况下,一方面可以确定是否值得与外商做这笔交易;另一方面,如果做了这笔交易,也可以预先通过采取其他措施来降低成本,从而抵消掉期交易产生的费用和可能造成的损失。

(二)降低交易费用

首先,签订掉期合约可以做两笔交易:一笔即期和一笔远期,或两笔期限不同的远期。若企业与银行不采用掉期,而是分别就每笔交易签订一个合约,后者银行收取的费用一定会高于前者。

其次,由于掉期业务容易使银行管理敞口头寸,掉期交易产生的费用会比单独两笔交易费用小,因此,企业承担的汇率风险相对缩小。

(三)降低融资成本

假如一家公司现在需要融资 1 000 万元人民币,可以在人民币与日元之间选择,由于人民币与日元的贷款利率不同,近远期汇率也有差别,那么,该公司可以先借入日元,再通过掉期交易把日元换成人民币。例如,IBM 公司借入瑞士法郎,之后进行本金互换安排,结果 IBM 公司以比其在外汇市场可能获取的更低的利率"借"到了美元,世界银行也以比起原来可能获取的更低的利率"借"到了瑞士法郎,在贷款到期时再换回本金。通过这一系列安排,两家融资者都使用了需要的货币,而且充分利用了各自在不同市场上的优势。

三、掉期交易的特点

一笔掉期外汇买卖可以看成由两笔交易金额相同、起息日不同、交易方向相反的外汇买卖组成,因此,一笔掉期外汇买卖具有一前一后两个起息日和两项约定的汇率水平。在掉期外汇买卖中,客户和银行按约定的汇率水平将一种货币转换为另一种货币,在第一个起息日进行资金的交割,并按另一项约定的汇率将上述两种货币进行方向相反的转换,在第二个起息日进行资金的交割。

最常见的掉期交易是把一笔即期交易与一笔远期交易合在一起,等同于在即期卖出甲货币、买进乙货币的同时,反方向进行买进远期甲货币、卖出远期乙货币的外汇买卖交易。

四、掉期交易的风险

(一)掉期风险的类型

1.市场风险(market risk)。市场风险,是指市场状况变动造成经济损失的可能性。市场风险主要包括利率风险和汇率风险。

(1)利率风险(interest rate risk)。在进行固定利率对浮动利率掉期和外汇掉期时,交易者面临着严重的利率风险。具体来讲,如果掉期银行是固定利率支付方,而从对方那里接收浮动利率,就会面临利率下降的风险;相反,如果掉期银行是固定利率的接收方,而向对方支付浮动利率,利率上升则对银行不利。

(2)汇率风险(exchange rate risk)。如果掉期银行持有尚未套期保值的外汇掉期合约,就会面临汇率风险。汇率风险主要与本金和利息支付有关。

2.信用风险(credit risk)。信用风险又叫违约风险(default risk)。不同的掉期银行对信用风险的定义不同,这里所讲的信用风险是指掉期双方违约的可能性,即掉期双方违约概率的大小。将信用风险乘以市场风险,就得到了以美元表示的违约风险。

3.不匹配风险(mismate risk)。掉期的本金、期限、利率、支付频率或支付时间的不匹配,都会使银行面临不匹配风险,特别是在掉期对方违约的情况下,银行面临的不匹配风险更大。

4.基差风险(basis risk)。对于利率掉期,基差是指两种不同的浮动利率指数之间的差额。基差风险就是基差变动给银行带来的风险,基差风险产生的原因有两种:第一种情况是,掉期对方要求浮动利率对浮动利率掉期,但掉期的两边分别盯住不同的指数;第二种情况是,两个相互独立的掉期对方都与银行安排了固定利率对浮动利率掉期,但浮动利率分别盯住不同的指数。

5.国家风险(sovereign risk)。国家风险是指因国家强制的因素而使掉期对方违约,从而给掉期银行带来经济损失的可能性。只有外汇掉期才会面临国家风险。国家风险的产生主要是因为有些国家实施外汇管制,对外支付外汇均需经过政府有关部门批准。如果掉期对方处于这种严格的外汇管制的情况下,就有可能没有获得本国政府有关部门的批准而已对外签约,这样,到期时就不能按时对外支付,从而给掉期银行带来经济损失。外汇掉期对方所属国家的政府进行外汇管制的可能性就越大,掉期对方不能履约的可能性就越大,掉期银行面临的国家风险也越大。

6. 利差风险(spread risk)。利差风险是指银行在签订匹配掉期协议时与银行签订第一个掉期协议时的利差发生变动带来的风险,要注意的是,这种风险不同于前面提到的利率风险。

7. 交割风险(delivery risk)。交割风险有时也称为结算风险,是指掉期双方位于不同的国家时,由于时区差的存在,世界各地资本市场的结算时间不同,从而双方必须在一天的不同时间向对方办理支付时产生的交割风险。例如,日本资本市场的收市时间正好在美国资本市场开市之前。

(二)掉期风险的控制

1. 合理匹配掉期。与证券投资组合一样,通过掉期资产的扩大,掉期资产的分散化极大地降低了非系统风险,如信用风险、基差风险等,达到控制总风险的目的。在控制掉期风险时,银行作为多个掉期的中介人,可以通过将两个掉期相匹配的方法,将收入与支付相匹配,达到控制风险的目的。

2. 利率风险的套期保值。当掉期银行安排好一个掉期之后,在寻找到与其相匹配的掉期之前,或者该掉期未被完全匹配时,一方面可以利用国债对剩余利率风险进行套期保值;另一方面,也可用利率期货进行套期保值。国债适用于对利率风险进行长期或中期套期保值;利率期货包括政府长期、中期债券期货,国库券期货和欧洲美元期货,适用于对利率风险进行短期套期保值。

3. 控制信用风险。信用风险是不可套期保值的风险,但由于信用风险是非系统风险,通过资产的分散化,就可大大降低信用风险。此外,掉期银行还可以采用以下一些措施回避该项风险:①掉期文件中应包含"违约事件"条款,规定违约方应对因其违约而给银行造成的损失提供适当的补偿;②要求对方提供抵押物,抵押物的价值应等于银行的市场风险;③通过逆转现存掉期的方法回避信用风险。

第五节　结构性金融产品

一、结构性金融产品的定义

结构性产品(structured product),又称结构性票据(structured notes)、联动债券、合成债券等。Das(2001)把此产品定义为由固定收益证券和衍生产品结合而成的产品。其中,衍生产品包括远期、期权和互换等。衍生产品标的资产包括外汇、利率、股价(股指)、商品(指数)和信用等。结构性产品是指隐含衍生金融产品的证券,常见的形式包括股价联动债券、信用联动债券、结构性存款、投资联结保单、商品联动债券和奇异期权嵌入债券等。例如,1986年8月所罗门兄弟公司发行了S&P 500指数联动次级债券(简称SPIN),投资者以票面金额购买债券,到期除获得本金和利息(2%年息,半年支付1次)外,还可以获得3.698 5 ×(到期日S&P 500 指数 – 发行日S&P 500 指数)的收益。可以看出,SPIN由债券和买入期权两部分组成,债券为投资者提供基本的本金和利息收入保证,买入期权使投资者在市场指数发生有利变化时获得更多收益。

结构性产品一般需要量身定做,以适应不同投资者的风险承受能力及其对市场的看法。通过结构性产品,投资者无须直接投资于相关资产即可得到相关资产的风险与回报。过去一般只有高额资产人士才会参与,但随着结构性产品的大量推出,已有许多中产阶级人士开始参与。福布斯杂志把结构性产品称为"自己设计的衍生品",充分说明了这种金融衍生品的灵活性、多样性和复杂性的特点。结构性产品也分为一级市场和二级市场,一级市场对投资者的要求比较高,散户投资者则可以参与已上市的结构性产品。

二、结构性金融产品的种类

常见的结构性金融产品有以下几种:

第一,资本保障型产品(capital protection products)。该品种具有有限下跌风险、无限上升回报的属性,通常由短期资本市场工具提供资本保障,由附加的买入认购期权提供回报,亏损只限于所购买的期权成本(期权费)。

第二,回报加强型产品(yield enhancement products)。与有资本保障的产品相反,该品种具有无限下跌风险、有限上升回报的属性,通常由短期资本市场工具提供资本保障(如零息投资工具),并卖出期权获得额外的期权金收益。

第三,证书产品(certificate products)。该产品直接反映资产价格的改变,是对冲值等于1的产品,没有杠杆效应。该品种具有无限下跌风险(但限于投资本金)、无限上升回报的属性。如与一揽子海外股票表现挂钩的证书产品。

第四,杠杆型产品(leverage products)。该品种上升的回报可能是投资本金的倍数,具有无限下跌风险(但限于投资本金)。如投资于单独的卖出或买入期权。

我国的结构性产品以外汇结构性产品居多。它们将固定收益产品与外汇期权交易相结合,赋予交易双方以一定的选择权,将产品本金及报酬与信用、汇率、利率甚至商品(黄金、石油)等挂钩标的资产的价格波动相联系,以达到保值和获得较高投资回报的目的。结构性产品具有保值的优点,在海外投资不确定性很大的今天,这对投资者来说是一个很好的保障。自《金融机构衍生产品交易业务管理暂行办法》颁布实施以来,工行、农行、中行和建行四大国有商业银行分别推出了"汇聚宝"、"汇得盈"、"汇利通"和"汇利丰"等理财产品,交通银行、招商银行和光大银行等股份制商业银行也纷纷推出了一系列外汇理财产品,一些境内的外资商业银行也相继加入了竞争行列。仅从收益率来看,这些理财产品要远高于同期储蓄存款利率,外币理财产品一般高于同期外币定期存款利率。随着我国金融业的改革和发展,银行推出的结构性金融产品的市场规模还将不断扩大。

三、结构性产品流行的原因

一般来讲,结构性产品产生的动因不外乎规避管制、信用增级、个性化投资、便于风险管理、集合零散资金进行成本较高的交易。此外,投资者通过投资结构性产品,还可以实现一些会计和税收上的收益。目前,银行推出外汇理财产品的主要目的是满足投资者对外汇资金不断增长的需求。

从需求方来讲,分散风险的需求促使投资者寻求外币投资途径。投资者在对外投资渠道匮乏、股票市场相对高估、国内利率又低于国际平均利率的情况下,进行外汇理财产品投资是相当不错的选择。相对于一般储蓄产品和股票投资而言,它不仅提供了一定的收益保障,也使投资者免受大起大落之苦。另一方面,通过外汇理财产品,投资者可以进入因自身资信条件限制而无法进入或进入成本过高的衍生品交易市场,节约风险管理的成本。

从供给方来讲,不断升级的竞争促使银行不断创新产品。随着人民币走向完全可兑换和对个人用汇限制的减少,居民个人金融资产的币种结构将逐渐发生变化,个人外汇投资及投机需求会增加。银行抓住时机,适时推出外汇理财产品,既可以赢得市场先机,不断扩大市场份额,稳定消费群体;又可以在金融业不断开放的情况下开拓新业务,增加利润增长点,加强自身的风险管理水平,争取相对于外资银行的竞争优势资源。

四、结构性产品的功能

(一)使金融衍生品市场更加完备

所谓完备市场,是指在任何市场状况下,投资人均可以用现存不同投资工具的组合来复制任何一个既存的有价证券的风险及报酬的市场。完备市场的条件必须是:市场存在独立证券的数目等于未来可能发生的经济状态的数目,使人们可以创造未来的任何报酬形态。灵活的设计特点使结构性产品对资本市场的完备具有重要的作用。

以股价联动债券为例,让股票和债券置于光谱(Spectrum)的两端,通过对股价变动参与比率的设计,股价联动债券可以在光谱中的任何一点;当股价连动债券的参与比率超过1时,还会溢出光谱,落于股票之外。股价连动债券的这种特性对市场的完备有极大的帮助。

(二)增强金融衍生品市场的风险分散配置功能

结构性产品的灵活设计使其能够产生多样的风险报酬形态,吸引有不同风险偏好的投资者,增加衍生品市场的风险分散和配置功能。结构性产品的风险配置功能更主要地表现在现代结构性产品的诸多创新之中。

1. 使发行者和嵌入的衍生合约的部分风险相隔离。虽然有繁多的形式,结构性产品的本质是债券加期权(或其他形式的衍生产品)。在传统的结构性产品中,发行者承担期权部分的风险,比如,在可赎回债券中,发行者购买了买权,承担着流动性风险和利率风险;在可转换债券中,发行者卖出买权,承担了股票价格风险。而在现代的结构性产品中,发行者通常完全和所嵌入的期权的部分风险相隔离。这种保护是通过衍生产品交易进行套期保值的方式来实现的。发行者通过和投资银行或衍生品交易所市场的交易,对冲掉结构性产品的期权部分,锁定融资成本;承担的唯一风险是在对结构性产品进行套期保值时,来自衍生产品交易者的违约风险(信用风险)。

2. 使投资者的市场风险和信用风险相隔离。传统的结构性产品的发行者并非都是信用等级较高的,投资者需要承担市场风险和信用风险。现代结构性产品的显著特点是使两种风险分离:一方面,现代结构性产品的发行者都限于高信用等级者(国际市场上结构性产品发行者的信用等级都在 AA 以上,最低是 A);另一方面,结构性产品提供了一种便利机制,使所有的履约责任都转移到发行者一边(发行者一般信用较高,可以认为不存在信用或违约风险)。如上下限浮动利率票据,上限期权由投资者出售给发行者,当所参照的基准利率超过上限时,发行者获得差价。一般情况下,投资者有履约责任,在上限被超过时付现金给发行者;然而,此产品结构有效地消除了这种责任,发行者也承担最低风险。该机制如下:投资者出售给发行人的上限期权是以浮动利率票据的面值作为现金质押的,投资者通过购买产品投资了这个金额。同时,发行者也没有履约义务,套期保值中的交易对手承担了这一义务。结构性产品的这种产品设计机制和交易机制,反映了投资者把两种风险分开管理的意愿,市场上出现的信用衍生产品交易和工具体现了同样的逻辑。

(三)对基础资产市场和期权市场产生了重要影响

结构性产品是对市场现有产品的分解和组合,对各组成部分市场如债券市场、期权市场都将产生重要影响。一般来说,对结构性产品套期保值的需求将增加衍生品市场的交易,提高衍生品市场的流动性。另外,一些结构性产品还会降低标的资产市场价格的波动性。这些,还有待于通过进一步的实证分析来检验。

五、结构性产品引发的主要风险

商业银行推出结构性理财产品,扩大了投资者的选择面,增加了自身的赢利空间,同时也承担了相应的风险。如果银行自身对这些风险估计不当,管理出现纰漏,将会造成巨大的损失。如中国银行于2018年1月开办的一项产品"原电气"为境内个人客户提供挂钩境外原油期货的交易服务。2020年受新冠肺炎疫情、地缘政治、短期经济冲击等综合因素影响,国际商品市场波动剧烈。美国时间2020年4月20日,美国WTI原油5月期货合约首次出现 – 37.63美元的桶负值结算价。而由于4月20日22时中行"原油宝"账户就已停止交易,最终导致部分投资者亏掉本金,甚至出现倒欠银行钱的情况,客户和中国银行都蒙受损失,由此触发"原油宝"事件。此次事件中,中国银行原油宝产品的制度设计存在重大漏洞,是导致巨额亏损的主要原因。

结构性产品使商业银行面临的风险如下。

(一)市场风险

结构性理财产品一般将固定收益产品与期权交易相结合,与利率、汇率的变动挂钩,当市场向不利方向变动时,银行面临较大的市场风险。下面将从利率风险和汇率风险两个方面阐述市场变化对银行的影响。

利率风险的主要形式有重新定价风险、基准风险、期权性风险。

重新定价风险来源于银行业务中支付期限和重新定价的时间差。在外汇结构性产品中,银行提供的收益形式往往是分期支付的,采取明确未来各期收益率的形式或视经营情况而定的形式,这都是对各期存款的重新定价。但由于银行在此产品上一般要支付相对较高的利息,因此,当市场利率变化时,面临的利率风险比普通储蓄产品高,尤其是提前设定利率的产品。

基准风险来自利息收支与不同基准风险挂钩的情况。例如,将产品设计为利息支付与Libor挂钩,而资金的投向很可能与市场上另一种基准利率相联系,当两种基准利率走向不一致时,银行将面临极大的利率风险。

期权性风险来自理财产品中的隐含期权,期权对于买卖双方来说都是权利与义务的结合,双方分别承担不同的义务,享有不同的权利。银行作为买方,面临持有期间市场向不利于自己方向发展的风险。此时,银行一般会将隐含在外汇结构性产品中的期权打包,在国际市场上出售,以赚取利差。但是,如果银行为投资者提供的产品过于复杂和个性化,在转售时将面临较大的市场风险。

汇率风险来自产品直接与汇率区间挂钩。银行在获得外汇资金后,会直接用于贷款或在国际市场上运作,此时,银行的敞口头寸面临较大的汇率风险,如果缺乏保值手段,可能造成极大的损失;而过度保值,成本巨大,会吞噬收益。此外,套期保值在建仓或轧平仓位时,基差可能会有所变化。因此,商业银行运用金融期货合约进行套期保值规避利率风险时会面临基差风险。

（二）信用风险

由于银行的利润来源逐渐从存贷利差转向表外业务,表外业务的信用风险已成为银行信用风险的一个重要来源。外汇理财产品与国际资产投资相联系,面临着很大的信用风险。

首先,因为空间的阻隔,国内银行对于海外投资的资产的质量可能难以真正了解,在对信用风险的观察上,作为外国投资者,很难做到和本地投资者一样敏锐,面临着比本地投资者更大的信用风险。并且因为法律、商业习惯的不同,在信用事件发生后,外国投资者比本地投资者一般更少受到保护。

其次,在实际操作过程中,如果银行为客户提供融资服务,客户只需要提供部分资金,其余由银行供给。在这种情况下,如果到期市场发生巨大的不利于客户的变化,导致客户不能归还所借款项,损失只能由银行承担。

最后,银行或者将结构性产品打包出售,或者在国外银行利率、汇率衍生产品保护下进行独立投资。无论哪种情况,银行都面临着交易对手违约的风险。

（三）操作风险

结构性产品作为复合金融衍生品,相当复杂,对银行操作人员的素质有较高的要求。首先,在销售阶段,应该向购买的客户明确产品的收益和风险,不能为了盲目扩张此类业务夸大可能的收益而闭口不提风险,将结构性产品模糊为一般存款替代品。其次,在会计处理方面,有些银行通过"存款"科目进行核算,混淆了外汇结构性存款的性质。银行以经营一般存款的思维和方式来经营外汇结构性存款,必然导致对其中所含风险的麻痹大意,引致风险隐患。最后,衍生产品的投资需要很高的风险管理水平。现阶段中国紧缺此类人才,难免造成个人在投资和衍生产品购买中的权力过大,而这正是海外投资和衍生产品投资的大忌。银行应有此类投资明确的风险管理规定:操作人员要明确风险,而且所有直接操作人员都应受到风险管理规定的约束;不要设立过于激进的薪酬体系,以免鼓励交易者寻求风险;区分前台交易者、中台风险管理者和后台会计人员,以便相互监督、制约。

六、商业银行赢利模式的转变

在很长一段历史时期内,我国商业银行的利润主要来自存贷利差。随着金融行业竞争的不断升级,以及利率市场化进程的逐渐加快,存贷利差的空间在不断缩水,仅靠吸收存款、发放贷款的传统业务已经不能够使银行在竞争如此激烈的市场上站稳脚跟。同时,面对外资银行的大批进入,中资银行必须不断进行产品创新,寻求新的利润增长点,这样才能争取更多的竞争资源,与外资银行一争高下。

相形之下,西方国家的大银行,其业务范围专业化分工程度高,产品和客户市场定位分明。如美国花旗银行存贷业务带来的利润仅占总利润的20%,中间业务、表外业务却带来了80%的利润,其中,结构性产品业务占据了重要地位。因此,中资商业银行赢利模式的转变迫在眉睫。如今,外汇理财产品的热销给商业银行赢利模式的转变带来了契机。

首先,结构性产品的热销有助于巩固中资银行的市场地位。一方面,外汇理财产品相对于传统的储蓄产品而言,无论是本币还是外币,在利率不断走低的情况下,它一般能够提供远高于本外币的存款利率。另一方面,外汇理财产品可能无法提供某些股票的高收益率,却使投资者不用面对大起大落的风险。综合上述两个方面,对相当一部分投资者而言,理财产品成为不错的选择。银行可以通过理财产品的销售巩固市场地位,同时发展相应的业务,使理财产品变成新的利润增长环节。

其次,将新的金融产品融入传统的存款业务中,有利于吸引新的资金来源。将普通存款业务和期权产品糅合在一起推出的结构性产品极具迷惑性,投资者不断接受这种产品,实际上是大量资金重新回到银行系统的过程。这样一来,银行不但找到了新的利润增长点,不断拓展中间业务和表外业务,而且获得了大量的可贷资金,以获取贷方利率与客户利率间的利差,形成新的利润来源。

最后,银行借助结构性产品参与到国际衍生品市场,可以从这个迅猛发展的市场上分得一杯羹。如果银行不愿承担结构类产品的风险,可以将隐含于其中的期权打包,在国际市场上出售;或将整个结构类产品出售给其他商业银行或交易商,以获取差价。如果银行愿意承担风险,可以持有这些期权敞口,以赚取投机利润。

总之,结构性产品对于我国的金融市场和金融机构都有重要的意义。在市场方面,它使得国内金融市场逐渐与国际金融市场融合,减少了国内市场上的不均衡现象,加速了资金向内向外的流通,增强了金融业的效率。在机构方面,它加强了国内金融机构与国外金融机构、国际金融市场的交流,提升了金融机构在理财操作、风险管理方面的能力,这在中间业务占全球银行业半壁江山、各种复杂的金融产品大行其道的今天,具有重要的意义。对于国内投资者而言,拓展此类业务,可以让投资者按照自己的风险收益偏好更好地安排自己的投资组合,并

且通过扩大投资渠道分散风险。

当然,结构性产品绝不是没有风险,银行应该加强自身风险管理水平,在推销产品时切不可盲目宣传;投资者也应该明确产品的风险和收益状况,理性投资,不要把它看成是一般存款的完全替代品。

2018年4月,中国人民银行、中国银行保险监督管理委员会、中国证券监督管理委员会、国家外汇管理局联合发布《关于规范金融机构资产管理业务的指导意见》,即俗称的"资管新规"。新规对包括银行、信托、证券、基金、期货、保险资产管理机构、金融资产投资公司等金融机构开展的投资和管理业务进行了系统性的规范,对于不符合要求的机构和产品提出了整改要求。

新规整改过渡期由于受到新冠肺炎疫情等外部环境影响,延长至2021年底。2022年1月1日,过渡期结束,资管新规正式实施。其中对于普通投资者影响最大的一条即"打破刚性兑付"。刚性兑付的本质是将市场投资的风险全部转移到银行本身,在保本理财产品增多的情况下,也意味着整体资本市场的潜在风险越来越大,最后更容易导致整体的系统性风险发生。所谓"打破刚性兑付",即在资管新规覆盖下的全部投资型金融产品,均从制度层面禁止通过承诺或违规使用估值方法的设计等方式对投资者进行保本或保收益安排。

 **本章小结**

本章讲述了权证、可转换债券、互换、外汇掉期和结构性金融产品的概念、分类和特点及其在我国的发展与应用。

权证是一种期权类衍生金融工具,是指标的证券发行人或其以外的第三人发行,约定持有人在规定期间内或特定到期日有权按约定价格向发行人购买或出售标的证券,或以现金结算方式收取结算差价的有价证券。

权证一般分为认股权证和备兑权证,认购权证和认沽权证,价内权证、价外权证和价平权证,欧式认股权证、美式认股权证和百慕大式权证。

权证投资策略:第一,利用高杠杆性,获取更高收益;第二,自我构造保本型理财产品;第三,为持仓证券进行套期保值;第四,将相对收益转化为绝对收益。

可转换债券是一种期权类衍生金融工具,是指发行人依照法定程序发行,在一定期间内依据约定的条件可以转换成股份的公司债券。

可转换债券的特征包括:首先,可转换债券既有债券的性质,又有股票的性质;其次,可转换债券的利率较低;最后,可转换债券具有双重选择权。

可转换债券的投资策略分为不可赎回可转换债券的投资策略和可赎回可转

换债券的投资策略。

互换是两个或两个以上的参与者之间直接或通过中介机构签订协议,互相或交叉支付一系列本金或利息或者本金和利息的交易行为。根据支付内容的不同,金融互换有两种基本形式,即利率互换和货币互换。

外汇掉期是金融掉期产品的一种。金融掉期又称金融互换,是指交易双方按照预先约定的汇率、利率等条件,在一定期限内,相互交换一组资金,达到规避风险的目的。掉期的优点是:锁定汇率风险,降低交易费用,降低融资成本。

结构性产品又称结构性票据、联动债券和合成债券等。Das 把结构性产品定义为由固定收益证券和衍生产品结合而成的产品。

结构性产品的功能包括:第一,使金融衍生品市场更加完备;第二,深化了金融衍生品市场的风险配置功能;第三,对基础资产市场和期权市场产生重要影响。

复习思考题

一、名词解释

1. 认股权证　　　2. 备兑权证　　　3. 认购权证　　　4. 认沽权证
5. 利率互换　　　6. 货币互换　　　7. 马鞍式权证　　8. 完备市场
9. 资本保障型产品　10. 回报加强型产品　11. 证书产品　12. 杠杆型产品

二、简答题

1. 简述可转换债券的投资策略。
2. 简述掉期交易的各种风险。
3. 如何利用权证进行套期保值?
4. 简述蝶式差价权证组合交易策略。
5. 简述结构性金融产品的功能。
6. 简述结构性金融产品的风险。
7. 简述结构性金融产品发展对我国商业银行赢利模式的影响。
8. 对中国银行"原油宝"事件进行案例分析,此事件对我们有何启示?

第十五章 期货市场监管

教学目标

通过本章的学习,掌握政府主管部门、期货行业协会和期货交易所在期货市场监管中的职能。

学习重点

- 期货监管的必要性
- 期货监管的原则
- 期货监管的模式
- 政府主管部门监管
- 期货行业协会监管
- 期货交易所监管

第一节 期货市场监管概述

经过10多年的探索,我国已基本建立期货市场的法律法规框架,中国证监会、中国期货业协会和期货交易所等三个层次的监管体系初步形成。但我国期货市场是在计划经济向市场经济转轨条件下发展起来的新兴市场,作为市场经济高级形式的期货交易活动,在我国仍然处于恢复性增长时期,需要市场内外部环境的不断完善。

第十五章 期货市场监管

一、期货市场监管的必要性

期货市场是大众参与的公共性市场,不仅受各国政治、经济等因素的影响,而且要求有专门的知识,这使得大众投资者有可能处于不利地位。如同其他市场一样,期货市场也并非完全竞争的市场,没有完善的监管体系,其自发运行必然引发过度投机、营私舞弊、操纵垄断、暴涨暴跌等市场混乱现象,从而影响期货市场功能的发挥。因此,建立并完善期货市场监管体系,是稳定和发展期货市场、维护交易者利益的必要保证。

（一）期货交易的特性要求加强市场管理

1. 期货市场的投机性大。期货交易是一种杠杆交易,只需要缴纳一定比例的资金就能进行数倍金额的交易,其以小搏大的特征容易吸纳大量投机资金。

2. 期货交易的流动性强。期货交易是合约交易,标准化合约使期货交易速率大大加快,买空、卖空机制让投机者有机会频繁进行换手交易。套期保值和分散转移风险的需求使市场保持了一定的流动性,但过高的流动性又容易产生期货泡沫。

3. 期货交易的风险性高。保证金制度使期货交易具有极强的杠杆功能,而且期货交易流动性强,价格瞬息万变,再加上交割期限和每日结算制度,对交易者接受交易盈亏具有强制性。

（二）期货市场中有不正当交易行为

任何市场都不是理想的完全竞争的市场,上述期货交易的特征使得期货市场更容易出现各种不正当的交易行为。这些不正当交易行为严重扰乱了市场秩序,导致市场价格机制失灵,使公开、公平、公正的竞争机制难以形成,影响了期货市场功能的发挥,使投资者利益受损,期货市场活力丧失。这些情况主要有：内幕交易,操纵市场,虚假陈述,散布谣言影响市场,欺骗、诱导客户,非法回扣,预约交易或虚假交易,不及时执行客户指令,投机者相互逼仓,交易所任意降低保证金,等等。这些不正当交易行为需要以非市场的手段加以扶正,这就要求不断完善和加强对期货市场的管理。

二、期货市场监管的原则

期货市场的产生是基于现货交易回避价格波动风险的现实需要,它以市场经济为基础,完善的市场机制是其良性运作的充分必要条件。期货市场为现货交易服务和按市场机制运作的本质,要求期货市场监管要以向市场参与者提供监管服务和保护市场参与者利益为目的。市场机制是期货市场运作的生命线,期货市场监管必须尊重市场规律,实行市场化监管,尽量减少行政干预。

期货交易与传统的商品交易具有明显的差异,其监管与银行、证券、保险等金融监管相比,既有共通之处,也有自身的特点,对期货市场进行监管的原则,决定了期货监管法律制度的模式和内容。

(一) 保护投资者利益的原则

期货市场是大众参与的公共性市场,而且期货交易要求有专门的知识,大多数期货交易者并非业内人士,相对于期货交易所、经纪公司而言,他们处于弱势地位。他们的资金不归自己保管,存在被中介挪用的可能;他们既缺乏足够的投资专业知识和交易技巧,又必须通过中介进行交易,极易被欺骗和误导;他们是风险和亏损的承担者,而无论盈亏,期货市场的组织者和中介均能收取佣金、手续费。

投资者是期货市场的参与者,在期货市场上处于主要地位,没有他们的参与,期货市场的基本功能——风险转移就缺少承担者。如果法律对期货投资者保护不利,就会打击他们对市场的信心,挫伤他们对期货的投资热情,最终将危及期货市场存在的基石。当然,并不是说其他市场主体的利益不需要保护,只是处于弱势地位的投资人的权益在监管时应予重点关注。可以这样说,期货交易的所有制度都体现着保护期货投资者利益这个原则。这一原则在最高人民法院2003年5月16日通过的《最高人民法院关于审理期货纠纷案件若干问题的规定》中也得到了体现。较之1995年最高人民法院《关于审理期货纠纷案件座谈会纪要》和1999年国务院颁布的《期货交易管理暂行条例》,该规定放弃了清理整顿市场这一狭隘的目标,把着力点放在对投资者利益的保护上,明确其宗旨为"依法保护当事人的合法权益"。这就回到了建立期货市场法治框架的初衷:保护投资者的利益是最重要的。

(二) "公开、公平、公正"的原则

"三公"原则是资本市场上应普遍遵守的原则,期货交易也不例外。只有在"公开、公平、公正"的条件下进行交易,才能实现期货交易的基本经济功能。公开原则指信息公开,要求市场有充分的透明度,期货市场各方履行信息披露义务。公平原则要求市场应给所有交易者公平交易的机会,按照统一的市场规则进行交易,机会均等、自由竞争,严格执行"时间优先、价格优先"的成交规则,防止欺诈,排除市场操纵和垄断。公正原则要求期货监管部门在履行监管职责时,应当给被监管对象以公正的待遇,不能给任何关系人以特殊照顾,以免损害其他交易者的权益。

(三) 控制风险的原则

期货市场是高投机、高风险的市场,行情瞬息万变,盈亏起伏巨大。期货市场中时刻变动的价格因素使得期货市场的风险永远存在,价格变化的连续性及期货市场的保证金交易机制,特别是经济转轨时期金融市场发育的幼稚性,决定了期货市场的风险高于其他市场。如果风险管理不当,就会严重损害期货市场运作的安全性,从而不仅影响期货市场功能的发挥,而且也影响国家经济的稳定。期货市场的风险是价格变动风险、信用风险和结算风险的统一。若不能控制这些风险,将会酿成更大的金融风险。这样的例子屡见不鲜,在国外,尤其以"巴林银行案"、"日本大和银行纽约分行案"和"法国兴业银行案"影响较大;国内也发生过"3·27"国债期货事件,新加坡中航油、中储棉和中储糖事件等风波。期货监管部门要建立风险管理制度和风险监控信息系统,通过信息监控防范风险,用制度管理风险。

经过治理整顿,在不断总结经验教训的基础上,中国期货市场风险管理控制已成体系,但是在实际运作中仍不断出现交易风险。这既有历史原因造成的我国期货市场结构设计的不合理(如交易品种数量小、少、散,市场结构单一,造成期货市场扭曲变形),更多的还是由于市场运作不规范。我国期货市场风险管理存在的主要缺陷有:①风险控制制度不落实,有章不循;②各交易所缺乏检查风险控制制度贯彻、实行的机制;③对期货市场是否正确运行缺乏判断能力;④对大户操纵市场管理不力;⑤缺乏一支公正、快速处理风险的队伍。

(四)促进期货市场规范化运作的原则

期货市场的秩序是指期货市场的参与主体按照期货市场的规则有序行动,即市场的规范化运作问题。缺乏规范的市场环境,再好的制度也不能发挥其应有的功效。回顾我国期货市场10多年的发展历程,尤其是在市场建立初期,投机过度、混乱无序、虚假欺诈曾经屡见不鲜,屡禁不止,给新生的期货市场蒙上了阴影。在监管上强调规范市场主体的交易行为,维持期货市场的秩序,注重规范与稳定,显得尤为重要。

经过多年的清理整顿,期货市场无序混乱、虚假欺诈的现象基本上得到了扭转,正在走向规范运行的发展轨道。但另一方面,期货交易品种较少、市场规模偏小,缺乏流动性,没有金融期货,没有期权交易的状况还没有根本性的改观。中国期货市场的发展远远落后于经济发展的要求,也不适应资本市场发展的要求。在目前我国大力发展期货市场的新形势下,期货市场的监管要在保证稳定和秩序的同时,更加注重促进市场效率的提高,即要使期货市场能够形成正确地反映价值的均衡价格,并使"所有买主和卖主尽快相遇"。在具体的措施上,对那些产生于国家严厉整顿期货市场宏观背景之下的规定应予以及时修改,放开对市场的准入限制,增加鼓励性、保护性条款,留出一块相对宽松的空间,以促进期货市场的规范发展。

期货市场监管原则直接决定了期货监管法律制度的基本内容和价值取向,其稳定性和导向性应贯穿于期货监管立法、司法、执法的整个过程,是期货监管法律制度内部协调统一的重要保障。

三、期货市场的监管模式

目前,有90多个国家和地区设立了期货监管机构,100多个国家设立了各种形式的期货自律组织。其中最具代表性的,是美国、英国和日本的监管模式。

（一）美国模式

1974年以前,美国期货市场都由交易所自我管理,但随着期货交易品种由商品扩大到金融产品,由政府、期货业协会和交易所组成的三级监管模式逐步形成。1975年,美国商品期货交易委员会(CFTC)成立,它是美国期货市场最高权力和监管机构。作为美国政府独立的行政机构,它行使对期货市场的监管职责,监督市场相关主体的行为,规范期货交易,其他任何行政部门均无权干预。在政府宏观管理下,期货交易所、期货业协会(NFA)实施自律管理。

（二）英国模式

英国期货市场的监管突出行业协会和交易所的自我监管,是自我管理模式的代表,政府一般只通过立法并采取非直接手段对期货市场进行宏观调控,不直接干预市场运行。在美国现代期货市场监管经验的影响下,英国也建立了三级管理模式。金融服务管理局(FSA)是英国金融市场统一的监管机构,尤其是在"住友事件"以后,更加强了政府的监管力度,但交易所和行业协会的自律管理仍然是英国期货市场监管的核心力量。

（三）日本模式

日本期货市场也采取三级管理模式,但并未设立全国统一的期货市场管理机构,而是由各专业主管部门对本行业的期货交易实行全面监管。具体而言,就是由农林水产省管理农产品期货,通商省管理工业品期货,财务省(原大藏省)管理金融期货。日本"三省归口管理"的政府监管体制似乎各自为政,协调性差,不利于统一的市场管理和市场风险的集中控制,但从实际运作结果来看,日本的期货市场并未因这种监管模式发生较大的风险,反而有利于期货和现货的协调,有利于套期保值功能的实现。

随着各国期货市场的国际化、一体化,成功的期货市场的监管模式也呈现出了一定的趋同性特征:认同三级监管模式;把交易所和行业协会的自律管理作为期货市场监管的基础和核心力量;尊重市场规律,保证监管的市场化和灵活性;政府监管比较注重运用法律手段进行宏观管理;等等。

第二节 政府主管部门监管

为保证对期货市场的有效监管,各国都结合国情,建立起了自己的监管体系。各国期货市场的监管体系虽有所差别,但就整体而言,大多数实行三级监管体系,即政府监管、行业协会监管和期货交易所监管。这种监管体系实现了从宏观到中观再到微观的合理分工和有机结合。

中国的期货市场监管体系属于集中型的三级监管体系。在这样的监管体系下,政府主管部门起着把握方向、统揽全局的重要作用。但是,无论政府主管部门的监管多么权威、多么重要,它对期货市场的管理也不能随意影响期货市场机制的正常运行,而是以为期货市场创造一个有法可依、有章可循的有利的外部发展环境为目的。这就是现在大家常说的监管思路的转变,即顺应市场经济发展的客观要求,实现由行政主导的监管机制向市场化的监管机制的根本转变。这一转变并不是削弱政府监管,而是使政府监管更好地为期货市场的规范、健康发展服务。

一般来说,政府主管部门以制定和修改交易法规、颁布管理条例、监管交易所的行为准则、审查交易所的业务活动、监管经纪公司的行为准则、审查经纪公司的业务活动、对从业人员实行管理等为主要职责。

一、制定期货交易法规

制定期货交易法规,颁布管理条例,是政府进行期货市场监管的首要任务。期货交易法规条例应明确管理机构的设置办法、管理的权限范围、管理人员的任命程序以及相配套的法规条例,并据此进行管理。

(一)明确专门的期货市场政府监管机构

根据政府立法,设置一个专门的政策监管机构负责期货市场管理。一般而言,该机构具有相对的独立性,只对政府最高权力部门负责。例如,1979年,美国政府成立的联邦期货交易委员会就是一个专职管理期货市场的机构。1993年,中国政府授权国务院证券委员会负责对期货市场的指导、规划和协调、监管,具体工作由中国证券监督管理委员会执行。这使中国期货市场有了专职的管理机构,改变了过去多头管理的混乱局面,为期货市场的整顿和规范提供了前提。

(二)规定政府机构的管理权限和范围

要明确规定政府机构管理权限和范围,使其做到职责分明、各司其职,以达到管理机构有法可依、执法必严的效果。管理权限和范围的划分应根据实际需要和经济形势的变化来确定。例如,20世纪70年代,美国货币金融工具以及金属期货交易发展迅速,为适应这一形势的要求,1978年美国联邦政府修改并重新制定了《期货交易法》,把货币期货合约、金融工具期货合约以及金属期货合约的管理均置于政府管理机构——商品期货交易委员会管理之下。后来,随着金融期货和农产品期货的期权交易不断发展,20世纪80年代,美国又把这两者置于商品期货交易委员会的管辖范围之内。

(三)规定政府机构管理人员的任命

一般来说,各国根据法规对期货市场政府管理人员的任命非常正规、严格。期货市场的政府管理人员一般由总统任命,参议院批准,任期也是固定的。例如,美国的商品期货交易委员会由5名专职委员组成,任期5年,主席由委员会选出。主席主管日常工作,委员会下设经济分析部、交易市场部、执行部,各部需对主席负责。政府在任命期货市场管理人员时,应考虑他们的专业水平、职业道德和领导水平。

(四)落实配套的法规条例

政府在制定期货交易法规的同时,还应完善配套的法规和管理条例,把二者有机结合起来,实现期货市场的法制化管理。我国于1999年9月1日颁布实施了《期货交易管理暂行条例》(以下简称《条例》)和《期货交易所管理办法》《期货经纪公司管理办法》《期货从业人员资格管理办法》《期货经纪公司的高管人员任职资格管理办法》四个管理办法。

国务院对1999年的《期货交易管理暂行条例》做了全面修订,并于2007年4月15日正式施行。新条例第一次从法律层面对金融期货做了明确定位。这意味着,中国从制度层面为金融期货的推出清除了"路障"。此外,《期货交易所管理办法》《期货经纪公司管理办法》《期货从业人员资格管理办法》《期货经纪公司的高管人员任职资格管理办法》四个管理办法经过市场各方专家及权威人士的充分研究讨论,完成了修订工作,已于2002年上半年相继发布实施。这些配套法规和管理条例的出台和修订,对期货市场的规范化管理提供了强有力的保证。2012年11月,《国务院关于修改〈期货交易管理条例〉的决定》公布,新修订的《期货交易管理条例》自2012年12月1日起施行,它有利于进一步明确清理整顿非法期货交易活动的法律依据,依法加强对期货交易活动的监管,明确地方政府查处取缔非法期货交易活动的职责。该新《条例》同时也为适应推出原油期货、国债期货等期货业进一步创新发展的需要,对原《条例》的一些具体制度做出了调整。

2022年4月20日,十三届全国人大常委会第三十四次会议表决通过《中华人民共和国期货和衍生品法》，自 2022 年 8 月 1 日起施行。期货法的出台为我国期货市场逐步扩大开放步伐、建立国际定价中心地位创造有利条件。

二、对期货交易所的监管

政府期货市场管理的另一项主要内容就是管理和监督期货交易所的行为准则，审查其业务活动，使交易所的业务活动在其监督下沿着规范化的轨道运行。

（一）领导体制

期货交易所的理事会、理事长、副理事长由中国证监会提名，理事会选举产生。期货交易所的总经理、副总经理由中国证监会任免，总经理为期货交易所的法定代表人。《条例》和《办法》明确规定了期货交易所的组织结构和理事会、会员大会、总经理的职权，并规定了高级管理人员的任职资格。通过对领导体制的调整，确保了期货交易所的自律监管。另外，中国证监会通过向期货交易所派驻督察员，对交易所的运作情况进行现场监督。

（二）对章程、业务规则的审批

政府主管部门依据法律规定，审批期货交易所章程和规则的必备条款，以保证期货交易所在符合法律规定的业务规则框架下运作。

（三）对上市品种、合约的审批

政府主管部门依法决定上市、中止、取消或者恢复期货交易品种。上市、修改或者中止期货合约等，须经中国证监会批准。品种和合约关系到国家对宏观经济的调控，因此，合约的设计要有利于经济功能的发挥和风险控制。国家通过审批品种和上市合约来实现其监管目的。

（四）对财务和业务的监管

中国证监会规定期货交易所的最低注册资本，以保障期货交易所具有完成交易所职能的基本财务能力。对财务和业务情况，规定了定期报告和重大事项报告制度。期货交易所总经理离任时，期货交易所应当聘请具有从事相关业务审计资格的中介机构对其进行离任审计。中国证监会在必要时，可以指定中介机构进行离任审计。

（五）对风险管理的监管

当期货市场出现异常情况时，期货交易所可以按照其章程规定的权限和程序，决定采取提高保证金、调整涨跌停板幅度、限制会员或者客户最大持仓量、暂时停止交易等紧急措施，同时报告中国证监会。中国证监会在对其拟采取的紧急措施进行审核后，认为不得化解市场风险或者决策未履行章程规定的程序时，可不予批准。

三、对期货经纪公司的监管

(一)市场准入和退出

《条例》规定,期货经纪公司必须取得中国证监会颁发的期货经纪业务许可证,才能进行期货经纪业务及其相关服务活动。未经批准,任何单位和个人不得设立或者变相设立期货经纪公司。为了保持行业的特殊性,法规规定,期货经纪公司的名称必须标明"期货经纪"字样。其他任何单位或者个人不得使用期货经纪或者近似的名称。

设立期货经纪公司,应当符合公司法的要求,并具备下列条件:①注册资本的最低限额为人民币3 000万元;②主要管理人员和业务人员必须具有从业资格;③有固定的经营场所和合格的交易设施;④有健全的管理制度;⑤有具备任职资格的高级管理人员;⑥有符合现代企业制度的法人治理结构;⑦中国证监会规定的其他条件。

中国证监会根据这些实质条件对期货经纪公司设立的申请进行实地审核,符合条件并且满足期货市场发展需要的,批准其经营许可。同时,为了实现对公司的持续性监管,对期货公司的下列变更事项,由中国证监会进行审核,即期货公司变更章程、变更法定代表人、变更股东或者结构、增资或者减资、变更公司或者营业部的住所、营业场所,撤销营业部,公司合并、公司分立等事项。

为了维护投资者和社会公共利益,对于期货经纪公司的退出,法规采取部分审批制,即期货公司在营业期限届满或者出现公司章程规定的解散事由、股东会决议解散、因合并或者分立而解散时,必须向中国证监会各派出机构提出申请,并附解散的理由及客户持仓和保证金的处理方案,经批准后解散。

(二)财务监管

期货经纪公司的财务管理必须符合法规和中国证监会根据市场情况做出的规定,并接受中国证监会的监管。《期货经纪公司管理办法》规定,期货经纪公司应当每年聘请有相应资格的会计师事务所对期货经纪公司的经营财务情况进行审计,出具审计报告;中国证监会制定监管报表体系,对期货经纪公司的财务安全性进行监管;中国证监会派出机构可以要求期货经纪公司或直接聘请具有资格的会计师事务所,对期货经纪公司进行专项审计或稽核。

(三)适当的内部控制

风险管理和内部控制是期货经纪公司发展的基础。法规规定,期货经纪公司应当建立、健全内部业务管理体制,期货经纪公司的财务会计工作和结算工作必须分设部门进行,并根据中国证监会的规定建立、健全风险评估体系。为了贯彻有关立法精神,中国证监会发布了《关于加强期货经纪公司内部控制的指导原则》,对期货经纪公司的法人治理、岗位设置和岗位职责、交易、结算、保证金管理、财务会计、计算机系统管理、信息管理、档案管理等提出了明确的规范和要求。各期货经纪公司内部控制制度和风险管理制度都要向中国证监会派出机构备案。通过内控制度的建设,对期货经纪公司的监管从以机构的合法性和业务的合规性为重点向机构的合法性、业务的合规性和经营的风险性监管并重转移。

（四）基本业务规范

法规对期货经纪业务除规定了具体的制度和规则外,还提出了较高的标准。期货经纪公司从事期货经纪业务,应当遵守有关法律、法规、规章和中国证监会的规定,遵循公开、公平、公正和诚实信用原则,维护客户合法权益,保障市场稳健运行,禁止操纵期货交易价格、内幕交易和欺诈客户的行为。期货经纪公司必须做到:以适当的技能、小心谨慎和勤勉尽责的态度执行客户的委托,维护客户利益,避免与客户发生任何利益冲突,保证公平对待所有客户;应当持续拥有符合法定要求的从业人员、技术设备,执行营业部规章制度,确保稳健、合法运行。

在具体制度方面,规定了风险管理制度、开户审核制度、错单记录制度、客户档案检查制度、保证金制度等,并规定了结算、通知、记录保存等规则。中国证监会及其派出机构通过现场检查,保证公司业务的合规性。

（五）保证金退付危机的特别处理

保证金退付危机是指在期货经纪公司出现无法退付或者可能无法退付客户保证金的情况时,为了切实保护投资者利益,法规确立了保证金退付危机的特别处理程序。该程序的适用前提是期货经纪公司已经或者可能出现客户保证金退付危机,严重影响了客户利益。期货经纪公司经中国证监会宣布进行特别处理后,由期货经纪公司股东单位组织特别处理工作组,必要时,中国证监会派出机构可以派代表或者委托中介机构参加特别处理工作。特别处理工作组可以根据情况调查投资者持仓、投资者保证金余额以及出现保证金退付危机的原因,处置公司资产、回收到期债权,决定客户持仓和保证金处理方案,制定并实施期货经纪公司的清理整顿方案等。

（六）营业部的管理

营业部作为公司的派出机构,其民事责任由公司来承担。由于期货行业是特许行业,营业部必须取得中国证监会颁发的《期货经营许可证》,才能从事期货经纪业务。法规对期货经纪公司设立营业部规定了具体的条件,包括:①公司前一年度没有重大违法、违规纪录;②拟设营业部的负责人、经理人员和从业人员具备任职资格;③公司对拟设营业部有完备的管理制度;④拟设营业部有符合经纪业务需要的经营场所和设施,等等。

同时,法规还规定,期货经纪公司不得以合资、合作、联营方式设立营业部,不得承包、出租营业部;期货经纪公司不得以代表处、办事处等名义变相设立营业部从事期货经纪业务。

对营业部的管理是个很关键的问题。在期货市场试点中,由于营业部管理不善引发了大量的问题,甚至发生营业部员工席卷客户保证金逃走的事件。根据中国期货市场的实际状况,有关法规规定,营业部资金的调拨权和客户的风险控制权集中在公司总部,即统一资金调拨、统一风险控制,营业部无独立结算和资金调拨的权力;营业部的交易通过公司的席位和账户进行;营业部应建立内部核算制度,日常费用开支实行报账制。

四、对从业人员的监管

《条例》规定,中国证监会对期货交易所和期货经纪公司的高级管理人员和其他期货从业人员实行资格认定制度。中国证监会制定了《期货从业人员管理办法》和《期货经纪公司高级管理人员管理办法》,并依法对从业人员实施监管。

(一)期货经纪公司高级人员的监管

期货经纪公司高级管理人员指公司的董事长、总经理、副总经理,中国证监会对其任职资格的监管包括对其任职资格的审查与确认、任职期间的考核、任职资格的暂定与撤销以及其他相关事宜。法规规定,期货经纪公司高级管理人员必须取得中国证监会颁发的高级管理人员任职资格证书,未取得高级管理人员任职资格证书的,公司不得为其办理任职手续。中国证监会通过审核材料、考察谈话、定期考核等方式,对期货公司推荐拟任高级管理人员的能力、品行和资历进行审查。同时,对期货公司高管人员的任职资格每年度进行年度考核,在期货公司董事长或者总经理拟离任时,要进行离任审计。

法规对高管人员的积极资格和消极资格做了规定,对其任职职责也提出了持续性要求,主要内容有:①遵守有关法律、法规、规章和政策;②遵守期货交易所有关规则及公司章程;③建立健全并严格执行经纪业务规则、财务会计制度、风险管理制度和内部控制制度;④配合、接受中国证监会及其派出机构的监管。

(二)期货业从业人员的监管

对期货从业人员的管理,主要在于对从业人员的资格审查和管理,以及通过教育、培训和监管,使从业人员的行为符合法定的行为规范。《期货从业人员管理办法》对从业人员提出了下列执业行为规范:

第一,遵守有关法律、法规、规章和政策,不得有操纵期货交易价格、欺诈客户和内幕交易的行为。

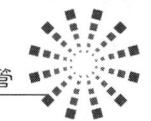

第二,遵守期货交易所有关规则和从事期货业务机构的规章制度。

第三,恪尽职守、勤勉尽责、诚实信用,维护客户的合法利益。

第四,自觉避免与客户的利益冲突,无法避免时,应当确保客户得到公平对待。

第五,不协助或者协同他人进行违法、违规活动。

第六,服从中国期货业协会的自律性管理,服从中国证监会的监督与管理。

第七,遵守中国证监会的其他规定,同时,提高职业技能,小心谨慎地执行业务,维护客户的权益,保障市场稳健运行。

第三节 期货行业协会监管

期货市场的监管,除了政府监管外,还有期货行业协会的管理。发挥行业协会的自我管理、自我服务、自我监督功能,是保证期货市场良性运作必不可少的条件。

一、期货行业协会概述

(一)期货行业协会及其情况

期货行业协会是指由从事期货理论研究的学者、期货交易参与者以及政府期货管理者等组成的民间行业组织。

现代社会的行业协会增进了对生产力的自适应机制,在竞争的压力下,伴随着生产力的每一次变革,行业协会都会相应调整自己的规则,抛弃旧式行业协会的狭隘性,在更多的意义上促进生产力的发展。行业协会自律是现代市场经济条件下的管理惯例,在现代市场经济条件下,每一个行业都有自律性组织。与别的行业相比,期货市场行业的自律组织更严格、更有特点。它以协会的形式出现,以"行业自制、协调和自我管理"方式行使职权,通常以业务性指导和交流为主,表现出广泛性、行业性和自制性的特点。

(二)期货行业协会的作用

1. 促进行业管理的规范化。期货行业协会属民间或半官方性质的组织,因而在促进全行业标准化管理上具有更大的灵活性和感召力,由它来代替政府实施行业性很强的管理,更有利于行业内的规范化建设。期货行业协会处在期货交易所自我监管和政府监管之间,是后两者无法替代的。

2. 保证交易的公正性和竞争的充分性。发挥期货行业协会的作用,有利于交易在公正、合理的基础上进行,保证了期货交易所风险的合理转移。行业间差异度的缩小,使竞争更加充分,从而保证了期货市场功能的实现。

(三) 美国全国期货协会介绍

在美国,影响最大、成效显著的当数美国全国期货协会。美国全国期货协会是1974年《商品期货交易委员会法》授权成立的自我管理、自行资助的全国性行业协会。1981年由商品期货交易委员会正式批准并登记注册。全国期货协会的最高管理机构为董事会,由42名成员组成。董事会董事由会员大会选举产生,董事会的主要职责是制定协会发展的规划、政策、资金来源、财务预算和协会的章程细则等。该协会的执行委员会负责管理和指导日常工作,由10名委员组成,包括协会、董事会董事长,协会总裁以及董事会的8名董事。董事会和执行委员会这种组织结构的基本特点是:规定不同地区、不同方面的代表要占有适当的席位,并出任委员,从而使协会具有广泛的代表性。这也是该协会能较好地发挥作用、协助政府搞好期货行业管理的重要组织保证。

二、期货行业协会对期货市场的监管

作为行业自律性组织,期货行业协会对期货市场的管理主要表现为:强化职业道德规范,实施客户保护条例;审查会员资格,监管已登记注册会员的经营情况;调解和仲裁纠纷;进行期货知识和遵纪守法的普及宣传。

(一) 强化职业道德规范,保护客户利益

为保护广大投资者的利益,期货行业协会规定了严格的职业道德规范,并强调协会成员必须严格遵守。职业道德准则规定交易者不得有欺诈、操纵价格等做法以及采用不正当交易手法。另外,那些负责管理客户的委托账户的雇员也必须遵守有关的规章条例。

(二) 会员的资格审查和登记

期货行业协会设有会员资格委员会,专门处理有分歧的资格申请,而日常的会员资格申请的初审工作由期货行业协会工作人员负责进行。会员资格申请者一般要通过期货行业协会的资格能力测试,才能有资格进一步申请在政府主管部门注册登记。期货行业协会的资格能力测试,大体包括期货和期货交易知识以及对交易所、期货行业和政府管理条例的理解程度等内容。期货行业协会对通过资格能力测试者还要进一步审查,审查的内容有:会员公司的期货专业人员是否具有高水平的专业技能,是否有可靠的资本支付能力等。审查合格后,期货行业协会负责会员的登记工作。

(三) 对会员经营的监管

期货行业协会为保护客户利益,对会员的财务经营情况实行严格的监管制度,以防止会员公司营私舞弊,或由于会员资金不够而损害客户利益。期货行业

协会的财务审计内容主要包括:①协会的所属会员必须保留全套即时填写的交易记录文本,必须有完整的财务报表;②检查客户的资金账户是否与会员公司的资金账户分立;③检查该会员是否把财务记录情况及时准确地输入期货行业协会要求的计算机审计跟踪系统。

期货行业协会的监管内容比较广泛,凡是与期货交易有关的业务活动情况均列在其监管之列。除财务检查外,还包括其他一些检查内容:①会员是否公正地处理客户的交易指令;②会员公司在推销代理业务时,是否实事求是;③会员的专业期货技能。

为方便期货行业协会进行宏观管理,期货行业协会专门设立监察办公室负责日常具体工作。监察办公室随时向协会的业务经营委员会报告会员经营状况,一旦发现有会员违反协会的有关管理条例,监察办公室有权对违例会员进行调查,并及时报告业务经营委员会。业务经营委员会可以自行解决监察办公室转来的案件,也可以作为原告对违例会员提起公诉。被告必须出席听证会并答复原告的指控。

期货行业协会有权对任何违反协会规章条例的会员予以开除、暂停交易、训斥及罚款等处罚。在非常时期,协会主席有权采取非常措施,如立即停止交易活动,限定价格变化幅度等。

(四)调解、仲裁纠纷

当会员与客户、会员与会员发生纠纷时,协会首选在纠纷双方间进行调解,希望双方协调解决。这种调解纠纷的方法最为简单方便,纠纷双方各派代表参加,协会也派出代表坐在一起,各自谈谈自己的看法,从长远目标考虑解决纠纷,节省各方的时间和费用。如果期货行业协会的调解无效,则由纠纷双方确定一种仲裁方式,由协会提供一系列统一的仲裁程序,按照仲裁程序裁决纠纷。

(五)期货知识和遵纪守法的普及宣传

期货行业协会有向其会员及公众普及遵纪守法教育和有关期货交易基础知识教育的责任。对协会会员教育的主要内容包括:①如何遵守行业规则,如何自觉约束自己;②作为协会会员,如何向政府主管部门注册登记;③违反交易规则将受到的严厉惩罚。对于社会公众,则通过出版一些简单易懂、文字简洁的小册子,普及期货交易基础知识,帮助公众识别期货交易中的欺骗行为等。

三、中国期货业协会对期货市场的监管

2000年12月28日,中国期货业协会成立,它是继中国证券业协会成立之后,中国证券期货市场的又一自律监管组织,是根据《社会团体登记管理条例》设立的全期货行业的自律性组织,是非营利性的社会团体法人。

（一）中国期货业协会的宗旨

中国期货业协会的宗旨是：在国家对期货业实行集中统一监督管理的前提下，进行期货业自律管理；发挥政府与期货业间的桥梁和纽带作用，为会员服务，维护会员的合法权益；坚持期货市场的公开、公平、公正，维护期货业的正当竞争秩序，保护投资者的合法权益，推动期货市场的规范发展。

（二）中国期货业协会的职责

中国期货业协会有以下职责：

1. 教育和组织会员及期货从业人员遵守期货法律法规和政策。
2. 制定和实施行业自律规则，监督、检查会员和期货从业人员的行为，对违反协会章程及自律规则的会员和期货从业人员给予纪律处分。
3. 组织开展期货行业诚信建设，建立健全行业诚信评价制度和激励约束机制，进行诚信监督。
4. 负责期货从业资格的认定、管理以及撤销工作，负责组织期货从业资格考试、期货公司高级管理人员资质测试及法律法规、中国证监会规范性文件授权的其他专业资格考试。
5. 制定期货业行为准则和业务规范，推进行业廉洁从业文化建设，参与开展行业资信评级，参与拟订与期货相关的行业和技术标准。
6. 开展投资者保护与教育工作，督促会员加强期货及衍生品市场投资者合法权益的保护。
7. 受理投资者与期货业务有关的投诉，对会员之间、会员与投资者之间发生的纠纷进行调解。
8. 为会员服务，依法维护会员的合法权益，积极向中国证监会及国家有关部门反映会员在经营活动中的问题、建议和要求，引导和推动行业服务实体经济，履行社会责任。
9. 制定并实施期货人才发展战略，加强期货业人才队伍建设，对期货从业人员进行持续教育和业务培训。
10. 设立专项基金，为期货业人才培养、投资者教育或其他特定事业提供资金支持。
11. 开展行业网络安全与信息化自律管理，提高行业网络安全与信息化工作水平。
12. 收集、整理期货相关信息，开展会员间的业务交流，组织会员对期货业的发展进行研究，对相关方针政策、法律法规提出建议，促进业务创新。
13. 加强与新闻媒体的沟通与联系，开展期货市场宣传，经批准，表彰或奖励行业内有突出贡献的会员和从业人员，组织开展业务竞赛和文化活动。

14. 开展期货业的国际交流与合作,加入国际组织,推动相关资质互认。

15. 依据自律规则对境内特定品种期货交易及相关业务活动和其他涉外业务实行行业自律管理。

16. 法律法规规定、中国证监会委托以及会员大会决定的其他职责。

作为自律性行业,中国期货业协会将发挥纽带和桥梁作用,通过借鉴国际经验、总结中国期货业发展中的经验和教训,制定规章和制度,建立行业规范,培养会员自律意识,提高会员综合素质和职业道德,同时,协助监管部门,共同创造一个健康有序的市场环境。

第四节 期货交易所的监管

期货交易所是进行期货交易的场所,是期货市场最基本的管理和执行机构,它对交易所内开展的各类交易活动行使管理、监督、实施及保障职能。期货交易所的自我监管机制是整个期货市场管理体系的基础和核心。

一、期货交易所对会员的监管

会员是交易所的主体,交易所自我监管的一个重要方面就是对其会员的管理。交易所对会员的管理主要表现在会员资格的审查、会员名额的确定、会员资格的转让及会员的处分等方面。

(一)交易所会员的资格管理

交易所会员资格的取得非常严格,每个交易所都对会员应具备的条件做出了具体规定。

(二)交易所会员名额的合理确定

交易所的会员名额由交易所理事会决定。合理的交易所会员名额是交易所正常运转的重要保证。会员名额的确定主要受到以下因素的影响:交易所业务规模的大小,交易所能提供的交易机会的多少,交易所声望的高低。

(三)会员资格的转让和退出

会员资格一般可以按照期货交易所规定的程序进行转让,但是转让方必须向期货交易所提交有关报告,同时接受方应向交易所提出申请,并提交相关文件,经期货交易所审查同意后,方可履行转让手续。兼并会员的法人和与会员合并后新设立的法人要继承会员的资格,必须向交易所提出申请,经批准后方可实现。会员转让席位的损益由转让方承担或享有。

会员资格的转让价格各交易所高低不一,主要由以下因素决定:①交易所的声望。一般来说,交易所声望越高,会员席位价格就会越高;反之,则越低。如美国芝加哥期货交易所较有名望,因而其会员价格很高,一般每个席位大约要30万美元。②社会对会员席位的要求。受经济形势和政府有关政策的影响,社会对会员席位的要求会不断变化。在经济繁荣时期,需求旺盛,因而席位价格也就相应高涨;反之,价格就低。

会员退出期货交易所,应在交易所规定的期限内提前向交易所提交退出报告,并按期货交易所规定清理持仓合约、财务及其他承诺事项,期货交易所审核同意后方可退出。

交易所有权根据国家法规、交易所章程和业务规则,对违规、违规会员视其情节轻重给予罚款、警告、严重警告、暂停交易、取消会员资格等处罚。对因故已不具备交易所会员资格条件的会员,经理事会讨论通过,交易所有权取消其会员资格。

二、对经纪业务的管理

交易所会员的名额有限,众多的非交易所会员的个人或公司要参加期货交易,就只有委托该交易所的全权会员代为进行。经纪业务开展得如何,直接关系到期货市场的发展。因此,对经纪业务的管理成为交易所自我管理的重要内容。交易所对经纪业务的管理主要表现在以下几个方面。

(一) 审核经纪公司的资格

会员在交易所开展的经营业务可分为自营业务和代理业务,交易所根据有关规定核准会员单位在交易所的业务许可范围。会员只能在交易所核准的范围内开展业务,不得擅自超越范围。各交易所对从事经纪业务的会员有较高的要求。

(二) 规定经纪公司与客户的账户分立制度

交易所规定,从事经纪业务的会员必须将自有资金和客户保证金分设账户,分别存放。对客户资金中的应收、应付部分分别立账,并且要认真记录每天的成交情况,保存存款余额的纪录,据以确定客户保证金的盈亏。未经客户允许,不得擅自挪用、出借客户保证金。

(三) 规定经纪公司遵循公开、公平和诚实信用的原则,保护客户权益

交易所规定,客户单位开展代理业务必须遵循公开、公平和诚实信用的原则,不得用欺骗手段开展业务。会员单位(代理人)有责任向客户出示期货交易风险说明书,阐明期货交易可能遇到的风险,并与客户签署代理协议书和风险说明书,并送交易所备案。交易所要求会员单位将代理业务的档案记录(包括文字、音像等)至少保存5年,交易所管理部门有权随时检查,以防止经纪商的舞弊行为。为了实现对会员单位经纪业务的监督和管理,国内一些交易所要求对会员单位的所有客户进行注册登记,经交易所审核后给出代理号,会员单位必须按

代理号分别报单、交易、交割和结算。交易所要求会员单位如实记录,及时执行客户指令并通知成交结果,及时准确地向客户披露信息,为客户保守商业秘密。交易所随时征询注册客户对会员单位(代理人)的意见,接受客户的申诉。

(四)规定佣金和保证金

佣金是经纪公司的主要收入,制定合理的佣金标准,可以从宏观上约束经纪商的交易行为。交易所根据经纪公司的经营成本,制定出一个佣金占交易合约金额的比率范围,然后根据供求关系自由浮动。有的交易所会规定佣金收取比例的最高限额。交易所约束会员单位的经纪行为,规定会员单位代客户进行期货交易必须向客户收取履约保证金,保证金收取比率不得低于交易所向会员单位(代理人)收取的比率,具体比率范围由交易所规定。

三、对期货交易活动的管理

为保证期货交易的正常进行,为交易者创造公开、公正、公平竞争的市场环境,交易所制定严格的交易规则,对交易活动进行管理。

(一)对期货合约的管理规定

期货合约是根据期货交易的规律和需要设计的,在期货交易所的交易厅内达成的将某一特定时间交收某种特种商品或金融工具的协议,是期货交易者在期货交易活动中必须信守并履行的法律依据。期货合约是期货交易的体现,交易所按照严格的规则范围对合约进行设计和管理。

1. 合约单位的规定。交易所对每张合约所包含的商品数量有严格的规定,合约交易单位必须是标准化的,这样便于规范交易行为,实现对大宗交易和数量的控制和管理。

2. 期货商品的统一标准管理。交易所对进行交易的商品的品质规格有统一的标准,交易双方交割的商品必须按照交易所规定的标准进行交收;否则,交易所有权根据有关质量监管部门的鉴定做出裁决。

3. 交收月份的管理。交收月份即交易所规定的商品实际交收的月份,它有远期和近期之分。交易所根据交易商品的特点,对每种合约的月份做出规定,一般交收月份的规定是固定的。

4. 交易时间的规定。期货交易是在固定场所、固定时间集中进行,各交易所根据自身的交易规模来确定自己的交易时间。

5. 最小变动价位的规定。交易所在合约中都规定每一商品报价单位在每一次报价时所允许的最小价格变动量。有了这种最小变动价位的规定,竞价双方应共同遵循,以便在相同价位上成交。

6. 交割方式和地点的规定。各交易所都结合商品的特点,规定具体交割方

式和交割地点,交割双方必须按此进行交割。

期货合约除了规定上述内容之外,还对最后交易日、每日价格最大波动幅度限制等内容做了规定。

(二)对场内交易活动的管理

交易所期货交易规则规定,期货交易实行公开、公正、公平竞争的原则。为了保证这一原则的实现,交易所对交易大厅内的交易活动实行严格的管理。交易所对进入交易大厅的人员有严格的限制。在交易时间内,只允许身穿黄马甲的市场管理人员和身穿红马甲并佩戴出市代表证的交易员进入,其他人员进入交易大厅一般需经交易所总经理特批,这样才能保证场内交易有序进行。

场内期货交易按照"价格优先,时间优先"的原则,集中公开竞价交易,会员单位的出市代表须按照交易所规定的交易程序进行操作,严格遵守交易规则,服从交易所的管理。交易所派出交易主持人主持交易大厅的交易活动,交易主持人必须客观、公正、合法,不得偏袒任何一方。交易所派出交易记录员记录交易过程和交易结果并存档,交易记录员必须如实记录,不得弄虚作假。

交易所制定了严格的罚则,对各种法规行为进行处罚。交易所禁止下列行为:①制造或散布谣言,操纵市场;②虚报市价,联手交易;③言行粗暴,扰乱市场秩序;④会员单位自行对冲客户订单;⑤伪造、涂改交易文件;⑥挪用客户资金;⑦损害客户利益,优先自营交易;⑧不按客户指令交易;⑨向交易所提供违背事实的资料和报告;⑩违反交易规则的其他行为。对违规会员和交易员,交易所将视其情节轻重给予处罚。

交易所对工作人员实行严格的管理,严格执行防止泄密和内幕交易的制度。交易所工作人员及其直系亲属不得参与交易所的期货交易;交易所工作人员不得利用工作之便向任何人私自透露交易情况、交易信息、会员单位及客户的资金状况;对会员成交、持仓情况等信息的查询,要设立严格的程序,有关人员必须严格执行。

四、对结算保证系统的管理

期货交易的高风险性,客观上需要建立强有力的结算保证系统,实行严格的结算保证制度,以确保期货合约的全面履行,维护期货市场的规范运作。期货结算机构可以分两类,一类是期货交易所内设的分支机构,另一类是独立于交易所之外的结算所。我国绝大多数是交易所内部设结算部,其主要职责是结算交易账户,清算交易,收集履行保证金,并使之维持在交易所所需的最低水平上,监管实物交割,报告各种交易数据。

为确保结算所(部)有效地承担期货合约的结算、担保、风险处理职责,结算所(交易所结算部)制定有一整套严格的规章制度,实行严格的管理。

（一）结算会员制

结算会员制是一种交易结算机构只限定与结算会员发生结算关系的制度。期货交易结算所由结算会员组成。结算所既然是为每笔交易负责,也就要求所有结算会员必须拥有良好的信誉及雄厚的资金实力。一般来说,结算会员必须具备下列条件:①必须是有关期货交易所的会员。②必须拥有雄厚的资金基础,一般来说,结算会员经批准后就必须根据规定,向结算所缴存巨额保证金。保证金必须是现款,能为结算所随时调动。③必须在结算所附近设立相应的办事处,以保证结算工作迅速进行。

交易所对进入结算系统的会员有严格的规定,只有既是交易所会员又是结算所会员的交易双方才能直接进入结算所进行结算;非结算所会员的交易所会员,只能有偿地委托结算会员代为结算。结算会员承担着对非结算会员和客户的结算及承担处理其风险的责任;如果非结算会员自身违约,结算会员也得先替非结算会员承担责任,然后再追究当事人责任。这就形成了分层次的金字塔式的结算网络,提高了结算速度,加强了风险控制。

（二）登记结算制度

期货市场上每一份成交的期货合约必须经过结算所结算,才是合法有效的。只有经过结算所登记结算了的成交合约,其安全性和执行的可靠性才有保证。

（三）结算保证金制度

结算所要求每一个结算会员都必须将一笔结算保证金存入结算所,以便结算会员为自己或为其他非结算会员代为进行结算提供担保。交易所将制定保证金的收取标准,并根据市场风险的大小和交易的活跃程度加以调整。对价格波动大、市场交易活跃、投机活动超常的,可提高保证金比率;对价格波动小、市场交易不活跃、交易量过小的,可降低保证金比率。

（四）每日无负债结算制度

每日收市时,交易所制定出当日的结算价。结算所应以结算价为标准,按每个会员的持仓数量及成交价来计算每个会员当日的盈亏情况,亏损的会员必须在第二天交易开始前,追加亏损的部分差额,做到无负债交易。否则,交易所有权采取强制平仓手段。

（五）风险基金制度

万一有会员破产或不能履行合约,结算所将立即依次采取以下措施,以防止事态的进一步扩大:①立即将该会员账户上的合约进行强行平仓、拍卖;②动用该会员的结算保证金;③动用风险基金及结算所资金;④要求所有结算会员增加结算保证金。

交易所对期货结算保证体系严格的管理,不仅为期货交易双方提供了便捷的结算服务,而且形成了环环相扣、层层相保的保证系统,有效避免了各类违规现象的发生,确保期货交易的正常进行。

本章小结

本章首先讲述了期货市场监管的必要性、原则和模式,介绍了政府主管部门的监管职责、期货行业协会的监管职责和期货交易所的监管职责。

我国已基本建立期货市场法律法规框架和由中国证监会、中国期货业协会和期货交易所三个层次组成的期货市场监管体系。

期货市场监管的原则:保护投资者利益的原则,"公开、公平、公正"的原则,控制风险的原则。

政府主管部门以制定和修改交易法规、颁布管理条例、监管交易所的行为准则、审查交易所的业务活动、监管经纪公司的行为准则、审查经纪公司的业务活动、对从业人员实行管理等为主要监管职责。

发挥期货行业协会的自我管理、自我服务、自我监督功能,是保证期货市场良性运作必不可少的条件。期货行业协会作为行业自律性组织,对期货市场的管理主要表现为:强化职业道德规范,实施客户保护条例;审查会员资格,监管已登记注册会员的经营情况;调解和仲裁纠纷;期货知识和遵纪守法的普及宣传。

期货交易所是进行期货交易的场所,是期货市场最基本的管理和执行机构。期货交易所的监管包括对会员的监管、对经纪业务的管理、对期货交易活动的管理和对结算保证系统的管理等。

简答题

1. 简述期货市场监管的必要性。
2. 简述期货市场监管的原则。
3. 简述期货市场监管的模式。
4. 简述政府主管部门的监管职责。
5. 简述期货行业协会的监管职责。
6. 简述期货交易所的监管职责。

参考文献

[1] 中国期货业协会. 期货市场教程[M]. 北京:中国财政经济出版社,2006.
[2] 中国期货业协会. 期货法律与监管制度[M]. 北京:中国财政经济出版社,2005.
[3] 段文斌,王化栋. 现代期货市场学[M]. 北京:经济管理出版社,2003.
[4] 罗孝玲. 期货投资学[M]. 北京:经济科学出版社,2003.
[5] 刘志超. 境外期货交易[M]. 北京:中国财政经济出版社,2005.
[6] 洪名勇. 新编期货投资学[M]. 大连:东北财经大学出版社,2005.
[7] JOHN C. HULL. Fundamantals of Futures and Options Markets[M]. 北京:清华大学出版社,2001.
[8] 杨迈军. 金融衍生品交易丛书[M]. 北京:中国物价出版社,2001.
[9] 贺涛. 中国期货市场研究[M]. 科学出版社,1998.
[10] 马歇尔·班塞尔. 金融工程[M]. 北京:清华大学出版社,1998.
[11] 格利茨. 金融工程学[M]. 北京:经济科学出版社,1998.
[12] 宋逢明. 金融工程原理:无套利均衡分析[M]. 北京:清华大学出版社,1999.
[13] 吴信如,潘英丽. 金融工程学[M]. 上海:立信会计出版社,2000.
[14] 郑振龙. 衍生产品[M]. 武汉:武汉大学出版社,2005.
[15] 刘莉亚,邵斌. 结构化金融产品[M]. 上海:上海财经大学出版社,2005.
[16] 徐洪才,任映国. 投资银行学[M]. 北京:经济科学出版社,2005.
[17] 大卫·德雷曼. 逆向投资策略[M]. 北京:机械工业出版社,2013.
[18] 刘海亮,买敬江. 从一万到一亿[M]. 北京:金城出版社,2013.